COLLECTION APPROCHES

INITIATION
A
L'HISTOIRE
DE LA FRANCE

Familles marchandes sous l'Ancien Régime, (1959).
Beauvais et le Beauvaisis au xviie siècle (thèse d'État) (1960).
Population in History (en collaboration) (1965).
1789 : les Français ont la parole (1965), coll. Archives, Julliard.
Louis XIV et vingt millions de Français (1966), éd. Fayard ; nouv. éd., coll. Pluriel, 1982.
Histoire économique et sociale de la France (1660-1789) (en collaboration) (1970), Presses Universitaires de France.
La Vie quotidienne des campagnes françaises au xviie siècle (1982), Hachette.

En préparation

L'Ancien Régime (refonte) (en collaboration avec Daniel Roche), Armand Colin.

PIERRE GOUBERT

INITIATION
A
L'HISTOIRE
DE LA
FRANCE

*Suivi
d'une chronologie, de cartes,
de tableaux généalogiques
et d'une bibliographie*

FAYARD/TALLANDIER

Sommaire

Avant-propos

Il semble que tout historien mûrissant ait éprouvé quelque jour l'envie d'écrire une histoire de son pays. Il a pourtant fallu une très longue et amicale insistance pour m'arracher ce qui suit.

Cette résistance provenait de la simple conscience de mes limites. Près d'un demi-siècle de recherche, d'enseignement et de direction des recherches des autres me concentrait dans une spécialisation qu'évitent seuls les génies affirmés (ou prétendus) et qui concerne le xviie siècle surtout, le xviiie aussi, le xvie beaucoup moins, et la France seule ; j'entends une connaissance directe sur sources archivistiques ou publiées. Je n'ignorais pas trop le Moyen Age, d'où l'Ancien Régime sortait évidemment, et dont les dernières étapes m'avaient toujours fasciné. Je me sentais inapte aux périodes antérieures, et j'avais depuis longtemps tiré un trait sur tout ce qui suivait le minable coup d'Etat du 18-19 Brumaire. Quant à cette large part du xxe siècle que j'ai vécue, je la ressens surtout à travers mes souvenirs, mes réactions vives et mes dures analyses ; jamais il ne me serait venu à l'idée d'en écrire l'histoire, même brièvement, et j'avoue mal comprendre comment d'autres ont osé, sinon par vanité, par intérêt ou par goût de la facilité. Ce qu'on appelle « histoire immédiate » m'est toujours apparu, toute mode mise à part, comme une collecte de documents, ou comme du journalisme au mieux honnête. Autant je me sens léger, heureux et à l'aise dans le xviie siècle pourtant si lointain et détaché de mon temps, autant je n'éprouve envers l'époque que j'ai vécue que des sentiments, des ressentiments et des passions : comment parler calmement de ce qui appartient à sa propre substance ? — Cédant une fois de plus, mais de mauvais gré, je me suis résolu à ne donner de la lente décadence de mon pays à partir de 1914 qu'une vision subjective, bien qu'elle repose naturellement sur des « faits » (car je crois sottement qu'il existe des faits, de nature certes variable, qu'il s'agit seulement de comprendre sans les éjecter).

Ces aveux préliminaires expliquent que ce petit livre soit enflé vers le milieu et maigre par les deux bouts, puisque c'est ce « milieu » qui m'est le plus familier et le plus cher. Il comporte forcément des erreurs et des lacunes ; les premières sont involontaires, mais pas les secondes. Celle que je regrette le plus concerne la « civilisation » au sens d'hier, c'est-à-dire les arts et lettres, qui ne me sont pourtant ni indifférents ni inconnus ; mais il fallait bien choisir...

En réalité, j'ai nourri ici une seule ambition, mais de taille : faire bref en allant à ce qui m'apparaissait l'essentiel, qui ne consiste pas forcément en un événement magnifié par les trompettes de la renommée, Bouvines, la Pucelle, Marignan-1515 et même Robespierre. L'essentiel peut être économique (les chemins de fer), épidémique (la Peste Noire), purement politique, dépendre de la fantaisie inconsciente d'un monarque. Le plus souvent peut-être, c'est la guerre (habituellement assez mal étudiée) ; mais aussi ce grand moteur qu'est la sottise ou son incarnation, la vanité : celle qui poussa Charles VIII à jouer avec l'Italie, Colbert et son maître avec la Hollande, Louis XVI à peine adulte à supprimer les remarquables et ultimes réformes de Louis XV, la Révolution à attaquer l'Europe, Napoléon à s'étouffer en Espagne et en Russie, et les Etats-Majors d'entre 1870 et 1940 à ne comprendre à peu près rien. Qui osera un *Essai sur la Bêtise comme moteur de l'Histoire* ?

On le voit : il se trouve dans cette *Initiation* (même si le terme ne me comble pas) une évidente part d'interprétation en même temps qu'un effort de concentration, donc de brièveté, assis sur des fondements que j'espère solides. Une bonne partie de ce qui manque a été adjoint par l'Editeur sous la forme d'une chronologie rigoureuse et d'autres annexes, plus quelques sous-titres et corrections qui lui sont propres.

Face au mépris des cuistres malfaisants du pédagogisme et à l'entreprise d'abrutissement et de néantification que devient notre Enseignement, j'espère que ce bref ouvrage, rien moins qu'improvisé, pourra contribuer à une reprise de connaissance et de conscience d'une Patrie dont je m'efforce de croire qu'elle n'est pas en train de perdre, avec ce qu'on appelait hier son âme, ce qui fut son esprit.

P. G.

I.

La France
des premiers Capétiens
(987-1180)

En juillet 987, à Noyon, après quelques semaines de tractations, une douzaine des plus importants comtes et ducs de Francie occidentale, poussés par l'archevêque de Reims Adalbéron, décidèrent d' « élire », c'est-à-dire de choisir et de proclamer roi l'un d'entre eux, qui s'appelait Hugues, surnommé « Capet » peut-être parce qu'il portait la chappe *(cappa)* de Saint-Martin-de-Tours, dont il était abbé laïc.

LE ROI HUGUES

Il descendait d'une famille puissante, celle des comtes de Paris et ducs de France, qui avait combattu les envahisseurs normands, rivalisé avec les derniers rois carolingiens (en les supplantant deux fois) et possédé par moments, ou du moins dominé de vastes forêts, terres et maisons-fortes réparties entre l'Aisne et la Loire.

Hugues portait un grand nom, il était soutenu par l'Eglise, et ses domaines personnels se réduisaient à des terres éparses entre Compiègne et Orléans : il avait parfois bien du mal à les parcourir, des vassaux plus ou moins brigands gênant souvent le passage ; faiblesse qui peut-être l'aida. Cependant, bien conseillé sans doute, il n'oublia pas, en se faisant sacrer, de devenir l' « oint du Seigneur », un « quasi-prêtre », et d'associer au bout de trois mois son fils Robert à la Couronne, de le faire à son tour sacrer à Orléans, et reconnaître par tous les Grands.

Ainsi commençait dans la discrétion une dynastie qui régna plus de huit siècles sur un pays dont personne n'imaginait qu'il puisse devenir l'un des plus riches et des plus puissants d'Europe.

Que pouvait alors signifier ce nom de *Francia* ou Francie, évidemment dérivé des tribus de « Francs », donc de Germains qui, un demi-millénaire plus tôt, avaient envahi — puis occupé ce qui restait de la Gaule plus ou moins romanisée ? Trois acceptions bien distinctes. La plus restreinte, mais non la moins vivante, concernait ce petit « pays » de bosquets et de belles campagnes limoneuses qui sépare Paris des grandes forêts entourant la vieille cité de Senlis, terres si peuplées et riches en froment dans la suite des siècles, que signalent encore des toponymes comme Belloy-en-France, Roissy-en-France et naguère Saint-Denis-en-France.

France eut une plus vaste acception, qu'on retrouve vaguement dans la plus récente expression d'Ile-de-France : ce duché où commandèrent Robert dit le Fort, Eudes, un premier Hugues surnommé le Grand, duché qui relia un moment les confins de la Normandie aux confins de la Champagne et atteignit l'Aisne : commandement militaire plus que véritable domaine territorial, de toute manière fort discontinu.

Ce qu'on appellera bientôt le royaume de France, cette *Francia Occidentalis* sur laquelle régnaient Hugues, *rex Francorum* (exactement roi *des* Francs), puis ses descendants, avait été défini avec toute la précision qu'on pouvait alors atteindre, lors du traité de Verdun (843).

LA FRANCIE D'OCCIDENT

Selon la coutume franque, l'immense Empire de Charlemagne devait être partagé entre ses trois héritiers et petits-fils, comme tout autre héritage. Après bien des péripéties, la prestigieuse Couronne, toujours « romaine » et « sainte », passa et demeura aux rois de Germanie ; mais les rois de France y rêvèrent durant des siècles, jusqu'à Louis XIV... Restaient les terres, pour lesquelles il convenait de trouver une solution qui évite enfin les combats permanents.

En octobre 842, cent vingt personnages, sortes d'experts, se réunirent à Metz — les pays rhénans, mosellans et mosans constituaient le « cœur » de l'Empire — pour effectuer le partage. Il semble qu'ils aient lu ce qui survivait de la *Politique* d'Aristote qui recommande, pour rendre un Etat capable de se suffire, de lui composer un territoire apte à produire la plus grande variété de ressources. Ils coupèrent donc, grossièrement, du nord au sud : chaque prince eut sa bande septentrionale de littoral sablonneux ou marécageux riche en poissons, en salines, en éventuelles pâtures, son secteur de grande plaine limoneuse pour ses blés, ses montagnes et ses forêts nourricières avec leurs châtaigniers et chênes (glands pour les porcs), ses vignobles et enfin son morceau de Méditerranée aux aptitudes tout autres, à la romanisation plus vivante, avec ce vif contraste des pirates insatiables et des civilisations alors inégalées, la byzantine et la musulmane.

La Francie de l'Ouest — la nôtre — se trouva commodément délimitée, outre par la mer (la Méditerranée jusqu'au-delà de Barcelone), par quatre rivières dont la fonction de frontière demeura longtemps vivace dans la conscience populaire : l'Escaut donnait au royaume tout le comté de Flandre jusqu'au nord de Bruges ; la Meuse, en réalité atteinte rarement, les forêts d'Argonne servant souvent de limite ; puis la Saône à la hauteur de Dijon, le Rhône enfin.

Ces délimitations souffraient dans la réalité pas mal de divagations à droite et à gauche, ce qui provoqua dans la suite des temps des enchevêtrements de souveraineté et des conflits sans fin. Pourtant, elles ne s'effacèrent que très lentement : au siècle dernier, les bateliers et passeurs rhodaniens donnaient encore le nom d' « Empi » (Empire) à la rive gauche et de « Riau » (Royaume) à la rive droite...

Curieuse Francie un peu maigre, toute en longitude, qui conserva trois siècles le comté de Barcelone (où Louis XIII revint) et le comté de Flandre presque sept, du moins juridiquement, puisqu'il fallut la captivité de François Ier pour que Charles Quint l'incorpore aux Pays-Bas, repoussant la frontière loin vers le sud.

Francie pleine de ducs et de comtes — d'Artois, de Champagne, de Bourgogne, d'Auvergne, de Périgord, d'Aquitaine, de Gascogne, d'Anjou, de Normandie (cédée à Rollon et ses Vikings en 911, et fort bien administrée) — et des centaines de petits « féodaux », armés, riches et pillards, qui n'hésitaient pas à provoquer aux confins de ses maigres domaines celui qu'ils avaient élu ou reconnu comme roi... Rien de plus irrégulier et de changeant que ce puzzle de seigneuries et de fiefs, où pouvaient vivre quelques millions de personnes.

LES CAMPAGNES AUX ENVIRONS DE L'AN MIL

Durant cinq siècles, des Barbares venus de l'Est et du Nord avaient déferlé, par vagues irrégulières, sur ce cap avancé de l'Europe. Les derniers, peut-être les plus terribles, Normands et Hongrois, avaient été fixés dans la première moitié du xe siècle et s'étaient assez bien sédentarisés. Durant cette longue tourmente, la plupart des anciennes cités gallo-romaines avaient été, sinon rasées, du moins gravement atteintes. Quelques centaines, un ou deux milliers d'hommes y survivaient parmi les ruines aux pierres réutilisées, derrière des murailles jadis puissantes, hâtivement rafistolées : l'évêque, des chanoines, quelques clercs, des domestiques ou esclaves dans des cabanes, deux ou trois marchands peut-être, et les artisans nécessaires. Là, et dans les monastères clunisiens, une civilisation menacée d'assassinat avait pu être partiellement sauvée.

Ces îlots urbains exceptés, la France ressemblait à une immense forêt, tantôt épaisse et sombre, tantôt réduite à des taillis ou des broussailles, irrégulièrement semée de clairières cultivées ; les coupaient, presque étrangers, ces chaussées et chemins « ferrés », restes en partie délaissés de voies romaines dont on attribuait la paternité à César ou Brunehaut. On y trouvait des petits paquets plus ou moins dispersés d'habitations agglutinées, de terre ou de bois, que pouvaient protéger une maison forte — rarement encore de pierre —, des palissades, des buissons épineux, ou un large talus.

S'y abritaient la nuit pour en sortir le jour des paysans, des chasseurs, des cueilleurs, des éleveurs, des brûleurs et défricheurs semi-ambulants parfois ; presque tous sous la lourde dépendance d'une sorte de riche guerrier appelé de plus en plus seigneur.

Parce qu'elle fut souvent dense et effrayante, on a du mal à imaginer la place de la forêt dans l'économie de ces décennies proches de l'an mil. On y chassait un gibier surabondant, puissant, souvent dangereux, qui fournissait surtout la nourriture des maîtres et de leur troupe. On y coupait le bois pour les demeures, les clôtures, les écuelles, les rares meubles et les foyers pour la cuisine, forcément installés hors des demeures de bois et de terre, sans cheminée.

On y cueillait les champignons, les baies, les châtaignes et la plupart des fruits, pas encore domestiqués. On y cherchait les « mouches » pour la cire et le miel. Outre les ermites respectés et craints, y vivaient les bûcherons, les écorcheurs de chênes (pour tanner), les premiers charbonniers et pas mal de pâtres, puisque pendant de longs mois, bovins et chevaux y étaient lâchés, ainsi que des brebis et des chèvres, non sans danger pour les jeunes pousses ; de grands porcs noirs à demi sauvages, chercheurs de glands, y vaguaient ou y étaient parqués ; leur chair, fumée ou salée, constituait, pour leurs maîtres, la base d'une pesante nourriture.

Dans les clairières encore rares, inégalement situées ou peuplées, les villages souvent enclos pouvaient contenir une ou deux douzaines de cabanes ; une place était réservée habituellement au bétail, et plus encore à la chènevière et au jardin fortement engraissé et travaillé à la main, consacré en grande partie aux fèves, pois et oignons.

Hors de cette zone villageoise, de ce *manse* global ou de cet ensemble de *manses* familiaux, l'amorce de ce qui sera le *finage,* ce territoire agraire appelé à être bien délimité. On y risquait quelques ceps pour que riches et prêtres boivent du vin, breuvage de la messe et de la noblesse.

Dans les fonds humides, qu'on tâchait de drainer, on préparait des prés de fauche pour nourrir un gros bétail de plus en plus nécessaire à la traction et au transport.

L'essentiel consistait pourtant à produire un « bled » céréale panifiable de nature et de couleur variable — du mil au seigle et au froment en passant par bien des mélanges —, sur des terres peu engraissées et mal défoncées par des araires trop légers ou des charrues souvent encore sans avant-train ni versoir, comportant peu de fer, au mieux du bois durci au feu.

Les grains étaient habituellement consommés sous forme de bouillie, le pain semblant réservé aux riches. Un même champ rendait trois grains pour un, une année sur deux, au plus. L'on ne renonçait pas au vieil écobuage [1] et aux brûlis itinérants, qui persisteront localement des siècles encore.

Cependant, sur de riches terroirs, il arrivait qu'on risque des semailles de mars ou de carême (les marsages, les carêmages) avec des orges de printemps et de l'avoine, ce qui introduisait timidement le futur assolement triennal. Et puis il fallait beaucoup d'avoine pour les destriers des chevaliers.

La condition des paysans.

Pendant que les riches se gavaient de venaisons, de jambons fumés, de lard et de vins souvent résinés ou épicés, les paysans se contentaient de bouillie et de pois. L'hiver, ils se serraient dans leurs bauges sans feu, couverts peut-être de peaux d'animaux sauvages. De la pluie et du beau temps dépendait leur survie : les rares moines dont les chroniques nous sont parvenues évoquent avec d'horribles détails les famines qui les décimaient et dont ils nous disent qu'elles engendraient couramment l'anthropophagie. Ils n'en mouraient point tous, puisque la population, croit-on, ne diminuait plus, et s'apprêtait à croître bientôt. Du moins ce début de millénaire, s'il connaissait bien les maladies dues aux carences alimen· taires et à l'ergot de seigle, avait oublié depuis longtemps l'existence de la peste, qui ne se réveillera que bien plus tard.

---

1. Enlèvement d'une couche superficielle de terrain et brûlage des herbes qu'elle renferme.

La condition de tous ces paysans, qui nous paraît rude (mais en concevaient-ils une autre ?) variait de l'esclavage à la liberté.

Des esclaves, une minorité, mais encore forte, il en existait, par troupes de dix ou vingt, dans les maisons seigneuriales, voués au service personnel, à l'artisanat, à l'agriculture, surtout jardinière ; de gros laboureurs (il s'en trouvait quelques-uns) et de petits seigneurs en détenaient quelques couples. On les achetait, on les vendait, on les volait, simples objets comme aux temps romains ; soumis à la corvée permanente, ils ne possédaient rien, ne léguaient rien, ne pouvaient se marier sans l'autorisation du maître, mais pouvaient devenir clercs après affranchissement — un succès de l'Eglise. Leur nombre paraît tout de même diminuer quelque peu, mais ils ne sont pas près de disparaître. En même temps, le système relativement ancien de la seigneurie foncière, ou seigneurie rurale, s'installe pour des siècles (jusqu'en 1791), mais ira en s'adoucissant.

La seigneurie rurale repose sur un partage du domaine entre la « réserve » seigneuriale, alors fort importante, et ce qui a été concédé moyennant redevances de toutes sortes (travail, blé, piécettes) à des paysans, les « *tenures* » ou « *censives* » (censives parce que le cens, redevance fondamentale, signifie et reconnaît la propriété éminente du seigneur) ; à ce moment, parmi les devoirs des paysans, le plus dur consiste à cultiver, gratuitement mais moyennant la nourriture, les terres de la réserve, habituellement trois jours sur six.

Cela dit, la condition de ces paysans varie. Les plus défavorisés sont les serfs, alors fort nombreux : ils paient au seigneur une sorte de taille personnelle, demeurent corvéables (dans des conditions variables), ne peuvent se marier hors de la seigneurie qu'en payant le droit de « formariage » et ne transmettent meubles et lopin à leurs enfants que si ceux-ci vivent avec eux (et encore le seigneur peut-il en prendre une partie, une vache souvent) : des survivances non négligeables de cette condition existeront encore au XVIIIe siècle, et Voltaire les dénoncera.

D'autres, simples « vilains », jouissent de conditions moins contraignantes, tout en continuant d'honorer leur seigneur d'un peu de leur force de travail et d'une partie variable de leur production : ils annoncent, de loin, les paysans du Grand Siècle.

Dans le Midi, dans l'immense Aquitaine notamment, ont longtemps survécu des groupes de paysans à peu près libres, qui travaillent des terres dont ils sont vraiment les propriétaires, les *alleux,* et qui ne sont pas sous l'autorité d'un seigneur. Le nombre de ces alleutiers baissera fortement par la suite, mais on en trouve encore en plein XVIIIe siècle, en Auvergne comme en Bourgogne.

Tous, on le devine sans le savoir vraiment, durent procréer beaucoup d'enfants, en perdre la moitié, survivre dans le rachitisme et les « dévoiements », qui dérivent de nourritures carencées, tantôt pesantes, tantôt infectes, tantôt réduites à presque rien. Ils ont dû redouter les grands fléaux éternels, guerre, famine, épidémie, ou s'y résigner, croire aux astres, aux forces de la nature, aux démons cachés, mais trouver leur ultime recours, après la protection du seigneur, dans la ferveur et les merveilleuses espérances que leur offrait un clergé sans doute nombreux, puisque, les ermites et les moines exceptés, il s'est implanté dans chaque village un prêtre et que les premiers sanctuaires de pierre taillée et appareillée, chapelle ou oratoire, commencent à se dresser.

LES PUISSANTS : GUERRIERS ET SEIGNEURS

La mince élite cultivée des clercs s'était depuis longtemps installée bien au-dessus de la société laïque. Dans celle-ci, ils distinguèrent très vite les guerriers des paysans, les riches des pauvres, les nobles des vilains. Ainsi se constitua la théorie des Trois Ordres qui, avec un peu de latin et autant de suffisance que d'insuffisance, résume un peu trop la composition de la société : *oratores, bellatores, laboratores,* ces derniers, unanimement méprisés, s'échinant pour que les autres puissent prier ou guerroyer.

Qu'ils descendent de la noblesse carolingienne (ducs, comtes, rares marquis) ou qu'ils se soient imposés par la force seule, ces puissants laïcs qui dominaient la Francie de l'an mil furent tous de grands propriétaires fonciers, donc aussi des seigneurs fonciers, tous des guerriers, donc tous chevaliers au premier sens du mot, qui est de se battre à cheval, et au second sens aussi, qui consiste à entrer, par l'adoubement, dans une sorte d'ordre réservé à des initiés ; enfin ils appartiennent à une texture d'origine ancienne, qui relie entre eux, verticalement, ces guerriers à cheval, grands propriétaires et nobles, qu'on appelle volontiers *féodalité*.

Féodalité au sens strict, ce sont ces liens d'homme à homme qui descendent du suzerain des suzerains (empereur jadis, roi désormais) jusqu'aux derniers des vassaux, que les Normands qualifiaient volontiers de « vavasseurs » ; dans cette hiérarchie, dans cette échelle, n'entraient que des chevaliers, que des nobles, roturiers et vilains restant toujours au-dehors (mais pas les clercs, comme on verra).

On connaît la cérémonie de l'*hommage* — on dira bientôt « foi et hommage » — avec ses trois rites habituels : le vassal à genoux mettant ses mains dans celles du seigneur, le serment de fidélité sur la Bible ou sur des reliques, souvent aussi le baiser sur la bouche, comme si deux souffles de vie s'échangeaient. Suivait généralement la remise symbolique par le seigneur d'un gant, d'un bâton, d'un anneau, d'une motte de terre ou d'une branche : il s'agit de l'investiture du vassal, et surtout de son inféodation, de la remise d'un fief, justement représenté par la terre ou le feuillage.

Ce fief, au début donné seulement pour une vie, était vite devenu héréditaire, et ces vassaux ainsi fieffés prirent même l'habitude de le partager entre leurs fils, ce qui accrut l'émiettement féodal, et provoqua un certain appauvrissement d'une partie des modestes féodaux, qui songèrent à aller tenter fortune ailleurs, notamment par le biais de la Croisade.

Les devoirs du seigneur se ramenaient à la protection de ses vassaux, en paix comme en guerre, et à leur entretien, notamment en sa résidence, où le vassal peut devenir une sorte de « domestique », au beau sens de compagnon et de familier de la maison *(domus)*.

Les devoirs du vassal, outre la fidélité, tenaient en deux mots : *consilium* et *auxilium ;* ce qui signifie d'abord participation à la cour et au conseil du souverain, donc à sa justice. Le second terme, seconde obligation, entraîne l'aide militaire, l'entrée dans l'*ost* (du latin *hostis,* armée) du suzerain lorsque celui-ci le requiert, devoir assez vite limité à quarante jours ; il entraîne aussi l'aide financière, dite « aux quatre cas » : rançon du suzerain prisonnier, mariage de sa fille aînée, entrée en chevalerie de son fils aîné (son adoubement), et départ pour la Croisade.

Ces chaînes vassaliques pouvaient se compliquer, se ramifier, parfois s'enchevêtrer, parfois aussi être rompues en quelque sorte à l'amiable, ou brutalement par *félonie,* cas très grave d'infidélité.

Les rois des Français (rappelons que c'était leur titre juridique) ont su admirablement jouer de ces liens féodaux : d'abord en s'installant au sommet, ensuite en essayant de bien les contrôler et en exigeant toujours l'hommage ; enfin, jusqu'au connétable de Bourbon sous François Ier, et même au Grand Condé sous Louis XIV, en utilisant l'accusation très grave de félonie.

Ces chaînes de féodaux unissaient des cavaliers qui possédaient toujours plusieurs destriers, montures de plus en plus puissantes parce que mieux sélectionnées et nourries de plus en plus d'avoine. Ces sortes de centaures guerroient ensemble, de plus en plus lourds puisque l'écu (bouclier), la lance et la large épée, le caparaçon et la cuirasse, naguère de bois et de cuir, se garnissent de plus en plus de fer. En effet, dans le fond des forêts se multiplient les minières et les fourneaux et en même temps les ateliers flamboyants et effrayants des *febvres* et des *ferrons,* fabricants de heaumes et de cuirasses pour hommes et montures, — plus les « sochiers » qui forgent des socs pour des labours plus profonds.

Seigneurs, vassaux, arrière-vassaux, tous chevaliers et nobles, ne se mariaient qu'entre eux, et constituaient en France capétienne (ce qui n'était encore le cas ni en Angleterre ni dans l'Empire) une noblesse au sens strict, une condition normalement héréditaire. Chevaliers, ils ne l'étaient pourtant qu'après une initiation, sorte de rite de passage, cérémonie souvent décrite : l'adoubement. A l'adolescent de quatorze ans environ (âge aussi de la puberté reconnu par l'Eglise) un aîné remettait l'épée et le baudrier, puis donnait ce coup au visage qu'on appelait *paumée,* épreuve et probable souvenir de bien vieux usages. Ensuite, déployant sa force physique et sa maîtrise équestre, le nouveau chevalier accomplissait devant sa famille quelque rude épreuve, dont la plus innocente consistait à renverser une sorte de mannequin. A partir de là, il pourra chasser, guerroyer, et participer à ce sport viril, souvent dangereux, appelé tournoi.

Aux alentours de l'an mil, l'intrusion de l'Eglise dans ce cérémonial à la fois barbare et militaire apparaît assez discrète. Le recueillement et la pieuse veillée, la bénédiction de l'épée, la morale chevaleresque, le respect des lieux saints, la protection de la veuve et de l'orphelin, ce sera pour plus tard, ou pour bientôt. Et pourtant l'Eglise, autour de l'an mil, essayait de prendre ou de reprendre son ascendant sur cette société féodale encore assez fruste, ce qui nécessitait qu'elle s'y introduise : ce qui survint avec une certaine facilité.

L'ÉGLISE

Depuis plus de sept siècles, missionnaires et évangélisateurs de toutes origines ont solidement planté en pays franc un christianisme auquel n'échappent plus que quelques « païens » arriérés des pays basques et gascons, des colons normands amenés par Rollon et ses compagnons, et de petits groupes de juifs tolérés encore dans quelques villes du Midi.

Le prestige du pape est immense, mais lointain. Les véritables chefs d'une Eglise qui se dit toujours « des Gaules » sont les évêques, tous établis dans les anciennes cités romaines, le plus souvent issus de familles puissantes et nobles, donc en pratique déjà engagés dans les liens féodaux. Matériellement, ils vivent richement de domaines légués par de pieux seigneurs laïcs. Ils jouissent d'immunités qui leur permettent d'échapper à la justice comtale et même royale. Souvent ils sont comtes et ducs en même temps que prélats, et presque toujours les maîtres dans leur ville épiscopale. Ils ont conféré les ordres sacrés — mineurs, puis majeurs — à ceux qu'ils ont sortis du laïcat, après une éducation plus ou moins brève, pour en faire les prêtres des campagnes. Ils jugent souverainement de nombreux cas et peuvent prononcer l'arme terrible de l'excommunication. Ils vont parfois jusqu'à faire des miracles, le plus souvent après leur mort.

A côté d'eux, maîtres effectifs de la cathédrale, dont ils dirigeront la reconstruction, se sont constitués des chapitres de chanoines, équipes assez remarquables par leur naissance et leurs capacités, dotées d'un patrimoine foncier souvent énorme (particulièrement dans le Nord et l'Est), patrimoine toujours distinct de celui de l'évêque, et cela jusqu'en 1789.

Les uns et les autres mènent une vie de qualité variable, où les jeûnes et la chasteté ne tiennent pas toujours une place excessive. Et pourtant les meilleurs, issus souvent des écoles de Reims ou de Chartres, conservent une culture entièrement latine (le grec est oublié) où des auteurs dits païens — de Virgile à Cicéron, de Quintilien à Tite-Live — voire des restes affadis d'Aristote et de Platon, accompagnent les traductions de la Bible données par saint Jérôme au IVe siècle et les rares apports mathématiques que des hommes exceptionnels comme Gerbert (le futur pape Silvestre II) cueillirent vers 970 en Catalogne au voisinage de la civilisation musulmane. Brillantes exceptions.

Le plus souvent, au fond des clairières de paysannerie, dans des sortes de chapelles établies dès l'époque franque, des prêtres disaient la messe, délivraient quelques sacrements et tentaient de prêcher dans des paroisses dont on avait souvent achevé de préciser et parfois de borner les limites. Cellules qui demeureront la base de la vie française durant des siècles, et engendreront la plupart de nos actuelles unités communales. Ces prêtres ruraux, tantôt nommés par un ecclésiastique, tantôt par un seigneur laïc, vivent de la dîme instituée sur les « fruits de la terre » dès l'époque de Charlemagne, ou du moins de la portion que leur laissent de plus puissants qu'eux.

Ces prêtres, on perçoit mal leur action et leur pastorale ; certains historiens pensent qu'elles reposaient surtout sur l'Ancien Testament et l'Apocalypse, qu'elles s'orientaient vers la préparation du Jugement Dernier, et qu'elles avaient commencé à couvrir du manteau chrétien les vieilles dévotions agraires et magiques, — un peu comme ces menhirs qui, plus tard, furent surmontés d'une croix. Il est seulement certain que ces prêtres, parfois surabondants et souvent misérables, proches de la paysannerie et plus ou moins mariés, assistaient chaque paroisse, et incitaient à construire ces premières petites églises de pierre, fort sombres, qu'on appellera romanes.

Contaminés, parfois beaucoup, par le style de vie du temps, les richesses et les misères, les conflits et les soumissions, ces clercs qu'on appellera dorénavant séculiers (vivant dans le siècle) possédaient sans doute, sur l'esprit des peuples, moins d'influence et de rayonnement que les saints ermites, issus du fond des siècles, et surtout que les moines — jusqu'alors, tous des hommes — dont les communautés brillaient et se multipliaient. A l'origine, tous devaient passer leur vie terrestre dans la prière, les macérations et la chasteté. Puis les laïcs, pour expier plus sûrement leurs péchés, couvraient de présents monastères et abbayes.

De telles richesses gâtaient inévitablement les pieux établissements, où sombrait la pureté des règles primitives, d'autant que les investissaient les laïcs repentis ou leurs enfants. Jaillissaient alors d'autres créations de la foi, au creux d'un vallon, non loin de la forêt et de la rivière. Depuis 910, c'était Cluny qui, par toute son indépendance et le prestige de ses premiers abbés, avait rayonné sur l'Occident chrétien. Quand Cluny fléchira, Grandmont en Limousin, les Prémontrés près de Laon, enfin l'ordre mixte de Fontevrault en Anjou tentèrent de reprendre une existence contemplative et pure. Tout fut éclipsé par Cîteaux (1098) surtout quand l'indomptable Bernard en prit la direction (1115).

Mal conscients peut-être de ce renouveau, les sujets et vassaux des premiers Capétiens trouvaient auprès des moines et des abbayes bien encloses à la fois le secours contre les pillards, l'espoir en l'éternité, et l'enthousiasme communicatif des grands orateurs populaires qui poussaient aux pèlerinages, Compostelle, Rome, bientôt Jérusalem, vers laquelle se tournait aussi une noblesse aussi avide de gloire et de conquêtes que de sanctification.

Mobilisations de masse qui marquent des temps nouveaux puisque, depuis les décennies 1030-1040, une évolution lente et multiforme, une sorte de croissance affectait le royaume des descendants d'Hugues et de Robert.

Les conditions
d'une première croissance
(1031-1137)

Les invasions barbares étaient terminées depuis près de cent ans. Trois siècles s'étaient écoulés depuis les dernières grandes pestes, éteintes pour trois siècles encore. Les chroniqueurs plaçaient aux environs de 1030-1035 la dernière famine vraiment catastrophique. Tentant de christianiser la chevalerie en décrétant (avec un succès variable) ici la trêve de Dieu (quatre jours par semaine), là la « paix de Dieu » (plusieurs années), ailleurs une sorte de répit de Carême, un peu partout des zones abritées près des couvents, l'Eglise avait contenu ou fait reculer l'anarchie dévastatrice des féodaux batailleurs.

Bientôt, en prêchant la Croisade, elle dérivera plus loin le goût de la chevauchée et du saccage, et le trop-plein des petits chevaliers mal pourvus de terres. Dans une sorte de paix fragile, les paysans plus nombreux pouvaient mieux travailler, et les marchands reprendre les grands chemins et tenir des foires avec quelque sécurité. L'économie anémiée du royaume esquissait ce que l'on n'ose appeler un démarrage.

Bien que lentement répandus à partir des domaines septentrionaux les mieux gérés, des progrès techniques apparaissent. Le collier d'attelage qui s'appuie aux épaules au lieu du cou ; la ferrure plus fréquente des chevaux de trait ; l'amélioration de l'attache du joug au front des bœufs ; le fer plus abondant qui renforce désormais (outre la cuirasse) l'outillage paysan, socs, houes, pics ; l'extension bien attestée de la rotation triennale, qui gagne une année et une belle récolte d'avoine, qui fera des chevaux plus vigoureux, qui commenceront à labourer, plus rapides, à la place des bœufs ; l'installation en culture dérobée (sur la jachère) de ces précieuses légumineuses qui emplissaient les ventres en n'épuisant plus les champs ; le mil et la bouillie qui reculent devant le pain et les « bledz » ; les moulins à eau, legs du passé, qui se multiplient soudain : près de 6 000 en Angleterre au temps du Domesday Book (1086), 245 en Picardie vers 1175, tandis que par la suite on en construisait un par an :

matériel coûteux, donc installé par le seigneur, qui s'en fera payer l'usage ; parallèlement, des fours également « banaux » s'édifient un peu partout ; quant aux moulins à vent, qui devaient se multiplier si vite, on ne voit pas apparaître les premiers avant 1180, dans cette Normandie modèle, pour quelques années encore indépendante.

Sans doute ne faut-il pas exagérer de tels progrès, souvent localisés, lents à se propager, ou bien propres à ces domaines ecclésiastiques sur lesquels nous sommes mieux renseignés. Le gros bétail et donc le fumier manquaient encore, et manqueront longtemps. Ce n'était que dans ses meilleures terres que l'abbaye de Cluny, à la pointe du progrès, parvenait à recueillir six grains pour un, près de dix quintaux à l'hectare, un rendement qui ne sera couramment dépassé que bien des siècles plus tard, et pas avant le xviiie. Ces progrès techniques et agricoles existèrent du moins sur les terres que nous connaissons. Sur toutes, sans doute pas.

Grands défrichements et expansion démographique.

En revanche, ce qui s'accrut sûrement, ce fut la surface cultivée. La seconde moitié du xie siècle et l'ensemble du xiie furent l'époque bénie d'une série de grands défrichements.

Très simplement, ceux-ci s'effectuèrent souvent à partir de la zone du village, de ses propres enclos, et de ce qu'on appelait dans le duché de Bourgogne (très bien étudié) le « champ de maison » ou l' « aile du manse ». Le finage attenant au village s'élargissait en absorbant les pâtures temporaires, les zones de culture intermittente après brûlis, les premiers taillis, l'orée de la forêt. Ce qui supposait des hommes en nombre, des outils puissants, et l'acceptation du seigneur, généralement contre redevances nouvelles, surcens ou rentes (en nature) ; tant que les réserves de chasse, de haras libres ou de futaie n'étaient pas entamées, les féodaux ne trouvaient qu'avantages à ces accroissements, et l'Eglise elle-même en retenait de nouvelles dîmes.

Plus connus et plus « spectaculaires », les défrichements au cœur des zones forestières, souvent sur l'initiative d'un seigneur laïque ou d'une abbaye. Le long d'un vallon ou d'un chemin ancien élargi et renforcé, ils permettaient à des vilains alléchés par l'exemption de taille, de corvée et d'autres droits, aidés parfois par des dons d'outils et de bétail, de bâtir des maisons souvent jointives avec le jardin derrière et le champ plus loin encore, s'enfonçant dans la masse buissonnière ou arborée. D'où ces villages en « arêtes de poisson », ces essarts, ces villeneuves, ces franchises, dont les uns s'étiolaient et d'autres se développaient brillamment, attirant les serfs rudement exploités des vieux manses et des vieilles « basses-cours » seigneuriales.

Le long de certaines rivières marécageuses et surtout de côtes encore humides des dernières transgressions marines, comme la Flandre, prodigieux modèle, il fallait d'autres techniques, d'autres moyens financiers et humains pour commencer à construire ces polders qui, aux siècles suivants, s'étendront à la basse Somme, à la basse Seine, aux marais breton et poitevin, à d'autres encore.

Ces créations intelligentes et nécessaires favorisaient aussi un certain esprit de liberté : des seigneurs, un roi avisé comme Louis VI concédaient aux défricheurs des chartes dites de franchise (le mot importe autant que le contenu) : la première à Lorris en Gâtinais, qui fit tache d'huile en plein XIIᵉ siècle, tandis que d'autres apparaissaient vers l'est (loi· de Beaumont, Argonne) ou vers l'ouest (coutume de Breteuil en Normandie, qui essaima en Angleterre).

En d'autres régions, l'expansion paysanne prit une autre forme : une colonisation par grandes familles donnant leur nom à des hameaux, éparpillées au cœur des bois, y découpant en quadrilatères approximatifs des champs toujours enclos, les plus riches tout près de la maison. De taillis et de bruyères, de petits groupes d'hommes firent, aux XIᵉ et XIIᵉ siècles, une partie de ce bocage qui interrompt à l'ouest les campagnes dénudées de Beauce et de Touraine, transgressant les frontières des duchés de Bretagne et même de Normandie, et le nord de l'Aquitaine poitevine.

Premiers « bourgeois », premières « communes ».

A partir d'exemples locaux (Picardie, Flandre) et de supputations raisonnables, des historiens ont pensé (comment prouver ?) qu'entre l'an 1000 et l'an 1200, la population du royaume a pu tripler — ce qui ne devait pas la porter bien au-delà de dix millions —, qu'elle se nourrit mieux, se logea mieux, se vêtit mieux, se chauffa mieux (les cheminées intérieures apparaissent) et que les grandes famines lui furent épargnées, si les disettes locales et passagères se manifestèrent encore (et cela jusqu'au xviie siècle).

En cette France où la richesse fondamentale était foncière et paysanne, l'élan avait été donné. Il semble qu'il donna le branle à tout le reste, commerce et vie urbaine.

La sécurité à peu près retrouvée, on dut rapiécer quelques grands chemins, et il est sûr que la plupart des anciens ponts furent rétablis, grâce au labeur de curieuses corporations de « frères ponteniers » et aux secours de quelques grands personnages, avides de péages confortables.

Le grand commerce reprit avec quelque vigueur ; il ne s'était pas vraiment arrêté : les fourrures, l'or et les objets précieux avaient toujours excité la convoitise des plus puissants qui tournaient leurs regards vers les merveilles de l'Espagne musulmane, du monde byzantin, de l'Orient deviné et magnifié. Des marchands avaient longtemps circulé, parmi mille épreuves, pour étaler leurs trésors de château en château. Ils purent désormais se rencontrer et être rencontrés régulièrement en des lieux favorables : carrefours, confluents, fonds d'estuaires, piémonts, voisinage de sanctuaires fameux. Foires et marchés renaissaient, pour lesquels il convenait d'obtenir protections et privilèges, qu'on va leur octroyer, non sans arrière-pensées financières.

Dès le début du xiie siècle, les marchands s'installent, d'abord dans de fragiles cabanes, autour d'un vaste lieu d'étalage et de marchandage, assez près des remparts d'une vieille cité épiscopale le plus souvent ; puis ils s'y établissent, y fondent une chapelle, bientôt une paroisse, parfois plusieurs. Ce sont les faubourgs qui, par ricochet,

et avant de s'entourer de murs à leur tour, ont redonné vie
à l'antique cité sous l'autorité de son évêque et de son
chapitre. Des villes qui n'avaient plus mille âmes se
mettent à grossir, font éclater leur corset de pierre,
l'agrandissent ou le doublent ; certaines atteignent cinq
mille, voire dix mille habitants. Au siècle suivant, la
croissance s'accélérera, puis se stabilisera quelque peu.

Des « mestiers » (le mot de corporation n'apparut qu'au
xviiie siècle) s'y installent, s'y regroupent, s'y structurent ;
parmi les plus puissants, les bouchers (également éleveurs
et tanneurs), les « férons » ou « fèvres » qui travaillent en
ville le fer préparé au fond des forêts, puis au long des
rivières ; les épiciers ou merciers, qui vendent de tout y
compris l'indispensable poisson salé et les pruneaux de
Carême, et déjà les coûteuses épices ; entre Gand et
Beauvais se sont assez rapidement développées des cités
drapantes presque énormes, qui vont vêtir une partie du
royaume. Déjà apparaissent des sortes de voyages carava-
niers protégés qui cheminent vers les nouveaux centres de
foire, Flandre et Champagne surtout, Lendit bientôt.

Avant de poser quelque problème aux théoriciens des
Trois Ordres (où les placer ?), ces hommes, apparemment
nouveaux qu'on commence ici ou là à appeler « bourgeois » (*burgenses*) dès le milieu du xie siècle, croissent en
nombre, en fortune, donc en puissance. Ils s'accommo-
dent mal des prétentions et du contrôle seigneuriaux, ou
épiscopaux, s'unissent par des serments communs, justement appelés *communes*. Ils luttent, parfois fort violemment comme à Laon (1112) pour arracher des privilèges,
c'est-à-dire des « libertés ».

Pour gêner leurs adversaires, les rois encore faibles
comprennent que des alliés s'offrent à eux, et les aident à
obtenir des « franchises » qui leur confèrent une grande
part au gouvernement des villes. Dans cette histoire,
Louis VI gagna un peu abusivement, par la suite, le nom
de « père des communes ». Comme Laon la révoltée,
d'autres grandes villes du Nord, Beauvais, Noyon, Soissons, Reims s'insurgent et arrachent une autonomie
communale partielle ou presque complète. Astucieusement, les villes flamandes profitèrent en 1127-28 d'une
querelle dans la succession comtale pour obtenir de

robustes « constitutions » auxquelles elles s'accrochèrent longtemps.

Rien de vraiment général dans ce mouvement, encore moins de démocratique : aux échevinages installés peu à peu n'accédaient que les riches, qui composaient souvent avec le seigneur urbain. Et pourtant rien de tout cela n'était pensable un siècle plus tôt.

De cette croissance à la fois démographique, rurale et urbaine, agricole et marchande ne découlent pas forcément l'essor de l'art roman, le renouvellement de l'enseignement religieux et l'apparition de littératures profanes. Mais il est patent que tout cela fut grossièrement contemporain. La fièvre de construction — villes, châteaux, églises, ponts — ne peut qu'être liée à l'abondance d'hommes plus vigoureux, à la moins grande difficulté des transports, au progrès de beaucoup de techniques, à l'atmosphère de paix relative, à la reprise de grands pèlerinages dont les routes se jalonnent de sanctuaires et de lieux d'accueil.

De beaux volumes, souvent prestigieux, ont présenté et tenté d'expliquer l'art tardivement appelé roman. Il connut des formes régionales fort différentes, et s'exporta fort loin, jusqu'en Palestine. Il a combiné des solutions parfois simples aux problèmes de la voûte et des contreforts, de la lumière et de l'ombre, de la sobriété des lignes et de la progressive abondance d'une décoration tantôt très stylisée, tantôt très contournée et à cette sorte d'horreur de la nudité murale qui conduisit à peindre beaucoup, et ainsi à offrir, avec certains chapiteaux, une sorte de Bible pour les illettrés, que François Villon décrira pour sa mère, bien plus tard.

En même temps, ou plus tard, se raniment ou se créent des écoles monastiques et surtout épiscopales, Tournai, Angers, Tours, Orléans, Chartres surtout, Paris enfin, qui insensiblement devient le séjour habituel des rois. Grâce aux relations reprises par la Sicile devenue normande et l'Espagne mozarabe, on retrouve de sérieux fragments des grandes œuvres grecques (traduites hors de France), d'Hippocrate à Galien (qui vont régner durant des siècles sur l'art de soigner) et surtout à Aristote qui semble fasciner les lettrés un peu plus nombreux du XIIᵉ siècle débutant, et qui remuera bientôt les théologiens et les premiers universitaires.

Presque en même temps, dans le monde de la chevalerie moins occupée de ripailles et de batailles, point un esprit nouveau qui préfigure la littérature courtoise ; mais cela surtout à la cour de Poitiers et dans la délicate Aquitaine où fleurissent des joutes poétiques dédiées parfois aux dames qui commencent à exister autrement que comme servantes, ribaudes ou reproductrices.

Ailleurs, c'étaient les vieux romans de chevalerie — la rude *Chanson de Roland,* puis celle de Guillaume, en attendant Girard de Roussillon ou Ogier le Danois, plus fades, — qui berçaient les veillées châtelaines de probables soudards dont la culture sommaire s'affina peut-être avec le roman à l'antique (Troie et l'Enéide au goût du jour) ou le « cycle breton » (Marc, Tristan, Iseult) que reprendra plus tard un clerc champenois, Chrétien de Troyes.

De toute manière, ce genre de littérature touchait alors bien moins d'un Français sur cent. Un demi-millénaire plus tard, des imprimeurs avisés — ceux de Troyes et de la « bibliothèque bleue » notamment — les reprendront à très bon compte, répandant ces récits chevaleresques, mythologiques et courtois jusque dans les villages : postérité aussi large qu'inattendue.

LES ROIS

Des quatre premiers Capétiens, l'historien ne sait pas grand-chose, et pourtant leurs règnes ajoutés couvrent plus d'un siècle. On a d'eux quelques diplômes (documents officiels scellés) et quelques témoignages indirects, venus de clercs dont l'esprit critique n'était pas (et ne pouvait être) la vertu dominante.

On sait que leur domaine, discontinu et disputé par des vassaux pillards, s'échelonnait par taches entre Compiègne et Orléans, plus quelques droits en Berry et la nomination à quelques abbayes ou évêchés (le plus lointain au Puy). Tous bataillèrent pour arrondir ce domaine et le rendre cohérent.

Robert s'installa à Dreux et à Melun, son fils Henri à

Sens la métropole ecclésiastique, et enfin Philippe Ier en plusieurs points du Gâtinais, du Vexin, surtout à Bourges. En cent vingt ans, le domaine d'Hugues dut se trouver presque doublé. Ici et là, des prévôts royaux, sortes de régisseurs, levaient redevances et droits seigneuriaux, et tâchaient de rendre la justice.

Autour du monarque, les antiques offices palatins (chambrier, bouteiller, sénéchal, chancelier) étaient accaparés par des vassaux directs, mais subsistaient, prêts à reprendre quelque signification. L'armée se réduisait à une poignée de parents, de compagnons, de vassaux nourris, et pouvait s'accroître par appel à l'ost féodal — quarante jours en principe — pour combattre quelques grands feudataires ambitieux — Flandre, Normandie, Bourgogne — ou l'annonce d'un danger venu de l'Est, donc de l'Empire.

De vingt expéditions peu brillantes ne résultèrent pas de grands avantages, sinon une sorte de contrôle de la fidélité de ceux qui avaient juré leur foi au roi.

Le grand mérite de cette lignée apparemment médiocre, et de moralité incertaine (le pape dut manier deux fois l'excommunication à cause de répudiations ou de remariages peu canoniques), fut au fond de durer. Deux chances les favorisèrent. Leurs voisins les plus dangereux, ou bien disparurent prématurément (comme la belle dynastie des Empereurs ottoniens en 1002), ou bien s'occupèrent ailleurs (les Normands contre les Infidèles d'Espagne et de Sicile, puis en Angleterre à partir de 1066). Surtout, chacun put procréer au moins un fils qui vive (d'où justement les répudiations), qu'il prit bien garde de faire sacrer de son vivant, et d'associer au trône, ce qui durera jusqu'à Philippe Auguste. Ainsi l'hérédité royale fut pratiquement rétablie, et les possesseurs de grands fiefs, descendants de ceux qui avaient élu Hugues en lui faisant sentir sa faiblesse (le célèbre « Qui t'a fait roi ? »), les reconnurent sans difficulté, rassurés peut-être aussi par leur relative faiblesse.

Louis VI le Gros.

Le cinquième de la dynastie, Louis VI le Gros, le bien-nommé puisque « glouton, obèse, sensuel et brutal » (écrivait naguère Edouard Perroy), eut la chance d'être conseillé par Suger, abbé et reconstructeur de Saint-Denis, qui rédigea de son maître une louangeuse biographie, qui a longtemps impressionné les historiens. Certes ce roi a nourri quelques grands desseins, comme d'attiser les querelles internes de la puissante monarchie anglo-normande ; mais celle-ci le battit à plusieurs reprises, et mit même dans sa mouvance le duché de Bretagne (1113). Puis la chance voulut que l'anarchie s'emparât un moment de l'Angleterre, ce qui le tranquillisa.

Il réussit mieux en allant, par deux fois, punir son vassal Guillaume VI d'Auvergne qui persécutait l'évêque de Clermont ; mieux encore lorsqu'il réussit à rassembler devant Reims suffisamment d'hommes de guerre pour décourager l'Empereur Henri V, venu l'attaquer ; c'est que la plupart des puissants féodaux, toutes querelles cessantes, avaient rejoint l'ost royal : bon signe pour l'autorité du Capétien.

Mais la vraie réussite de Louis VI, ce fut de pacifier enfin son propre domaine. Il y consacra une bonne vingtaine d'années, tant se montrèrent coriaces les petits seigneurs brigands et bien retranchés qui le bravaient. Ses vassaux l'aidèrent peu, mais quelques milices communales le firent. Il mit sept ans pour venir à bout du sieur du Puiset, et pas loin de trente pour celui de Coucy. Il dut même lutter contre la famille de son favori, Etienne de Garlande, qui avait confisqué presque tous les offices palatins, et détenait le sceau royal ! Travail toujours à refaire, malgré les confiscations de terres et les soumissions jurées.

Pacificateur et unificateur d'un domaine qu'il étendit quelque peu, Louis VI termina son règne par un coup d'éclat dont il ne mesura sûrement pas la portée : il maria son fils Louis à l'unique héritière d'un de ses plus grands vassaux, qui le précéda de peu au tombeau : rien de moins que Guillaume X, dont le duché d'Aquitaine étalé de la

Loire à la Dordogne venait de s'adjoindre le duché de Gascogne qui touchait aux Pyrénées.

Bien sûr les deux époux conservaient séparément leurs dotations, mais enfin les Capétiens risquaient d'aller chevaucher bientôt sous des cieux tout nouveaux pour eux, ou du moins un considérable élargissement de puissance était envisageable. Il fallut bien plus d'un siècle pour le réaliser. En attendant, la brûlante Aliénor allait bousculer durablement la monarchie capétienne.

Louis VII et Aliénor.

Louis VII ne jouit pas habituellement d'une haute estime dans cette catégorie d'historiens qui croient devoir prononcer des sentences. Il présentait pourtant quelques traits de caractère qui se retrouveront chez son arrière-petit-fils Louis IX : une intelligence rapide, un grand désir de justice, une profonde piété ; mais il était très jeune, demeura assez brouillon, volontiers imprudent, sans grande persévérance, peut-être trop dévoué aux intérêts de l'Eglise, et sans doute piètre mari.

La jouvencelle (quinze ans) brillante, que son père lui avait destinée, avait été élevée à la Cour de Poitiers, dont la langue, la culture, le goût de la poésie, du chant, du décor fleuri, de la courtoisie et une certaine liberté d'allure et de conduite firent sensation dans l'entourage capétien, bien plus fruste, et apportèrent comme une odeur de scandale.

Aliénor poussa Louis à s'occuper avec quelque rudesse des affaires de l'Eglise (qu'elle aimait peu) et de la nomination des évêques, et à attaquer son dangereux voisin Thibaut de Champagne. L'affaire fut sanglante, finit mal, et Louis retomba sous l'influence des clercs, tandis que son épouse s'éloignait de plus en plus de lui. Dans le même temps, bien loin de là, les Turcs, contenus depuis un demi-siècle par les royaumes chrétiens établis en Syrie et en Palestine, attaquaient vigoureusement et reprenaient Edesse (1144). Dès lors, le pieux roi ne songe plus qu'à la Croisade, une croisade qu'il mènera, après que le prestigieux saint Bernard l'eut prêchée et que l'empereur Conrad III eut décidé de l'accompagner.

Nous n'avons pas à raconter ici comment, après une dure équipée et des combats horribles, une troupe de chevaliers prit Jérusalem en 1099 et arracha ainsi le tombeau du Christ aux Turcs qui l'avait pris vingt ans plus tôt, et comment un royaume et trois principautés « francs » s'installèrent autour de la Terre Sainte. Tout n'était pas pur en cette croisade, qui s'accommodait de l'esprit de lucre et de l'appétit de pouvoir. Du moins eut-elle le mérite de débarrasser les faibles Capétiens d'un certain nombre de chevaliers besogneux et brutaux d'entre Escaut et Loire.

En revanche, l'élan chrétien de Louis VII ne paraît pas douteux : il partit de Vézelay pour la Terre Sainte en 1147. Qu'il ait échoué devant Damas l'année suivante et soit revenu en France en 1149 (Suger géra le royaume en son absence, et mourut en 1151) marque sans doute l'histoire des Croisades. Pour l'avenir de la monarchie et du royaume de France, il importe beaucoup plus que Louis VII ait embarqué la reine dans cette aventure, où l'on dit qu'elle s'est comportée fort mal, ou plutôt trop bien avec, notamment, un beau Sarrazin, par surcroît esclave.

Que l'affaire soit exacte ou non, la frivole Poitevine n'avait produit que deux filles, et le roi n'en voulait plus. Malgré Suger, malgré le pape, il trouva des évêques assez complaisants pour annuler un mariage qui pourtant avait été consommé. Après une deuxième union stérile, une troisième épouse, champenoise cette fois, donna enfin un fils au monarque : le futur Philippe Auguste.

Quant à la volage Aliénor, qui avait largement dépassé la trentaine (à l'époque, ce n'était plus du tout la jeunesse), mais tenait toujours son duché d'Aquitaine et la Gascogne, elle choisit le plus jeune et le plus doué de ses nombreux prétendants, Henri Plantagenêt. Déjà comte d'Anjou et du Maine, et possesseur effectif du duché de Normandie conquis par son père, il devient roi d'Angleterre en 1154. Vassaux du roi de France, les deux époux détenaient des terres qui allaient de Dieppe aux Pyrénées. Par surcroît, trois fils leur naquirent, qui allaient faire parler d'eux : Henri, Richard (Cœur de Lion) et Jean (Sans Terre). De rudes choses se préparaient.

Face à ce début de débâcle, Louis VII adopta la sûre

politique qui consiste à semer la division et à contourner les difficultés. Il attisa les querelles entre Henri II et Aliénor (trompée à son tour), entre le père et ses fils, et reçut avec fracas Thomas Beckett exilé par son maître. De plus, sa piété lui donna quelque lustre : il accueillit à Sens le pape Alexandre III et sa Cour, en butte à l'hostilité de Frédéric Barberousse. Prenant à revers les terres aquitaines, il aida prélats et moines à lutter contre des seigneurs batailleurs ou brigands : on le vit à Vézelay, à Cluny, à Mâcon, en Beaujolais, en Forez, même au Puy (contre les Polignac) et à Mende où l'évêque-comte de Gévaudan lui prêta hommage.

Sans doute les guerriers royaux ne brillaient-ils pas toujours, mais les nombreux hommages reçus étaient de bon augure, et surtout ces expéditions annonçaient la future pénétration des pays rhodaniens et des marges du Languedoc.

Au total, malgré des faux pas et des malchances (la plus monumentale se nommait Aliénor, mais qui pouvait la prévoir ?), ce roi pieux et souvent avisé prélude mieux qu'on ne dit habituellement au « grand siècle » des Capétiens et de tout le Moyen Age, le treizième.

II.

L'apogée du Moyen Age français : le XIIIe siècle

(1180-1314)

Siècle des cathédrales, siècle de Saint Louis, telle apparaît habituellement, dans une formulation un peu simplifiée, cette large période qui joint le règne du deuxième Philippe (1180-1223) à celui du quatrième (1285-1314). Trois monarques aussi prestigieux que dissemblables (au moins apparemment) ; deux autres un peu oubliés : Louis VIII, qui ne régna que trois ans (1223-1226), Philippe III (1270-1285) qui a laissé une impression médiocre, peut-être à réviser.

Tous ont largement étendu leur domaine personnel à l'intérieur du royaume, soutenu des guerres le plus souvent heureuses contre des vassaux puissants et des voisins dangereux. Rois organisateurs aussi, puisque leur puissance renforcée avait au moins besoin de l'ébauche d'une administration, judiciaire, politique, et de plus en plus financière et militaire. Protecteurs à la fois enthousiastes et prudents de l'Eglise, deux se sont croisés, mais aucun ne s'est laissé dominer par elle, même pas Saint Louis.

ESSOR ÉCONOMIQUE

Tous contribuèrent au jaillissement de l'*opus francige-num,* qualifié tardivement de gothique, à l'essor des villes et des Universités ; mais ils ne le provoquèrent pas à eux seuls. Ils eurent aussi la chance de régner sur une France en plein essor. Essor sensible dès de dernier quart du XIIe siècle : il s'agit sans doute de la première grande inflexion, sinon du premier « démarrage » de la vieille Europe franque.

La conquête de l'espace agricole s'achève. En Picardie, toute la terre utile est occupée ; la rotation triennale et céréalière est installée ; les villages grossissent ; les plus solides paysans sont enfin équipés de charrues efficaces, de puissants chevaux, d'un outillage meilleur, tandis que les forges et les moulins sont désormais présents dans le paysage.

Deux progrès longtemps inaperçus, la diffusion du rouet et celle de l'arbre à cames des moulins (qui permettra notamment le foulage des tissus par des marteaux tour-nants), améliorent le travail du fer, du chanvre, des étoffes, et permettent de développer le travail « indus-triel » rural, appréciable revenu d'appoint, moteur de l'extension de la « manufacture » textile dans le Nord, que dirigent des villes en essor marqué.

A cette économie qui pouvait se contenter de troc dans des circuits assez courts, des adjuvants se présentent assez soudainement. Vers 1170 ont été ouvertes en Saxe, à Freiberg, les premières grandes mines européennes d'ar-gent (d'autres suivront : Bohême, Espagne, voire Massif Central) qui permettent de relancer les frappes, privilèges seigneuriaux, donc royaux aussi, qui vont accroître les moyens monétaires qui faisaient défaut : dès 1192, par exemple, Venise lance sur les grands marchés ses premiers « gros d'argent », douze fois plus lourds que les divers « deniers » locaux. Espèces plus fiables et moins rares, indispensables dans un grand commerce en plein dévelop-pement.

Sur mer, de décisifs progrès de la navigation : propaga-tion de la boussole ; invention et adoption du nouveau gouvernail dit *d'étambot,* plus maniable et efficace que l'ancienne grosse rame latérale jusque-là utilisée ; apparition de gros vaisseaux venus du Nord (de Lübeck ?), plus lourds, enfin pontés, qui apportent goudrons, bois et fourrures dans les ports aménagés en hâte, notamment entre Loire et Gironde : ils peuvent fournir des « retours » en sels et en vins, donnant un nouvel essor aux vastes salines de Bourgneuf et Oléron, et aux vignobles de l'arrière-pays.

A la même époque — 1190 — les riches Génois obtenaient du duc de Bourgogne des privilèges pour traverser ses terres afin d'accéder librement aux nouvelles et déjà célèbres foires qui se tenaient presque toute l'année dans quatre villes champenoises, Troyes, Lagny, Bar-sur-Aube, Provins. Les grands drapiers du Nord y rencontraient les négociants italiens qui apportaient les beaux produits de leur pays, de la Méditerranée, de l'Orient : les échanges de marchandises et d'argent ne firent que croître, non loin de Paris, ce qui contribuait à soutenir, dans un cadre largement européen, l'économie du royaume dont le jeune Philippe, 15 ans, venait d'hériter.

L'APOGÉE FÉODAL : PHILIPPE AUGUSTE

Profitant de son jeune âge, deux clans, celui de ses beaux-parents et celui de sa mère — des Flamands et des Champenois — essayèrent de le mettre en tutelle. Philippe s'y refusa, ce qui lui mit sur les bras une guerre contre les deux qui, fort heureusement, se querellèrent et retournèrent chez eux.

Trois ans plus tard, ce Capétien de 18 ans profitait d'une succession disputée en Flandre pour imposer son arbitrage et, selon la coutume féodale, se faire attribuer Montdidier et la riche cité d'Amiens, ce qui portait sa frontière personnelle à la Somme. Débuts typiques d'un monarque énergique, cauteleux, qui va exploiter le droit féodal les armes à la main afin d'agrandir son domaine et d'assurer l'obéissance de ses vassaux.

Lourd, disgracieux, bientôt borgne, sournois, batailleur, peu lettré, Philippe II qui deviendra « Auguste » (parce que né en août et digne aussi de cet éloquent patronage) a pour but évident d'exalter la dignité et la puissance royale, en utilisant, outre les armes et le droit, tous les moyens possibles, presque jusqu'à la fourberie. L'ennemi désigné ne pouvait être que le redoutable empire angevin, qui allait de l'Angleterre aux Pyrénées. Il commença par attiser la révolte des fils d'Henri III contre leur père, qui mourut en 1189. Puis il feignit l'amitié sans nuages avec son successeur, l'élégant et cultivé Richard dit Cœur de Lion, et partit avec lui pour délivrer le tombeau du Christ, tombé à nouveau aux mains des Infidèles. Opposés en tout, les deux monarques se brouillèrent, puis se séparèrent.

Le comte de Flandre étant venu à mourir, Philippe quitta l'Orient pour courir recueillir sa part d'héritage, Artois et Vermandois : il avait même juré à Richard de ne pas lui nuire en Occident. Bien au contraire, il ne cessa d'intriguer avec Jean dit sans Terre, frère et rival de Richard, qu'il s'arrangea pour faire retenir prisonnier dans une forteresse allemande à son retour de Croisade. Libéré en 1194 contre forte rançon, Richard reprit immédiatement contre Philippe une guerre généralement victorieuse, quand il se fit sottement tuer d'une flèche sous les murs de Châlus (Limousin) lors d'une opération secondaire (1199).

Immédiatement, Philippe soutint, pour la succession de Richard, le neveu de Jean sans Terre, le petit Arthur de Bretagne. Aidé par les barons anglais et l'inusable Aliénor (qui lui remit sa chère Aquitaine), Jean ridiculisa quasiment le roi de France : à la paix du Goulet (1200), on lui remit en aumône quelques bourgades de Vexin et de Berry.

Presque au même moment, le Pape Innocent III frappait d'interdit le royaume de France : le roi avait enfermé le jour de ses noces sa seconde femme, Ingeborg, une Danoise, pour en épouser, fort peu canoniquement, une troisième. L'interdiction théorique de toute activité religieuse dans le royaume (plus ou moins suivie) allait-elle achever les malheurs du roi de France ?

Reprise de la Normandie, de l'Anjou et du Poitou.

A partir de 1202, tout se renversa. La troisième épouse étant décédée à point, Philippe se réconcilia avec sa Danoise et la Papauté, et osa faire citer devant sa Cour son vassal Jean sans Terre, qui avait indûment lésé et attaqué des vassaux poitevins, les Lusignan. Jean ne daigna paraître, et fut donc fort légalement déchu de ses fiefs, qui furent « commis » à son seigneur, dont le seul but consistait à garder les meilleurs.

Après tant d'épisodes sans gloire, on est frappé de la relative facilité avec laquelle le roi de France mit la main sur la Normandie après le rude siège de Château-Gaillard, puis sur l'Anjou et le Poitou (1204). Mal soutenu par ses barons, en proie à des crises qui faisaient alterner en lui le désespoir et la violence sanguinaire, Jean avait provisoirement cédé. Il ne songeait qu'à la revanche. Il pensa l'obtenir en nouant une coalition avec l'Empereur et le comte de Flandre. Le fils de Philippe, le futur Louis VIII culbuta à La Roche-aux-Moines (Anjou) l'armée aquitaine de Jean, tandis que, dans un choc frontal à Bouvines (27 juillet 1214), la chevalerie française vainquit franchement les Germano-Flamands. Deux succès décisifs, qui consolidaient les conquêtes effectuées sur la maison d'Anjou.

Le retour très fêté des vainqueurs de Bouvines marque-t-il l'éveil du sentiment national, voire patriotique, dans le royaume ? Quelques historiens en doutent ; mais qu'était une « nation française » à laquelle manquait tout le Midi ?

Tout ne fut pas pourtant réglé en 1214. Appelé par les nobles anglais révoltés contre leur prince demi-fou, le futur Louis VIII essaya de se tailler un royaume outre-Manche. Mais la mort de Jean sans Terre rallia les rebelles autour de son jeune fils ; Louis s'en retourna (1217).

Devenu roi en 1223, il acheva rapidement la conquête du Poitou, où remuait une noblesse turbulente. Plus tard, son épouse Blanche de Castille, puis leur fils Louis IX, eurent à intervenir à nouveau dans cette région, où les Anglais pénétraient aussi. Avec la reprise de Saintes (1242), tout fut achevé, du moins pour ce siècle-là. Les

Plantagenêts ne conservaient dans le royaume que la Guyenne, de la Dordogne aux Pyrénées.

Mais, immédiatement à l'est, un autre Midi allait être investi par le Capétien.

LA CONQUÊTE DU MIDI LANGUEDOCIEN

Du Quercy et de l'Agenais jusqu'au-delà du Rhône (actuel Vaucluse) Raimond VI de Toulouse, vassal lointain et puissant, dominait des provinces opulentes et raffinées, que marquait profondément ce que l'Eglise appelait hérésie manichéenne, ou cathare, ou albigeoise : une forme épurée de foi, marquée d'un sombre pessimisme, du mépris (en partie mérité) du clergé en place, de la négation de sacrements inventés par l'Eglise, avec un idéal de pauvreté et de non-violence, sous la domination aristocratique de « Parfaits » isolés dans la pureté apparente de leurs résidences.

La Papauté ne pouvait souffrir de tels débordements, et expédia des missionnaires cisterciens et de vigoureux légats, au mieux accueillis avec une politesse ironique. Les Toulousains excédés en ayant assassiné un, en 1208, le Pape Innocent III se crut obligé de prêcher la Croisade, pour une fois contre des Chrétiens, et pria Philippe Auguste d'en prendre la tête. Prudent, et occupé ailleurs, celui-ci se récusa. En 1209, des hordes de guerriers français, champenois, bourguignons et autres vinrent alors ravager, piller et massacrer dans ce Midi dont ils ignoraient tout, même la langue.

Un soudard, Simon de Montfort, épaulé par les légats et les Dominicains (qui venaient de naître dans ce secteur), conquit les Etats de Raimond VI, comte de Toulouse, écrasa et tua à Muret (1213) le roi d'Aragon venu aider son cousin, et se fit proclamer comte de Toulouse... par un Concile de Latran (1215) qui s'arrogeait là de hardies attributions. Le roi de France, dont les droits de seigneur se trouvaient évidemment violés, ne bougea pas : il attendait...

Or, les anciens sujets de Raimond VI, ne supportant pas leurs conquérants, se révoltèrent successivement et victorieusement, et acclamèrent le jeune Raimond VII après avoir massacré Montfort qui assiégeait Toulouse (1218). Les papes ulcérés pressaient toujours le roi de France d'aller épauler les anciens Croisés vaincus ; prudent, il laissa tout juste partir, à deux reprises, son fils Louis, avec de petits contingents. Roi en 1223, celui-ci, qui comprenait mieux cette vaste et riche province, racheta ses droits au jeune fils vaincu de Simon de Montfort et obtint du Pape qu'il l'autorise à lever des « décimes » sur le clergé de France pour financer son expédition. Celle-ci emprunta la rive impériale du Rhône, prit Avignon au passage et soumit aisément un Languedoc qui, sauf Toulouse, ne songeait pas à résister.

Après de si beaux débuts, Louis VIII mourut au retour, en Auvergne (1226). La guerre reprit, et traîna trois ans. Voulant en finir, Blanche de Castille, régente offrit au jeune Raimond VII un fort honnête compromis. En 1229, au traité de Paris, le Comtat-Venaissin (jusqu'alors marquisat de Provence) fut offert au Saint-Siège ; le Capétien garda tout le Bas-Languedoc ; le reste alla à Raimond et à sa jeune sœur, qu'on s'empressa de marier à Alphonse de Poitiers, frère du roi Louis IX ; l'absence de tout héritier chez les uns et les autres fera que toutes ces terres reviendront dès 1271 à la Couronne, ce qui liera définitivement — ou presque — la France d'Oc à la France d'Oïl.

Mais les sujets du comte de Toulouse avaient payé durement cette paix. Raimond VII avait dû se réconcilier avec le Pape, et donc aider les Dominicains dans leur œuvre d' « enquête » pour l'extirpation de l'hérésie[1]. Leurs procédés, qui unissaient la délation, la torture, le bûcher et la confiscation des biens étaient conformes aussi bien à l'esprit du temps qu'à la piètre réputation que leur réserva la postérité. Des dépossédés, des exilés essayèrent de nombreuses révoltes ; la plus fameuse ramena dans ses terres Trencavel, descendant des vicomtes de Béziers (1240). En 1242, le Comte de Toulouse se joignit un moment, avec des Poitevins et des Gascons, aux révoltés qui luttaient contre le joug des hommes du Nord et de l'Eglise. La rébellion se débanda à l'approche de l'armée

---

1. Le pape Grégoire IX établit officiellement l'inquisition monastique en 1233.

royale : le futur Saint Louis détestait autant les Albigeois que les Sarrazins, et ne rêvait que de les pourfendre. Raimond VII se soumit définitivement (1243), le « pog » de Montségur, suprême symbole de la résistance cathare, capitula en mars 1244 au terme de dix mois de siège. Pour longtemps, ce Midi-là ne bougea plus ; mais il supporta fort mal les officiers du roi, pour lui des étrangers et des barbares, — tandis que les élites, comme d'habitude, se ralliaient au plus fort. Aux siècles suivants cependant, et jusqu'au xviie, le Languedoc réserverait des surprises.

L'APOGÉE ROYAL : LOUIS IX

Toute une légende, faite de suavité et de sainteté, entoure la figure de celui qui sera canonisé dès 1297 (sans doute pour amadouer son petit-fils le rude Philippe IV), mais qui possédait bien des titres à cette élévation.

Roi à douze ans, il ne pouvait que laisser à sa mère Blanche de Castille, une Régence qui fut à peine discutée. Blanche écrasa quelques révoltes féodales, maria habilement son fils à Marguerite de Provence, conserva le pouvoir huit années, en garda une bonne part jusque vers 1240, le reprit au premier départ pour la Croisade (1248) et le tint jusqu'à sa mort (1252). On a chanté son rôle de mère et d'éducatrice ; il est probable que son inflexible et intelligente énergie marqua et ce fils, et ce règne, qu'elle assuma en totalité ou en partie durant un quart de siècle, ce qui n'est pas peu.

Profondément pieux, ce roi aurait voulu, semble-t-il, devenir prêtre. Son devoir était ailleurs. Du moins vécut-il habituellement dans les prières et les jeûnes, porta-t-il cilice et s'entoura-t-il de religieux. Ses actes de charité et d'humilité (lavement des pieds des pauvres, amour des aveugles et des lépreux...) ont été popularisés par son tardif historiographe Joinville, et toute une imagerie postérieure. Il ne paraît pas douteux que, malade en 1244, il fit vœu de se croiser ; par la suite, son esprit fut largement occupé par l'idée de reconquérir les Lieux Saints.

Ayant rassemblé à grands frais une flotte à Aigues-

Mortes, il partit pour l'Egypte, pensant frapper les Infidèles au cœur ; il y trouva (1249) la défaite, la prison et une lourde rançon à payer. En attendant qu'elle fût réglée, il s'installa cinq ans, à mille lieues de son royaume, dans ce qui restait des royaumes « francs », imaginant toujours qu'il allait reconquérir le tombeau du Christ, au besoin avec l'aide des Mongols.

Pendant sa longue absence, sa mère et ses conseillers réussirent à tenir le royaume intact et bien administré. Dès son retour, il songea à repartir. Il lui fallut attendre quinze ans pour cingler vers la Tunisie dont le chef — lui avaient assuré quelques missionnaires pleins d'illusions — était proche de la conversion. Il y trouva la peste (croit-on) et la mort (25 août 1270). Sa dépouille fit des miracles tout au long de la route du retour.

Ce fervent chrétien, apparemment humble dans son costume et son style de vie, était fort jaloux de son autorité de roi. Il n'admettait pas un vassal infidèle ou rebelle, et le châtiait. Il ne souffrait pas qu'une autre puissance, fût-ce l'Empereur ou même le Pape, vienne s'immiscer dans les affaires d'un royaume qu'il était certain de ne tenir que de Dieu, et pas seulement par la cérémonie du sacre, mais par une sorte de conviction intime que Louis XIV éprouvera aussi.

Ce doux pouvait être dur, même cruel avec les Infidèles et les hérétiques. Il savait cependant être habituellement juste, et ce fut là une source du respect qui l'entoura très tôt, et dont la belle anecdote du chêne de Vincennes témoigne encore.

Il savait aussi être généreux, ce qu'on lui reprocha parfois. Ainsi, pour terminer les incessants conflits qui l'opposaient à Henri III d'Angleterre (et d'Aquitaine) il signa en 1259 le traité de Paris, qui rétrocédait à son adversaire Périgord et Limousin et lui promettait Agenais et Quercy, en échange de sa vassalité reconnue et définitive, et de sa renonciation à la Normandie, l'Anjou, le Poitou. Dans le même esprit, en 1258 il avait abandonné au roi d'Aragon toute suzeraineté sur la Catalogne, Roussillon compris, contre renonciation aux droits de ce dernier sur les successions toulousaine et provençale.

Impressionnée, une partie de l'Europe se mit à demander l'arbitrage du Roi Juste. Entre Henri III d'Angleterre et ses barons à nouveau soulevés, il donna raison au premier — qu'il méprisait pourtant — parce qu'il était roi. Il régla aussi une succession flamande difficile. Dans la Provence où il avait marié son jeune frère Charles d'Anjou, un agité, il arbitra ses conflits avec ses voisins de Dauphiné et de Savoie, ce qui le fit bien connaître dans ces terres d'Empire.

Dans son royaume, Louis IX voulait que règne la vertu autant que la justice. Reprenant une vieille habitude carolingienne, il expédia dans les provinces des sortes d'enquêteurs, qui recevaient les plaintes des sujets contre les prévôts et les baillis qui se conduisaient mal. A leur retour, il prenait de belles ordonnances pour fixer les devoirs des uns et des autres.

D'autres décisions, d'un style différent, visaient à soutenir à fond les ravages des Inquisiteurs, chasser les Juifs (non sans confisquer leurs biens), à interdire le port d'armes, le jeu, et même le blasphème. Bonnes intentions, que reprendra son fils qui allait jusqu'à réglementer le costume de ses sujets et prévoir le nombre et le style des habits qu'ils pourraient se procurer. Illusions, qui le demeurèrent, et qu'on retrouvera curieusement à travers les siècles : même Louis XIV en ses débuts édictera des sortes de lois somptuaires. Nettement plus saint, Louis IX y croyait sans doute...

Tel semble apparaître Saint Louis, moins simple qu'on n'aurait pu le penser. Mais où en était son royaume ?

ORGANISATION DU PREMIER ROYAUME CAPÉTIEN
(JUSQU'EN 1314)

Les limites vieilles de quatre siècles que le traité de Verdun avait attribuées au royaume de France n'avaient pas toujours été atteintes, notamment le long de la Meuse ou du sillon Saône-Rhône. A l'intérieur, rien qui ressemble à cet Etat apparemment unifié sur lequel s'étendra, bien plus tard, l'administration apparemment centraliste de Louis XIV ; au contraire, une sorte de mosaïque.

Trois éléments la composent : le domaine royal effectif ; le domaine donné en fief aux enfants du roi (les apanages) ; les grands fiefs extérieurs au domaine dont les détenteurs ont prêté hommage au roi, mais jouissent en fait d'une large autonomie.

L'habitude de l'apanage remonte aux partages mérovingiens et carolingiens ; on ne savait pas encore s'ils devaient forcément retourner un jour au domaine royal (ce sera la loi aux xviie et xviiie siècles) ; mais enfin ils y retournaient quand les « princes apanagés » n'avaient pas d'héritier ; ce qui arriva fréquemment, grâce à Dieu ! par exemple pour Alphonse, comte de Poitiers et d'Auvergne, et Jeanne comtesse de Toulouse. En revanche Robert, fils de Louis VIII, fit souche pour quatre siècles dans son apanage d'Artois, et il fallut attendre 1480 pour que l'Anjou (accru heureusement de la Provence) revienne à la couronne après la mort du « bon roi René » qui descendait d'un autre frère de Louis IX.

Des très grands vassaux, deux seulement procuraient de graves soucis au roi de France : celui de Guyenne, et l'on sait qu'il fallut bien plus de cent ans et d'une guerre pour en venir à bout ; celui de Flandre, fort riche, dont les terres s'étendaient aussi sur l'Empire, contre qui furent tentés des politiques matrimoniales, des débauchages de vassaux et pas mal d'expéditions militaires : même Philippe IV le Bel y réussira mal, après des succès momentanés (Lille un moment annexée). La guerre de Cent Ans sortira autant de Flandre que de Guyenne, et il faudra Louis XIV pour qu'une faible partie des anciennes terres flamandes fût enfin réunie à la « monarchie des Lys ».

A l'égard de vassaux moins puissants, les rois alternaient menace, astuce et séduction. Ainsi, le duc de Bar avait été contraint de prêter hommage pour ses terres sises à l'ouest de la Meuse ; mais il avait fallu que Louis IX et Philippe IV achètent, l'un le duché de Mâcon, l'autre le comté de Chartres (1286) pourtant bien proche. Il avait fallu aussi intriguer et peiner, en utilisant les querelles des chanoines-comtes et de leurs voisins, et l'entregent du bailli de Mâcon pour entrer enfin dans Lyon (1307), antique capitale des Gaules (et de leur Eglise), mais ville impériale, admirablement située, et que les hommes d'affaires italiens vont bientôt enrichir.

En revanche, l'appui bien négocié des puissants évêques du Puy, de Viviers, de Mende, plus quelque argent, assurèrent la pénétration royale en ces terroirs périlanguedociens. Quant à empiéter sur les autres territoires d'Empire — Lorraine, Franche-Comté de Bourgogne, Savoie, Dauphiné ou Provence — on n'y pensait qu'épisodiquement, et leur annexion ne se trouvait guère envisageable. De même la lointaine et riche Bretagne, un moment alliée à ses voisins Plantagenêts, ne constituait pour le moment ni un danger ni une proie.

La triple autorité du roi.

Deux éléments anciens formaient les bases et l'originalité de l'autorité royale.

D'une part le sacre, en principe à Reims avec l'huile de la Sainte Ampoule qu'un ange avait jadis apportée pour Clovis, conférait une onction, presque un ordre sacré et le pouvoir thaumaturgique de guérir des écrouelles (maladie de peau), tant envié par les autres monarques.

Ensuite, et nous savons à quel point Philippe Auguste sut en user, celui de se dresser au sommet de toute chaîne de vassalité, seul suzerain à ne s'agenouiller devant personne : devant l'Empereur, sûrement pas ; devant le Pape, autrement menaçant, pas davantage (sauf éventuellement en chrétien), et l'on devra à Philippe IV, après une lutte terrible, cette indépendance à laquelle finirent par adhérer les évêques du royaume qui deviendront les soutiens d'une Eglise « gallicane », c'est-à-dire simplement française, qui ne reconnaissait au prélat romain que son magistère spirituel. Hardiesse soutenue par les conseillers de Philippe IV, en partie des juristes formés au droit romain qui proclamèrent ouvertement que le roi de France « était empereur en son royaume », résurrection habile de la notion romaine de l' « imperium », au-dessus de quoi il n'y a rien, au moins dans ce monde. Cette dernière notion, impensable sous Saint Louis, et qui mettra du temps à s'imposer, apportait la dernière touche à la triple autorité du roi de France, déjà « oint du Seigneur » et seigneur des seigneurs.

Les agents du roi.

Ce royaume à la fois prestigieux et complexe mit quelque temps avant de recevoir une organisation qui pourtant s'imposait.

Tout était parti du petit domaine capétien où des « *prévôts* » percevaient dans chaque exploitation ou seigneurie les revenus de leur maître, veillaient au travail des paysans, à la fidélité des petits vassaux et rendaient la justice. Au-dessus des prévôts (qui ne furent jamais supprimés, et survivaient encore en 1789), Philippe-Auguste avait installé les *baillis* (qui durèrent également), étendus peu à peu aux terres annexées ou données en apanage, et assimilés aux « sénéchaux » aquitains et méridionaux. Ils représentaient le roi, transmettaient ses ordres, exerçaient de forts pouvoirs judiciaires et, bientôt, financiers. Saint Louis partant pour la Croisade les faisait inspecter et quelque peu moraliser par des sortes de « missi dominici », hommes de confiance commis par lui, qui à la fois rappellent les envoyés de Charlemagne et annoncent les futurs intendants, d'abord itinérants.

Les agents proprement financiers, qu'utilisera épisodiquement Philippe IV quand il tentera de lever des « fouages » (impôts directs par feu) ou des « maltôtes » (mauvais impôts, souvent sur des marchandises), n'apparaîtront que plus tard, avec la difficile instauration de l'impôt permanent.

Vers 1300, ce « maillage » administratif n'apparaissait encore ni étroit ni systématique, et ne le devint que très tard.

A la tête, autour du Roi, il ne s'agissait d'abord que de gouverner un domaine. Quelques chefs de services privés — Chambre, Bouche, Cave, Ecurie — issus de la bonne noblesse, y suffisaient ; ils persisteront toujours formant les grandes charges de « l'Hôtel » Le service du Sceau royal, tenu par le *Chancelier*, groupait pourtant l'amorce de « bureaux », peu peuplés. Philippe Auguste ayant perdu ses archives avec ses bagages à la défaite de Fréteval (1198), il organisa tout de même une Chancellerie véritable, gérée par un « garde des sceaux ».

La « curia in parlamentum ».

Déjà les services domestiques — *l'Hôtel* — se séparaient de la « Cour-du-Roi » (la *Curia Regis*) qui réunissait les conseillers directs du roi, ceux qui l'aidaient à gouverner, et surtout à juger, les appels à sa justice se multipliant.

Une partie de ses conseillers se réunit donc assez régulièrement pour juger, d'abord en présence du roi, et en le suivant dans ses déplacements ; puis de plus en plus à Paris, au vieux palais de la Cité, bien reconstruit depuis Louis VII.

On les appela *Curia in Parlamentum,* Parlement en bon français d'oïl. Celui-ci commença à inscrire ses sentences sur de gros registres, les *Olim,* dès 1268. Le personnel s'accrut (des clercs, des scribes, des juristes) jusqu'à approcher puis dépasser la centaine. Les grandes coutumes, l'angevine et la normande dès 1240-50, commencèrent à être rédigées. La *Curia in Parlamentum* se divisa en quatre chambres (dont une pour le droit méridional) et envoya à Rouen et Troyes des sortes de délégations pour recevoir les « appellations » normandes et champenoises. Des personnages issus de familles pas forcément seigneuriales y siégeaient, après des études dans les universités en pleine expansion, celle de Paris notamment : un improbable Saint-Simon eût pu déjà dénoncer l'intrusion de la « vile bourgeoisie »...

La spécialisation financière d'une partie de la Curia fut moins rapide. Dès Philippe Auguste, le « trésor » royal, reliquat des recettes du domaine non dépensées sur place, était déposé à la forteresse du Temple, où des chevaliers-banquiers, avatar très matériel d'un ordre monastique et militaire (les Templiers) jadis créé pour défendre les Lieux Saints, conservaient les espèces et ouvraient au Roi (comme ailleurs en Europe) une sorte de compte-courant sur lequel il assignait ses dépenses.

Périodiquement, une partie de la Cour se transportait au Temple pour vérifier les comptes : c'était l'amorce de la « *Curia in Compotis.* » La mise en suspicion des Templiers, puis leur brutale élimination par Philippe IV (1307-1308) amena en la « grosse tour » du Louvre une partie, puis la totalité du Trésor. Dès 1304, une « Chambre des

Comptes » presque autonome s'installait au Palais de la Cité ; elle devait recevoir sa charte en 1320, veiller désormais sur le Domaine et ses revenus, apurer les comptes, surveiller tous comptables, tandis que des spécialistes, non loin de là, s'occuperaient d'administration forestière et monétaire.

Bref, aux environs de 1300, on était loin de la petite troupe de guerriers, de domestiques et de clercs qui cent cinquante ans auparavant suivait Louis VI de domaine en domaine, avec les chevaux, le ravitaillement, les écritoires, le sceau et quelques pièces d'archives.

L'armée et l'impôt.

Deux institutions et non des moindres, manquaient pourtant à cette monarchie pourtant puissante : l'armée, l'impôt. Quelques amorces apparaissaient pourtant.

Le service féodal d' « ost » (40 jours en principe) et les milices communales fournissaient habituellement, pour de brèves campagnes estivales (l'hiver, la guerre chôma durant de longs siècles) quelques centaines de chevaliers, un peu plus de « sergents » légèrement armés, et de la « piétaille » : jamais dix mille hommes, qui presque tous rentraient chez eux leur devoir accompli. Depuis le début du xiiiᵉ siècle, les rois avaient dû recourir à des mercenaires étrangers, reîtres, chevaliers d'Empire besogneux, arbalétriers génois aux armes redoutables, et conservé en les payant des éléments de l'ost féodal.

A partir de Philippe III, fils de Louis IX, qui guerroya un peu partout pour rien, notamment en Espagne, une bonne partie de l'armée est composée de « bandes » ou de « routes » rassemblées par des capitaines généralement nobles qui reçoivent à partir de 1274 un sou pour le fantassin et 20 pour le chevalier bien armé. Des « maréchaux » et un « maître des arbalétriers », issus du Conseil du Roi, établissent les contrats de campagnes et effectuent des sortes de revues d'effectifs, les « monstres » ; on trouvera bientôt des « trésoriers des guerres », qui dureront des siècles...

Mais tout cela coûte fort cher, et les rois n'ont pas encore (l'auront-ils vraiment un jour ?) les moyens de leur politique militaire. Un principe bien établi assure qu'ils doivent vivre de leur domaine et des revenus féodaux coutumiers (on le dira encore au xviie siècle). Leurs produits s'avérant insuffisants, il fallut bien trouver de l'argent, et cela dès le temps de Louis VIII qui réussit à faire payer au clergé, sous prétexte de croisade, des « décimes » (un dixième de ses revenus, considérables). Mais il fallait revenir à la charge, solliciter aussi les bonnes villes, les bons bourgeois, voire les prélats, pressurer Juifs et « Lombards » (sortes de banquiers italiens un peu usuriers), qui revenaient pourtant.

Philippe IV fut plus dur que ses prédécesseurs. Il tenta de s'approprier les biens des Templiers (que le Pape affecta à d'autres ordres) et manipula beaucoup les monnaies, comme firent d'ailleurs presque tous ses successeurs, Louis XIV compris ; mais il y gagna la stupide réputation de faux monnayeur [1]. Aussi riche d'avenir que cette idée de manipuler les monnaies fut l'idée des impôts permanents, qui affleure vers 1303 : une taxe de remplacement pour tout homme n'effectuant pas de service militaire, des taxes sur quelques marchandises (dénommées péjorativement « maltôtes ») ; un peu plus tard, l'idée d'un impôt sur la fortune (le « centième ») ou sur les revenus (le « vingtième »), appelée aussi à quelque avenir, mais difficile à asseoir en l'absence d'enquête préalable ou de cadastre (qui apparaîtra dans le Midi).

Essais prématurés, à l'origine pourtant de la taille, de la gabelle, des aides, et même du dixième de Louis XIV. Initiatives tellement exorbitantes que Philippe IV et ses conseillers conçurent l'idée de les présenter pour approbation devant des « Estats », assemblées de composition variable, où entrèrent quelques grands bourgeois, surtout parisiens, vague préfiguration des « Etats généraux ». Le roi renouvelait de temps à autre cette pratique intelligente et sans danger, et obtenait un facile consensus à des mesures politiques, économiques et religieuses tellement extraordinaires qu'elles suffisent à placer hors du commun

---

1. Le roi ne faisait en fait que « dévaluer » ; il diminuait la teneur des pièces en métal précieux.

ce monarque exceptionnel, dont la personnalité pose pourtant problème.

Philippe le Bel, ou Philippe le Grand ? (1285-1314)

Qu'il fût beau et méritât ce surnom bien admis, mais à tout prendre insuffisant et infantile, ses contemporains nous l'ont dit, même si aucun de ses prétendus portraits ne donne de lui une image fidèle. Mais il saute aux yeux qu'il différa beaucoup de ses ancêtres, même s'il pensa imiter son aïeul Louis IX.

Tout semble nouveau : son entourage, son style de gouvernement, sa hautaine discrétion, la pénétrante hardiesse et la violence calme avec lesquelles il sut attaquer les grands problèmes de son temps : un Etat à administrer, une armée à constituer et reconstituer, des ressources financières à trouver, une monnaie à maîtriser, un ordre militaro-bancaire à éliminer, une descendance à gourmander, un pape hautain à subjuguer, et les éternelles et épuisantes querelles avec les vassaux et les voisins, surtout le flamand et l'anglais.

Même de son vivant, on a longtemps présenté Philippe IV comme un homme faible, assez hébété, occupé surtout de chasse et de dévotion, dominé et exploité par des conseillers forcément malhonnêtes, puisque méridionaux et pas toujours nobles. On a cru aussi, en le suivant pas à pas, discerner un ambitieux, ténébreux, secret, sans scrupule, implacable, voire méchant, bref déjà un « roi maudit ».

On peut aussi se demander si ce roi ne nourrissait pas une très haute idée de sa fonction et de ses devoirs ; s'il n'a pas voulu, autant que l'aïeul admiré, défendre le droit, la justice et la foi, mais dans un style qui lui appartînt en propre : la maîtrise et l'implacabilité d'un grand politique, la fidélité à des conseillers qu'il avait choisis et qui demeurèrent également fidèles jusqu'au fanatisme, l'astuce de solliciter l'avis respectueux d'Etats soigneusement choisis, l'honnêteté de châtier des belles-filles scandaleuses et de faire torturer publiquement leurs amants, pensant peut-être qu'un monarque doit être propre jusque dans sa descendance.

Il ne put naturellement prévoir la rapide disparition de ses trois fils, et tout ce qui suivit. En 1314, il dut mourir tranquille sur la destinée d'une dynastie tricentenaire et d'un royaume dont il avait porté la puissance à un point jamais atteint.

Les épisodes les plus fascinants de son règne concernent la dure querelle avec la Papauté, qui a surpris et souvent choqué. Les relations antérieures avaient pu être bonnes (malgré quelques incidents lors du second mariage de Philippe Auguste), parce que le Pape se trouvait engagé dans une longue querelle politique avec l'Empereur, dans des zizanies sans envergure avec la noblesse romaine, et plus religieusement dans la lutte contre Infidèles et Hérétiques, la Croisade au sens large.

Empire et Albigeois s'étaient effondrés vers 1250, mais toutes ces belles entreprises pontificales avaient coûté fort cher. Certes, la Cour de Rome savait tirer de l'argent des royaumes chrétiens par divers moyens comme l'évocation de certaines causes plus ou moins canoniques où se mêlaient des intérêts financiers, aussi par le trafic des bénéfices, encore en faisant lever sur les royaumes chrétiens des « décimes » et autres deniers par des banquiers italiens, ou par les Templiers. Les souverains prisaient peu ce genre d'activité. Moins encore lorsque les canonistes pontificaux, après la disparition de l'Empereur Frédéric II (1250), se mirent à soutenir hardiment que les Papes détenaient, outre un évident pouvoir spirituel sur la chrétienté, le pouvoir beaucoup plus temporel de juger les rois, de les déposer, à l'occasion de disposer de leur royaume. Saint Louis n'aurait jamais accepté de telles prétentions ; Philippe IV, moins encore, surtout quand il trouva face à lui l'intransigeant Boniface VIII.

Le conflit débuta en 1296, s'apaisa, repartit violemment ; soutenu par les « Etats » de 1302, Philippe accusa de diverses ignominies (pas toutes invraisemblables) le pontife qui prétendait le déposer et convoquer auprès de lui les évêques français, ordonna qu'on s'emparât de lui, ce qui fut brutalement tenté à Anagni (1303) : le Pape en mourut d'émotion...

Après des épisodes violents et complexes, deux papes d'origine limousine (Clément V, 1305) puis cahorsine (Jean XXII, 1314) furent élus ; le second, fuyant l'anarchie

italienne, s'installa même à Avignon, dont il avait été
évêque. Visiblement, la Papauté avait renoncé à ses
prétentions théocratiques, et semblait se mettre sous la
protection du plus puissant des monarques d'Europe.
Même brutalement acquis, ce prestige-là s'ajoutait aux
autres, qui donnaient apparemment au roi Philippe le
premier rang dans la lignée capétienne et dans la Chrétienté du temps.
Le réveil allait être rude, et bien longs les malheurs.

LE « SIÈCLE » DE SAINT LOUIS

Civilisation.

Dès le milieu du xiie siècle, à Morienval (au nord de
Chantilly) et dans quelques églises normandes étaient
apparus les premiers éléments de l'*opus francigenum,*
rebaptisé gothique (= barbare) par des mépris posté-
rieurs. La jonction de trois procédés déjà connus : l'arc
brisé, les nervures croisées soutenant une voûte qu'on
peut mieux maçonner (au lieu de charpenter), l'utilisation
générale des arcs-boutants (contreforts et tribunes ne
suffisant plus) qui portaient sur une culée la poussée des
voûtes hautes, tout cela permit de passer de légers édifices
ruraux aux hardiesses des cathédrales : dès 1180, le chœur
et les déambulatoires à tribunes de Notre-Dame étaient
érigés ; en 1200, le transept et la nef étaient recouverts ;
Saint Louis avait six ans quand la façade fut terminée.
Dans le voisinage, s'érigeaient Chartres, Sens, Laon ;
puis, toujours plus haut, Soissons, Auxerre, Amiens,
Bourges, Beauvais enfin qui tenta l'impossible et
conserve, après un accident et une reprise hardie, la voûte
gothique la plus haute du monde qu'on osa, au xvie siècle,
sommer d'une flèche de plus de 150 mètres qui s'effondra.
Sublime et tardive folie d'un art tout en élévation et en
lumière qui devait conquérir une bonne partie de l'Europe.
En réalité, l'inspiration « gothique », ici simplifiée et là
surchargée (le flamboyant), régna presque trois siècles
tandis que, d'abord purs et presque sublimes, ses deux

autres réussites manifestes — la statue, le vitrail — évoluèrent sans doute plus rapidement, ce que mainte grande collection d'art et d'histoire conte bien mieux qu'il n'est possible et raisonnable de le faire ici.

Le XIIIe siècle fut aussi le grand siècle des Universités (celle de Paris conquit son « indépendance » entre 1200 et 1231) qui répandirent dans la mince élite des jeunes nobles et riches le nouvel Aristote, ainsi que la « dispute » théologique et philosophique, tandis que florissaient à la fois le droit canon, le droit romain venu du Midi, et ce droit à la fois coutumier et royal qu'on commençait à rédiger. Là se formaient, ainsi que dans les antiques écoles épiscopales, les futurs serviteurs de l'Eglise et de la Monarchie.

En dehors du temps des combats et des tournois, les cours seigneuriales, après s'être délectées de chansons de geste, et pris peut-être un bain de pureté dans les récits de la quête du Graal, s'abîmaient dans les romans de chevalerie, qui devaient encombrer encore les bibliothèques du premier XVIIe siècle, tandis que dans les villes naissaient le roman bourgeois peut-être, les contes et fabliaux plus sûrement, et que le bon peuple se réjouissait, lorsqu'il en avait le loisir, aux conteurs, aux montreurs de curiosités, aux jongleurs, et aux interminables « mistères » donnés sur le parvis des cathédrales.

Tout cela, d'ailleurs, ne touchait que les villes. Des vilains et manants, de leurs jeux et de leurs ris, n'ont transpiré que des contes indatables, dans un analphabétisme trop évident, traversé sans doute de grands élans de foi, de peur et d'espérance.

Économie.

Aucun des signes de grandeur du XIIIe siècle n'existerait sans un soubassement économique d'une réelle solidité, à la mesure d'un temps fort éloigné du nôtre.

Jusqu'au début du XIXe siècle, l'agriculture demeura l'essentiel. On sait que, dès 1200, les défrichements rentables étaient achevés, les assolements installés, les races chevalines et bovines améliorées, ainsi que l'outillage et le matériel de transformation, fours, forges, moulins.

Les quelques comptabilités domaniales retrouvées montrent que les rendements, notamment céréaliers, ne cessèrent de s'élever au XIIIe siècle, jusqu'à atteindre une sorte de palier qui (après de rudes secousses) ne sera pas franchi avant Napoléon. L'on sait aussi que les prix agricoles (et quelques autres) connurent alors cette sorte de lente ascension qui constitue à la fois la récompense et le signe de la prospérité. Dès le siècle suivant, on pourra évoquer avec quelque raison l'heureux temps de Saint Louis, sans famine, sans peste, presque sans « dégât » guerrier.

Cette prospérité rejaillissait naturellement sur les grands propriétaires et les rentiers du sol : toute la noblesse, tout le clergé, une partie de la bourgeoisie et bien sûr le roi. Beaucoup purent alors accorder à une grande partie des serfs et vilains des chartes d'affranchissement (non gratuites) qui les haussaient à la condition de *tenanciers à cens* qui demeura souvent la leur jusqu'en 1789.

Une sorte d'âge d'or des campagnes a-t-il marqué le temps de Philippe IV ? Ne rêvons tout de même pas trop : ces temps ignoraient encore les plantes précieuses comme le sarrasin et le maïs (venus au XVIe siècle), la pomme de terre (vers 1700), la vertu des trèfles et des légumineuses (Flandres 1400 ; Midi et Ilè-de-France 1600), et savaient encore mal domestiquer la plupart des arbres fruitiers (sinon les pommiers de la seule Normandie). Tout de même, ces temps relativement heureux devaient nourrir une quinzaine de millions de « Français » dont la densité à la lieue carrée pouvait être proche de celle du XVIIIe siècle ; ce qui en dit long sur les misères de l'intervalle.

Villes, foires et métiers.

Les formes les plus neuves et les plus brillantes de la prospérité du XIIIe siècle ne résident pourtant pas dans les campagnes, même florissantes. On les trouvait, enveloppant et traversant le royaume, dans le grand commerce de mer, de terre et d'argent dont les centres dynamiques gîtaient plus au nord — la Hanse, la Mer du Nord, Bruges et les grandes cités flamandes — et surtout plus au sud, où les grands armateurs, les hommes d'affaires et les banquiers italiens (Vénitiens, Génois, Pisans, Florentins, Lucquois) développaient une activité débordante et novatrice aussi bien dans la résurrection de la monnaie d'or (1252, le ducat) que dans la circulation et la négociation des effets de commerce et de crédit, techniques en avance d'un bon siècle sur le reste du monde.

Les uns et les autres se retrouvaient toujours aux foires de Champagne, où marchandises et monnaies s'échangeaient activement, en attendant de trouver d'autres lieux de rencontre.

Animées par un actif cabotage — normand, breton, saintongeais, basque — et par la visite des lourds vaisseaux du Nord, les côtes du royaume prospèrent, tandis que les Anglais utilisent et valorisent Bordeaux et son arrière-pays. Empruntant les rivières presque toutes naviguées (par de frêles barques) et de rudes chemins toujours fréquentés, marchandises, hommes et idées fécondaient l'intérieur des provinces, et surtout les villes en très rapide essor.

La plupart font craquer, reconstruisent, puis dépassent à nouveau leur vieux corset de murailles. Le bâtiment y bat son plein, puisque la plupart doublent ou triplent leur nombre d'habitants, Paris ayant atteint la centaine de milliers, et peut-être le double — les historiens en disputent. Sauf les grandes villes drapantes du Nord, surtout Amiens, la première de toutes, et pour longtemps, aucune n'est spécialisée. Elles se contentent d'être un lieu de production, de consommation et naturellement d'échange, vivifié par le port (comme la Grève à Paris) et des marchés fréquents, bien situés — au carrefour central — pour lesquels on prévoit parfois des sortes d'étals et de logettes (qui serviront surtout aux foires saisonnières). Très tôt levés, les campagnards y apportent leurs produits frais ; des sortes de marchands ambulants y proposent des poteries, quelques marmites, de petites étoffes.

Surtout, les rues des villes forment des lieux de travail et de vente quasiment permanents, souvent spécialisés : les bouchers sont là, les orfèvres ailleurs, les fourreurs et drapiers plus loin, et les parcheminiers près des « escholles » et des neuves Universités. Le tout, organisé en

« arts » et « mestiers » (Etienne Boileau, prévôt de Paris, en comptait plus de cent en 1268), fortement structurés où la spécialisation, l'apprentissage, la maîtrise sont régis par des statuts, des « privilèges » parfois antérieurs à 1200. Entre ces différents « corps » comme à l'intérieur de chacun, des querelles souvent vives surgissaient parfois, amorce d'une ébauche de luttes sociales urbaines qui reprendront derechef dans les difficultés des siècles à venir.

Auprès de ce petit monde des métiers et de la boutique se développa au xiiie siècle celui de l'écritoire, de la basoche, de la justice, qui plus tard se distinguera par le port de la robe longue. Elite instruite et croissante, forte en droit, indispensable à une société et à une monarchie qui se compliquent et s'étoffent, elle ne tardera pas à former, surtout à Paris et dans les capitales provinciales, une sorte de groupe influent et souvent fort aisé, dont le rôle dans les affaires publiques croîtra en même temps que ses revenus et ses investissements fonciers, urbains aussi bien que ruraux.

Les temps ne sont pas loin où la monarchie devra compter avec ses grands serviteurs, comme avec les oligarchies et les « patriciats » urbains. Quelques-uns même ont commencé à s'insinuer dans la noblesse par des voies habiles ou obliques, avant d'y revendiquer leur place. D'autres investissent déjà l'Eglise. On pourrait déjà parler de « bourgeoisie montante », si cette bourgeoisie, justement en montant, ne changeait pas de caractère, sinon de nature. Et puis, il convient de ne rien exagérer : si l'Etat de Philippe IV ne ressemble certes plus à la modeste monarchie de guerriers et de serfs des premiers Capétiens, il reste toujours dominé par la puissante famille royale, les princes apanagés, les grands vassaux aux chancelantes fidélités.

Les signes du reflux.

Et justement, quand meurent le dernier des grands Capétiens, puis ses trois fils, de graves menaces apparaîtront immédiatement ; les dangers flamand et aquitain pouvaient être prévus, mais pas le terrible problème de la succession au trône. Moins encore les premiers signes d'un ralentissement ou d'une stagnation de l'économie. Peu après 1300, les Italiens se mettent à éviter les foires de Champagne, surchargées de taxes, et à emprunter les routes du Saint-Gothard et du Rhin pour rejoindre les grands centres du Nord, surtout Bruges où s'accumulent les laines anglaises ; ou bien par Gibraltar les flottes génoises y suppléent. Moins d'activité, moins de marchands, moins d'argent et de travail en Champagne, donc à Paris.

Beaucoup plus grave, le retour soudain de 1315 à 1317, de très dures famines suivies d'épidémies meurtrières.

Après ces secousses, le monde rural et l'économie agricole, surtout céréalière, ont du mal à se redresser, et paraissent manquer de moyens monétaires. Bientôt, les guerres aidant, de nouvelles levées d'impôts révéleront et aggraveront cette situation difficile.

Un long siècle de malheurs commençait...

Certes, la Guerre dite de Cent Ans ne naquit pas d'une situation économique quelque peu déprimée ; simplement, l'une aggrava l'autre, et vice versa. Les querelles de voisinage et les querelles dynastiques demeurent essentielles, surtout à cette époque. Elles ouvrent une suite de décennies plutôt noires, qui ont aidé à magnifier ce qu'on a, un peu vite, appelé le siècle de Saint Louis, qui reste aussi celui des Philippe, avec ses réussites assez exceptionnelles sur le triple plan politique, économique et culturel.

III.

Le XIVe siècle et ses malheurs

Après les réussites qui marquèrent le XIIIe siècle, dans sa politique, son économie et sa civilisation, de sombres années fondent désormais sur le royaume de France ; pas entièrement sombres puisque l'art français et la civilisation des Cours et des châteaux persistent et brillent, parfois jusqu'à l'extravagance. Mais le retour des grandes famines dès la mort de Philippe IV, un marasme économique qui se convertit bientôt en lourde dépression, la résurrection, après plus d'un demi-millénaire de sommeil, du « mal qui répand la terreur », cette peste bubonique et pulmonaire qui, au moins à quatre reprises, dut envoyer à la fosse commune quatre ou cinq millions de Français, la guerre de Cent Ans enfin, avec ses expéditions dévastatrices et ses « compagnies » de soldats-bandits, tandis que semblait fléchir, sinon l'Eglise, du moins la Papauté : tout cela constitua une terrible accumulation pour ce siècle et une partie du suivant.

Par surcroît, il n'est pas facile de voir clair dans des événements aussi entrecroisés que tragiques, sinon en sériant les questions.

LA GUERRE DE CENT ANS : GRANDES LIGNES ET ORIGINES

Les dates traditionnellement assignées à ce long conflit entre France et Angleterre (1337-1453) montrent qu'il dura apparemment plus de cent ans. Des historiens se sont échinés à décompter les années de trêve et les années de combat, et ont découvert que les premières furent plus nombreuses. On a aussi remarqué qu'en 1475 encore, Edouard IV, roi d'Angleterre, débarquait à Calais (chez lui) pour venir aider son beau-frère Charles le Téméraire à attaquer Louis XI : simple épilogue... Autrement significatif avait été le long prologue.

Tout remontait au xiiᵉ siècle, quand l'Angevin Henri Plantagenêt devint à la fois duc de Normandie, roi d'Angleterre (1154) et par sa femme Aliénor maître de l'Aquitaine, étendant son pouvoir des confins de la libre Ecosse aux Pyrénées, tout en demeurant un trop puissant vassal du roi de France. On sait comment, après de rudes luttes, Philippe Auguste et ses successeurs avaient à peu près réduit le roi d'Angleterre à la Guyenne. Mais les conflits renaissaient à tout moment, soit à propos du lien féodal, ou des frontières d'Aquitaine, ou bien au Nord, ou bien à l'Ouest.

Ainsi, dans le riche comté de Flandre, dont la noblesse était en gros francophile alors que sa bourgeoisie et son artisanat drapant était fortement liés aux Anglais qui leur vendaient la laine. De terribles conflits eurent lieu. Les premiers avaient ridiculisé les chevaliers français, écrasés en 1302 à Courtrai par la « piétaille » flamande, qui ramassa tant d'éperons d'or après la bataille que le nom lui en resta. Plus tard (Cassel, 1328), la chevalerie française prit sa revanche : elle décapita, sans exception, tous ses adversaires, des ouvriers en drap révoltés contre leur maître qui avait fait appel à Philippe VI.

Comme en Guyenne et en Flandre — ou à leurs confins — des combats se localisaient fréquemment vers l'Ouest. Le riche duché de Bretagne, pourvu d'une bonne marine, normalement vassal du roi de France, soutenait parfois le Plantagenêt, selon les épisodes complexes d'une interminable querelle de succession, l'un des candidats obtenant le soutien du Français et l'autre, naturellement, celui du second, les luttes ne cessèrent guère dans le secteur, avant que la duchesse Anne ne résolve enfin la question, beaucoup plus tard.

D'autre part, un roi de Navarre, Charles, petit-fils de Louis X, comte d'Evreux par surcroît, et bien possessionné en Normandie, procurait mille ennuis au roi de France, par ses actions incessantes, ses prétentions épisodiques à la couronne, ses troupes navarraises (qui l'appelaient « le Mauvais ») et ses châteaux normands.

On le voit : les querelles particulières et féodales semblaient l'emporter, au moins au début, sur les rivalités dynastiques, et plus encore sur les rivalités nationales, qui n'apparaîtront que plus tard. Et d'ailleurs le problème fondamental ne s'est pas posé avant 1337.

Une première fois cependant, en 1316, un roi capétien, Louis X dit le Hutin, fils aîné de Philippe le Bel, mourut en ne laissant qu'une fillette, sur la légitimité de laquelle on pourrait un jour émettre des doutes, l'inconduite de la mère étant connue. Le frère puîné, Philippe, forte personnalité, réussit à se faire accepter par les principaux barons, couronner à Reims et reconnaître solennellement par une assemblée de notables, seigneurs, prélats, universitaires, riches bourgeois. Philippe V dit le Long monta sur le trône et personne ne parla de « loi salique », vieille disposition franque de droit privé retrouvée quarante ans plus tard par un chroniqueur doublé sans doute d'un astucieux juriste [1]. Il avait été pris en réalité une décision de fait, justifiée par un rapport de forces et par la personnalité de Philippe V. Vite disparu (1322), son frère Charles IV lui succéda sans peine ; mais il mourut dès 1328, sans aucun héritier direct.

Une nouvelle assemblée de notables fut réunie : elle se décida — et ce fut la première « élection » depuis 987 — pour le plus âgé et le plus sérieux des rois possibles, un bon chevalier, pas trop autoritaire, Philippe de Valois, neveu de Philippe le Bel. Si le roi d'Angleterre Edouard III fut écarté, bien que petit-fils du même roi, ce fut sans doute à cause de sa jeunesse, au moins autant à cause de sa mère

---

1. Cependant, sachant qu'une faction de princes aurait voulu placer sur le trône la fille de Louis X, Philippe V jugea bon de réunir des Etats généraux qui déclarèrent les femmes incapables de succéder au trône de France.

Isabelle, fille de Philippe le Bel, connue par son exécrable caractère et sa scandaleuse inconduite, et tout de même parce que, fut-il déclaré, « il n'avait jamais été vu ni su que le royaume de France fût soumis au gouvernement du roi d'Angleterre ».

Empêtré dans de difficiles combats contre les Ecossais, Edouard III accepta d'abord de prêter serment au roi sacré à Reims, dès 1329. Après bien des hésitations et des imprudences de Philippe VI (soutien aux Ecossais, conflits locaux en Guyenne), le roi d'Angleterre contesta la validité de l'hommage qu'il avait prêté encore mineur et finit en 1337 par lui « envoyer son défi », en termes féodaux lui déclarer la guerre.

Panorama de la Guerre dite de Cent Ans.

La première période fut catastrophique pour le royaume de France : sa flotte fut détruite à l'Ecluse, avant-port de Bruges (1340), sa chevalerie décimée et presque ridiculisée à Crécy (1346), le port et place-forte de Calais conquis pour deux siècles (1347), alors qu'allait se déclencher la première phase de la Peste Noire, catastrophe d'une autre ampleur.

Dix ans plus tard, près de Poitiers, l'armée française était à nouveau écrasée, le roi Jean le Bon et un de ses fils prisonniers, emmenés à Bordeaux puis à Londres, rachetables par une énorme rançon, qui représentait des tonnes d'or.

Les Etats du royaume et la bourgeoisie parisienne supportaient mal la déroute, et son prix, et tentaient d'infléchir le pouvoir dévolu au faible dauphin Charles (17 ans — de surcroît, il avait fui à Poitiers), à défaut de songer à s'en emparer, pensée qui put effleurer un Etienne Marcel, prévôt des marchands de Paris, qui n'hésita pas devant l'émeute — comme pas mal de paysans.

En 1360, au traité dit de Brétigny (signé effectivement à Calais), le roi captif et son fils donnaient à l'Angleterre, en toute propriété, un tiers du royaume. Par surcroît la révolte avait grondé dans les campagnes et les villes, la famine était réapparue, et la peste aussi. Pour la première fois, le beau royaume de Philippe le Bel et de Saint Louis touchait en quelque sorte le fond.

Il faudra le règne réparateur de Charles V (1364-1380) pour opérer un redressement partiel (à sa mort, les Anglais ne gardaient que quelques ports et leur arrière-pays), avant que Charles VI, le roi fou (en 1392) et odieusement entouré, ne livre son héritage entier à un monarque anglais (1420-1422), après une nouvelle et sanglante déroute (Azincourt, 1415).

L'apparition de Jeanne d'Arc, puis l'action lente des conseillers de Charles VII permettront un progressif rétablissement, achevé vers 1453, alors que le problème bourguignon se sera substitué au problème anglais.

Louis XI réglera tout, aidé par les faiblesses propres à l'Angleterre et ce qu'il faut bien appeler la sottise du Téméraire. A la mort de celui-ci (1477) s'achevaient cent quarante années d'une bien rude histoire, fort éprouvante pour le royaume et ses habitants. Une histoire qu'il a bien fallu réduire à ses grandes lignes pour en prendre une vue d'ensemble à peu près intelligible.

COMMENT ON FAISAIT LA GUERRE AU XIVe SIÈCLE

Les combats de chevaliers du temps de Philippe Auguste et de Saint Louis survivaient naturellement, comme une forme sublimée du tournoi. Plusieurs nouveautés étaient survenues. Pour garder plus longtemps des troupes plus actives, il avait fallu les payer, les « solder » (soldat vient de « sol », monnaie modeste qui constituait le salaire journalier du fantassin), et cela aussi bien pour les vassaux après le quarantième jour d' « aide » féodale que pour les « bandes » ou « routes » d'hommes de métiers, une vingtaine conduits par un capitaine souvent noble. L'obligation de « solder » s'enflera pendant deux siècles, coûtera cher, provoquant des impôts quasi permanents et des « remuements » monétaires (peut-être 80 sous Jean le Bon...) assez mal accueillis.

L'autre nouveauté fut l'apparition massive d'armes de jet de plus en plus efficaces : l'arbalète, instrument compliqué, mais vigoureux, avait la faveur des Français, qui utilisaient surtout des Génois. Formés aux guérillas de

Galles et d'Ecosse, les Anglais, fort bien entraînés, tendaient de grands arcs, qui portaient loin, et dont le tir était trois fois plus rapide : la principale cause du désastre de Crécy gît dans cette différence, que bombardes, plus bruyantes qu'efficaces, ne suffisent pas à expliquer.

Devant ces traits puissants, le noble cavalier a été obligé de se cuirasser de plus en plus solidement et lourdement : sa carapace articulée arrive couramment à peser soixante kilogrammes vers 1400 : non seulement il ne peut s'habiller lui-même, mais il ne parvient plus à se tourner quand il marche ni à se relever quand il est à terre, proie facile pour le coutilier qui frappe aux jointures, ou du moins le tient à sa merci pour une capture, but plus souvent visé que le simple meurtre.

Désormais, l'armée n'est plus seulement composée de splendides chevaliers cuirassés, fonçant avec la lance, l'épée, la masse, la hache. L'unité, c'est la « lance » : le magnifique jouteur, deux archers mobiles plus légèrement protégés, un coutilier (de petits nobles ne dédaignent pas de remplir l'une ou l'autre fonction), plus le valet et le page, sortes de serviteurs, palefreniers et armuriers ; donc six hommes en tout.

Comme précédemment, et pour longtemps encore, la guerre alternait de longues chevauchées, de longs sièges — qui se terminaient par la capitulation des affamés ou le départ des assiégeants, en attendant que l'artillerie vienne jouer un rôle qui, au XIVᵉ siècle, n'est pas encore décisif — ; des batailles frontales, rares ; des escarmouches de plus en plus fréquentes ; de longues périodes de repos hivernal et aussi des « abstinences de guerre », de trois ans, sept ans, parfois plus.

A vrai dire, le véritable but de la guerre — fors l'honneur pour les chevaliers, et encore... — c'était de s'enrichir. S'enrichir normalement par le « degast » : de ce point de vue, les premières expéditions anglaises se sont souvent ramenées à de systématiques razzias, de longues files de chariots ramenant le butin jusqu'aux bateaux. Les Français répondirent après Poitiers par la tactique du pays brûlé, comme pour les décourager. S'y mirent aussi les « routiers » en principe « démobilisés » après le traité de Brétigny/Calais : ce furent les « grandes compagnies », à

la réputation terrible et méritée, contre qui Charles V
employa assez heureusement Duguesclin...

Il faut dire tout de même que l'ensemble du royaume
n'était pas atteint en même temps par ces ravages : les
soudards suivaient habituellement les mêmes routes, et les
paysans avaient appris à se préserver en se cachant dans
les forêts, en s'enterrant dans des grottes, en se réfugiant
dans des villes fortes, des églises parfois, ou en achetant
leur tranquillité...

Princes et barons ne dédaignaient pas forcément le
pillage, mais ils pratiquaient plutôt la profitable industrie
de la rançon. Elle était vieille comme la chevalerie, et
Saint Louis lui-même l'avait subie en Egypte. Capturer un
chevalier désarçonné, donc incapable de se mouvoir, le
faire très poliment prisonnier, le traiter avec les égards dus
à son rang, en tirer le maximum pour sa liberté (un prix sur
lequel renchérissait lui-même le captif), voilà le but
suprême d'une belle et noble guerre, même s'il aboutit à
ruiner plus qu'à moitié un royaume, comme celui de
Jean II dit le Bon (le Brave), auquel il nous faut désormais
revenir.

PHILIPPE VI ET JEAN II

Les deux premiers Valois ne figurent pas parmi les rois
qui sont entrés, comme on dit, dans la légende. Il est vrai
que les désastres de Crécy et Poitiers pèsent lourdement
sur leur mémoire. Ces beaux et brillants cavaliers, somp-
tueusement entourés et servis, maniaient vigoureusement
l'arme blanche, comme Jean et sa légendaire hache à
Poitiers ; mais tout de même Philippe tourna bride avant
d'aborder Crécy : il arrivait trop tard. Ni l'un ni l'autre
n'eurent la moindre idée de stratégie ou de tactique.
Comme toute leur noblesse, ils méprisaient l'ignoble
piétaille (même la leur) sur laquelle ils passaient volontiers
à cheval, sans jamais avoir compris que l'infanterie était
déjà la reine des batailles, mais l'infanterie anglaise,
entraînée et respectée. Pousser l'ineptie militaire à ce
point, surtout chez des rois, constitue une rareté.

L'un et l'autre surent pourtant amener à résipiscence
tels vassaux ambitieux ou comploteurs, acheter la ville de

Montpellier au roi de Majorque (1349), obtenir la succession du duc ou « dauphin » de Viennois, perdu de dettes, à condition que le titre fût désormais porté par le fils aîné du roi (Charles fut le premier) ; habilement conduite par Jean peu avant la mort de son père, cette acquisition introduisait le royaume dans le monde alpin, au voisinage de la Savoie que dominaient des princes souvent apparentés, et aux portes de la riche Italie.

Le même Jean II, lorsque mourut sans héritier le dernier duc capétien de Bourgogne en 1361, sut habilement faire valoir ses droits, et gouverner cet opulent duché, que Charles V abandonnera malencontreusement à son frère Philippe. Ce même roi, toujours magnifique, parfois plein d'astuces, ne se contrôlait pourtant pas toujours : on n'a jamais bien compris pourquoi il fit décapiter sans jugement dans la cour du Louvre l'ancien connétable Jean de Vienne, rentré d'Angleterre, rançon payée, en novembre 1350... Ce monarque imprévisible se conduisit en preux chevalier, lorsque, libéré par les Anglais après versement d'une partie de sa rançon, il retourna se constituer prisonnier parce qu'un de ses fils s'était échappé pour aller rejoindre sa jeune épouse : il y gagna de mourir à Londres (1364).

Son père et lui avaient naturellement hérité des difficultés financières rencontrées par les derniers Capétiens directs, englués comme eux dans des guerres longues et coûteuses. Philippe VI installa définitivement la gabelle (1341), monopole de vente du sel. Comme précédemment, des « fouages », des « aides », des contributions variées, présentées comme provisoires, furent entérinées par des « Estats », assez souvent provinciaux ou régionaux, dont les membres étaient choisis à l'avance, et qui pourtant tentaient de contrôler levées et emplois des « deniers ». Ils s'y essayèrent plus encore au lendemain de Poitiers, dans une grave crise que nous retrouverons.

Comme leur prédécesseur Philippe IV le Bel, ils « remuèrent » beaucoup les monnaies. A tel point que la livre-tournois, forte unité monétaire, qui représentait 82 grammes d'argent en 1336, n'en pesait même plus 17 six années plus tard : une chute théorique de 80 %... qu'on ne retrouvera plus sous la monarchie, du moins à ce degré.

Quant au modeste denier (240 dans une livre), sa valeur semble avoir été divisée par 4 entre 1350 et 1355.

De telles chutes arrangeaient momentanément les débiteurs (parmi lesquels le Roi, grand emprunteur). Elles témoignaient aussi de l'inadaptation étonnante de la faible administration royale aux énormes dépenses de guerre, qui n'empêchaient pourtant pas celles de la magnificence, grandeur et vice de tous les Valois. Modèle exagéré de mœurs que, par la suite, pratiquera assez souvent la monarchie des Lys.

Complexes, pas toujours claires, ces affaires d'argent furent essentielles. Au milieu du xive siècle, elles s'effacent devant un personnage nouveau et autrement redoutable, qui ne doit rien à la politique : la peste, puisqu'il faut enfin l'appeler par son vrai nom.

Le retour de la peste.

Depuis six à sept siècles (la dernière mention connue daterait de 694), elle avait disparu, Dieu sait pourquoi, calme en ses refuges asiatiques. Son nom survivait, et on le donnait aux épidémies les plus graves comme certaines dysenteries, dont l'une a dû emporter Saint Louis en 1270 (les pestologues nous assurent que la vraie peste ne se trouvait point alors en Tunisie).

Venue d'Orient par bateaux, la voici donc qui débarque, fin 1347, dans les ports méditerranéens. Tout près du royaume, à Marseille, meurent en novembre la totalité des habitants de la rue Rifle-Rafle ; elle est à Aix en décembre. L'année suivante, et en 1350 aussi, tout le pays est atteint, sauf rares secteurs (Massif Central ?). Les derniers cas connus concernent Tonnerre, 1352 ; ensuite la peste prend quelques années de congé ; elle reviendra.

Due à un virus identifié seulement en 1894 par Yersin, et habituellement véhiculé par certaines puces (pas toutes, et pas forcément du rat), la peste revêt deux aspects : pulmonique, elle se transmet par le simple souffle, et tue tous ceux qu'elle atteint ; bubonique, elle a été tôt décrite et identifiée par ces « charbons » (qu'on brûlait parfois !) sis à l'aîne, au cou, sous le bras : on pouvait en réchapper.

Dans les deux cas, trois jours de maladie seulement, et une épouvantable contagiosité.

Sur le nombre des victimes, il a circulé des chiffres effarants, pas toujours exagérés. Le document le plus précis, le registre du curé de Givry (en Bourgogne), apprend qu'en 1349 (encore manque-t-il un mois) il enterra 649 de ses paroissiens ; les années précédentes, il n'en décédait pas plus d'une trentaine en moyenne. Pour les couvents, les statistiques sont certaines. En voici une : chez les Augustins de Maguelonne et de Montpellier, sur 300 frères, il en survécut 14. Il faut dire que ces lieux clos constituaient de magnifiques aires de contagion. Des nombreux travaux qui ont été effectués, il résulte quelques quasi-certitudes, que voici :

L'épidémie commence toujours à la belle saison, et finit aux premiers froids (mais elle peut renaître). Le nombre des victimes connues varie, d'un lieu à l'autre, de 10 à 100 % de la population ; la moyenne dut se situer largement au tiers, ce qui signifie que 5 millions de Français peut-être en furent les victimes. Disparue en 1352, la peste revient, presque aussi brutale, en 1360, 1361, 1362 ; troisième accès en 1374 ; quatrième en 1400. A partir de là, et jusqu'à la fin de la guerre de Cent Ans, on ne connaît que trois années où elle ne fut signalée nulle part : 1403, 1419, 1447 ; jusqu'en 1669, une belle carrière lui est promise, de brutaux accès succédant à des demi-sommeils. Par la suite, on ne la revit plus (sauf à Marseille en 1720) : c'est qu'on avait appris à s'en protéger (quarantaines, lazarets, cordons sanitaires).

En 1349, cette épouvantable « chose », déconcerta, affola, provoqua des réactions terribles. On cherchait les responsables : les astres, le diable, nos péchés, le mauvais air, les « semeurs de germes », les Juifs surtout qu'ici ou là on brûla par centaines. Pour expier, on se flagellait en compagnie, durant des heures et des heures. On spécialisait des saints, on sortait des châsses ou plus simplement on fuyait — avec ses puces. Grave problème : la sépulture « chrétienne ». Trouver des prêtres et des médecins qui consentent à approcher les « pestés » se révélait impossible : on bénissait de loin, et des « corbeaux », pauvres diables richement payés, tiraient les morts pourris avec des crocs, les entassaient dans des charrettes, les déversaient dans d'immenses fosses (jusqu'à deux cents mètres de long) loin des villes, en tas, avec de la chaux vive par-dessus, s'il s'en trouvait. Parfois, on laissait tout sur place, et l'on mettait le feu, qui purifiait.

Ce personnage hideux de la peste domine tout le siècle. Dans le royaume de France, il a joué un plus grand rôle que les Valois, les Anglais et les routiers (qui l'emportaient dans leurs hardes...).

Après ces horreurs, qui ne furent tout de même ni vraiment générales, ni permanentes, on essayait de revivre, avec un soulagement qui permettait toutes les ivresses et les brutalités... en attendant la suite.

Les autres malheurs.

Tous les cavaliers de l'Apocalypse semblent avoir visité ce malheureux siècle, ensemble ou séparément.

On l'a déjà signalé : dès la mort de Philippe IV, la famine, dont on nous assure qu'elle avait toujours épargné le beau siècle de Saint Louis, réapparut et dura trois années. Elle était due à trois étés « pourris » qui avaient compromis, « niellé », « rouillé » les récoltes de grains, bases de la nourriture dans la plus grande partie du royaume. La farine devint mauvaise, rare, très chère surtout. Les petites gens se jetaient alors sur des nourritures avariées ou infectes, qui multipliaient les maladies digestives, aggravées par le manque d'hygiène et la pollution des eaux, et éminemment contagieuses.

De famine absolue, on n'en constatera guère que dans les rares villes longtemps assiégées. Mais cette forme banale de disette-cherté-épidémie se renouvellera désormais au rythme moyen d'une fois par décennie, et cela jusqu'aux temps du Grand Roi : les dernières « grandes » marqueront l'Avènement (1661-62), l'année 1693 et le fameux « grand hyver » de 1709, qui clôt une série assez régulière, mais inégalement grave selon les temps : les gens s'y étaient-ils habitués ?

Vers le milieu de ce XIVᵉ siècle, ils avaient dû aussi s'habituer à l'exagération de deux phénomènes qu'ils connaissaient déjà. D'abord les excès des gens de guerre, brusquement accrus par le lâchage sur les routes du royaume des « grandes compagnies », quelque peu démobilisées après les paix de 1360 : nous les avons déjà évoquées, et les retrouverons.

En second lieu, la croissance et la relative régularisation de levées d'impôts longtemps jugées insupportables et injustes — outre la vieille gabelle et les fouages de moins en moins intermittents, des deniers levés sur la circulation de tels aliments et marchandises, les futures « traites » et « aides » de la monarchie dite absolue ; du moins la captivité du roi Jean les justifiait-elle en partie.

On devait se perdre de plus en plus dans les dévaluations monétaires, et maudire les premiers asséeurs et receveurs d'impôts qui s'installaient lentement, les « élus » au niveau cantonal, les « généraux » et receveurs de finances, au niveau provincial. Ces institutions se mettaient irrégulièrement et malencontreusement en place : les habitants du royaume n'étaient pas près de les voir disparaître.

On ne s'en étonnera pas : tous les historiens économistes, qui avaient chanté de concert la belle prospérité et la « croissance » du xiiiᵉ siècle, soulignent le caractère particulièrement sombre du siècle des Valois, du moins dans le royaume de France (en Italie, pas du tout).

Marasme économique.

Aucune nouveauté technologique n'est apparue, sinon la poudre à canon, venue de Chine par les Arabes et les Italiens, pour le moment simple curiosité. La culture, l'élevage, les transports, les centres économiques sont à peu près les mêmes ; quelques-uns ont grossi ; les autres, non.

Cependant, dès 1303, les crises monétaires ont commencé à secouer rentiers et créanciers et, en sens inverse, débiteurs et locataires. Ce n'était qu'un début, et le règne du roi Jean exagérera tout cela. Les famines dès 1315, les ravages de soldats un peu plus tard, la peste à partir de 1348, le tout reprenant, se croisant, s'exagérant et mettant au tombeau un quart du bon peuple, — tout cela aide à comprendre que trop de bétail avait été massacré, trop de chaumières et de terres abandonnées.

La friche gagnait lentement. Production et même productivité chutaient de concert — des études précises en ont apporté la preuve ; même les propriétaires et les rentiers du sol avaient été sévèrement touchés.

La prospérité des campagnes ne reviendra pas de sitôt : elle s'amorcera à la fin du xve siècle, puis au xvie siècle, retombera ensuite pour ne réapparaître vraiment qu'au xviiie : de tout cela on est à peu près sûr, surtout pour les grandes plaines céréalières...

Du côté du commerce, qui commande bien des choses, il n'est pas malaisé de comprendre que les grands marchands délaissèrent les routes de France infestées de pillards pour emprunter, d'Italie en Flandres (les deux pôles économiques), celles du Gothard et du Simplon nouvellement ouvertes et, plus facile, celle du Brenner.

Les foires de Champagne, après avoir glissé vers Châlon, s'installent à Genève avant de passer en Italie ou dans les villes allemandes. Plus fréquemment, Gibraltar sert de substitut : depuis Venise, Gênes et les autres ports, les grosses barques atteignent les ports aquitains, bretons, français et flamands, tandis qu'Hollandais et Anglais monopolisent le grand commerce du sel, des laines, des poissons salés et des produits du Nord, sans compter les vins de Bordeaux, de Charente et de Loire.

Maritimes, fluviales ou terrestres — du moins quand elles demeuraient quelque temps sûres — les activités du royaume de France se limitaient au cabotage et aux marchés locaux. Une exception : Paris, capitale des rois, de la Cour, du Parlement, des hauts bourgeois et de toute la richesse, où les Italiens avaient trouvé plus simple de s'installer franchement, avant de coloniser Lyon, leur quasi-filiale... Comment s'étonner que le grand commerce abandonne un royaume en proie à l'insécurité, la dépopulation et l'anarchie ?

Par surcroît, dans le domaine fondamental de l'industrie textile, les modes avaient changé. Foin des lourds et inusables draps fabriqués dans les villes du Nord et même à Paris ! Gentes dames et beaux damoiseaux, férus de costumes extravagants, ne voulaient plus que des étoffes brillantes, rares, légères, si possible de soie brodée d'or, ou alors ces souples draperies de Florence, qui réduisaient au silence tant de métiers flamands, picards, normands.

Les villes qui ne surent pas s'adapter s'effondrèrent : Arras même perdit la moitié de sa population, surtout ouvrière, mais se sauva en se spécialisant dans la tapisserie, qui commença sa grande fortune. Rouen, Beauvais et leurs banlieues tentèrent de survivre avec la petite serge bon marché, pour le peuple. Mais comment vendre davantage à des clientèles appauvries et décimées ?

Quoi qu'il en soit, dès qu'on parvient à dénicher ou reconstituer des fragments de statistiques économiques, elles expriment le marasme, sinon l'effondrement. Il faudra la fin du xvᵉ siècle, et surtout le « beau xviᵉ siècle » pour voir se redresser victorieusement ce qu'on n'appelait pas encore « la conjoncture ».

Il est sûr que le xivᵉ siècle, et la plus grande partie du xvᵉ, ont été marqués par ces « signes » économiques navrants. La peste mise à part, on peut bien dire que les princes qui gouvernaient ce qui restait de Français faisaient beaucoup, involontairement peut-être, pour contribuer à leur misère.

La crise politique (1358-1364)

Une partie du peuple de France avait vu le roi Jean prisonnier conduit de Poitiers à Bordeaux, et il semble bien que l'absurde conduite de la brillante chevalerie en ce jour du 19 septembre 1356 avait été connue et peu appréciée. Payer la rançon constituait pourtant un devoir que personne ne discutait ; en revanche, continuer à entretenir une Cour et un gouvernement accusés de luxe excessif et de malversations provoquait des réticences. Elles s'exprimaient au sein d'« Etats » réunis dans les bailliages, les provinces, les « langues » (oc, oïl), consultés fréquemment pour consentir à ce que de nouveaux subsides soient encore levés : la faiblesse du pouvoir les autorisait à hausser le ton.

Le dauphin Charles, 18 ans, d'apparence faible et malingre, que son père avait fait fuir de Poitiers (semble-t-il), avait pris le titre de « lieutenant du roi » puis de « régent », et conservé les conseillers de son père et de son aïeul, sans doute fourbes et malhonnêtes, en tout cas détestés.

En prison pour le moment, le dangereux Charles de Navarre, descendant direct de Philippe le Bel, brillant et sans scrupules, était prêt à s'allier à n'importe qui pour assumer, sinon la couronne, du moins le pouvoir.

A Paris, se dressait une puissante bourgeoisie, passée de la draperie et de la mercerie au trafic de l'argent et aux prêts à la monarchie, avec de hauts profits. Gendre et beau-frère des plus riches, Etienne Marcel, « prévôt des marchands » (en gros, maire), dont l'énorme fortune mobilière et immobilière ne semblait pas d'origine trop malhonnête, avait du talent, du prestige, le sens du commandement et de la foule, des idées qu'on peut qualifier de « libérales » ou de « réformatrices », et pas mal d'ambition. Dans la cité grouillante, beaucoup de mécontents dans la boutique et l'atelier ; au nord et à l'est de la grand'ville, d'honnêtes laboureurs et des fermiers moyens, jadis prospères, exaspérés par la mévente de récoltes amaigries, le prix de l'outillage, les excès des leveurs d'impôts, des reîtres et d'insatiables seigneurs, vont se révolter en mai 1358, en une « jacquerie » dont on n'attendait ni la violence, ni l'extension, ni la durée.

Il se trouva que toutes ces forces d'opposition ne surent ou ne purent se joindre ; de toutes manières, le jeune et déjà rusé Régent parvint à les réduire une à une.

Etienne Marcel et les jacqueries.

Aux Etats qui prétendaient gouverner sinon le royaume du moins ses finances, il fit cadeau d'une magnifique ordonnance réformatrice en mars 1357 ; comme tant d'autres par la suite, elle ne fut jamais appliquée, et les Etats se fatiguèrent de se réunir.

Evadé, le roi de Navarre offrit son alliance aux Parisiens plus qu'à demi frondeurs, — ce qui mit une bonne partie de la noblesse du côté du Dauphin. Après quelque hésitation, Etienne Marcel accepta puis organisa l'émeute dans Paris et fit assassiner sous les yeux du futur Charles V deux de ses conseillers. Inaugurant alors une tactique qu'on retrouvera, le Régent fuit sa capitale, qu'il allait bloquer et affamer, en retrouvant des fidélités provinciales.

Cependant, Marcel négocia avec les « Jacques » (dont les excès sont connus) et commença à se déconsidérer. Il acheva en ouvrant Paris au Navarrais, que suivaient des troupes comportant beaucoup de ces Anglais qu'on avait appris à détester. L'éternelle bourgeoisie modérée, ces « politiques » de toujours, comprit que le vent allait tourner, fit assassiner Marcel en pleine rue, chassa le Navarrais et ses troupes, et permit que le Dauphin fasse bientôt une entrée triomphale — comme, plus tard, tels autres monarques...

Quant aux Jacques du Beauvaisis, du Valois, de Brie et d'ailleurs, dont la violence antinobiliaire épouvanta les chroniqueurs (l'un d'eux conte qu'ils firent rôtir à la broche un chevalier et contraignirent sa dame — copieusement violée — à en manger un morceau), ils reçurent de la noblesse un châtiment rapide et également horrible : « Nos ennemis mortels les Anglais n'auraient pas fait ce que firent alors les nobles de chez nous », rapporte un autre chroniqueur.

De tous ces épisodes honteux ou tragiques — simples préludes d'ailleurs — ne sortit à peu près rien : aucune réforme de la monarchie, ni de ses conseils, ni de l'administration financière, ni des « libertés » parisiennes, ni de la condition des descendants des « jacques ». Du sang inutile, comme bien d'autre.

Pendant que le roi Jean, un moment revenu, rêvait de croisade, le Dauphin paraît aux expéditions saisonnières du Prince Noir ou de son père le roi Edouard en dérobant ses troupes, en pratiquant surtout la tactique de la terre brûlée : les Anglais, quelques milliers d'hommes, finissaient par se fatiguer et renoncer ; en souffraient quelques paysans de plus. Peu à peu, on signa la paix (Brétigny, puis Calais, 1360), on versa lentement la rançon, on transféra péniblement des territoires de la vieille Aquitaine, qui allait de la Loire aux Pyrénées. Renonçant au vain titre de roi de France, le roi Edouard reçut le tiers de ce royaume en toute souveraineté.

Tout cela n'était pas brillant ; il était sans doute impossible de faire mieux. Celui qui va s'appeler Charles V va pourtant essayer.

CHARLES V (1364-1380) : LE REDRESSEMENT

Ce troisième Valois ressemblait peu aux deux premiers : disgracieux, fragile, peu fait pour le combat, féru de manuscrits (il en posséda plus d'un millier, à peine moins que le Pape), lecteur d'Aristote, subtil et souvent adroit. Mais il conservait le goût des résidences splendidement aménagées et des belles choses : Beauté-sur-Marne, Vincennes, le Louvre, l'immense Hôtel Saint-Paul avec ses sept jardins, sa ménagerie, sa volière et son aquarium.

Homme habituellement plein de bon sens, il sut choisir ses conseillers : les frères de Dormans, chanceliers successifs, le prévôt de Paris Hugues Aubriot, le secrétaire Bureau de la Rivière, et même un universitaire, Nicolas Oresme, qui lui traduisait Aristote et lui composait un traité sur la « bonne monnaie » ; d'autres mirent en valeur le caractère mystique de la royauté dans des œuvres comme le *Traité du Sacre* ou le *Songe du Vergier*.

Militairement, ce roi « sage » (c'est-à-dire savant) sut utiliser le talent de ses trois frères, Jean de Berry, Louis d'Anjou et Philippe, bientôt duc de Bourgogne. Il eut aussi le courage de faire connétable Duguesclin, un petit noble breton, chevaleresque, bon entraîneur d'hommes, excellent dans la guérilla, populaire, qui assurera la meilleure part d'une reconquête tardive, remarquable et fragile. Il remit en état ses meilleures forteresses et comprit l'importance qu'allait prendre l'artillerie, en faisant construire des « bouches à feu » (alors sans affût) : au siège de Saint-Sauveur le Vicomte (1374) il en fit aligner une trentaine, dont l'une tirait des boulets de cent livres (presque 50 kilogrammes). Il reprit enfin, près de Rouen, au « Clos des Galées », la construction d'une flotte importante pour l'époque : commandée par Jean de Vienne et aidée par les nefs castillanes, elle réussira à maîtriser habituellement Manche et Océan, et osera même remonter la Tamise !

Pour tout cela, il fallait des moyens, des hommes, de l'argent. Il organisa solidement son administration, surtout financière, en choisissant lui-même les principaux trésoriers, receveurs et juges des « aides » (impôts sur la consommation). La plupart des impôts anciens, réformés, atteignirent à une sorte de permanence ; à la gabelle et à la « maltôte », toujours levées, il fit ajouter par les Etats de 1363 un « fouage » voué à la lutte contre les « routiers » ; il fut reconduit chaque année jusqu'en 1380.

Fidèle aux leçons d'Oresme, il instaura une « bonne monnaie », un « franc d'or » de 20 sols qui contenait près de 4 grammes d'or (treize fois plus qu'au temps de Louis XIV) ; bien sûr, l'affreuse vieille monnaie de ses prédécesseurs « chassa » cette réussite technique, suivant la fameuse loi que Gresham exprimera deux siècles plus tard (« la mauvaise monnaie chasse la bonne »). Mais, dans l'ensemble, il a fui les dévaluations en cascades...

Cette patiente besogne était comme voilée par les négociations compliquées d'escarmouches qu'il menait avec les Anglais, notamment sur les terres contestées d'Aquitaine. La véritable guerre reprit seulement en 1369.

Dans l'intervalle, il avait fallu régler de nouveaux conflits avec Charles le Mauvais, définitivement battu dans ses possessions normandes à Cocherel (1364) par Duguesclin. Il avait fallu éviter le mariage de la fille unique du comte de Flandre avec un Anglais, danger considérable ; Charles V fit agréer son jeune frère Philippe de Bourgogne, à condition de rendre Lille, Douai et leur voisinage. Il ne pouvait savoir que ce succès momentané recelait des dangers futurs (l'énorme duché de Bourgogne et même l'Empire de Charles Quint).

Du côté de la Bretagne, d'interminables querelles de succession venaient de se régler provisoirement au traité de Guérande (1365) : le duc Jean IV rentrait dans la vassalité française.

L'essentiel de l'incessante besogne de Charles V réside pourtant en deux points : venir à bout des grandes compagnies qui ravageaient le royaume malgré la paix signée ; reprendre aux Anglais la plus grande partie de ce qui leur avait été abandonné.

Contre les ravages de soudards fort bien organisés, la chevalerie traditionnelle échoua piteusement à Brignais près de Lyon (1362). Duguesclin utilisa intelligemment la tactique du harcèlement et du coup de main ; et surtout (après une tentative pour les expédier en Hongrie arrêter les Turcs) en les déviant en Espagne où se déchiraient Aragon et Castille, puis des frères ennemis castillans : si le bâtard Henri de Trastamare sut s'imposer (1369) et devenir l'allié du roi de France, Duguesclin, bien qu'un moment prisonnier des Anglais et battu à Najara, avait réussi à faire exterminer une bonne partie des routiers.

Quand la guerre anglaise reprit, Charles V réemploya l'astucieuse tactique inaugurée au temps de sa régence : faire le vide devant les expéditions, qui s'épuisaient et se perdaient au long de la route, comme le fit un fils d'Edouard III en 1373 entre Calais et Bordeaux.

A l'écart de ces inutiles chevauchées, les troupes des frères du roi et de son connétable reprenaient lentement villes et provinces. En 1380, outre Calais, Cherbourg (vendu par le roi de Navarre avant son effondrement) et Brest (réoccupé à la faveur d'une nouvelle agitation bretonne), il ne restait plus au roi d'Angleterre qu'une bande de territoire entre Bordeaux et Bayonne. Mais aucune paix — sauf des trêves passagères — ne ratifiait cette reconquête apparemment brillante.

Fait assez nouveau : la popularité du roi et surtout de Duguesclin pourfendeur d'Anglais envers qui la haine semblait désormais enracinée, première manifestation vraiment nette (il y avait eu des amorces) de ce qu'on appellera plus tard le sentiment national.

Et pourtant, ni les disettes, ni les pestes, ni les révoltes contre l'impôt n'avaient vraiment cessé : certaines villes mutinées, comme Montpellier, furent même rudement châtiées. Les misères de son peuple et un ultime sentiment de justice amenèrent le roi mourant (septembre 1380) à abolir, en un instant, tous les fouages instaurés depuis près de vingt ans : beau geste, mais qui constituait un bien mauvais cadeau au règne suivant.

Charles V laissait d'autres erreurs. En 1376, il n'avait pu empêcher le pape Grégoire XI de quitter Avignon pour Rome, qui le réclamait avec de solides arguments. A la mort de ce pontife (1378), les cardinaux italiens et français s'opposèrent si violemment qu'ils élirent chacun leur pape. En soutenant Clément VII, son candidat, Charles V crut sincèrement prévenir le schisme qu'il redoutait : il le rendit inévitable, d'autant qu'il ne fut soutenu que par l'Ecosse, la Savoie et Naples, alors qu'Urbain VI trouvait immédiatement l'appui anglais et impérial. Le schisme devait durer quarante ans, et contribuer à envenimer les relations entre les deux royaumes.

Il y eut plus grave : Charles V, à l'encontre de plusieurs de ses prédécesseurs plus prudents, pourvut largement d'apanages riches et puissants les trois frères qu'il aimait : Louis en Anjou et Maine, plus la lieutenance de Langue- doc ; Jean en Berry, Auvergne et Poitou ; Philippe en Bourgogne, avec l'expectative de l'héritage flamand quand mourrait son beau-père Louis de Male. En outre, il leur laissait une grande latitude dans le gouvernement de leurs apanages. Cette générosité pèsera lourd sur les premières années du faible Charles VI, roi à 12 ans.

En fait, ce règne apparemment réparateur, et magnifié par le panégyrique enthousiaste de Christine de Pisan, fille de l'astrologue-médecin du roi, offre tous les traits d'une sorte de respiration parmi les malheurs conjugués de ce XIVᵉ siècle, où le faste insolent des nobles et des grands ne peut faire oublier que les « cavaliers de l'Apocalypse » (peste, famine, guerre, et impôts en plus) continuaient à sillonner le royaume, aussi durement que les Anglais et les routiers.

LE FOND D'UN GOUFFRE :
LES DÉBUTS DU RÈGNE DE CHARLES VI (1380-1392)

Apparemment quarante-deux ans de règne, puisque ce roi ne mourut qu'en 1422. En réalité, six ans d'enfance et trente de folie, avec de rares instants de lucidité, une folie tantôt furieuse, tantôt prostrée. Autour de ce trône comme vide (sauf quatre ou cinq ans), toutes les ambi- tions, toutes les haines et les assassinats, tous les gaspil- lages et les turpitudes, dans une atmosphère de fête continue, de luxe délirant et de dévergondage général. Au bout du compte, en 1420, un roi effondré et demi mourant qui donne son royaume à un Anglais, après avoir renié son fils.

Pendant ce temps, dix ou douze millions de Français (on ne dut jamais en compter si peu durant le millénaire) continuaient de souffrir et de mourir, tantôt en petits tas, tantôt par myriades, et de la peste et de la famine, jamais

tout à fait absentes, et resurgissant en énormes boursou-
flures tous les dix ou quinze ans.

Se révoltaient-ils, en ville ou à la campagne, contre des
impôts que l'on avait dit morts avec le roi « sage » et qui
revenaient plus lourds que jamais, que les princes qui
gouvernaient lâchaient leurs troupes, qui s'en donnaient à
cœur joie : on ne dut jamais couper tant de têtes,
parisiennes, rouennaises, languedociennes, flamandes et
autres que sous ce règne-là. Décapiter constituait à la fois
un rite, une jouissance et une réjouissance.

Avant de mourir, Charles V avait prévu une sorte de
« Conseil de Régence », où son entourage habituel et
« sage » déciderait. En quelques heures, les trois oncles du
jeune souverain balayèrent tout cela. Ils se saisirent du
pouvoir et le conservèrent huit ans — Philippe de Bourgogne surtout, les deux autres s'occupant soit en Italie
(déjà !) soit en Languedoc. Ils parèrent à quelques expéditions anglaises, allèrent massacrer une fois de plus en
Flandre les « communes » révoltées (Roosebeke, 1382) et
surtout revinrent aux impôts supprimés, et les accrurent.
Alors, dans le Midi comme dans le Nord, des villes et des
campagnes se révoltèrent. A Paris, de petites gens saisirent les maillets de plomb entreposés à l'Hôtel de Ville (on
les appela « Maillotins »), ouvrirent les prisons, massacrèrent quelques collecteurs d'impôts et pillèrent quelques
boutiques. A Rouen, Amiens, Soissons, Reims, Béziers et
dans les campagnes languedociennes où des sortes de
« Jacques » appelés Tuchins battaient furieusement la
campagne, se déclenchaient d'aussi violentes colères.

Commencée parfois par les riches bourgeois apeurés, la
répression fut vite reprise en main par les princes. Villes et
régions révoltées furent taxées à de lourdes amendes, et
l'on coupa le plus de têtes possible : à Paris, après une
première journée, trois ou quatre par jour, nous assurent
les chroniqueurs (1383).

L'ordre rétabli, les princes continuèrent à exploiter le
royaume, ne réunirent plus les Etats, s'étourdirent de fêtes
et de chevauchées, préparèrent chèrement une mirifique
expédition en Angleterre, qui ne partit jamais. Le duc de
Bourgogne, qui avait reçu son héritage flamand en 1384,
s'intéressait à la Hollande et y emmena le jeune roi

guerroyer contre le duc de Gueldre, — campagne aussi inutile que pénible.

Au retour, Charles VI, qui atteignait sa vingtième année, secoua d'un coup la tutelle de ses oncles (1388). Il rappela les vieux conseillers de son père, bons bourgeois ou nobles modestes (par dérision, on les baptisa « marmousets », c'est-à-dire grotesques comme certaines sculptures de stalles), qui tentèrent de revenir à un gouvernement sage et honnête, prirent plusieurs ordonnances pour réorganiser justice et finances, et formèrent même une commission de « réformateurs » pour s'enquérir des « abus » et châtier les coupables. Cette petite révolution de palais ne semble pas avoir connu un grand succès : sans doute n'y croyait-on pas trop ? De toutes manières, le temps lui manqua.

En août 1392, alors qu'il cheminait vers la Bretagne pour régler un conflit mineur, ce roi fragile, épuisé sans doute par le tourbillon de fêtes et de plaisir que lui faisaient mener son frivole frère Louis (d'Orléans) et sa trop séduisante épouse Isabeau de Bavière, fut saisi en forêt du Mans, par une chaleur torride, d'une crise de folie furieuse : il attaqua son escorte l'épée au poing...

Malgré des accalmies qui se raréfièrent, le pauvre roi oscillait entre la fureur et l'hébétude. Le royaume allait retomber aux mains des princes, oncles, frères et cousins.

Fort heureusement, l'Angleterre avait traversé en cette fin de siècle un ensemble de crises politiques, dynastiques, sociales et religieuses telles qu'elle ne pouvait envisager de revenir guerroyer sur le « continent ». Après 1389, les trêves furent à peu près constantes. Elles ne furent rompues qu'en 1415, l'année d'Azincourt, lamentable défaite, réédition plus sanglante de Crécy, et préface du suprême abandon du royaume de France à l'Anglais.

IV

Le xvᵉ siècle :
du royaume saccagé
au royaume retrouvé

Pendant que change considérablement l'Europe du Moyen Age finissant, que souffre l'Eglise, que se découvrent des mondes nouveaux, que se met en place la « galaxie Gutenberg », le royaume de Charles VI, le roi fou, écartelé et pillé par les princes et l'Anglais, livré à celui-ci après le désastre d'Azincourt (1415), commence à se redresser avec Jeanne d'Arc, qui fit de l'hésitant roi de Bourges le roi de France. Et pourtant, Charles VII dut attendre encore un quart de siècle pour ressaisir son royaume après y avoir effectué de sages réformes, comme l'impôt et l'armée permanente.

Traditionnellement, avec la reprise de Bordeaux, l'année 1453 clôt la guerre de Cent Ans, au moment même où les Turcs s'installent définitivement à Constantinople, gommant les restes de l'empire byzantin et complétant leur mainmise sur la Méditerranée orientale.

Mais les temps médiévaux disparaissent-ils cette année-là et, d'un coup, les temps dits modernes commencent-ils ? On sait bien que tous les éléments d'un ensemble historique, même réduit à la France, ne marchent pas à une même allure, qu'il subsiste des lenteurs (notamment économiques), des évolutions difficiles ou sages (l'autorité royale) et de fulgurantes nouveautés, comme le livre, la route des Indes et le mirage presque neuf qui conduisit

Charles VIII, en 1494, vers la riche et dangereuse Italie, où la monarchie faillit s'engluer.

Siècle fascinant que ce quinzième par les aspects contrastés de sa civilisation : or et soufre, mysticisme et bûchers, art flamboyant, arts bourguignon et flamand, premiers italianismes, et cette médiocrité littéraire où brille l'inégalable François Villon.

1400-1428 :
UNE MOUVANTE ANARCHIE

Lourdement apanagés, les princes proches parents du roi fou ne laissent au gouvernement monarchique, outre le lointain Languedoc, que les vieilles provinces de Champagne, de Normandie, d'Ile-de-France, qu'administrent d'ailleurs leurs créatures. Ceux d'Anjou tiennent aussi le Maine et la Provence ; Jean de Berry, le Poitou et l'Auvergne ; les Bourbons ont acquis Marche, Forez et Beaujolais ; Philippe le Hardi, outre ses duché et comté de Bourgogne, règne en Nivernais, en Artois, en Flandre, et « protège » les principautés des Pays-Bas ; Louis d'Orléans, frère du roi, tient aussi le Blésois, l'Angoumois, le Périgord ; les fils de Charles VI, par bonheur morts jeunes, cumulent aussi les apanages. Aux franges du royaume, les comtés de Foix et d'Armagnac s'étendent, et la Bretagne demeure hostile.

Comme de petits rois, tous ces princes ont palais, conseil, chancellerie, chambre des comptes, et lèvent des sortes d'impôts qui devraient revenir au vrai roi. Tous occupés de faste, de fêtes, de folies, d'intrigues et habiles à dérober tout ce qu'ils peuvent de l'argent du royaume ; imités d'ailleurs par une multitude d'officiers royaux qui puisent franchement dans les caisses et falsifient les papiers.

On comprend que la gabelle double, que les taxes sur les marchandises et les tailles augmentent de moitié, et que la monnaie se porte mal. On comprend aussi, car ce pillage et ce luxe n'étaient pas toujours ignorés, les colères, les révoltes et les tenaces rancunes.

Armagnacs et Bourguignons.

Pendant une quinzaine d'années, au milieu des complots, deux clans principaux s'affrontèrent rudement.

Séduisant, fastueux, dépravé (n'aima-t-il pas trop sa belle-sœur, la frivole Isabeau, femme de Charles VI ?), Louis d'Orléans préconisait une sage entente avec l'Angleterre, mais la sévérité envers l'« antipape » d'Avignon ; son rival bourguignon, le duc Philippe, puis son fils Jean, dit Sans Peur (il avait affronté follement, et vainement, les Ottomans sur le Danube), soutenaient la politique inverse, appuyés par Charles VI dans ses moments de lucidité.

Après des épisodes tragi-comiques (Isabeau et Orléans enlevant le dauphin pour l'installer un moment hors de Paris), les champions du bâton noueux d'Orléans et du rabot bourguignon, deux emblèmes significatifs, ne cessèrent de s'affronter.

En novembre 1407, le Bourguignon se résolut à l'assassinat : Louis d'Orléans, qui sortait de chez la reine, fut abattu dans une rue de Paris par des spadassins. Aisément identifié, le commanditaire du meurtre jugea prudent de fuir sur ses terres flamandes. La guerre civile commença presque aussitôt avec les autres princes. Jean reparut cependant à Paris dès 1408, et parvint à se faire absoudre d'un meurtre qu'on ramena au juste châtiment d'un tyran corrompu. Il prit pratiquement le pouvoir, élimina du Conseil les autres princes, fit exécuter le dernier « marmouset », un Montaigu détesté, sans doute pas plus concussionnaire que d'autres ; il écouta les riches bourgeois de Paris et les maîtres de l'Université qui souhaitaient un gouvernement plus raisonnable, la diminution du nombre des officiers, de sévères économies, une surveillance accrue des gens de finance.

De toute manière, Paris soutenait le Bourguignon. Les princes qu'il avait écartés se rangèrent sous la bannière du beau-père du trop jeune Charles d'Orléans[1], Bernard d'Armagnac, qui ravagea plusieurs provinces avec ses

---

1. Charles d'Orléans était le fils de Louis d'Orléans, assassiné par Jean sans Peur, et donc neveu de Charles VI.

redoutables bandes gasconnes, épisodiquement épaulées par des routiers anglais. Durant plus de cinq ans, le royaume parut sombrer dans l'anarchie.

En 1413, Jean Sans Peur, qui tenait toujours Paris, y réunit les Estats, bien oubliés, de Languedoïl, pour leur demander des subsides. Ils répondirent en réclamant des réformes, et nommèrent une sorte de commission d'enquête dominée par le théologien Pierre Cauchon, appelé à manger à tous les râteliers.

Du dehors, les princes intriguaient avec la reine et le dauphin. Pour leur en imposer, Jean suscita dans Paris une terrible émeute, animée par le chef de la puissante corporation des bouchers, Pierre Caboche. La foule assiégea l'Hôtel Saint-Paul, résidence du roi, et se répandit dans la ville pour massacrer tous les « Armagnacs » infiltrés ou supposés.

Jean de Bourgogne fit alors publier une grande ordonnance réformatrice (flétrie plus tard du nom de « cabochienne ») qui reprenait les thèmes sages chers à Charles V. L'émeute persistant et s'aggravant, cette partie de la bourgeoisie qui tremble toujours devant le peuple s'aboucha avec le dauphin et Charles d'Orléans, qui rentrèrent en force en août 1413, se vengèrent durement, oublièrent la sage ordonnance, et reprirent le pillage de ce qui restait du Trésor public.

Jean Sans Peur avait fui à nouveau ; il se fit même assiéger dans sa bonne ville d'Arras. Parmi ces violences et ces misères, que des reprises de peste ou de famine accusaient de temps à autre, un grand roi d'Angleterre parut tout à coup.

Henri VI, roi d'Angleterre et de France.

Après des luttes terribles, les Lancastre avaient succédé aux Plantagenêt. Le premier, Henri IV, occupé dans son pays, n'avait pu intervenir qu'indirectement. Son fils Henri V, chevalier pieux et juste, mais aussi fin diplomate et grand homme de guerre, songea immédiatement à reprendre la lutte : dès son avènement (1413), il réclama son « héritage » de France. Après avoir amusé les diverses

factions par de feintes négociations, il débarqua brusquement en Normandie (juillet 1415).

En octobre, sur le plateau d'Artois, à Azincourt, il
trouva devant lui une chevalerie surtout composée d' « armagnacs » ; comme à Crécy et à Poitiers, les archers
anglais l'annihilèrent. Une différence : les Anglais massacrèrent leurs nobles prisonniers, sauf le duc de Bourbon et
le jeune Charles d'Orléans, qui put exercer ses talents de
poète en Angleterre pendant un quart de siècle.

Suit une période lamentable. Outre le roi hébété, il
restait à Paris le connétable d'Armagnac et le survivant
des fils de Charles VI, le malingre et tortueux dauphin
Charles. Brouillé avec sa mère, celui-ci l'exila à Tours.
Jean sans Peur, qui intriguait déjà avec Henri V d'Angleterre, alla délivrer Isabeau et tenta de créer à Troyes une
sorte de gouvernement fantoche. A la faveur d'une
nouvelle et violente révolte parisienne, les bandes bour-
guignonnes entrèrent dans la capitale et massacrèrent tous
les « armagnacs », du connétable au dernier des valets.
Le dauphin Charles avait eu le temps de s'enfuir avec
quelques fidèles et de passer la Loire : on le retrouvera à
Bourges. Presque en même temps, une épouvantable
épidémie de variole avait fondu sur Paris : on dénombra
5 311 morts à l'Hôtel-Dieu, sans doute 40 000 en ville.

Cependant, Henri V d'Angleterre conquérait la Normandie place par place (Rouen résista six mois), remontait
la Seine, s'approchait de la capitale. Devant la menace,
Jean Sans Peur, qui tenait le roi et la ville, songea à se
réconcilier avec le dauphin et les derniers « armagnacs ».
On négocia. A la seconde entrevue, sur le pont de
Montereau, les hommes du dauphin tuèrent le duc
(10 septembre 1419). Louis d'Orléans était vengé. Le
dauphin Charles gagna ainsi une réputation d'assassin aux
yeux des partisans bourguignons, c'est-à-dire pratiquement toute la France de l'Est et du Nord, Paris compris.

Le nouveau duc, le superbe Philippe le Bon, hésita un
peu, puis se rapprocha des Anglais, sans trop s'engager,
bien qu'une guerre en commun contre le dauphin eût été
envisagée. En mai 1420, un traité signé à Troyes par le
pauvre Charles VI donnait le royaume de France au roi
d'Angleterre, qui n'avait plus qu'à achever de le conquérir. Dans ce texte, le roi reniait son fils, le déshéritait, le

bannissait « pour ses horribles crimes et délits » et donnait sa fille Catherine à Henri V, reconnu comme son « vrai fils et héritier ». Il était convenu qu'Henri prendrait immédiatement la régence du royaume, écraserait les partisans du Dauphin, et rassemblerait enfin les deux couronnes à son profit. Juridiquement, bien qu'il fût entendu que les institutions traditionnelles survivraient, c'était une annexion, précédée par une occupation. Deux ans plus tard, Henri V et Charles VI mouraient, ce dernier dans un complet abandon. Conformément au traité de Troyes, un enfant de dix mois, fils d'Henri V, fut proclamé roi d'Angleterre et de France sous le nom d'Henri VI (la monarchie anglaise porta durant des siècles cette double titulature) ; d'accord avec le duc de Bourgogne, la régence française fut confiée au duc de Bedford, oncle du petit roi, un homme remarquable.

Bien entendu, le dauphin proclama qu'il se nommait désormais Charles VII, roi de France. Ceux de Paris l'affublèrent du titre de « roi de Bourges », où il résidait le plus souvent.

Le « roi de Bourges ».

En fait, le royaume était coupé en deux. Tout le pays au nord et à l'est de la Loire (sauf le Lyonnais, un morceau d'Anjou-Touraine et, bien sûr, la Guyenne) était sous la dépendance directe de l'Anglais, de son allié breton ou de son provisoire complice bourguignon.

A première vue, cet ensemble de terres semblait le plus riche et le mieux administré, avec la voie royale de Rouen à Paris. Mais le Bourguignon, qui agissait pour lui, n'était pas très sûr, et de forts mouvements de résistance à l'occupant anglais se dessinaient, notamment dans les campagnes normandes pressurées et pillées ; quant aux « élites », elles écoutaient habituellement leurs intérêts, et donc « collaboraient », spécialement à Paris.

Quant au « roi de Bourges », il tenait des provinces calmes, peu ravagées récemment, et qui lui accordaient de sérieux subsides (deux à trois fois plus qu'à l'occupant et à ses complices), que malheureusement son médiocre entourage gaspillait. Des princes importants l'épaulaient :

sa tenace belle-mère Yolande de Sicile, qui tenait Anjou et Provence ; le brave Dunois, demi-frère du duc d'Orléans prisonnier ; ses cousins de Bourbon et le comte de Foix, qu'il avait nommé son lieutenant en Languedoc. Avec ses anciens conseillers « armagnacs » échappés de Paris, il avait reconstitué des Parlements (Poitiers, Toulouse), une chancellerie et une Chambre des Comptes à Bourges. Parmi les chefs de bandes, qui pullulaient, se dégageaient quelques vrais généraux : Dunois, le Breton Richemont. Mais ses meilleures troupes avaient été massacrées à Verneuil (1424) ; depuis, de petits combats décevants alternaient avec des trêves peu respectées.

Le plus grave, c'était que Charles VII paraissait ne pas croire en lui, peut-être même pas en sa légitimité ; son entourage (divisé, malhonnête), pas plus. L'énergie et la foi manquaient à tout ce monde « delphinal » : elles vinrent de Domremy.

1429-1453 : LE REDRESSEMENT

A Jeanne d'Arc, née aux confins de la Champagne et du Barrois « mouvant » (du roi de France, non de l'Empereur), donc non Lorraine, dans un milieu de laboureurs aisés, analphabète comme toutes les filles de son siècle (et des trois suivants), tant de livres et de libelles, souvent médiocres ou pires, ont été consacrés qu'on se bornera à signaler son rôle historique effectif, sans sacrifier à la légende, à l'hagiographie ni même à l'érudition.

Des filles et des garçons sincères, purs et croyants qui pensaient entendre Dieu ou ses saints et se croyaient destinés à sauver la France, il s'en trouvait presque partout, et on ne s'en étonnait pas. La seule originalité de Jeanne — elle est de taille —, ce fut sa réussite.

Première victoire : persuader ses compatriotes et le sire de Vaucouleurs, agent du Dauphin en terre théoriquement « bourguignonne », de lui donner une épée, un sauf-conduit, des habits d'homme et une petite escorte pour cheminer sans difficulté connue (de nuit, par des voies détournées) de Champagne en Touraine.

Seconde victoire : reconnaître le roi parmi ses courtisans de Chinon, triompher des épreuves (mal connues) qu'il lui imposa devant le Parlement de Poitiers (et de la constatation de sa virginité par les matrones), et gagner la confiance et le respect de rudes soldats et de leurs brigands de chefs (de qui la légende était connue d'une pucelle sauvant le royaume perdu par une femme — Isabeau —), et pour qui ce que nous taxons d'extraordinaire, de merveilleux ou de divin paraissait quotidien.

Sur le plan politique et national, les victoires suivantes dépassèrent largement les précédentes. D'abord, en tant que « chef de guerre », mais avec seulement quelques centaines d'hommes, se jeter dans Orléans assiégé et délivrer la ville (8 mai 1429), clé de toute pénétration anglaise vers les états delphinaux : réussite stratégique et morale considérable. Ensuite, et surtout, décider l'incertain Charles VII à s'ouvrir la route de Reims pour s'y faire enfin sacrer selon les rites, avec l'huile de la Sainte-Ampoule, devenir ainsi le roi oint du Seigneur et quasi-prêtre tenant son royaume de Dieu, voilà qui, en rassurant sans doute un monarque dont la Pucelle avait toujours juré la légitimité humaine et divine, lui assura autorité et prestige. Vers lui et surtout vers la Pucelle montaient la fidélité et la foi populaires, car cette épopée fut vite connue et interprétée comme un arrêt du Ciel.

En quatre mois, d'avril à juillet 1429, Jeanne avait accompli l'essentiel et l'inespéré. Pourquoi Charles VII se serait-il soucié d'elle quand elle échoua, blessée, devant Paris, fut prise à Compiègne, vendue aux Anglais, jugée et condamnée par un tribunal composé dans ce dessein ? Elle avait achevé son rôle, le roi n'avait plus besoin d'elle, et les Anglais étaient ravis d'être débarrassés de celle qu'ils avaient toujours considérée comme une sorcière (tradition reprise encore par Shakespeare dans son *Henri VI*).

Son extraordinaire chevauchée, et les légendes qui l'entourèrent vite traduisent à la fois la force du merveilleux chrétien et l'apparition d'un patriotisme populaire nourri par la haine de l'Anglais — haine qui durera, ou réapparaîtra.

Pendant que mourait Jeanne, celui qu'elle avait fait roi était retourné, pour toujours (sauf une incursion à Paris, reconquis en 1436), dans ses chers pays de Loire, où la monarchie semblait s'installer. Les meilleurs de ses capitaines tâchaient de tenir des places en Champagne et en

Ile-de-France : ils n'avaient ni les hommes ni les ressources pour faire mieux.

Le dénouement de tant d'années de guerre se dessina enfin en 1435. Le Bourguignon, qui se disait « grand duc d'Occident » avait beau éblouir de son faste Anglais et loyalistes, il n'avait rien obtenu des premiers, pensait se servir des seconds pour les dominer, et surtout agrandir tranquillement ses terres, vers la Hollande comme vers la Somme.

Après trois ans de pourparlers, le traité d'Arras (septembre 1435) scelle la réconciliation de Philippe et de Charles ; ce dernier le dispense personnellement de tout hommage, se repent du crime de Montereau (dont il jure de rechercher les auteurs, ce qu'il ne fera pas) et lui reconnaît toutes ses conquêtes, y compris Mâcon, Auxerre, les villes de la Somme et Boulogne.

Les Anglais sentirent la menace, d'autant que leur jeune roi montrait surtout sa faiblesse, que Bedford mourut, que l'occupation coûtait fort cher, qu'un parti de la paix se constituait autour des Beaufort, parents d'Henri VI, et que les bourgeois de Paris jugèrent bon de se rallier au plus puissant, à Charles VII, en lui ouvrant les portes de leur ville (avril 1436).

Après d'autres atermoiements, Charles VII, mieux conseillé, sans doute par Pierre de Brézé (on doute maintenant de l'influence de la belle Agnès Sorel), se décida enfin à prendre en main et les réformes indispensables, et la guerre, et la paix.

En 1441, il nettoie la Champagne et la vallée de l'Oise. En 1442, il conduit son armée jusqu'à Dax et Saint-Sever, aux portes de la Guyenne anglophile et anglaise. En 1444, sous l'impulsion du « roi René » d'Anjou, qui promet sa fille à Henri VI, une trêve est conclue : ce dernier jure de rendre au moins le Maine, et ne rend rien. Charles VII, ayant reconstitué une armée désormais pourvue de la puissante artillerie que lui ont fait construire les frères Bureau, s'empare du Mans en 1448 et commence la décisive campagne qui va libérer la Normandie, avec la complicité des habitants ; la victoire de Formigny (avril 1450) l'achève. Presque aussitôt le roi se dirige vers la Guyenne et la Gascogne, anglaises depuis trois siècles.

Une première fois, Bordeaux et Bayonne sont conquis

(1451) ; puis les Anglais, conduits par le vétéran Talbot, débarquent l'année suivante et sont accueillis en libérateurs, spécialement à Bordeaux. Mais le vieux chef est défait et tué avec 4 000 des siens à Castillon (17 juillet 1453) où les Français avaient aligné 300 canons. Les Bordelais ne peuvent que se rendre trois mois plus tard. Puisqu'il était impossible d'aller reprendre Calais sans passer par les terres du duc de Bourgogne, la guerre de Cent Ans était terminée. Aucun traité ne ratifia le fait, que l'Angleterre ne reconnut que très tard, et incomplètement, puisque ses rois portaient toujours le titre de roi de France.

Les réformes de Charles VII (1435-1461).

A partir de la paix bourguignonne et de la reprise de Paris, le roi, longtemps incertain et inquiet, paraît s'être mué en maître à la fois décidé et féru de réorganisation. Sans doute fut-il très bien conseillé (on l'appela « Charles le Bien Servi »), mais aussi la nécessité commandait.

La plus immédiate concernait naturellement l'armée. Elle était à constituer vraiment, à la fois comme instrument de guerre et d'ordre.

Après l'épopée de Jeanne d'Arc, la réconciliation bourguignonne et quelques trêves, des bandes de soudards inoccupés se mirent à dévaster plus que jamais ; ils y gagnèrent le surnom d' « écorcheurs », ce qu'ils étaient, ou pire. Le roi en fit pendre un certain nombre et en expédia d'autres guerroyer en Lorraine et en Suisse. Mieux valait prendre les meilleurs à son service, en les payant, les « soldant », et tâcher de renvoyer le reste, ce qui se fit peu à peu.

L'organisation décisive, et durable, date de 1445 : les « Compagnies de l'Ordonnance du Roi », une vingtaine pour commencer, furent créées. Sous l'autorité d'un capitaine choisi par le roi, chacune comprenait cent « lances » de six hommes tous cavaliers, un seul entièrement cuirassé, l'homme d'armes, ou « gendarme ». Ces compagnies devaient être logées en forteresse ou chez l'habitant, dans des conditions en principe honnêtes ; elles étaient à la fois soldées, permanentes, et dépendantes du roi.

Ces débuts enfin sérieux d'une armée royale — dix mille à douze mille hommes pour commencer — furent complétés par l'instauration d'une infanterie à l'anglaise, les « francs-archers » (1448), en principe un homme pour 50 feux, dispensé d'impôts, qui devait s'entraîner régulièrement à l'arc ou à l'arbalète, et répondre au premier appel du roi. Il semble que l'institution fonctionna irrégulièrement, ces fantassins n'étant point soldés ; du moins reparut-elle plus tard, notamment sous Louis XIV.

On a vu que l'artillerie fut considérablement développée, depuis la grosse bombarde lançant d'énormes boulets de pierre jusqu'aux petits « canons à main », ébauche lourde du fusil. Bureau, promu « grand maître de l'artillerie », utilisa même les premières pièces de bronze lançant des boulets de fonte, et aussi de longues « couleuvrines » qu'on pouvait véhiculer par chariot. Tout cela, souvent manœuvré par des Italiens, des Liégeois ou des Allemands, faisait plus de peur que de mal, mais commençait à annoncer le lent déclin de la forteresse médiévale. Ajoutons que fut reprise près de Rouen la construction d'une marine, abandonnée depuis Charles V.

Un tel effort militaire, appelé à durer, ne pouvait se concevoir sans une réorganisation des finances et du gouvernement lui-même.

La paix bourguignonne et la soumission de Paris avaient contraint le roi à opérer une fusion entre des organismes (Conseil, Parlement, Chambre des comptes, etc.) que la coupure du royaume avait dédoublés. Charles en profita pour opérer une épuration sage, gardant les moins compromis et les plus compétents de ses anciens adversaires. Reprenant en gros l'organisation de Charles V son aïeul, il préparait les institutions centrales de la France des XVIe et XVIIe siècles.

Il en préparait aussi les institutions provinciales. Dans les apanages comme dans les provinces peu fidèles ou lointaines, des ébauches de Parlements, de Chambre des Comptes puis de Cours des Aides s'étaient peu à peu installées — à Grenoble, à Toulouse, à Rouen, à Bordeaux, bientôt à Rennes. Il fallut bien que le gouvernement central acceptât leur maintien (de même pour quelques universités), tout en essayant de limiter le champ de leurs activités. Ainsi se mettait en place, par la force des choses, une sorte de fédéralisme qui ne choquait pas, même dans le domaine financier, naturellement essentiel.

Le mécanisme des impôts (aides, gabelle, taille) datait de Jean le Bon et de Charles V, mais était souvent soumis à la bonne volonté des Etats du Nord (Languedoïl) ou de Languedoc. La grande nouveauté fut qu'on se passa de leur consentement (sauf pour le Languedoc) à partir de 1439. Ainsi, l'impôt devint régulier et permanent, et le resta. Sa répartition et sa perception furent également régionalisées, les provinces lointaines, qui gardèrent longtemps leurs Etats, jouissant de plus d'indépendance.

Pour la partie essentielle du royaume, la taille se percevait par circonscriptions dénommées « élections » (environ 75) et la vente du sel s'effectuait dans des greniers locaux, qui n'existaient naturellement pas en pays de marais salants ou de salines.

Pour l'ensemble des finances royales comme pour les revenus du domaine, le royaume fut divisé en quatre circonscriptions gérées par des « généraux » de finances, amorce de la trentaine de « généralités » (et, à peu près, d'intendances) qu'on trouvera au temps de Louis XIV.

C'est Jacques Cœur, maître des monnaies, puis argentier du roi et bien d'autres choses encore, qui avait présidé à cet assainissement financier. « A vaillant cœur, rien impossible », sa devise, reflétait ses ambitions sans limites. Une cabale et une accusation de malversation y mirent fin en 1451.

Vers la fin du règne, le revenu royal approchait deux millions de livres, chiffre jamais atteint; les deux tiers provenaient des tailles. Le petit « roi de Bourges » se trouvait désormais à la tête d'un grand et puissant royaume. Il laissait à un fils difficile une tâche facilitée.

LES LUTTES DE LOUIS XI (1461-1483)

Louis attendait depuis vingt ans la mort de son père, contre qui il s'était révolté les armes à la main, et qu'il n'avait pas vu depuis quinze ans, soit qu'il gouvernât son apanage de Dauphiné (en intriguant avec les voisins), soit qu'il eût trouvé refuge auprès de son oncle, le duc de Bourgogne, à Bruxelles, puis au château de Genappe, où il intriguait encore plus.

L'homme avait trente-huit ans; il n'était ni beau ni aimable, mais jouissait visiblement d'une intelligence étonnante, dans ses subtilités comme dans ses excès. Il a déchaîné des passions antagonistes chez les romanciers et les historiens, les uns le voyant tout noir, les autres éperdus d'admiration; sans doute ne méritait-il ni cet excès d'honneur ni cette indignité et, pour le comprendre, convient-il de penser plutôt à son ami et conseiller milanais, François Sforza, ou à ce Prince dont Machiavel traça un peu plus tard le portrait.

Il n'avait apparemment rien d'un Valois : aucun goût du faste, une simplicité bourgeoise sans doute naturelle (peut-être un peu cultivée ?) et une certaine chasteté qui contrastait avec les débauches variées de son père. Sa piété insistante et dévote peut sembler dictée par la peur de la mort et de l'enfer; elle affecte des pratiques qu'on a pu trouver médiocres, et se teinte fortement de ce qu'on appelle superstition. Mais ses buts politiques sont simples : agrandir son royaume, se faire obéir. Ses moyens le sont moins : à vrai dire, tous lui paraissaient bons, s'ils réussissaient; jamais les scrupules ne l'étouffèrent, ni le respect de la parole donnée, qu'il estima toujours révocable. Comme plus tard Mazarin, il pensait que tous les hommes sont à vendre, et avait peut-être raison; de fait, il en acheta beaucoup.

Diplomate d'une démoniaque dextérité dans un large cadre européen, il lui arriva d'emmêler les fils de sa toile, soit par excès d'astuce, soit par précipitation. Ainsi l'aventure de Péronne (1468) lorsque, sous prétexte de négocier, il vint en quelque sorte s'offrir au Bourguignon dont il venait d'inciter à la révolte les sujets liégeois; de même, sa rapacité brouillonne à s'emparer de tout l'héritage de Charles le Téméraire (1477), ce qui poussa sa fille Marie de Bourgogne à obtenir l'appui et la main de Maximilien d'Autriche, futur empereur, contribuant ainsi à installer les Habsbourg aux portes du royaume.

On peut ajouter au chapitre des entreprises manquées la politique espagnole de Louis XI. Il intervint à contretemps en Navarre et au pays basque, soulevant les rancœurs de la

Castille et de l'Aragon. Avec comme salaire le Roussillon, il aida le roi d'Aragon à lutter contre les Catalans révoltés ; puis il tourna casaque, alors que les Catalans se réconciliaient avec leur prince et récupéraient Perpignan (1472). Il fallut à Louis XI trois ans de combats pour reprendre la province, que son fils Charles VIII bradera pour conforter son rêve italien. Durant ces luttes médiocres, Isabelle de Castille et Ferdinand d'Aragon s'épousaient (1469), préparant au sud, comme Maximilien au nord, l'unification d'un grand Etat sur les marches du royaume. La perspicacité diplomatique de Louis XI mérite-t-elle tous les éloges qu'on lui prodigue ?

En revanche, après les bévues du début, il manœuvra magistralement le duc de Bourgogne, dont le caractère entier et emporté lui facilitait la tâche : perdu d'orgueil, Charles le Téméraire voulait relier la Bourgogne aux Pays-Bas en mettant la main sur Alsace et Lorraine, et se faire proclamer roi par l'empereur. Louis XI circonvint ce dernier, paya les Anglais pour que leur armée de Calais n'intervînt pas (1475), et facilita une alliance entre les villes libres d'Alsace et les cantons suisses. Le Téméraire les attaqua, et subit deux rudes défaites : Grandson, Morat, 1476 ; fou de rage, il courut assiéger Nancy et s'y fit battre et tuer (1477) : Louis XI était délivré du plus puissant et du plus riche de ses vassaux rebelles.

Comme ses prédécesseurs et pas mal de ses successeurs (jusqu'à la Fronde) il avait eu maintes fois à lutter contre des grands seigneurs comploteurs, ambitieux, avides de richesses, ducs, comtes, grands barons, Bretagne, Bourbon, Alençon, Orléans, Armagnac, et d'autres ; trois ligues dites « du bien public » furent conclues contre lui : il s'en tira par la corruption, les promesses ou la violence (deux Armagnacs tués en 1473 et 1475).

Son incessante activité amena de nombreux accroissements du royaume : outre le Roussillon et sa part de la succession bourguignonne (le duché et la Picardie), il cueillit de ses cousins l'Anjou accru du Maine (1480), puis la Provence (1481) avec le grand port de Marseille dont il attendait beaucoup, plus des droits sur le royaume de Naples qu'il était trop avisé pour faire valoir.

De tels résultats ne peuvent se comprendre sans des fonds considérables et une politique intérieure rigoureuse.

Louis XI fut le premier des rois vraiment autoritaires, c'est-à-dire qui surent se faire obéir. Il ne changea rien d'essentiel aux institutions mises en place par son père, mais il y installa des hommes entièrement à lui, de préférence d'extraction modeste (et qui donc lui devaient tout) et fit régner une sorte de terreur.

Des parlementaires traînaient-ils dans un procès qui lui tenait à cœur ? Il les dessaisissait pour en charger des commissions extraordinaires, amorce du Grand Conseil. Les villes étaient priées d'élire les échevins qu'il choisissait. Il tenait bien en main son clergé, gallican sans le dire, en ne laissant au Pape que l'autorité spirituelle. Premier des Valois à avoir saisi l'importance de la bourgeoisie, il la favorisait en créant des foires (Lyon), en donnant des privilèges aux ports et aux métiers, en introduisant l'industrie de la soie (Tours, Lyon). Il ne cessait d'accroître les « compagnies d'ordonnance », les faisait s'entraîner dans des sortes de camps, et achetait toujours plus d'artillerie. Quant au peuple, il finançait le tout (ce qui prouve qu'il n'était pas si pauvre...). En vingt ans, le montant des tailles fut presque quadruplé ; s'y ajoutaient des emprunts forcés, des confiscations, et les bénéfices de ses chers banquiers italiens.

De cette dureté, de cette rapacité, non plus que de la modestie de son costume et de son train, il ne tira pas grande popularité. Le roi n'en avait cure. Il mourut en août 1483, au milieu des médailles, des saints ermites et des thaumaturges, en sa tanière bien gardée de Plessis-lès-Tours, dans ce val de Loire où il avait à son tour élu capitale ; il n'avait pas soixante ans, et il avait réglé les détails de sa succession, qui furent exécutés, une fois n'instaurant pas coutume.

LE GOUVERNEMENT DES BEAUJEU
OU LA FIN DU MOYEN AGE FRANÇAIS (1483-1493)

D'âge tendre (treize ans) médiocre de corps et d'esprit. Charles VIII avait grand besoin d'un bon tuteur. Son père avait choisi son gendre, le sire de Beaujeu, un Bourbon, et surtout sa fille Anne, « la moins folle femme du monde », disait-il.

Ce couple énergique rencontra l'hostilité habituelle des « grands » qui se lancèrent dans une « guerre folle » avec l'appui de Maximilien d'Autriche, mais les écrasa à Saint-Aubin-du-Cormier (1488), où le duc d'Orléans fut fait prisonnier.

Au lendemain de la mort du roi Louis XI, on trouva sage de réunir (à Tours, en 1484) des états généraux qui n'avaient pas été convoqués depuis 1439. Toutes les provinces députèrent des représentants de chacun des trois ordres, qui furent souvent réellement élus ; ils apportèrent des doléances, déjà réunies en « cahiers », dont on possède quelques-uns. Ils proposèrent des réformes modérées, l'abaissement des tailles et le principe de leur consentement à l'impôt. On leur fit des promesses, et chacun rentra chez soi, content, semble-t-il, d'avoir été écouté.

La grosse affaire fut la succession de Bretagne. Ce riche duché, théoriquement vassal, se conduisait comme un quasi-royaume : il choisissait ses alliés, nommait ses évêques par entente directe avec le Pape, avait installé un Parlement (bientôt une université), et ne voulait pas de la mainmise française. Il se trouva que le dernier duc mourut en 1488 en laissant une seule héritière, Anne, treize ans, déjà une petite femme décidée. Elle offrit sa main à Maximilien d'Autriche (alors veuf de Marie de Bourgogne) qui, heureusement pour la France, ne put venir la secourir (un Habsbourg à Rennes et à Nantes !). L'armée des Beaujeu bloqua la jeune duchesse dans sa capitale, Nantes : elle dut consentir à épouser Charles VIII (1491) ; certes, elle gardait pour elle son duché avec tous ses privilèges, mais elle s'engageait à épouser le roi suivant si son union était stérile (ce qui advint). Par une simple union personnelle, la Bretagne adhérait en quelque sorte au royaume ; elle ne s'y insérait pas.

Ce fut le dernier et bel ouvrage des Beaujeu. Le roi avait vingt ans, et entendait gouverner seul. Il ne rêvait qu'à Naples et à l'Italie. On est tenté d'écrire que le siècle se terminait comme il avait commencé, par un roi fou, si Charles VIII n'avait seulement été inintelligent et inconscient.

LES DÉBUTS DE LA REPRISE ÉCONOMIQUE

Un demi-siècle au moins, les fameux « cavaliers de l'Apocalypse » persistèrent à sillonner le royaume. On revoyait la disette (désormais bien identifiée par des archives plus abondantes) et même la famine, tous les huit ou dix ans, ici ou là, avec son cortège d'épidémies habituellement digestives, souvent « mortifères ». La peste circulait, avec des maxima terribles dont certains affectaient presque tout le royaume : en 1412, en 1438-39, en 1454-1457, et une sorte d'apogée en 1481-82-83, où elle frappa d'Abbeville à Toulon et de Laval à Villefranche-de-Rouergue. On peut rarement chiffrer le nombre des victimes, plus difficilement repérer les régions épargnées. Il semble pourtant probable que, malgré des rémissions, le royaume eut bien du mal à se remettre des ravages de la grande Peste Noire et des paroxysmes suivants.

Les ravages de la guerre — et surtout des bandes d' « écorcheurs » — sont souvent décrits de manière horrifique par des chroniqueurs plus nombreux et plus bavards : ce ne sont que massacres, villages brûlés et villes désertées. Plus nombreuses, les sources d'archives permettent d'évaluer les dégâts, à partir justement des contrats de redéfrichement et de reconstruction. Du milieu du XIVe siècle au milieu du XVe, la chute de là population et de la production dut dépasser le tiers, avec des provinces plus atteintes et d'autres épargnées.

La reconstruction ne démarra guère avant 1460 ou 1470, et dut demander deux générations. La paix et l'élimination des bandes de routiers en furent les facteurs principaux. Les seigneurs nouveaux surent aussi attirer les défricheurs par des contrats « à longues années » (27 ans, 54 ans, 99 ans, une ou deux vies) assez généreux, du moins au début, qui facilitaient les durs travaux de remise en culture et de réédification.

Dès 1500, les résultats étaient visibles, et toute la première moitié du XVIe siècle sera traversée par une grande vague d'expansion et de prospérité nouvelle (mais avec toujours de rudes accidents).

Du côté des villes, souvent dépeuplées de moitié, les résultats furent tantôt rapides, tantôt fort lents ; la royauté y aida, comme elle se devait : privilèges, franchises, foires et marchés nouveaux, production textile encouragée (soieries, belles étoffes) ; on a pu traiter d'une « politique économique » de Louis XI.

Il faut bien dire que la conjoncture politique et les tourmentes guerrières avaient éloigné de la France des Valois les routes de l'argent et du grand commerce. Entre les pôles italien et flamand (Anvers détrônant Bruges), les affaires passaient désormais par la Savoie, les cantons suisses en partie confédérés, les grands cols alpins et Gibraltar. La riche hanse des villes du nord de l'Europe n'étendait pas ses activités au sud des Flandres. Les foires de Champagne étaient oubliées, celles de Lyon, tout juste créées, n'arrivaient pas à concurrencer Genève, et même la foire du Lendit s'était recroquevillée au trafic régional et parisien. Les grands ports — Marseille, Bordeaux, Nantes, Rouen un moment — appartenaient à l'étranger ou dépendaient de lui... Restaient La Rochelle et Montpellier, d'où Jacques Cœur, cet aventurier de grand style, qui passa comme un météore (initiateur d'une œuvre d'expansion économique que poursuivra Louis XI), lança quelques vaisseaux pour tenter de capter au Moyen-Orient le trafic des épices et de l'Asie ; mais, entre 1453 et 1491, tous ces grands ports, avec leur actif commerce parfois spécialisé (Bordeaux et les vins), rejoignirent le royaume de France, qui bénéficia bientôt de l'intense activité des nombreux petits havres bretons.

En pratique, reprises démographique, agricole, industrielle et commerciale allaient de concert et s'épaulaient naturellement l'une l'autre, favorisées par une paix intérieure rarement troublée. Malheureusement, sauf quelques Normands, personne ne semble avoir pensé en ce pays que l'avenir allait se jouer sur l'Atlantique, du côté de la route des Indes, déjà ouverte par les Portugais et les Castillans : le roi Charles rêvait de la couronne de Naples...

Sensible dès le règne de Louis XI (sans elle, comment les tailles auraient-elles pu tripler ?), la reprise ne semble pas avoir affecté les structures économiques, surtout agricoles : on reprit les mêmes outils, les mêmes usages, les mêmes techniques. Il est possible que les structures de la société se soient plus sensiblement modifiées.

UNE « NOUVELLE SOCIÉTÉ » ?

Il paraît à peu près sûr que la plus grande partie des anciens lignages nobles (sauf les princiers) n'avaient pu résister à tant d'années de guerres, de massacres (qu'on se rappelle Azincourt) et d'épidémies ; en outre, les survivants avaient recueilli des successions obérées par les emprunts effectués pour payer un cheval, une armure, une rançon. Cette vieille noblesse féodale et cavalière a souvent été remplacée par de la bourgeoisie enrichie par le grand commerce, et surtout par le trafic de l'argent et les bonnes affaires conclues dans l'entourage royal ou princier.

Ces nobles seigneurs tout neufs ont acheté des terres, des manoirs, des châteaux (val de Loire) et présidé à la reconstruction du royaume en recrutant des paysans rebâtisseurs, attirés au début par des conditions très favorables, mais qui se resserreront, et de toute manière étroitement surveillés par des gens rompus à l'administration des domaines et âpres au gain : ils créeront en effet de nouveaux droits sur les terres (comme le *champart,* sorte de dîme seigneuriale), exigeront des cens en nature (qui ne se dévaluent pas) et exerceront strictement leur droit de ban (justice, moulin, pressoir, etc.). Néanmoins les paysans y auront gagné leur survie et la disparition (sauf exceptions) des dernières traces du servage.

Dans les villes, compagnons et artisans ont souvent connu un quart de siècle d'euphorie. Peu nombreux devant une tâche que les destructions et dommages avaient rendue considérable, ils purent avantageusement vendre leur travail et surtout leur technicité, en exigeant des salaires (parfaitement connus dans bien des villes) que leurs descendants ne retrouveront pas avant le XVIIIᵉ siècle.

Les lignages bourgeois survivants (les plus aisés ont profité des guerres et de la Cour) se sont étoffés de boutiquiers enrichis et de gros marchands-laboureurs. Bien possessionnés en ville, ils vont reprendre la conquête des campagnes et des seigneuries proches, et remplir leurs cassettes par les voies proches du prêt à intérêt (interdit, mais pratiqué) et de la discrète usure. Ils continuent d'accéder aux grands offices et aux charges des finances. Louis XI eut l'intelligence de s'appuyer sur cette classe qui tenait en main la partie dynamique de l'économie du royaume.

Quant au clergé, si les rois du xvᵉ siècle l'ont délivré de son allégeance matérielle à Rome (et des deniers qu'il y envoyait), ce fut pour le mettre sous leur autorité : le « gallicanisme » eut sa charte sous Charles VII dans la « Pragmatique Sanction » de Bourges (1438), et Louis XI fit seulement semblant d'y renoncer ; bien entendu, le Pape conservait l'autorité spirituelle, qui ne gênait pas les rois. Dans un siècle aussi troublé, les dons, legs et offrandes continuèrent d'affluer vers l'Eglise de France, dont la richesse matérielle largement accrue provoquera, moins d'un siècle plus tard, la convoitise du pouvoir civil (et pas seulement en France).

Peu à peu, la société s'est fixée, en attendant de se figer. Les états de 1484 ont définitivement consacré sa division en trois ordres ; ils ont aussi ratifié, par leur composition, la relative indépendance de provinces qui avaient été réunies avec leurs institutions et « privilèges » propres (et naturellement leur langue), aussi bien le Languedoc naguère que la Provence récemment (1481) et la Bretagne bientôt.

Et cependant, dans tout le cœur du royaume, face à l'Anglais rude, pillard ou exigeant, en rapport aussi avec l'épopée de Jeanne d'Arc, une sorte d'identité française s'était dégagée, qu'on peut appeler patriotisme, mais qui s'incarnait surtout dans la personne du Roi.

Une civilisation du xvᵉ siècle ?

Les misères du temps n'ont jamais empêché, du moins dans les secteurs très riches des princes, de l'Eglise et des hommes de finance, de porter la construction et surtout le décor de la vie à un point de luxe et de raffinement rarement dépassé : costumes, coiffures, chaussures bizarres, mais surtout étoffes somptueuses, riches et intermina-

bles tapisseries (Bruxelles, Arras, Paris), meubles merveil-
leusement ouvragés, splendides pièces d'orfèvrerie.

Pour les églises, le vieux style français « flamboie »
et se raffine, utilise courbes et contre-courbes, mais
reçoit aussi d'effrayantes images de la Passion, de la
Mort et de l'Enfer, qui semblent hanter l'époque,
adoucies pourtant par les belles figures, d'inspiration
franciscaine peut-être, de la Vierge au bleu mantel et
des saints intercesseurs et plus familiers. Ce fut un
peu le siècle du sentiment et du mysticisme, où l'horreur côtoyait la tendresse. Caractères qu'on retrouve
quelque peu dans l'œuvre du seul très grand poète de
l'époque, ce François Villon qui célébrait les « bour-
deaux », les gibets et les belles dames de la même
plume qu'il écrivait pour sa mère « povrette et
ancienne » un sonnet « pour prier Notre-Dame »...

A part ce génie en quelque sorte hors du temps, le
xvᵉ siècle, qui aima les interminables romans courtois, les
interminables mystères, les interminables discussions rhé-
toriques ou théologiques dans des universités plus nombreuses et moins brillantes que naguère, révéla tout de
même deux ou trois poètes mineurs, d'excellents chroniqueurs (dont Froissart et Commines) et l'auteur inconnu
de la fameuse farce de Maître Pathelin.

Le renouveau allait venir d'ailleurs. On le trouvait déjà
installé dans les pays bourguignons avec l'art flamand, et
avec les premiers italianismes en Avignon et en Provence.
C'était un peu cet air nouveau que Charles VIII et ses
successeurs allaient ramener d'Italie, à l'aube d'un siècle
qui allait changer la face du monde.

V

Le « beau » XVIe siècle

(1494-1552)

Le mirage italien.

Ayant fièrement redonné à ses voisins, pour s'assurer de leur neutralité, des provinces péniblement acquises par son père (Artois, Franche-Comté, Roussillon), Charles VIII cheminait en septembre 1494 vers la riante Italie, accompagné de quinze à vingt mille combattants, dont un quart de Suisses, effectif jamais atteint depuis des siècles.

Roi de France, il voulait aussi être roi de Naples comme jadis ses grands-oncles d'Anjou. Avec ses jeunes et brillants compagnons, il rêvait d'une croisade contre les Infidèles, et même de la couronne impériale d'Occident, peut-être aussi d'Orient et pourquoi pas les deux ? On le vit même à Naples, sur un char traîné par quatre chevaux blancs, portant la couronne, le sceptre, et le globe, ce que goûtèrent peu ses adversaires naturels jusque-là désunis et qui, du coup, se coalisèrent pour le faire déguerpir.

En effet, l'expédition commencée dans la facilité et les fêtes (et un rien de pillage), aucun des Etats d'Italie ne pouvant, seul, résister à une telle armée, le royaume de Naples fut occupé au terme d'une fulgurante promenade de santé. Mais sa perte fut aussi rapide que sa conquête. Le roi dut rebrousser chemin au bout de trois mois. Au sortir de l'Apennin, il lui fallut bousculer l'armée des coalisés (levée par le Pape, l'Empereur Maximilien et le roi d'Espagne Ferdinand le Catholique) à Fornoue (juillet 1495, la « furia francese ») pour regagner le doux val de Loire où le roi mourut en 1498 à 28 ans, pour avoir heurté une porte basse de son château d'Amboise.

Son cousin d'Orléans[1] lui succèda sans peine. Louis XII, dont une aïeule était Visconti, ne songeait aussi qu'à l'Italie. A peine couronné il s'y précipita. Il conquit le Milanais, puis Naples, après un accord avec Ferdinand d'Aragon. Un moment, les preux français (dont Bayard) luttèrent courtoisement contre les fiers Espagnols : un « combat des Onze » est resté fameux. Lassés sans doute de ces réjouissances, les Espagnols expulsèrent les Français, qui firent retraite (1504), conservant pourtant le Milanais. Les guerres d'Italie étaient-elles terminées ? On verra qu'il n'en fut rien, que le mirage persista plus de vingt ans encore.

Cependant, le monde avait tellement changé depuis un demi-siècle qu'il est temps de s'élever au-dessus de ces chevauchées pour l'embrasser dans son ensemble, en oubliant momentanément les brillantes rêveries italiennes, en fin de compte peu intelligentes.

UNE EUROPE NOUVELLE

Des royaumes voisins, longtemps divisés ou ravagés par la guerre civile, venaient de retrouver unité et force, et pouvaient se révéler dangereux.

Outre-Manche, après trente ans de guerres nobiliaires inexpiables qui opposèrent la rose rouge des Lancastre à la rose blanche des York, une solide lignée, les Tudor, avait pris la couronne. Le premier de la dynastie, Henri VII (1485-1509), se trouvait fortifié par l'extinction de nombreuses maisons nobiliaires et la confiscation de leurs biens. L'ancien adversaire anglais allait faire sa rentrée, et avec quel éclat, lorsque Henri VIII, l'un des colosses du xvie siècle, succéda à son père, au moment même où

---

1. Arrière-petit-fils de Charles V, fils du duc poète Charles d'Orléans.

Louis XII, malgré de belles victoires (Agnadel, 1509), s'empêtrait en Milanais.

Outre-Pyrénées, où les monarques français avaient rarement connu de graves soucis malgré quelques interventions hasardeuses de Louis XI (Catalogne, Pays basque), un premier mariage, celui de Ferdinand et d'Isabelle (1469), avait laissé prévoir l'effective union des deux principaux royaumes, Aragon et Castille, survenue en 1479 ; elle fut suivie par la reconquête du dernier royaume maure, Grenade (1492, l'année aussi de Christophe Colomb, protégé d'Isabelle), le maintien dans l'orbite aragonaise de la Sicile et de Naples, et la reprise d'une partie de la Navarre (1506).

Vigoureusement pris en main par des organismes de police (la *Santa Hermandad*), par une administration royale de *corregidores* qui gommèrent les privilèges ou *fueros* des villes et des provinces, la noblesse regroupée dans de prestigieux ordres militaro-religieux (Alcantara, Calatrava, Santiago), la religion rudement épurée par l'action du Saint-Office et du fameux inquisiteur Torquemada, le royaume d'Espagne était appelé à un très grand avenir, que les derniers Valois soupçonnaient peu. D'une part, la fille des « rois catholiques » avait épousé le fils de l'Empereur Maximilien de Habsbourg, héritier de la plus grande partie des Etats bourguignons ; son petit-fils, né en 1500, s'appelait Charles. D'autre part, sur les traces de Colomb et de beaucoup d'autres, la Castille s'agrandissait de prestigieuses et richissimes « Indes » — Antilles, puis empire aztèque, puis empire inca — avec leur or et leur argent ; des « Indes » auxquelles, en France, quelques marins normands exceptés, tout le monde tournait le dos.

Par surcroît, un éminent homme de guerre, Gonzalve de Cordoue, mettait sur pied, en s'inspirant à la fois des légions romaines et des nouveaux moyens de feu, des escadrons de six mille hommes assez mobiles, noyau de « cette fameuse infanterie espagnole » (Bossuet) que le jeune Condé vaincra, pour la première fois, à l'aube du « Grand Règne » (Rocroi, 1643). A partir de 1559 on pourra parler, en Europe et dans le Monde, de « prépondérance espagnole », et cela pour un siècle.

Les Habsbourg, le Turc, la Moscovie.

Obstinément fixés vers l'Italie, les regards des monarques français se tournaient tout de même parfois, puis de plus en plus, vers le Nord et l'Est. Les erreurs de Louis XI et de son fils Charles VIII avaient permis que l'essentiel de l'héritage du Téméraire (Bourgogne ducale exceptée) tombe aux mains de Maximilien de Habsbourg, bientôt Empereur, qui put ainsi unir à ses biens autrichiens (riches en minerais — argent, cuivre), à sa suzeraineté sur des centaines de fiefs allemands (et même italiens, comme le Milanais), la Franche-Comté et surtout les Pays-Bas, l'un des grands modèles d'économie mondiale (l'autre gîtait en Italie) avec le marché, le port et la Bourse d'Anvers.

De fait, l'Empereur campait à deux pas de la Somme, sur la Meuse et sur la Saône. Quand l'Empire passa à Charles Iᵉʳ d'Espagne devenu Charles Quint (1519), le royaume de France se trouva pris dans une espèce d'étau. Désormais, la puissance et les terres des Habsbourg (un seul, puis deux après 1556) allaient devenir une obsession, pour presque deux siècles. Le conflit débuta mal : capturé devant Pavie, François Iᵉʳ, successeur de Louis XII, alla croupir un an dans une tour madrilène (1525-1526).

Il sut pourtant trouver au moins deux bonnes répliques. L'une, en s'abouchant avec les princes allemands de religion luthérienne, donc brouillés avec le chef naturellement très catholique du Saint-Empire ; l'autre, plus stupéfiante, en nouant de fécondes relations avec un peuple qui venait de bouleverser pour longtemps la face de l'Europe : l'Infidèle par excellence, le Turc.

De Mahomet II à Soliman dit le « Magnifique », le Turc, avec ses innombrables armées et sa puissante artillerie (par surcroît sa marine), s'était avancé jusqu'aux portes de la République de Venise (qui ne gardait plus qu'une étroite bande sur l'Adriatique) et à celles de l'Autriche, puisque deux bons tiers de la Hongrie se trouvèrent annexés ou étroitement « protégés », après l'écrasante victoire de Mohacs (1525) où périt le roi de Hongrie. Désormais, pour près de deux siècles, l'armée turque va menacer la chrétienté et spécialement Vienne, plusieurs fois assiégée, sauvée enfin en 1683 par un tardif sursaut de l'esprit de croisade (mais sans la France). Plus loin encore, dans les lointains brumeux et steppiques, une grande « Moscovie », sous la direction d'Ivan III, venait de se délivrer des Mongols (1480-1502), et le grand-duc avait épousé une Paléologue, descendante d'anciens Empereurs byzantins. Mais qui pouvait s'en soucier, à Paris ou à Amboise ?

Les deux « Indes ».

En ce début de siècle, les grands changements ne se limitaient pas à la géographie politique, essentielle sans doute. D'autres nouveautés, au moins aussi décisives, étaient apparues, avec leurs incalculables conséquences. On se bornera à en signaler trois.

La nouveauté majeure réside probablement dans l'élargissement du monde connu, ces « grandes découvertes », comme on disait hier, auxquelles les Français, sauf exploits individuels, prirent une part proche du néant. L'essentiel fut accompli par les Portugais, tôt poussés par un prince aussi savant que curieux, Henri le Navigateur : ils suivirent les côtes d'Afrique, atteignirent le Cap Vert en 1445, l'Equateur en 1471, le cap des Tempêtes rebaptisé de Bonne Espérance, en 1488, et les Indes (les vraies) en 1498 avec Vasco de Gama. Puis, en moins de vingt ans, un Empire fondé sur des comptoirs maritimes fut bâti en Asie, d'Aden à Malacca, aux Iles de la Sonde et aux portes de la Chine. Cela signifiait que la route de la soie et des épices, jusque-là captée au Proche-Orient par Génois et Vénitiens, aboutissait désormais à Lisbonne (où quelques Hollandais apparurent bientôt). Cela signifiait aussi que sur le littoral africain commençait ou s'accentuait un fructueux trafic de malaguette (poivre de Guinée), de poudre d'or (avec le fameux comptoir d'El Mina) et surtout d'esclaves, sources de fortunes auparavant inconcevables.

Partis plus tard, mais agissant ensuite avec d'autres moyens, les Espagnols se taillaient un Empire bourré d'or et d'argent dans l'Amérique appelée par la suite « latine » (le Portugal ayant occupé par hasard le Brésil où Cabral, après des Français anonymes et inefficaces, avait abordé en 1501).

La découverte et l'exploitation des deux « Indes » (l'orientale et l'occidentale) allaient progressivement faire dériver les navires, les hommes, les trafics et les ambitions conquérantes de la Méditerranée et des zones péri-alpines vers les « Eldorados » pas toujours mythiques du grand large et du « Ponant » (Atlantique). De cette ouverture, la France était pour le moment absente, mais elle allait en recevoir bien des retombées, monétaires et même littéraires (les « bons » sauvages).

La « galaxie Gutenberg ».

L'autre très grande nouveauté — on parlait naguère de « révolution », au sens pacifique d'évolution rapide et décisive — ne toucha d'abord que quelques milliers d'hommes : la venue de ce qu'on a appelé la « galaxie Gutenberg », soit, à partir de 1450 pour la Rhénanie et de 1470 pour Paris, la parution et la multiplication (jusqu'à mille et deux mille exemplaires) de véritables livres imprimés, résultat d'inventions successives dans lesquelles l'orfèvre mayençais Gutenberg tint un rôle important. Dès 1480, une centaine de villes d'Europe possédaient au moins un atelier d'imprimeur (9 en France, plus de 40 en Italie) ; en 1500, leur nombre avait presque triplé. Ces livres valaient vingt à cinquante fois moins cher que les anciens manuscrits recopiés ; vingt millions peut-être (surtout religieux et latins) avaient pu être tirés avant 1500 ; au XVIe siècle, le décuple (avec moins de latin et de théologie) ; là gît l'essentiel : le prix, le nombre.

Sans le livre, comment les idées des humanistes, celles des réformateurs, et les grands textes de l'Antiquité païenne et chrétienne auraient-ils été connus au-delà des quelques milliers d'hommes (d'Eglise, de robe, de gouvernement, d'université) qui constituaient alors l'élite du royaume ? Leurs bibliothèques pouvaient aligner quelques centaines de volumes savants ; qu'était-ce auprès des « magasins » de libraires parisiens comme Janot et Royer qui, vers 1520, contenaient de 50 000 à 100 000 petits ouvrages de piété ou de distraction, évidemment destinés à un tout autre public : artisan, boutique, cure, manoir.

En outre, l'on sait parfaitement que les presses parisiennes, lyonnaises, rouennaises ou autres diffusaient pour quelques sous de minces brochures ou de simples feuilles, véhicules efficaces de propagande politique et religieuse, comme il fut révélé à François Iᵉʳ lors de l'affichage de « placards » jusqu'à la porte de ses châteaux (1534). Ainsi prit-il vraiment conscience de la place tenue par le protestantisme français.

La Réforme.

La Réforme (ou les réformes, comme on dit désormais car on fondait abusivement la catholique dans la protestante) constitue l'autre très grande caractéristique du xvIᵉ siècle, et ne naquit pas dans le royaume de France. Pour la première fois depuis la rupture avec la chrétienté byzantine et orthodoxe (1054), l'Eglise romaine subissait une déchirure qui entraînait la scission avec des princes et des Etats : au cours du siècle, l'Angleterre, les pays scandinaves, la moitié de l'Allemagne et des cantons suisses se séparèrent du « papisme »; une partie de la France faillit en faire autant.

A ces ruptures religieuses s'ajoutaient, au moins aussi graves, des conflits et des ruptures politiques qui engendrèrent, pendant plus d'un siècle, des guerres incessantes. Autant que les traités savants, les brochures bon marché attisaient les querelles.

Mais pourquoi la Réforme ? Des centaines de volumes ont tenté de le dire, et les querelles d'interprétations furent et demeurent nombreuses. Le plus simple consiste sans doute à remarquer que l'Eglise, institution humaine au moins autant que divine, a subi la contagion des faiblesses humaines, particulièrement lorsque les familles princières et les grands féodaux s'approprièrent les charges et les revenus du haut clergé, pour des raisons assez étrangères à la foi. Les papes de la Renaissance, trop érudits, trop militaires, trop romains, trop peu portés vers la pureté évangélique, ne donnaient pas souvent un exemple édifiant; des prélats et de simples prêtres ne

brillaient pas toujours par leurs mœurs ou leur « pastorale ». D'autre part, toute une littérature plus ou moins
populaire brocardait depuis longtemps gras chanoines et
moines paillards ; enfin il semble que les âmes simples et
profondément croyantes trouvaient rarement auprès d'un
clergé à la fois médiocre et trop riche (ou trop misérable)
le secours qu'elles pouvaient en attendre : il y avait là un
« manque » et un appel.

A un tout autre niveau, celui du savoir et de la culture,
la redécouverte et la publication des textes sacrés (Bible,
Pères de l'Eglise) montraient assez crûment les sérieux
glissements qui étaient apparus à la fois dans le dogme, les
institutions et l'essence même de la foi. Un idéal de retour
à la simplicité authentique, voire à la pauvreté chrétienne,
d'élimination de pratiques et de sacrements adventices,
habitait suffisamment les élites de l'esprit et le peuple
croyant pour qu'ils puissent s'épauler, même inconsciem-
ment, dans un désir de profonde réforme.

Ni le mot ni la chose n'étaient d'ailleurs nouveaux : on
parlait déjà de réforme au XIᵉ siècle. La nouveauté résidait
dans la violence de la revendication et l'écho que lui
donnaient livres et libelles.

Il y eut d'abord quelques groupes sages : à Meaux
autour de Briçonnet, par exemple. L'acte initiateur reten-
tit en 1517 à Wittenberg, où le prêtre saxon Martin Luther
attaqua de front la vente massive des indulgences (par les
dominicains alliés aux banquiers Fugger). En trois ans, la
rupture avec Rome fut consommée, tandis que la littérature luthérienne déferlait sur tout l'Empire et bientôt sur
la France. L'impulsion était donnée ; Calvin et quelques
autres pouvaient venir.

On ne saurait douter de la sincérité des réformateurs
eux-mêmes. Les implications politiques apparurent cependant très vite, d'abord en cette Allemagne où l'Eglise
possédait, assure-t-on, le tiers des terres, et où la papauté
exerçait une fiscalité plus oppressante qu'ailleurs : quelle
tentation de s'en délivrer ! Aux réformés par conviction,
s'ajoutaient les réformés par intérêt et par ambition. La
France, où nous revenons désormais, a connu les trois
catégories, parfois subtilement mélangées.

LE « BEAU » XVIᵉ SIÈCLE EN FRANCE
(VERS 1500-VERS 1560)

Si curieux que cela puisse paraître, l'expression de « beau » XVIᵉ siècle vient des historiens économistes, et non point des historiens de l'art ou de la civilisation. Beaucoup font même débuter ce siècle riant dès 1475, et quelques « abstracteurs de quintessence » (eût dit Rabelais) le poussent jusque vers 1630 ou 1650, ce qui est bien loin.

Il paraît plus raisonnable de réserver l'épithète aux soixante premières années du siècle, qui recouvrent trois règnes : ceux du maladif Louis XII (1498-1515), du brillant athlète François Iᵉʳ son neveu (1515-1547) et d'Henri II fils de ce dernier, mort accidentellement en 1559.

La tradition anecdotique a fait du premier le « Père du Peuple », du second un fastueux cavalier et un mécène averti, et du dernier, mal connu, un homme terne, sérieux et timoré. Malgré leurs erreurs (qu'allaient-ils faire en Italie quand l'avenir s'incrivait sur les océans ?), leurs hésitations (devant le protestantisme) et leurs variations (mais comment lutter contre Charles Quint ?), ils eurent la chance d'être assez souvent bien entourés et bien conseillés, et de régner dans une atmosphère d'essor économique et culturel certain, qu'ils surent souvent encourager. De plus, il leur arriva de prendre des mesures fort sages, qui constituèrent pour leurs successeurs de solides fondations.

L'essor économique.

Dorénavant, la documentation devient suffisamment abondante et crédible pour qu'on puisse passer souvent du domaine de la vraisemblance à celui de la certitude.

Notamment au point de vue démographique : en région parisienne, dans le Val de Loire, en Provence, surtout en Bretagne, on dispose de séries de baptêmes, quelquefois de mariages, plus rarement de dénombrements, qui permettent enfin de voir assez clair. De la fin du XVᵉ siècle à la décennie 1560, la population de la France (à frontières supposées constantes) a doublé. Doublement qui ne représente guère plus, semble-t-il (mais comment le prouver ?) que la récupération du niveau des années 1300 ; ce qui donne une densité de 35 à 40 au kilomètre carré, qui ne sera pas dépassée avant la fin du xviiie siècle. Sans doute l'élan ne s'est pas développé partout à la même vitesse, ni en ligne continue : ici, il s'est achevé vers 1520, ailleurs pas avant 1570 ; de vives (mais plus rares) poussées d'épidémie, de peste et parfois de disette ont pu le rompre, notamment vers 1522-1525.

Dans l'ensemble, cette bonne santé démographique traduisait le retour à la paix intérieure, la disparition des bandes de routiers, le fait aussi que l'armée se manifestait ailleurs, en Italie ou aux frontières. Ce qui facilitait à la fois la « peuplade », l'extension et le succès des cultures, la sécurité sur les routes, les rivières, les foires, les marchés. Tranquillité prospère qui a fait la réputation flatteuse du règne de Louis XII, souvent donné en modèle.

On suit désormais avec une certaine facilité l'extension rapide et parfois démesurée des cultures (qui empiètent un peu trop sur la forêt, assez saccagée, mais restaurée au siècle suivant), les progrès du lin, de la vigne, du sarrasin, du maïs, (venu du Mexique par le pays basque) ; en même temps, la remontée des rendements, qui n'augmenteront plus jusqu'à la fin du xviiie siècle, celle aussi des seigneurs, des propriétaires, et du clergé ramasseur de dîmes : largement, un doublement.

Vers le milieu du siècle, cette fondamentale économie agricole atteint une sorte de plafond. On voit alors des petits paysans, devenus trop nombreux sur des terres qu'ils ne peuvent plus étendre ni mieux exploiter, tenus de court par leurs maîtres et seigneurs, supporter mal des impôts croissants sous Henri II, et la guerre civile qui va éclater. Mais ces difficultés graves seront postérieures à 1570, et non générales.

Du côté de l'économie manufacturière et commerciale, toujours secondaire à cette époque (quoi qu'aient pensé quelques historiens obsédés par les grands marchands et les manieurs d'argent), dont toute l'activité se ramène à vendre cinq produits fondamentaux sortis des mains des paysans (blé, vins et eaux-de-vie, sel, toiles de chanvre et de lin, étoffes de laine), les affaires allaient de mieux en mieux, puisque les clients — Cour comprise — se trouvaient plus nombreux et plus aisés.

Les statistiques dégagées dans les grandes villes drapantes, comme Amiens, ne laissent aucun doute à ce sujet : production et ventes doublent, ou peu s'en faut. Si les riches tissus qui paraient l'aristocratie continuaient à être importés, surtout d'Italie, les abondantes et multiples serges et toiles bon marché préparées dans maintes campagnes (Nord, Ouest, Languedoc) habillaient désormais le petit peuple, parisien, régnicole, méditerranéen, espagnol et bientôt « indien ».

Ces exportations croissantes des produits de la terre et du métier contribuent à introduire en France un peu plus d'or et d'argent (le pays vivait et « tournait » déjà sur un bon stock monétaire, et les lamentations rituelles sur la « rareté » des espèces sont hypocrisie). Ce sont en fin de compte, par l'intermédiaire de papiers divers, ces solides espèces monétaires que les hommes d'affaires et banquiers (les Italiens furent longtemps les plus habiles) avançaient au roi pour financer guerre et magnificence, celui-ci et ceux-là se réservant de se rembourser (largement) sur la richesse nationale, forcément considérable, et circulante bien qu'en partie prudemment thésaurisée.

A cette époque cependant, les grands ports français, bien qu'en pleine renaissance, ne souffraient pas la comparaison avec ceux d'Italie, moins encore avec Anvers, cœur économique de l'Europe. Pourtant des arrière-pays prospères et des clients sûrs soutenaient une activité croissante chez les plus grands.

Marseille tentait de bien se placer dans la Méditerranée orientale, et allait y arriver grâce aux accords avec les Turcs ; Bordeaux continuait d'expédier les vins du terroir, ceux de la Dordogne et surtout du Lot (le cahors, fort prisé) vers son ancienne patrie anglaise, vers les Pays-Bas et bientôt la Scandinavie ; La Rochelle et Nantes exportaient abondamment le sel d'entre Gironde et Loire, dont toute la France et l'Europe avaient besoin, ainsi que les vins blancs des bons terroirs d'amont ; de multiples havres bretons, occupés de pêche et de cabotage, livraient aussi les froments et les excellentes toiles provinciales ; Rouen, peut-être le second centre économique du royaume (que

Le Havre, projeté en 1517, allait compléter), vivait, outre sa draperie et ses imprimeries, de toute la richesse du val de Seine et de son vaste arrière-pays. De Dieppe, un armateur de génie, Jean Ango, lançait ses vaisseaux sur les mers lointaines, capturait des galions espagnols, touchait même Sumatra (1529). Ces hardiesses montraient l'avenir, mais ne reçurent de François Ier et d'Henri II que de maigres encouragements, et Ango mourut ruiné en 1551. Décidément, malgré de belles ou moyennes réussites régionales locales, la France ne s'orientait pas vers la mer.

Lyon fut alors, pour un temps, la plus grande place de commerce et de banque du pays, en même temps qu'un grand centre d'imprimerie et de soierie. Ville frontière, elle avait en réalité été colonisée par les grands banquiers italiens (florentins surtout) et quelques-uns suisses et allemands. Ses quatre « termes » annuels et ses foires réglaient les compensations financières et monétaires. Il s'agit en réalité — bien que les rois y aient longtemps trouvé du crédit — d'une sorte de plaque tournante internationale en relations avec toute l'Europe, bien plus que d'une grande cité française en « prise directe » avec les réalités profondes du royaume. Le rôle international de cette grande ville marginale sombra après 1575, fut un moment repris par Rouen, et se fixa naturellement à Paris, vraie capitale. Déjà, les grands financiers italiens s'y étaient installés, et d'ailleurs une Médicis — Catherine, épouse d'Henri II — n'y régnait-elle pas ? Bientôt ils y firent souche d'évêques (comme les Gondi), puis passèrent pratiquement la main aux hommes d'argent du Bassin parisien, appelés à dominer le xviie siècle financier.

De l'économie aux finances royales.

Au fil de guerres de plus en plus difficiles qui mettaient en action des armées dont l'effectif doubla (d'environ 20 000 hommes sous Charles VIII à près de 50 000 en 1559) et qui ne pouvaient toujours vivre sur le pays comme en Italie, les rois avaient dû mettre sur pied un système financier et administratif solide : il présentait au moins deux caractéristiques nouvelles, si d'autres se ramenaient à la systématisation d'institutions anciennes.

La première découlait d'un accord avec le pape. Au lendemain de Marignan fut conclu le Concordat de Bologne (1516) qui régit le statut de l'Eglise de France durant près de trois siècles. Au roi était donné la nomination effective à tous les évêchés et toutes les abbayes (le pape conférant l'institution spirituelle, naturellement), ce qui supprimait la traditionnelle élection par les chapitres et les réguliers (qui protestèrent).

Ainsi, et surtout, était mis dans la main du roi un véritable pactole — les millions de livres que représentaient les simples revenus de l'Eglise de France — que le monarque pourrait distribuer à sa famille, à la noblesse, à ses grands serviteurs, à ceux qu'il voudrait acheter ; en somme, une manne dont l'intérêt politique s'ajoutait à l'intérêt financier, et qui put constituer, en même temps qu'une manière habile de disposer des revenus de l'Eglise sans rien lui prendre, une mesure de dissuasion à l'égard d'un protestantisme dont l'un des préceptes (et cause de succès) consistait justement en la « sécularisation » (passage à l'Etat) des biens ecclésiastiques, qui pouvaient couvrir le dixième des terres françaises.

Autre précieux avantage : le même concordat conférait au roi l'autorisation de prélever des « décimes » sur son clergé (il l'avait déjà fait) et, si besoin était, ce que l'on appelait pudiquement et juridiquement des « dons gratuits » ; il n'y manqua pas, et faillit même aller plus loin, avec des menaces de confiscation, vers 1560.

La seconde mesure nouvelle date de 1522 : c'est la première « constitution » de « rentes sur l'Hôtel de ville » (de Paris et, un peu, de Toulouse). Il s'agissait exactement du premier grand emprunt royal (d'autres suivront), effectué par l'intermédiaire des mairies, plus proches des chalands et plus crédibles. 200 000 livres de « rentes » étaient offertes au public au « denier 12 » (8,33 %), qui s'empressa d'apporter les 2 400 000 livres qu'on lui demandait (bien sûr en or et en argent) et dont on lui jurait qu'on paierait l'intérêt par « quartier » (trimestre). Le paiement desdits quartiers était assigné sur les aides, les gabelles, bientôt les tailles, donc sur les impôts à venir, bref sur tous les contribuables et les revenus de ce royaume en pleine expansion. En 1536 fut lancé un second emprunt, puis, sous Henri II, pas moins de trente-six en douze ans.

C'était trop : en 1561, la monarchie lourdement endettée (plus de 40 millions, six à huit fois le revenu annuel), obtenait du clergé, sous menace de confiscation, la garantie du paiement des rentes sur les revenus ecclésiastiques, du moins pour six années (qui furent renouvelées). Dans la réalité, la ville de Paris (c'est-à-dire l'Etat) payait les rentes quand elle pouvait. Et pourtant un surprenant, peu honnête et durable système de crédit royal était instauré pour plus de deux siècles ; il aida sûrement à emporter la monarchie en 1789, mais il fonctionna tant bien que mal, malgré des astuces, des voleries et quelques banqueroutes. Les banques génoises, hollandaises, lyonnaises ou genevoises, devant lesquelles quelques historiens béent d'admiration, purent jouer un rôle utile, parfois précieux, toujours épisodique dans cette intelligente ponction de l'énorme richesse, même monétaire, d'un royaume où chacun se plaignait, se fâchait, mais finissait par payer, ou à peu près.

Un temps de réformes

Les hommes de gouvernement, souvent remarquables (Duprat, Chabot, Montmorency, d'Annebaut, Tournon, les Robertet) surent (surtout sous Henri II, dont l'œuvre semble méconnue) restructurer le pouvoir central et les organismes financiers — mesures qui durèrent — en combinant habilement un indispensable et élémentaire centralisme (Trésor, Cours des comptes, des aides, des monnaies, premiers intendants des Finances) avec une décentralisation provinciale (déjà des « généralités » et les premiers « commissaires départis », timide amorce des futurs intendants) commandée par les réalités d'une époque où il fallait douze jours pour aller de Paris à Marseille.

Décrire tout ce système, qui dérive du précédent et annonce celui de Louis XIV, offrirait un intérêt tout relatif. Mieux vaut peut-être insister, dans l'œuvre réformatrice de ces rois, sur des aspects moins souvent soulignés et pourtant fondamentaux.

L'une de ces longues ordonnances où la royauté projetait vingt belles réformes, qui souvent n'aboutissaient pas, fut prise par François Ier en 1539 en son cher château de

Villers-Cotterêts. D'une part, elle ajoutait au devoir canonique *l'obligation civile pour les curés de tenir un exact registre des baptêmes* (pour les mariages, cela viendra en 1579) ; beaucoup le firent, en latin ou en français, et de belles séries de ces premiers registres nous sont parvenues (surtout en Bretagne). D'autre part et surtout, *la même ordonnance imposait pour tous les actes officiels l'usage de la langue d'oïl,* celle du Val de Loire et de Paris, qui devint ainsi le français comme le florentin devint l'italien. Jusquelà, au sud d'une ligne Libourne-Limoges-Guéret-Annonay-Lautaret, tous les papiers de justice ou de notariat étaient rédigés en latin ou en oc. La décision fut appliquée sans peine. Il y avait des lustres que les élites connaissaient le français. Mais pour le reste, on continua durant des siècles, au tribunal, chez le notaire, au consulat, en chaire, à traduire en « dialecte » les décisions royales ou la paperasse reçue. La monarchie, en sa sagesse, n'a jamais pensé que l'unification du royaume passait par une obligatoire unité de langue.

On n'en parle presque jamais : une autre très grande réforme parcourut le siècle, débordant même sur les deux voisins : *la rédaction des coutumes.* La coutume, c'était la loi traditionnelle, donc sacrée, souvent tacite, rarement manuscrite, qui régissait une grande province comme la Bretagne (mais avec des « usements » locaux), une grande seigneurie, ou une poignée de villages : elle régissait les mariages, les successions, les usages agricoles, pastoraux, forestiers, mains détails de la vie quotidienne, et de manière absolue. Il convenait de fixer, de rédiger, puis d'imprimer tous ces textes. On s'y employa durant plus d'un siècle, en écoutant les vieux juges, les notaires, les sages vieillards. Une bonne centaine de « codes » locaux ou provinciaux en sortirent, qui furent publiés et republiés, complétés par la jurisprudence, jusqu'en plein xviiiᵉ siècle. Les grandes ordonnances, même celles de Louis XIV, se superposèrent à ces textes sans les remplacer ; même le Code Napoléon reprit une partie de leurs dispositions, dont quelques-unes survivent dans nos « usages locaux ».

En fin de compte, des initiatives lentes et réfléchies comme celles-là ont autant marqué la vie des Français que les guerres successives entreprises par leurs brillants souverains.

LES ROIS DE FRANCE ET LA GUERRE

La guerre constituait l'activité la plus noble des rois, celle qui leur était naturellement dévolue. Ils n'y manquèrent pas, avec le secours d'armées dont l'effectif doubla, et comprit surtout des mercenaires, plus chers et mieux entraînés : des piquiers suisses depuis que François Ier eut signé la « paix perpétuelle » (1516) avec les cantons, des lansquenets allemands, des Basques et même des Grecs et des Albanais ; il n'est tout de même pas impossible que la majorité des soldats fussent français.

La puissance de feu augmentait, qu'il s'agisse de lourdes bombardes ou de plus mobiles couleuvrines. Elle se « miniaturisait » même quelque peu, l'arquebuse (5 minutes entre chaque tir) se répandant vite (moins de mille en 1520, douze mille en 1540), et le pistolet apparaissant sous Henri II.

A part la solide gendarmerie royale et quelques « légions provinciales » (1534 : 6 000 volontaires chacune, en principe), le recours aux mercenaires, chefs de bandes ou *condottieri* à l'italienne demeurait inévitable. Cela coûtait cher, mais la France parvenait à payer, ou à peu près.

Les aventures italiennes, suite et fin (1494-1516).

Déjà contés, les deux allers et retours italiens de Charles VIII et Louis XII (1494-1504) paraissaient au moins avoir laissé le Milanais à la France.

C'était compter sans Jules II, pape diplomate et guerrier qui rêvait de regrouper toute l'Italie (déjà !) sous sa sainte direction. Pour cela, il lui fallait d'abord abaisser la puissante république de Venise ; il y parvint par une ligue (signée à Cambrai, 1508), qui groupait Florence, l'empereur Maximilien, le roi d'Aragon et Louis XII. Prêts les premiers, les Français écrasèrent les Vénitiens à Agnadel (1509). Ceux-ci s'empressèrent de traiter.

L'ambitieux pontife combina alors une nouvelle Ligue

dite « Sainte », qui unissait contre la France trop puissante l'Espagne, l'Angleterre, les Suisses et Venise, ennemi de la veille. Tous s'attaquèrent au Milanais que défendait Gaston de Foix, neveu de Louis XII, jeune et brillant stratège dont le génie militaire et surtout le sens de la rapidité offensive annoncent Condé. En plein hiver, contre tous usages, une rapide campagne l'amène à vaincre les troupes du pape (Bologne), puis celles de Venise (près de Mantoue), enfin les Espagnols devant Ravenne (avril 1512) où l'on dénombra, dit-on, 15 000 morts, dont Gaston, dix-huit fois blessé. Sa mort fut le signal du désastre. Les Français furent chassés d'Italie, et le royaume envahi à la fois par le nord et par l'est : Henri VIII, Maximilien, et les Suisses jusqu'à Dijon. Louis XII acheta les envahisseurs, qui repartirent en signant des trêves.

Lorsqu'en 1515 lui succéda son jeune neveu François d'Angoulême (à qui il avait fait épouser sa fille Claude de France, dernière héritière de Bretagne), ce brillant chevalier brûlait de se distinguer aussi en Italie : les deux remarquables femmes qui l'avaient choyé, sa mère Louise de Savoie et sa sœur Marguerite, lui en avaient décrit les merveilles, comme les jeunes seigneurs qui en revenaient.

Quelques mois après son avènement, l'alliance vénitienne achetée, il passa les Alpes par un chemin de chèvres que personne ne pensait à garder, le col de Larche ou de l'Argentera. Trois mille sapeurs leur ayant frayé le chemin quelque quarante mille hommes et trois cents canons déboulèrent sur la plaine de Pô, en plein mois d'août. Stupéfiés, les Suisses se replièrent sur Milan, qu'ils avaient charge de défendre. A Marignan (septembre), après deux jours de tuerie, l'arrivée des Vénitiens fit basculer le combat qui devint un triomphe dont les échos retentirent dans toute l'Europe.

Le pape s'inclina, et signa le Concordat de Bologne (*voir plus haut*). Les Suisses signèrent à Fribourg cette « Paix perpétuelle » qui les engageait à ne plus jamais combattre contre la France, mais au contraire à lui fournir régulièrement (contre subsides) un important contingent de soldats qui s'avérèrent toujours excellents... jusqu'au 10 août 1792 aux Tuileries. Le jeune roi d'Espagne Charles Iᵉʳ accepta, au traité de Noyon (toujours en 1516), que François gardât le Milanais en lui abandonnant le royaume de Naples.

Les guerres pour l'Italie semblaient terminées (mais bien d'autres guerres reprendraient en Italie). Qu'en avait tiré la France, outre la gloire, et, provisoirement, le Milanais ?

Les chevaliers de retour d'Italie n'importèrent pas, d'un coup, la Renaissance tout entière — déjà perçue, d'ailleurs, autour d'Avignon, en Provence et dans une portion de l'élite. Ils en ramenèrent cependant, achetés ou dérobés, des statues (à l'antique surtout), des tableaux, des livres et des idées, et beaucoup d'objets d'art sortis des mains de joailliers ou de ciseleurs fameux, comme Benvenuto Cellini. Charles VIII recruta à Florence 22 artistes du cru, et François Ier importa Léonard (de Vinci), qui s'en alla mourir, chargé de gloire, auprès d'Amboise.

Un peu plus tard, François Ier installa dans son cher Fontainebleau toute une colonie transalpine, dont le Primatice, Rosso, et même Cellini ; mais il n'arriva pas à attirer le Titien, fidèle à Venise. Sur le conseil de sa sœur et de son entourage, le même monarque acheva Amboise, l'aile de Blois qui porte son nom, entreprit la merveille de Chambord (1519), fit abattre le vieux Louvre et le vieux Saint-Germain pour les faire reconstruire, édifia Madrid en forêt de Rouvray (notre bois de Boulogne), puis Villers-Cotterêts et le nouvel Hôtel de Ville de Paris (1533), et remania entièrement Fontainebleau à partir de 1528. Cette fièvre de construction d'un nouveau style inspira les conseillers, les amis, les financiers (Ecouen, Azay, Chenonceaux), bientôt Diane de Poitiers à Anet, et se répandit lentement de l'Ile-de-France et du Val de Loire au pays entier.

Mais, au moins au début, cette Renaissance artistique se marquait principalement dans l'ouverture, les fenêtres, les galeries, la décoration (aussi antique qu'italienne) et l'ameublement. Ce vieil art français survivait, et se parait simplement de grâce nouvelle. De vieux châteaux s'éclairaient, se « florentinisaient » d'une aile, de rinceaux, de pilastres, d'un escalier ajouré. La véritable Renaissance avec ses motifs classiques, ses colonnes à l'antique et son style plus organisé n'apparaîtra pas avant le temps d'Henri II. Et l'on continuera longtemps encore à construire des églises dans ce style que les beaux esprits appelleront bientôt « gothique » (barbare).

Cette fièvre de construction, de reconstruction et de décoration, si elle coûta cher, fit travailler des nuées de tailleurs de pierre, de charpentiers, d'ébénistes, et révéla des maîtres d'œuvre ou des sculpteurs purement français, si leur inspiration fut souvent italienne : Lescot (le Louvre), Delorme (les Tuileries et Anet), Bullant (Ecouen), qui tous avaient fait ce qui deviendra une institution : le voyage italien.

Même si l'on oublie un moment le style à l'italienne ou à l'antique, il est patent que pendant toute cette première partie du siècle, le « beau » XVIᵉ siècle, le pays se couvrit un peu partout d'un blanc manteau de constructions neuves, depuis la solide métairie, le pigeonnier et le manoir des champs jusqu'aux grands édifices royaux ; preuve supplémentaire du bonheur des temps après les misères du siècle précédent, et en attendant les imminents déchirements.

Dans l'intervalle, les deux rois avaient dû s'engager dans un conflit terrible, qui d'ailleurs fut loin de se terminer avec le siècle.

François Iᵉʳ et Henri II contre Charles Quint.

Roi d'Espagne en 1516, empereur en 1519 (après avoir triomphé de François Iᵉʳ grâce au soutien des banquiers Fugger), Charles Quint unissait aux terres anciennes des Habsbourg et à la prééminence impériale l'héritage de Bourgogne, Pays-Bas compris, toutes les Espagnes, les Indes de Castille, le royaume de Naples et les îles méditerranéennes. Pratiquement, ses terres enserraient celles du roi de France, et ne se trouvaient pas à plus de 150 kilomètres de Paris. De plus, ce jeune homme de dix-neuf ans, sérieux et pieux, infatigable et polyglotte (né en Flandre, sa langue maternelle était le français) voulait reprendre tout l'héritage de son aïeul le Téméraire, donc la Bourgogne et même la Picardie. Il semblait viser aussi l'Empire universel. Le conflit avec le roi de France était donc inscrit à la fois sur la carte et dans les faits. Il dura quarante ans.

Le conter en détail requerrait trop de pages. On distingue habituellement cinq guerres, dont une sous Henri II. La plus frappante demeure la première, avec le désastre de Pavie et la dure captivité de François Ier (1525). Du cachot de Madrid où il gîtait, François Ier promit pourtant de renoncer à l'Italie, à la Flandre, à l'Artois, de restituer toute la Bourgogne et de livrer en otage deux de ses fils, mais il ne tint pas compte d'un traité arraché par la force.

Les ambitions démesurées de Charles Quint permirent au roi de France de nouer des alliances avec Henri VIII (qui l'avait auparavant combattu) et (ô scandale pour les âmes toutes catholiques !) avec les princes protestants allemands, hérétiques déclarés (1532), puis avec les Infidèles eux-mêmes : les « capitulations » de 1536, outre les énormes avantages donnés aux vaisseaux français dans les Echelles du Levant, et la protection durable des « Lieux saints », permettaient d'utiliser la solide flotte de Soliman (qui intervint plus tard) et surtout de prendre à revers les troupes du Habsbourg, menaçant Vienne à plusieurs reprises, et dès 1528. Ce qui décida Charles Quint, pourtant vainqueur dans cette Italie où François se montrait trop, à renoncer à la Bourgogne et à rendre les deux princes captifs contre une forte rançon (1529).

La troisième guerre, la plus glorieuse, aboutit à la conquête de la totalité du duché de Savoie, de Bourg-en-Bresse à Turin, alors que Charles Quint était contraint d'évacuer la Provence qu'il avait envahie (1536-1537).

A la quatrième, où Henri VIII se rapprocha à nouveau de l'empereur, le roi de France fut brillamment vainqueur en Italie (Cérisoles, 1544), mais pendant ce temps Henri VIII prenait Boulogne et Charles Quint arrivait à Meaux après avoir ravagé la Champagne ; il ne put marcher sur Paris, son armée éprouvée et non payée se débandant. Survinrent des trêves, qui ne changèrent rien.

Succédant à son père en 1547, Henri II, dont la réputation n'est pas éclatante, comprit pourtant que veiller aux proches frontières du nord et de l'est comptait plus que chevaucher en Italie. Roi fort catholique, il s'allia cependant sans scrupules (d'autant qu'il les avait achetés) aux princes protestants allemands qui lui donnèrent, quant à eux, le droit d'occuper les « Trois Evêchés » (Metz,

Toul, Verdun), places-fortes protégeant les voies habituelles d'invasion. Henri II en prit aisément possession en 1552, lors du « voyage d'Austrasie ».

Charles Quint déclencha alors une nouvelle guerre, la cinquième, dont l'épisode essentiel fut le siège de Metz, défendu par François de Guise et dix mille hommes ; leur résistance, l'hiver, l'épidémie firent fondre la puissante armée (50 000 hommes ?) de l'empereur, qui fit retraite. Deux ans après, il abdiqua, épuisé, pour aller mourir dans un couvent espagnol, à cinquante-huit ans.

A son frère Ferdinand il avait laissé les domaines héréditaires des Habsbourg et le titre impérial, qui s'ajoutait aux royaumes de Bohême et de Hongrie (ou ce que les Turcs lui en avaient laissé). A son fils Philippe, il léguait les riches Pays-Bas, la Franche-Comté, les terres et îles d'Italie, l'Espagne et l'Amérique. Il y aurait désormais deux Habsbourg au lieu d'un.

Le plus proche et le plus dangereux était Philippe II, l'Espagnol. Il attaqua dès 1557, Henri II ayant imprudemment rompu la trêve signée avec le vieil empereur. Tandis que le duc de Guise partait (encore !) pour Naples, la toute neuve armée espagnole écrasa la française devant Saint-Quentin (août 1557). On pouvait à nouveau redouter une marche sur Paris ; elle ne se produisit pas, faute d'argent, d'énergie ou d'intelligence (ou un peu des trois). Le duc de Guise eut le temps de revenir d'Italie et d'aller reprendre Calais aux Anglais alliés de Philippe II (janvier 1558).

Chacun était las de la guerre et surtout manquait d'argent, les banquiers et prêteurs habituels (italiens, lyonnais, allemands) se dérobant. On signa au Cateau-Cambrésis (1559) : les Anglais rendirent enfin Calais, on garda un silence complice sur l'occupation des Trois Evêchés, et Henri II renonça enfin à toute prétention en Italie ; il alla même jusqu'à rendre tous ses Etats, Bresse comprise, au duc de Savoie. Cet incroyable cadeau, qu'on lui reprocha, répondait à son violent désir de consacrer désormais toutes ses forces à combattre la Réforme, qui progressait rapidement dans son royaume.

Blessé à mort dans un tournoi en juillet 1559 (il paraît que les astrologues et sorciers de service l'avaient prévu), il n'eut pas le temps de déclencher ce qu'on appelle les guerres de Religion. Mais il les avait préparées.

L'amorce des guerres de religion (1534-1562)

L'idée de réforme religieuse avait germé, en France, dans les cercles humanistes qui avaient redécouvert, avec l'Antiquité païenne, les vrais livres saints et les pères de l'Eglise. Lefebvre d'Etaples, professeur, érudit, éditeur, groupa autour de lui un cénacle d'amis (dont Briçonnet, évêque de Meaux) qui désiraient simplement une Eglise purifiée. Poussé par sa sœur Marguerite, et se piquant d'humanisme, François Ier ne leur était pas hostile. Ce fut un peu pour leurs amis qu'il créa ces « lecteurs royaux », amorce du Collège de France, ce qui fit hurler la vieille Sorbonne et le Parlement, sanctuaires du conservatisme étroit et formel. Et puis cette fermentation ne touchait guère que ce qu'on appellerait de nos jours des « intellectuels », espèce plus bavarde que dangereuse.

Les choses s'aggravèrent vers 1520, lorsque fut connue l'excommunication de Luther et que furent répandues en France ses idées et ses œuvres. De surcroît, aux marges du royaume — Strasbourg, Bâle, Zurich, Neuchâtel, bientôt Genève — on prêchait une réforme radicale, et le texte français de Calvin (dédié à l'origine à François Ier), *l'Institution chrétienne,* date de 1541. Tous ces gens avaient rompu avec le pape, jugé indigne autant que le haut clergé et les moines, récusaient tous les sacrements sauf deux (baptême, Cène) et tous les saints, et prétendaient que seule la foi sauve, et non pas les œuvres. C'en était trop, surtout lorsque la Réforme gagna la noblesse, et plus encore la haute, les trois Bourbons comme les trois Châtillon-Montmorency.

François Ier avait d'abord quelque peu laissé se propager la Réforme tout en laissant brûler place Maubert quelques hérétiques (le premier en 1523). Mais il ne supporta pas les placards, injurieux pour l'Eglise, qui furent affichés un peu partout en 1534, même au Louvre et à Amboise. Après 1540, il fait torturer à la Conciergerie et au Châtelet et brûler à Paris des hérétiques (Etienne Dolet, l'imprimeur humaniste, 1546). Il laissa le Parlement d'Aix massacrer les paisibles Vaudois du Lubéron (1545) et ravager leurs villages. Au diocèse de Paris fut nommé un inquisiteur, bien sûr dominicain, qui siégera à la Chambre ardente créée en 1551 par Henri II auprès du Parlement de Paris (et des sept autres). Il s'agit déjà d'extirper l'hérésie. Plus sévère et plus borné que son père, plus menacé aussi par le passage d'une large part de sa noblesse au parti « huguenot » (le mot vient de l'allemand), Henri II systématise la persécution par des édits étalés de Châteaubriant (1551, les Chambres ardentes) à Ecouen (1559 : le bûcher pour tout hérétique avéré).

A ce moment, plusieurs centaines d'églises réformées étaient « dressées » et pas loin de deux mille communautés de fidèles « plantées ». Presque toutes les provinces étaient plus ou moins « infectées », et les protestants chantaient des psaumes face au Louvre, de l'autre côté de la Seine. La mort inopinée du roi retarda sans doute le conflit armé. Il fallut attendre l'initiative catholique à Vassy (1562).

Dans l'immédiat, la situation laissée à des fils trop jeunes et à une veuve, Catherine de Médicis, dont on ne soupçonnait pas le génie, offrait peu d'aspects encourageants. Le « beau xvie siècle » était terminé. Le temps des troubles allait commencer.

VI.

Les temps difficiles
(1560-1610)

Les malheurs des temps après 1559.

Ils furent grands. Ils n'offrent pourtant rien de comparable aux horreurs massives de la Peste Noire, ou au délabrement du royaume lorsqu'un Anglais occupait le trône, juste avant que paraisse Jeanne d'Arc.

Le malheur a frappé d'abord à la tête : rois successifs, trois frères, un malade, un enfant, un dilettante, avec heureusement une Médicis comme régente de fait ou de droit ; des ennemis implacables, riches, puissants, surtout ce roi d'Espagne qui obsède le royaume, de front ou de biais ; ces puissantes familles seigneuriales qui ne songent qu'à leur puissance et leur enrichissement, et jugent normal le complot ou la révolte ; une économie qui marchait fort bien et qui, comme essoufflée, se met à stagner, puis à broncher, puis à fléchir d'un coup, sans que les crises, sauf la dernière, durent heureusement fort longtemps. Et par-dessus tout, une sorte de frénésie dans le fanatisme religieux, qui conduit à s'entre-tuer furieusement au nom d'un Dieu différemment révéré, tandis que s'allument en Europe les milliers de bûchers plus fréquemment embrasés par les grands juges de sorcellerie que par les inquisiteurs des deux camps. Sauf pour les sorcières, tout cela parut se terminer au tournant du siècle, de l'Edit de Nantes et de la paix de Vervins à la mort de Philippe II et d'Elisabeth (entre 1598 et 1603). Et pourtant, dans le climat tout de même différent de la première partie du xviie siècle, les vieilles misères renaîtront parfois.

UN TRISTE PROLOGUE :
LE RÈGNE DE FRANÇOIS II (1559-1560)

Adolescent de 15 ans, juridiquement majeur, mais faible et malade, le fils aîné d'Henri II est subjugué par son épouse, la délicieuse Marie Stuart, qui est aussi la nièce des Guise ; des Guise, une redoutable famille lorraine, donc d'Empire, mais dont les terres se situaient surtout en France, et qui affirmait descendre directement de Charlemagne. Ils sont et demeureront les champions du catholicisme intransigeant, et manqueront encore moins d'ambition que de talent militaire ou politique. A ce moment, ils sont deux : François, le glorieux général, et Charles, cardinal de Lorraine et archevêque de Reims, le plus riche prêtre du royaume. Par la reine, ils exercent un pouvoir qu'ils détenaient déjà en partie sous Henri II. Leur politique est simple : éliminer les autres grandes familles, les Bourbons issus de Saint Louis et les Montmorency qui s'intitulaient « premiers barons de la chrétienté » ; les uns et les autres penchaient plus ou moins vers la Réforme, ce qui ne les avantageait pas.

Déjà Henri II avait multiplié les menaces contre les « hérétiques » : récompenses aux dénonciateurs, chambres « ardentes » pour les juger, « emmurements » et bûchers, y expédiant même Anne du Bourg, parlementaire modéré qui protestait seulement contre les excès. Les Guise s'apprêtaient à aller plus loin, lorsqu'une occasion se présenta, la « conjuration d'Amboise » (1560) un complot mal ourdi par les « malcontents », un ou deux Bourbon et des calviniens néophytes, qui voulaient s'emparer du Roi et de la Cour. Dénoncés, ils furent surpris en pleine forêt, ramenés à Amboise, pendus, noyés ou égorgés.

Ces trop visibles excès entraînèrent, autour du jeune roi, une réaction de sagesse modérée, avec Michel de l'Hospital comme chancelier et quelques prélats raisonnables, et l'on convoqua les Etats généraux. Des violences

éclatèrent pourtant un peu partout. Les Guise, souvent
détestés et menacés, firent soudain arrêter en pleine Cour
le prince de Condé, un Bourbon et chef protestant.
Condamné à mort (novembre 1560), il fut sauvé par la
mort soudaine de François II. En un tournemain, Catherine de Médicis s'empare du pouvoir, et va essayer de
résoudre l'insoluble.

« Catherine par la grâce de Dieu Reyne de France, Mère du Roy », et son temps.

Telle était l'inscription qui figurait sur le grand sceau
royal qu'elle avait fait frapper à son effigie, après avoir
renvoyé en Ecosse l'intrigante Stuart, négocié en sous-
main avec toutes les grandes familles, circonvenu Antoine
de Bourbon, premier prince de sang, et s'être donc
emparée, sans le titre, de la Régence du royaume.

Issue d'une très grande famille de banquiers devenus
chefs d'Etat, fort laide donc rivale peu patiente de la
« pute » (disait-elle) Diane de Poitiers — qu'elle chassa
sitôt Henri II mort —, par surcroît dix ans stérile avant de
se rattraper abondamment (dix naissances, sept survivants), politiquement longtemps effacée, mais tout de
même Florentine cossue initiatrice d'une Renaissance à la
fois fastueuse et d'esprit large, elle se révéla d'un coup à
l'avènement de son second fils Charles IX (décembre
1560), dix ans, tuberculeux, instable, névropathe, mineur
à vie.

Le génie de cette reine éternellement endeuillée eut à se
déployer pendant près de trente ans parmi des difficultés
souvent inextricables, rituellement dénommées « guerres
de religion », et qui furent aussi bien autre chose : des
guerres de princes et de provinces, des conflits internationaux, des complots et des assassinats, et des occasions
(partagées) de pillages et de trahisons. Rien de simple ni
d'exaltant, et pourtant quelque chose d'assez spécifique-
ment français.

Dans la plupart des pays d'Europe, la question religieuse venait d'être résolue avec une netteté généralement
brutale.

En Espagne, Philippe II avait fait pareillement brûler

les « morisques » (musulmans apparemment christianisés) et les protestants qui n'avaient pu se sauver ou se convertir à temps ; en revanche, de graves difficultés l'attendaient aux Pays-Bas : la sauvagerie de sa répression amena en 1581 la sécession du Nord, les « Provinces-Unies » plus tard dénommées simplement Hollande, ce qui ne constituait pas une péripétie.

Dans l'Empire était appliqué le principe « *cujus regio, ejus religio* », qui signifiait simplement que chaque Etat ou Ville (on en comptait des centaines) adoptait obligatoirement la religion de son prince : le Nord et le Centre optèrent habituellement pour la Réforme, et le reste demeura massivement catholique, sous la houlette des Empereurs Habsbourg et des « Electeurs » (à l'Empire) ecclésiastiques rhénans.

L'Italie, presque toute romaine, n'avait connu, au-delà des disputes politiques, que quelques poignées d'opposants, promptement réduits, ou qu'attiraient volontiers des philosophies plus subtiles. Quant à l'Angleterre, son roi Henri VIII, avait décidé de devenir son propre pape, afin de se remarier à son aise, et de confisquer quelques biens d'Eglise. Après l'épisode calviniste, puis catholique, de ses immédiats successeurs (Edouard et Marie, 1547-1553-1558), sa géniale « bâtarde » Elisabeth reprit ses intentions en instaurant l'anglicanisme (1563-1564), sorte de compromis entre les « sectes », mais complètement et définitivement détaché du « papisme ». Le voisin irlandais lui restait profondément attaché, tandis que la plus proche Ecosse venait d'adopter un rigoureux calvinisme, le « presbytérianisme » de Knox, juste au moment (1560) où rentrait la pauvre Marie Stuart, veuve de François II.

CONCILE DE TRENTE

Dans les mêmes temps s'achevait enfin à Trente le Concile ouvert dès 1545, et deux fois interrompu. Il maintenait la totalité du dogme, les sept sacrements, la vieille « Vulgate » fautive donnée comme seul texte de la Bible, le purgatoire, le culte des Saints et la vénération des images, que tous les réformés rejetaient comme pure idolâtrie. Il proclamait l'autorité absolue du Pape sur l'Eglise (l'infaillibilité, ce sera pour plus tard) et l'usage exclusif du latin pour le culte. En outre l'Eglise romaine était invitée à se réformer dans sa structure comme dans ses mœurs. Le Concile recommandait la résidence et le non-cumul des bénéfices ecclésiastiques (ce qui fut peu suivi), diverses mesures de sagesse et la création de séminaires, qui vinrent en effet, quelques décennies plus tard.

Cette œuvre de défense du catholicisme avait été devancée ou complétée par la réactivation de l'Inquisition devenue « Saint-Office » (Paul IV, après 1555) qui fit place nette en Italie comme en Espagne, ainsi que par la fondation (Montmartre, 1537) puis l'approbation (1540) et le rapide développement de la Compagnie de Jésus, sorte d'armée soigneusement sélectionnée et formée, mise au service du Pape. Dès 1560, elle comptait douze « provinces », 1 500 membres, 40 collèges et six mille élèves. Intelligents et rigoureux, souples quand il le fallait, les Jésuites s'emparaient de l'éducation et de la « direction.» (de conscience — le futur Henri III — dès 1568) de tout ce qui, en Europe, était grand, puissant, riche, en attendant d'attaquer l'hérésie à ses frontières, très vite dans l'actuelle Belgique.

Un pas de plus, et ce fut la « Congrégation de l'Index » (1571), chargée pour des siècles d'interdire les « mauvais » ouvrages.

Cette réaction catholique parfois jugée tardive a longtemps été appelée « Contre-Réforme », et elle visait certainement à « extirper l'hérésie », à l'occasion avec l'aide de quelques solides armées. Il restait à l'Eglise à se réformer elle-même : cette autre œuvre, déjà commencée, allait se poursuivre à des rythmes variables selon les milieux, les lieux et les temps, mais ne saurait honnêtement être confondue avec l'action hardie ou radicale de Luther, de Calvin et de quelques autres.

Quoi qu'il en soit, c'était dans ce climat européen de « Réforme » réussie là et repoussée ailleurs qu'allait devoir gouverner la « Mère du Roy », dans un pays où justement rien n'était fixé, où les clans s'opposaient aux clans, les grandes familles et les grandes provinces à d'autres, les huguenots exaltés et les papistes exacerbés aux modérés des deux camps, et les ambitieux un peu partout.

Elevée à Florence et à Rome dans le « giron de l'Eglise », Catherine nourrissait une foi qui semble tiède, laissait prier ses enfants en français, recevait volontiers des réformés agréables ou apparentés, mais ne croyait guère qu'aux astrologues, aux talismans, aux prédictions, aux devins et charlatans de tout poil. Mais elle adorait ses enfants, et voulait leur conserver trône et pouvoir. Pour y parvenir, tous les moyens lui furent bons, y compris le mensonge, la duplicité, tous les virages et les renversements. Elle y gagna une réputation souvent exécrable, celle d'empoisonneuse et de criminelle ; mais elle connut aussi de solides amitiés et de profonds dévouements, ceux des gens de son Conseil, les Birague, Cheverny, Pomponne, ceux de la troupe d'Italiens qui l'avaient suivie, banquiers ou capitaines, les Strozzi, Zamet, Gondi, Sardini et tutti quanti.

Imperturbable, vertueuse (la seule de sa famille ?), férue de constructions, de poésie, de musique et de ballets, goûtant Rabelais et l'Arétin autant que Ronsard, ce fascinant personnage domine, sinon son temps (il y avait aussi Elisabeth et Philippe II), mais son royaume.

HUIT GUERRES, AUTANT DE TRÊVES, PLUS ENCORE DE MASSACRES (1562-1593)

Sous Charles IX (1560-1574).

Durant deux années, Catherine essaya de régner par la conciliation, à défaut de concorde réelle. Aux Etats d'Orléans, on entendit, comme d'habitude, de sages discours et de sérieuses propositions de réforme de l'Etat, qu'une ordonnance célèbre enregistra, pour le principe. Transférés à Pontoise et Poissy, les Etats (sauf le Premier Ordre, bien sûr) réclamèrent et obtinrent que l'Eglise fût imposée, une partie de ses biens vendus ou engagés afin de payer les énormes dettes de la monarchie.

Un colloque réunit à Poissy des prélats catholiques (dont un Bourbon et un Lorraine-Guise) et une douzaine de ministres réformés, dont l'adjoint de Calvin, Théodore de Bèze. La controverse fut à la fois précise, éloquente et intraitable. L'arrivée du général des jésuites, Lainez, qui qualifia les calvinistes de loups, de serpents et d'assassins, mit naturellement fin à toute perspective de conciliation. Un édit de janvier 1562 accorda tout de même la liberté de culte aux réformés dans les maisons privées et hors des villes closes. Quelques semaines plus tard, les Guise et leur escorte découvrirent un culte dans une grange de la ville de Vassy : ils tuèrent ou blessèrent 178 personnes, dont 30 femmes. Ce massacre marque la rupture ; mais déjà de sanglantes empoignades s'étaient produites dans le Midi, au Mans, à Angers, à Beauvais, même à Paris autour de Saint-Médard.

Tout accommodement, sinon momentané, paraissant impossible entre les chrétiens ennemis et les nobles chefs de bandes qui les commandaient et s'en servaient, huit guerres se succédèrent, qui ne méritent guère un récit détaillé et forcément compliqué. Trois événements extraordinaires peuvent tout de même être retenus : le « grand tour » (1564-1566), la Saint-Barthélemy (août 1572), la mort du dernier héritier catholique (1584).

Profitant d'une trêve, Catherine entreprit en janvier 1564 une sorte de tour de France, qui dura plus de deux ans. Le but, assez général, consistait à montrer à la France le roi sacré et majeur, devant qui toute désobéissance devrait naturellement cesser. En même temps, une pacification était espérée, après les excès des années précédentes (le duc de Guise assassiné, son assassin écartelé, les atrocités dont Montluc s'est vanté en Guyenne et le baron des Adrets à Montbrison et Mornas, le saccage du tombeau de Louis XI à Cléry, etc.). A chaque étape du « grand tour », pour l'immense train royal, ce ne sont que fêtes, protestations de fidélité, négociations aussi pour lever quelque taxe : comment résister, le Roi présent ?

Ce spectaculaire, long et utile voyage (Anne d'Autriche s'en souviendra) n'empêcha pourtant pas la reprise des guerres, aggravées par des implications étrangères : secours espagnols aux catholiques, secours luthériens aux protestants, révolte des « Gueux » dans l'actuelle Belgique...

Les premiers chefs des deux partis assassinés ou disparus, les Guise demeurèrent en face du dernier grand chef huguenot, l'amiral de Coligny : probablement, avec Catherine, la seule grande tête politique de son temps (et, des velléités de François Ier exceptées, le seul qui conçut, entreprit et faillit mener à bien deux projets d'établissements français en Amérique, Brésil et Floride).

Coligny gagna l'amitié du jeune roi, lucide parfois, qui l'admit en son Conseil et fut sur le point de le soutenir lorsqu'il projeta contre l'Espagne une guerre de libération des Pays-Bas révoltés. C'en était trop pour Catherine, jalouse de son pouvoir, trop pour le parti catholique et pour les Guise : il fallait se débarrasser du gêneur. La reine avait déjà essayé magiciens et envoûteurs, mais en vain. Mieux valait un assassin. Les Guise le trouvèrent, mais il manqua son arquebusade, le 22 août 1572, quelques jours après le mariage du protestant Henri de Navarre et de la catholique Marguerite de Valois, sœur du roi, qui avait attiré une foule de gentilshommes protestants. On s'apprêta donc à fêter saint Barthélemy le 24 août.

La légende, le roman, la passion et même l'histoire se sont emparés de cette journée à coup sûr mémorable, que la province répéta six semaines durant. Au début, une simple entreprise d'assassinat politique préparée par la reine et les Guise afin de se débarrasser d'un coup de tout l'état-major huguenot présent à Paris pour ce grand mariage, en prétextant un « complot » fomenté... par les victimes désignées.

L'opération de police dégénéra en un massacre aux détails épouvantables (Coligny décapité, émasculé et dépecé, simple exemple). On ne saura jamais le nombre total des victimes : dix mille ? vingt mille ? plus ? mais on sait parfaitement que tous les monarques catholiques (sauf l'Empereur, écœuré) assaillirent Charles IX et sa mère de compliments enthousiastes, et que le Pape célébra immédiatement un *Te Deum,* et fit frapper (Charles IX aussi) une magnifique médaille pour commémorer une si belle journée.

Elle n'arrangea naturellement rien. Les protestants survivants se fédérèrent ou se réorganisèrent, spécialement dans leur bastion languedocien et dans les « places de sûreté » qu'il fallut bien leur laisser, La Rochelle, Montauban, Nîmes, Sancerre. Une littérature pamphlétaire terrible se déchaîne ; de sérieux théoriciens, comme Hotman, proposent de placer les Etats-Généraux au-dessus des rois. Par surcroît, des catholiques sincères, mais pondérés, qu'on appelle alors « malcontents » et bientôt « politiques », se rapprochent pratiquement de la résistance huguenote, tandis qu'agonise Charles IX (24 ans), mort sans héritier mâle légitime en mai 1574.

Son frère cadet, récent roi de Pologne exilé sans enthousiasme, allait-il pouvoir faire mieux ?

Sous Henri III, de 1574 à 1584.

Mal aimé des historiens et des moralistes (parfois confondus), ce fils préféré de Catherine était, de fort loin, le plus doué et le plus cultivé : un véritable humaniste. Mais, en bon Valois, il adorait le faste, les fêtes étranges, les bijoux, les petits animaux et par surcroît, dit-on, les jeunes cavaliers (crime abomidable, en ce temps-là, pour le commun des mortels) ; mais il n'a pas détesté les jolies cavalières, ce qui importe peu. Sauf pour quelques événements peu ragoûtants, ce roi qui a laissé des milliers de lettres et ce règne qui légiféra beaucoup demeurent mal connus ; en est sans doute responsable l'épouvantable graphie de l'époque, qu'au mieux un historien sur cent parvient à déchiffrer.

Les dix premières années du règne furent marquées par une succession de querelles avec le duc d'Anjou (ex d'Alençon), jeune frère ambitieux et Marguerite, la sœur instable, une succession aussi de guerres, de complots, de paix fourrées, de réconciliations dans des festoiements interminables, et même par un nouveau « tour de France » de Catherine (1578-1579). Elle tenta d'amadouer le Midi en grande partie huguenot et d'obtenir les subsides que lui avaient refusés les Etats de Blois (1576-1577), mais que le clergé de France fut bien obligé d'accorder une fois de plus, sur nouvelles menaces de confiscation de ses biens (qu'il dut vendre en partie, mais avec clause de rachat).

Durant ces dix années, les positions se figèrent et les partis se structurèrent.

Les réformés (que soutenaient parfois les « politiques »)

s'organisèrent en une « Union calviniste » centrée sur le Midi, subdivisée en « gouvernements » provinciaux avec leurs chefs de guerre et leurs « conseils » administrant et levant leurs propres impôts ; le tout appuyé sur des places de sûreté plus nombreuses (dont Montpellier) et sur des « chambres mi-parties » (moitié de juges protestants — ou moins — dans quelques Parlements).

En 1576, la liberté totale de culte était accordée, mais son exercice effectif réduit : dans une ville par bailliage, dans les lieux antérieurs, dans les maisons seigneuriales, mais ni à Paris ni à la Cour. Le tout fut précisé par la « paix de religion » de 1577, qui assura huit années de relative tranquillité.

Les catholiques intransigeants — alors l'énorme majorité — s'étaient aussi organisés. La maladroite nomination du protestant Condé comme gouverneur de la très catholique Picardie provoqua un appel aux trois Ordres de la province par l'ancien gouverneur, d'Humières. Déjà, des sortes de « ligues » locales étaient apparues dans quelques provinces — même le Languedoc, pour « relever l'Etat et la Religion » par une « Sainte-Union » alors sans agressivité apparente. En revanche, les Guise surent utiliser la Ligue picarde, l'étendre et surtout l'installer à Paris, avec l'appui de puissants bourgeois ultracatholiques ; or, la capitale était déjà la seule ville qui comptait vraiment dans le pays. Henri III, qui avait déjà pris la tête d'associations mystiques exaltées et expiatoires comme les Pénitents Blancs (que d'autres suivirent, plus ou moins flagellants) eut l'intelligence de se proclamer « chef de la Sainte-Ligue », ce qui pour un temps calma les esprits.

Dans une sorte de semi-anarchie mêlée de quasi-autonomies provinciales, guérillas, chevauchées et fêtes plus païennes que chrétiennes continuaient d'occuper la noblesse, ce qui n'empêchait pas les tragédies. Ainsi en 1580, année terrible, après que des bandes huguenotes eurent pris les armes à La Fère, en Guyenne et en Dauphiné, surviennent à la fois des secousses sismiques (de Calais à Rouen et Paris), des inondations (25 morts au faubourg Saint-Marcel), puis des « coqueluches », enfin la peste, qui fit mourir entre 30 000 et 60 000 Parisiens selon les chroniqueurs les plus sérieux (le nonce penchait pour 50 000).

Là-dessus survint une catastrophe différente, mais bien plus grave. Le jeune frère d'Henri III, l'instable duc d'Anjou que sa mère avait tenté, en vain, de caser comme époux d'Elisabeth, puis roi des Pays-Bas catholiques révoltés contre Philippe II, vint à mourir, phtisique lui aussi, en juin 1584. Désormais, il n'existait plus aucun Valois pour succéder, le jour venu, au monarque régnant. Le seul héritier légitime s'appelait Henri de Bourbon, roi de Navarre, hérétique et relaps. Situation inacceptable, impossible, insoluble même pour un catholique modéré, étant donné la nature du royaume et de la royauté. Comment en sortir ?

Henri de Bourbon à la conquête du royaume de France, 1584-1598.

Travaillé par les Guise autant que par la perspective d'un roi hérétique, Paris en colère et souffrant de cherté et d'épidémies se regroupe autour des « Seize », noyau médiocrement connu du parti ligueur : des curés, des Capucins, des avocats, des procureurs, des boutiquiers, et comme troupes, des artisans, des étudiants, des journaliers, des exaltés, et pas mal de ce qu'on appelle « racaille ». Les trois Guise — le Balafré, Mayenne et l'archevêque —, regroupent les ultras du moment et nouent sans scrupule une étroite alliance avec le roi d'Espagne : Philippe II promet 50 000 écus par mois contre l' « extirpation de l'hérésie » (totale), la publication des décrets du Concile de Trente (que les Parlements, gallicans, avaient refusée), la ville de Cambrai et l'installation sur le trône d'un vieux cardinal.

Déjà, les Guise avaient fait établir par un prêtre de Toul une généalogie qui les faisait descendre directement de Charlemagne, ce qui transformait le roi effectif en usurpateur.

Devant ces menaces, Henri III, bien renseigné, tantôt feint de céder, tantôt négocie, tantôt guerroie contre le roi de Navarre (qui défait et tue son favori Joyeuse à Coutras, 1587). A Paris et dans la plupart des grandes villes, toutes catholiques, prédicateurs, pamphlétaires et agitateurs (gagés ou non) surexcitent les foules, souvent alors mal nourries et malades. Malgré les Suisses engagés par Henri III, Guise entre dans Paris sous les acclamations, rencontre le Roi au Louvre, obtient le renvoi de son favori Epernon. Mais le lendemain 12 mai 1588, comme par hasard, des barricades s'élèvent dans la ville, d'où le roi s'enfuit. La Ligue ultracatholique, guisarde et pro-espagnole demeure maîtresse de la capitale, et le restera six ans, accumulant les excès.

Henri III fit d'abord mine de céder, sinon de capituler en signant à Rouen en juin avec les Guise un « Edit d'Union », qui préparait la réunion à Blois de nouveaux Etats Généraux, ce qui fut fait. Le roi saisit l'occasion pour faire massacrer le duc de Guise (le Balafré) par ses assassins habituels, les « Quarante-Cinq », puis le lendemain son frère le Cardinal (23 décembre).

Tout Paris ligueur vomit le « tyran Sardanapale » Henri de Valois, épura tous les quartiers, corps et métiers, emprisonna trois présidents de Parlement trop « tièdes », se fédéra avec la plupart des villes et provinces et accueillit triomphalement Mayenne, le Guise survivant, en le proclamant « lieutenant général de l'Etat et Couronne de France », en attendant de reconnaître comme roi le vieux cardinal de Bourbon.

Menacé de perdre tout son royaume, puisqu'il ne tenait plus guère que les villes de la Loire et de Normandie (sauf Rouen), Bordeaux et le Dauphiné, que sa mère venait de mourir et que Mayenne enlevait déjà Vendôme et Amboise, Henri III se résolut à l'unique solution possible : l'alliance avec l' « héritier naturel » Henri de Navarre, depuis 1581 « protecteur général des Eglises réformées de France ».

Dès mars, celui-ci avait lancé un bel appel à la réconciliation autour du roi légitime, et promis partout, même dans le Midi, le libre culte... pour les catholiques. Après des retrouvailles à Plessis-lès-Tours, les deux rois et leurs armées réunies, plus de 40 000 hommes, remontèrent la Loire vers Paris, battant au passage Mayenne à Bonneval. Début juillet, ils sont en vue de Paris, dont ils préparent ensemble le siège. Mais le 1er août un moine jacobin, Jacques Clément, fanatisé par la Montpensier — une Guise — poignarde le roi au ventre. Avant de mourir,

Henri III reconnaît Henri IV, commande qu'on lui obéisse, mais l'exhorte à se convertir.

Il fallut quatre ans à celui-ci pour « sauter le pas », près de dix pour réussir difficilement, et tout son règne pour assurer son pouvoir, avant de tomber à son tour sous le poignard d'un autre fanatique, évidente émanation des puissants restes de la Ligue.

La Conversion (1589-1594).

Dans une Déclaration donnée à Saint-Cloud (1589), le nouveau roi chercha à rassurer chacun et promit paix et liberté à tous. Mais la moitié de son armée, catholique ou inquiète, le quitta. Mayenne, Paris, les villes ligueuses, l'Espagne et naturellement Rome, saluaient comme roi sous le nom de « Charles X » le vieux cardinal de Bourbon, d'ailleurs prisonnier à Loches, et qui mourut dès 1590. Il restait tout de même à Henri IV de fort bons capitaines (le « brave Biron », Crillon, d'Aumont) et les meilleurs régiments, dont les fidèles Suisses et l'excellente gendarmerie d'ordonnance. Sagement, il se replia sur la Normandie, réussit à battre Mayenne à Arques près Dieppe (septembre 1589), échoua sur Paris, recula vers Tours, revint assiéger Dreux, défit à nouveau Mayenne à Ivry (mars 1590). Puis, tandis que ses régiments investissaient Poitou et Auvergne, il se rapprocha à nouveau de Paris, clé de tout pouvoir réel.

Malgré la fatigue et les privations, la capitale ligueuse tenait, fanatisée par des processions monstrueuses et parfois burlesques, avec des moines casqués et armés. Les négociations se situaient à un autre niveau, entre les chefs ligueurs, Rome et l'Espagne. En février 1591, Alexandre Farnèse, gouverneur des Pays-Bas pour Philippe II, fit entrer dans Paris, pour « sauver » la capitale, une garnison espagnole qui fut acclamée.

Pendant que campagnes et négociations s'entrecroisaient, les Ligueurs se divisaient. Les « Seize », bourgeois, boutiquiers, basochiens et moines démagogues, vomissaient le Béarnais et n'espéraient qu'en l'Espagne. Mayenne et son groupe de nobles, embarrassés, se méfiaient autant des « Seize » que du roi de Navarre, et

espéraient en la sagesse du Pape. Les « politiques »,
gallicans, conciliateurs, hispanophobes, en somme « bons
Français », tentaient d'émerger.

Tout commença à se dénouer lorsque la Ligue réunit des
sortes d'Etats prétendus « généraux » auxquels Philippe II
proposa de choisir comme reine l'infante Isabelle, petite-
fille d'Henri II, mais pure Espagnole (mai 1593). Cela
constituait la faute à ne pas commettre. Comme s'il l'avait
attendue, Henri IV se convertit le mois suivant à Saint-
Denis, tout vêtu de blanc, devant une foule enthousiaste.
Six mois plus tard, il était sacré à Chartres, Reims ne se
trouvant pas disponible pour cause de Ligue prolongée. Il
entrait enfin à Paris le 22 mars 1594, contemplant le piteux
départ de la garnison espagnole qui l'avait tant aidé par
l'irritation qu'avait suscitée son intervention chez beaucoup de Parisiens.

On s'est interrogé sur la sincérité de cette conversion,
après tout la seconde (la première, à temps, pour la Saint-
Barthélemy). On peut aussi penser que, chrétien comme
tous les hommes de ce temps, et probablement peu
travaillé par les disputes théologiques, il était passé sans
peine de la religion de sa jeunesse à la religion de ses
sujets, qu'il aimait.

On dit moins souvent que les effets bénéfiques de la
conversion n'avaient pas suffi. Le roi avait acheté le
gouverneur de Paris, et plus tard à peu près tous ceux des
villes et des provinces, y compris les derniers Guise-
Lorraine, Mercœur en Bretagne et Mayenne en Bourgogne. Selon Sully ces beaux ralliements avaient coûté
32 millions (le double du revenu annuel du royaume),
dont les Guise empochèrent la moitié. Comme naguère
Louis XI, Henri IV savait bien que les hommes étaient
presque toujours à vendre.

Restaient pourtant de sérieux obstacles : le Pape, le roi
d'Espagne, les anciens coreligionnaires qui pouvaient se
croire « floués », sans compter de rudes révoltes de
« Croquants » du Poitou au Périgord, qu'il laissera s'étein-
dre ou achèvera d'une pichenette à peine militaire.

A Rome, qui devait pardonner et même absoudre,
l'affaire traîna un peu, à cause des Jésuites. Certains
avaient approuvé le meurtre d'Henri III ; d'autres répan-
daient la théorie assez neuve du « tyrannicide » (devoir

sacré de tuer tout « tyran » avéré). Le cardinal Bellarmin soutenait à nouveau que le « trône de saint Pierre » devait l'emporter sur toute autre couronne, ce qui agaçait aussi le Parlement. Par surcroît, un élève des Jésuites, Jean Châtel, blessa le Roi d'un coup de couteau ; légèrement sans doute, mais ce crime manqué provoqua l'expulsion de la Compagnie (par la suite, Henri IV ne connut guère d'année sans attentat).

Le Saint-Père avait néanmoins accordé pardon et absolution au monarque reconverti, en septembre 1595 ; les négociateurs, d'Ossat et du Perron, y gagnèrent le chapeau de cardinal.

Pour en finir avec les Espagnols, qui avaient pris Calais, puis Doullens (dont les 4 000 habitants avaient été massacrés), puis Amiens, le roi avait surtout besoin d'argent pour son armée. Des notables furent convoqués à Rouen pour en trouver (fin 1596), et Rosny (futur Sully) partit en tournée pour ramasser des arriérés d'impôts. Les deux pays étant épuisés, le Pape s'entremit par son légat (un Médicis) qui prépara la paix fourrée de Vervins (mai 1598), simple reprise de celle du Cateau-Cambrésis : 40 ans de guerre pour rien...

L'Edit de Nantes

Inquiets, les anciens coreligionnaires du roi maintenaient leur organisation politico-militaire. Ils tenaient des sortes d' « Assemblées permanentes » qui itinéraient entre Vendôme, Saumur et Sainte-Foy-la-Grande, divisaient le royaume en neuf provinces, et tentaient même de négocier avec Elisabeth d'Angleterre. Utilisant son compagnon Duplessis-Mornay pour apaiser les esprits, le Roi finit par négocier à Nantes (où il avait reçu, contre argent, la soumission de Mercœur) avec quatre députés protestants « investis d'un plein pouvoir ».

La « paix de religion » conclue à Nantes en avril-mai 1598 comprenait le fameux « Edit » qui accordait liberté de conscience, égalité de droits et liberté de culte en des lieux précis, mais nombreux, accompagné d'un « brevet » du Roi (pour aider au traitement des ministres du culte) et surtout de deux séries d'articles secrets. Ceux-ci laissaient aux protestants leur solide organisation politico-militaire (« Un Etat dans l'Etat » dira justement Richelieu) et 151 places de « refuge » ou de « sûreté », ces dernières avec gouverneurs et garnisons théoriquement payés par le Roi seul.

L'Edit et ses annexes soupçonnées provoquèrent des vagues de mécontentement : pour les catholiques même modérés, c'était beaucoup trop ; pour les réformés, ce n'était pas assez. Le Pape le déclara « maudit », et ses successeurs comme toute l'Eglise de France ne cessèrent d'en exiger la suppression ainsi que l' « extirpation totale » de l'hérésie. Au fond, une Saint-Barthélemy complète n'aurait provoqué que des « Te Deum ».

A distance, ces fanatismes exacerbés peuvent étonner (et pourtant, au XXe siècle, il en existe d'autres). Ils constituaient alors la norme. La tolérance était un mot sans contenu et presque sans existence, sinon pour de rares esprits. L'on pensait aussi que la dualité de religion « défigurait » un Etat, car elle n'existait nulle part ailleurs qu'en France. D'où les applaudissements presque unanimes qui saluèrent en 1685 la Révocation de l'Edit.

Il restait pourtant à le faire enregistrer par les Parlements du royaume afin qu'il acquière force de loi. Tous résistèrent un an, deux ans, et Rouen jusqu'en 1609. On a conservé les harangues cinglantes dont Henri IV les régala : les rudes gasconnades y avoisinent les menaces : « Qui gagne son procès à Bordeaux que celui qui a la plus grosse bourse ?... Je vous connais, je suis gascon comme vous. » Ou bien : « Je couperai la racine à toute faction et à toutes prédications séditieuses... Etre bien avec le Pape ? J'y suis mieux que vous : je vous ferai tous déclarer hérétiques pour ne me pas obéir. »

En fait, dans chaque province, dans chaque « corps », au milieu de complots où trempent des fils d'amis (Biron) et des maîtresses, parmi les tentatives d'assassinat, ce monarque règne difficilement. Le populaire « bon roy Henry » avec sa belle barbe et ses enfants sur le dos, sa poule au pot et son panache blanc : simples fragments d'une légende qui ne repose pas sur rien, mais qui s'est fabriquée très tôt dans le XVIIe siècle, pas très innocemment, et s'est bien enjolivée par la suite. Les réalités, on l'a déjà aperçu, furent rudes, et il est douteux que, de son vivant, le monarque ait été populaire : il leva trop d'impôts et mécontenta trop de gens, trop puissants ou trop pieux.

LE « BON ROY HENRY » ET SON RÈGNE TROP COURT

Le roi de France et de Navarre tranchait franchement sur les Valois fragiles, incertains, fastueux, empierrés et emplumés, malades de partout. Sa robuste et mâle santé, entretenue par les escapades, les escalades et les chevauchées de toutes sortes de sa longue jeunesse, semble annoncer celle de son petit-fils Louis XIV, qui eut la chance de ne pas rencontrer de Ravaillac.

Rien en lui ne sent le cabinet, moins encore l'étiquette et surtout pas les parfums d'Italie ou d'Arabie. Il tient volontiers conseil à grandes enjambées, fatiguant ses auditeurs, non sans malice. Son style inimitable — lettres brèves, billets drus, harangues rudes — marie habilement finesse et vigueur, et ses apparentes gasconnades furent rarement gratuites. Peu théoricien et peu sentencieux, il conçoit pourtant son métier de roi d'une manière aussi absolue que Louis XIV : « Un roi n'est responsable qu'à Dieu et à sa conscience », écrivait-il au roi d'Angleterre.

Cette fermeté n'empêchait pas un grand sens des nuances, de l'intuition, de la pénétration, de la prudence, et une séduction madrée. Comme tout grand politique, il était dissimulé, faux au besoin, habile à saisir l'opportunité. La qualité de son entourage et l'étendue de son œuvre au milieu de sérieuses difficultés, forcent au moins le respect. Le premier des Bourbons fut sans doute le plus grand, c'est-à-dire à la fois le plus lucide, le plus courageux et le plus fin.

Une seule faiblesse, mais grave : non pas son amour immodéré des femmes (Louis XIV eut le temps de le surpasser), mais l'ascendant que les plus séduisantes surent prendre sur lui. Marié par politique (en 1572) avec Marguerite de Valois, ces deux dévergondés se querellèrent, se virent peu, et finir par s'accorder pour faire annuler leur mariage en cour de Rome, toujours par nécessité politique (épouser la « grosse banquière » Marie de Médicis, présumée féconde). Il avait failli épouser sa maîtresse Gabrielle d'Estrées, qui lui avait fait les deux bâtards Vendôme, mais mourut à temps. Une autre, Henriette d'Entragues, sut lui arracher une promesse écrite de mariage au cas où elle lui donnerait un fils — geste insensé — qui naquit en effet, mais un mois après l'authentique Dauphin Louis.

L'incorrigible « Vert-Galant » eut bien du mal à se dépêtrer de ses aventures, et l'on a pu soutenir que ses ultimes projets de guerre furent accélérés par l'espoir de retrouver aux Pays-Bas une jeune personne qu'on avait précipitamment mariée au prince de Condé... Fariboles ? mais Henri écrivait trop aux dames. Ces faiblesses constituent la seule faille sérieuse d'un tempérament trop généreux et d'un esprit qui en surpassait beaucoup d'autres.

En douze années de règne pacifique (sauf un bref conflit avec le duc de Savoie, qui dut céder Bresse et Bugey), une considérable remise en ordre du royaume s'imposait. Henri IV voyait tout, mais le détail fut confié à une poignée de « ministres d'Etat » comme Pomponne, Jeannin, Brûlart, Villeroy, dont la descendance administrera tout le siècle, et naturellement Maximilien de Béthune, baron de Rosny, devenu duc de Sully en 1606, qui sut rétablir les finances (grâce à quelques astucieuses banqueroutes), faire des économies, encourager l'agriculture (qui avait surtout besoin de paix), planter des ormes le long de routes raccommodées, et commencer le canal de Briare.

Sous leur houlette s'enracinèrent les bases de la monarchie du XVIIᵉ siècle. Avant de les évoquer, il convient de savoir ce qu'était devenu, à travers quarante années de guerres et de massacres, le royaume de France lui-même.

LES INÉGALES MISÈRES DU SECOND XVIᵉ SIÈCLE (1560-1600)

L'épuisement du royaume au sortir des guerres de Religion apparut tel qu'on a pu parler alors du « cadavre de la France ». C'est beaucoup dire. L'abondance de la documentation et le travail des historiens permettent désormais de voir assez clair.

Le bel essor de prospérité qui marqua la première partie du siècle se bloqua un peu partout entre 1550 et 1570 : tout était défriché, les exploitations subdivisées jusqu'aux limites du raisonnable, et la technique pas plus que l'outillage ne « progressaient » (personne ne pensait qu'ils puissent le faire, toute « nouvelleté » sentant habituellement le soufre) ; le nombre des hommes avait atteint le « plafond » conciliable avec les ressources. Comme on pense que ce « plafond » fut à peu près le même entre 1250 et 1750, après l'essor venait forcément le recul : ces deux phases alternées ont pu rythmer cinq siècles.

Ce qui demeure plus visible, ce sont les calamités, naturelles ou non.

Les vieux chroniqueurs évoquent d'épouvantables phénomènes : éclipses, comètes, nuages de sang, inondations catastrophiques, grands hivers et grands étés, trop secs ou pourris. De savantes études (glaciologiques, polliniques, dendrologiques — les anneaux des troncs d'arbres —, et de « bans » de vendange) ont effectivement montré qu'un « petit âge glaciaire » s'amorce après 1550, s'accuse après 1580. Ce refroidissement suffisait à compromettre moissons et vendanges, à geler parfois les arbres ou le bétail ; les étés « pourris », bien repérés, ont provoqué disettes et « chertés » comme celles de 1562, 1566, 1573, surtout 1586 et 1597, où le prix des grains, donc du pain, doubla ou tripla sur la plupart des marchés du royaume.

Chaque adulte avait alors l'habitude de rencontrer, deux ou trois fois dans sa vie, des phénomènes de ce genre et d'y laisser quelque parent ou ami. Ils devinrent plus fréquents vers la fin du siècle, tandis que la peste, après avoir soufflé quelque peu, reparaissait soudain à partir de 1580-1583 et démarrait en 1587 ce qu'on a appelé son « grand cycle atlantique » qui culmina autour de 1600. Ces épouvantables éruptions ont dû tuer beaucoup plus de gens que les huit guerres de Religion coupées de trêves, de même que les bûchers de sorcellerie ont dû consumer plus de pauvres filles (30 000 en Europe ?) que ceux des diverses inquisitions ; mais à vrai dire la comptabilité des « brûlements » manque souvent.

Les dégâts de la soldatesque (qui sévissait aussi pendant les trêves) ne doivent pourtant pas être minimisés : les villages brûlés, les arbres coupés et les bêtes égorgées ne

se renouvellent ni vite ni gratuitement. Or, peu de
provinces furent vraiment épargnées, sinon la Bretagne, le
Béarn et quelques montagnes ; d'autres furent terrible-
ment dévastées comme la région parisienne où les armées
ne cessèrent de passer ou de camper ; et partout, même en
Bourgogne longtemps épargnée, la dernière décennie
atteint le fond de la détresse, puisque tout se mêle, peste
comprise.

Les courbes qu'aiment à tracer les historiens de l'économie et de la population, désormais crédibles, accusent
presque toutes une longue inflexion de quelques décennies, des chutes brèves vers 1565 ou 1574, et un vrai
précipice dans les derniers lustres du siècle, avec une
baisse de population qui put atteindre 10 à 15 % selon les
régions. Quelques années terribles, mais qui ne rappellent
que de loin les longues horreurs de la Guerre de Cent Ans.

Néanmoins la France avait « besoin de reprendre
haleine » (Henri IV). Le xviiᵉ siècle le permettrait-il ? On
essaiera de le dire.

Un vieux problème, la « révolution » des prix.

On l'enseignait naguère : une redoutable hausse des
prix — jusqu'à 400 % et parfois au-delà — a traversé le
xviᵉ siècle. Le phénomène est parfaitement connu, on l'a
ressenti en son temps, et quelques théoriciens dont
l'illustre Jean Bodin (le théoricien politique et pourfendeur de sorcières) et le non moins remarquable Malestroit
en ont discuté. En réalité, la hausse fut relativement
modérée dans la première partie du siècle, et favorisait
tous les vendeurs, même les modestes paysans et les
menus artisans. Par la suite, le mouvement s'accéléra,
avec des « pointes » brutales et, de Louis XII à Henri IV,
avoisina en effet le quadruplement. Comme l'unité monétaire française s'était dévaluée d'environ 40 % en même
temps (heureux siècle !), la véritable « révolution » des
prix est de l'ordre de 2 « points » par an, ou un peu plus...
Qu'elle soit due à l'afflux d'argent américain (dont on a
exagéré l'importance), aux dépenses inconsidérées des
Valois ou à d'autres facteurs, une seule chose importe en

fin de compte : les effets de cette hausse sur les divers groupes sociaux.

Il saute aux yeux que ceux qui percevaient des revenus en nature furent avantagés (seigneurs pour une partie de leurs droits, mais surtout propriétaires fonciers et décimateurs ecclésiastiques) et ceux qui les versaient (surtout des paysans) désavantagés. Inversement, ceux qui devaient des livres-tournois se trouvèrent favorisés (dont l'Etat, le plus grand endetté du royaume), alors que ceux qui percevaient des salaires monétaires (non indexés, bien sûr), comme les ouvriers des villes, virent leur niveau de vie (fort honnête vers 1500) s'affaisser, puisque le prix du pain, du bois, des loyers, dépenses de base, s'enflait allégrement. Dans le domaine difficile de l'argent, des prix, des dettes et des revenus, les dernières années du siècle furent vraiment pénibles, et confuses. La paix revenue, les monnaies et les taux d'intérêt réformés (1601-1602), les vents se calmèrent, et les premières décennies du nouveau siècle ne se présentèrent pas mal. On les retrouvera.

Le problème le moins facile à saisir demeure celui des revenus et surtout des dépenses de l'Etat. Tous les historiens le décrivent perpétuellement magnifique et endetté, mendiant (parfois rudement) des subsides aux Etats, aux villes, à l'Eglise de France (sérieusement touchée sous prétexte d'aide à la lutte contre l'hérésie, — mais elle saura se reprendre), à des « aisés », taxant les produits et leur circulation, et pourtant accumulant les emprunts aux banquiers italiens, allemands, au Pape, sur les foires de Lyon, auprès de marchands rouennais ou parisiens, puis à des groupes de financiers français.

Ces emprunts incessants fournissent la clé pour comprendre cette monarchie, son endettement, ses jérémiades et ses succès. Les prêteurs n'avancent pas leurs amas d'or et d'argent (représentés ou non par du papier) sans prendre de sûres garanties (parfois pourtant écornées par une dévaluation ou une petite banqueroute...) ; elles ne sont autres que les impôts et taxes à venir, donc la fortune du royaume. De même que le roi de France manie deux fois plus d'or et d'argent que le roi d'Espagne et des Indes, le royaume de France, y compris durant les temps maudits de la Ligue, demeure le plus puissant et le plus riche de toute la Chrétienté. Il le prouve notamment en rétablissant très vite ses finances après la Guerre (et diverses manipulations) : en dix ans, Sully mit « de côté », à la Bastille, un trésor de plus de 13 millions. Il le prouve aussi en finançant sans barguigner la seconde Renaissance.

La seconde Renaissance.

De nombreux ouvrages, souvent remarquables ou splendides, lui ont été consacrés. Rappelons simplement qu'on passe alors de l'italianisme raffiné du décor, de l'ameublement et même de la poésie à un style plus solide, plus proche de l'antique, déjà « classique » en somme : beaucoup de colonnes, de pilastres, d'ordres superposés, de frontons, d'attributs militaires romains ou de draperies « coulantes » à la grecque, en attendant qu'on plaque franchement sur des façades d'églises antérieures des sortes de portiques qu'on appellera bientôt « jésuites » ou « baroques », termes plus qu'à demi impropres d'ailleurs.

Malgré les guerres et après elles, le mécénat royal, seigneurial et bourgeois ne s'est pas interrompu. Ainsi Henri IV fit agrandir à la fois le Louvre (reprise des projets de la grande Catherine), Fontainebleau et Saint-Germain, achever le Pont-Neuf, commencer la Place Royale, achever la place Dauphine et l'Hôpital Saint-Louis ; plus toutes les demeures provinciales, réédifiées ou remises au goût du jour. Un peu partout, avec Bontemps, Goujon ou Pilon, qui déjà avaient accompli « le voyage d'Italie », la statuaire et le bas-relief déployaient des fastes à la romaine, ou des grâces helléniques.

Tous ces gens travaillaient pour des mécènes riches et puissants. Sans leur protection, presque aucun des écrivains du temps n'auraient pu accéder à la renommée immédiate. Malgré la survie de Ronsard (mort en 1585), la brillante génération de la Pléiade avait disparu, même Rabelais, mort avant Henri II... Moins connues, les lettres de la fin du siècle s'orientent vers les genres « sérieux », tragédie, essais politiques ou juridiques, mémoires, théologie ; inclassable cependant, le plus grand de tous, dont la seule œuvre fut pourtant un triomphe (Les *Essais*, 1580), Michel Eyquem, sieur de Montaigne, qui fut à la pensée ce qu'Henri IV fut à la politique, et peut-être plus encore.

VII

Du bon roy Henry
au roi Soleil

(1598-1661)

Le véritable XVIIe siècle ayant duré de 1601 à 1700, le règne personnel du « Grand Roi » n'en occupe que les quarante dernières années. Pour les précédentes, en somme majoritaires, on a proposé le nom d' « Age Baroque » ou de « Premier XVIIe siècle », ce qui paraît ou trop limité, ou simpliste. Au-delà des étiquettes, l'important est de connaître et de comprendre ces six premières décennies, et de saisir à quel point elles ressemblèrent peu aux suivantes, dont elles ont pourtant permis la grandeur tant célébrée.

Le roi Henri tué, et Sully disgracié, deux grands cardinaux-ministres, un Poitevin, un Romain, dominent de leur égale stature (les différences étant plus voyantes que profondes) toute l'histoire du royaume de France. Deux conflits fondamentaux ont radicalement modifié cette histoire : une longue guerre internationale (1635-1659) et un complexe de révoltes intérieures, exagérées lors des Frondes (1648-1653) durant lesquelles les habituelles trahisons et félonies de la grande noblesse ont pu se donner cours une nouvelle fois, la dernière.

Pendant ce temps, l'élite de la culture pouvait se délecter (ou non) de quatre véritables naissances : le classicisme, le jansénisme, le cartésianisme, l'esprit scientifique. Quant au petit peuple, malgré des malheurs quasi rituels (épidémies, chertés, violences), il semble bien avoir connu, au moins dans les trois premières décennies, une période particulièrement aisée et féconde, avant que de graves fléaux ne s'abattent sur une partie des provinces, dès 1626-1627 avec de fortes pestes, à partir de 1635 avec la guerre, le triplement des impôts et les révoltes qu'il provoqua ; le tout exagéré jusqu'à l'insupportable aux tristes temps des Frondes.

A vrai dire, les « années tournantes » de cette période passionnante se situent vers 1635 et, comme bien souvent, la guerre constitue le facteur essentiel d'explication. Il convient pourtant de remonter plus haut pour comprendre l'évolution de ce puissant royaume que menaçaient encore tant de dangers.

Une brève Renaissance :
l'œuvre attribuée à Sully (1598-1610)

Après ses longues luttes, Henri IV avait pris possession de la plénitude de sa fonction royale. Autour de lui, durant une douzaine d'années, une petite équipe de moins de dix conseillers, de laquelle émergea assez tard son vieux compagnon d'armes Rosny, qu'il fit duc de Sully, entreprit de remettre dans le royaume ordre et prospérité.

Le simple fait de la paix suffisait pour que reprenne rapidement le travail des champs, des bois, des villes et des ports, que vint épauler vigoureusement une remontée démographique qui éclate à la simple lecture des registres de baptêmes, assez bien conservés. Terrien d'inclination et « Grand Voyer de France », Sully sut favoriser ce retour à la prospérité : outre le succès de l'admirable livre du protestant cévenol Olivier de Serres (*Théâtre d'Agriculture et mesnage des champs*, 1600), qu'il fit lire au roi et aux grands propriétaires fonciers, il sut aussi abaisser le montant des tailles, remettre une partie des arrérages, démarrer la « poldérisation » des marais de basse-Seine, de Poitou, d'Aunis, de Gironde, et favoriser étonnamment ce que nous appelons les Ponts et Chaussées : des routes refaites ou franchement ouvertes (du Poitou au Berry notamment), avec les fameux ormes qui les délimitaient ; de nombreux ponts édifiés comme des œuvres d'art

(Pont-Neuf, Châtellerault)... Pour favoriser les « chemins qui marchent », les moins coûteux, il reprit l'œuvre séculaire des « turcies et levées » pour contenir une Loire capricieuse et très naviguée, et fit démarrer les indispensables travaux du canal de Briare qui joignait les deux grands fleuves : les trois quarts étaient terminés en 1610.

Sur le plan que nous appellerions industriel, son coreligionnaire et rival Laffemas poussait à l'établissement des maîtrises et jurandes (plus tard appelées corporations) pour assurer la qualité des ouvrages ; il protégeait aussi de grands entrepreneurs à Nevers, Gien et Bourges pour la métallurgie et les étoffes, à Paris pour les cristalleries, satins, soieries et tapisseries de luxe (Gobelins, Savonnerie), tandis que dans la grande galerie du Louvre s'installait l'artisanat de qualité.

Sully préparait aussi les victoires futures : à l'Arsenal, un ensemble d'ateliers et de magasins conservait un stock permanent d'au moins 50 canons prêts à servir ; en province il expédiait des sortes d'inspecteurs des forêts et des fonderies ; il s'occupait de la construction de galères en Méditerranée, et de l'ensemble des fortifications d'Amiens à Metz et Saint-Tropez ; face à la Gironde, il faisait terminer le phare de Cordouan ; et il encourageait Champlain lors de ses premiers voyages au Canada (1603, 1608 : Québec). Richelieu, Colbert et Vauban sont déjà préfigurés... Restait aussi à payer tout cela.

Pour éponger une dette de 60 millions de livres environ, et un considérable désordre financier, tous les procédés furent bons, de la brutalité à la banqueroute partielle. Les détails sont bien compliqués, mais enfin la monnaie fut stabilisée en 1602, le loyer de l'argent l'année précédente (de 8 à 10 % à 6,33) et en 1610 Sully avait accumulé une réserve métallique proche de 14 millions.

Dans l'intervalle avait été résolue, difficilement, une question fort grave : les officiers du roi, qui avaient acheté le droit de rendre la justice ou de percevoir les impôts en son nom, ne pouvaient léguer leurs offices qu'à certaines conditions, notamment plus de 40 jours avant leur décès. Pour obtenir la permission absolue de transmettre leurs offices librement, Sully leur fit payer une sorte de droit annuel d'assurance, égal au soixantième de la valeur de leurs charges, qui prit le nom de « paulette » parce que le financier qui le conçut s'appelait Paulet. Une sorte de caste héréditaire était née, puissante, orgueilleuse, assez facilement anoblie, que les gentilshommes méprisaient et enviaient à la fois, et qui causa quelques ennuis aux rois suivants.

Pour parer à la puissance ainsi renforcée des « compagnies » d'officiers, le gouvernement réutilisa, sur une plus large échelle et plus systématiquement, ces « commissaires » ou « intendants », émanation de la volonté royale, qu'on trouve alors en Picardie, Normandie, Guyenne, et à Lyon de manière permanente ; par la suite, le système devint l'un des rouages essentiels du royaume.

De cette action brève — 12 ans ! — et bénéfique, date aussi la renaissance de Paris. La brillante capitale des premiers Capétiens, avec leur palais de la Cité puis le Louvre de Charles V, avait connu des épreuves et des éclipses : les rois des xve et xvie siècles lui avaient visiblement préféré le val de Loire, et la Ligue l'avait laissée appauvrie et en partie dépeuplée. Or, Henri IV, sa famille, sa Cour et son Conseil s'y installèrent franchement, l'hiver au Louvre agrandi, l'été à Saint-Germain ou Fontainebleau profondément transformés. Tombée peut-être à 200 000 habitants, la population doubla en un demi-siècle, tandis que s'y multipliaient boutiques, ateliers, constructions et reconstructions. En outre un véritable et intelligent urbanisme y acheva, y améliora, y projeta des ponts, des places (Royale, Dauphine), des hôpitaux (Saint-Louis) et ressuscita le vieil aqueduc de Rungis.

S'il évita sans doute une guerre et peut-être un monarque vieillissant mal, le couteau de Ravaillac trancha net cette brillante renaissance politique, et fit tomber le royaume en d' « étranges mains » (Sully).

UN LONG INTERMÈDE :
LOUIS XIII SANS RICHELIEU (1610-1624)

Durant ces trois lustres, de vastes problèmes se posent à l'Europe et au Monde : grand commerce colonial et ses conflits, avec l'émergence de la Hollande, affrontements religieux (surtout dans l'Empire) ; renaissance de la mystique chrétienne avec des Ordres nouveaux, débuts assurés d'une pensée rationnelle et scientifique, prépondérance des grandes monarchies catholiques disputée par les puis sances maritimes et protestantes... Face à tout cela qui est grand, le royaume de France d'où Sully vient d'être congédié s'empêtre dans le subalterne.

Sacrée la veille de l'assassinat du roi, revêtue de la Régence avec pleins pouvoirs par le Parlement de Paris (qui monnaiera cette manière d'investiture), la reine Marie de Médicis allait donc gouverner à la place du roi de neuf ans, cet aîné difficile qu'elle aimait peu et ne se souciait pas de comprendre. Aux difficultés inhérentes à toute régence (qui en France n'est pas un « règne plein », disent les juristes) s'ajoutait l'évidente incompétence de la Reine. Dominée par une habile suivante florentine, la Galigaï, qui avait épousé un bellâtre prétentieux et avide, Concini, elle leur donna tout pouvoir ; ils l'utilisèrent à s'enrichir, et à commettre quelques gaffes. Agé de seize ans, Louis XIII excédé et humilié fit assassiner « Conchine » (que le peuple parisien dépeça), exécuter la Galigaï comme sorcière, et pria sa mère de s'éloigner un moment de la Cour. Pris d'affection pour son dresseur d'oiseaux de chasse, d'Albert de Luynes, Louis XIII lui délégua pratiquement tous pouvoirs, jusqu'à sa mort (naturelle) en 1621. Puis, pendant près de trois années, ce roi qui venait d'avoir vingt ans hésita avant d'appeler au ministère Armand du Plessis, cardinal de Richelieu, dont l'arrivisme trop ondoyant l'avait longtemps retenu, mais dont l'évident génie le décida heureusement. Une nou-velle période allait commencer. Qu'en avait-il été des trois premiers lustres du règne ?

La Régente, sa bande et la noblesse la plus huppée avaient d'abord confisqué, puis dissipé les millions de Sully. Cette performance accomplie, les révoltes nobi-liaires avaient commencé : elles cessaient pour de l'argent. Celui-ci s'épuisant, on en vint à réunir des Etats Géné-raux, les avant-derniers, en 1614. Les trois ordres s'oppo-sèrent, et leurs orateurs prononcèrent de beaux discours : le plus remarqué fut celui du jeune évêque de Luçon, qui frétillait alors dans l'entourage de la Reine Mère ; puis tout ce beau monde fut congédié. « Conchine » éliminé, la mère et le fils se firent quelque peu la guerre, soutenus l'un et l'autre par un parti (variable) de grands seigneurs.

En 1615, on avait fait épouser au Roi une infante d'Es
pagne ; inquiets de ce rapprochement des deux grands
royaumes catholiques, les protestants s'organisaient et
s'armaient un peu partout. Dans un premier temps,
Louis XIII et son fauconnier allèrent en Béarn pour y
rétablir le culte catholique ; puis ils furent obligés de
guerroyer contre les huguenots soulevés dans le Sud-
Ouest. Promu connétable, Luynes ne brilla guère et
mourut, malade, en 1621. Du coup, Louis XIII se réconcilia avec sa mère, qui ramena son protégé Richelieu parmi
son train. Depuis plus de dix ans, partis, factions, religions
se querellaient et s'entrebattaient. Face aux grands problèmes européens, les positions avaient été fluctuantes,
bien qu'habituellement favorables à l'Espagne ultracatholique. Près de quinze années s'étaient abîmées dans le
gâchis, le gaspillage et la médiocrité. C'est alors que Louis
XIII acheva, fort heureusement pour son royaume, de
trouver sa personnalité. Pour l'assumer vraiment, il lui
fallut six années, capitales : 1624-1630.

1624-1630 : LES CHOIX DÉCISIFS

Dans ces quelques années se détermina (sans qu'on ait
pu s'en rendre compte) le destin européen de la France du
XVIIe siècle, puisqu'enfin Louis XIII choisit Richelieu, qui
distingua Mazarin, qui légua à Louis XIV ses meilleurs
collaborateurs qui, avec leur progéniture, couvrirent tout
le « Grand Règne ».

Ce « couple » exceptionnel, Roi et Cardinal, paraît
désormais fort bien connu. Du caractère du Roi, dont les
traits privés peuvent fasciner — élevé à la dure, mal aimé
de sa mère, de son frère, de sa femme, perpétuel malade
dont on s'étonne qu'il ait vécu 42 ans, sportif, chaste,
sentimental, exigeant —, il convient de retenir surtout son
implacable autorité, la dureté de sa justice et son goût
profond pour l'atmosphère des camps et des combats.
Richelieu a été glorifié par des centaines d'ouvrages ; son
génie politique éclate assurément, avec cet art suprême
d'aller presque toujours à l'essentiel, et de s'y tenir ; le
plus remarquable pourtant de cet esprit aigu et autoritaire
fut l'art de connaître les hommes, et singulièrement la

psychopathologie de son roi, sans l'accord de qui il ne pouvait rien, contrairement à la légende propagée par les romantiques, Dumas ou Hugo. Ces deux grands esprits convinrent ensemble d'une ligne politique que le Cardinal résuma plus tard en trois points : ruiner le « parti huguenot » en tant que puissance politique et militaire, « rabaisser l'orgueil des Grands » qui prétendaient gouverner la plupart des provinces et jouer dans l'Etat un rôle qui ne leur appartenait pas, et « relever le nom du Roi dans les nations étrangères », en s'opposant principalement à la plus puissante, l'Espagne.

La liquidation des protestants en tant que parti politique et puissance militaire fut achevée relativement vite. Après des épisodes guerriers dont les deux principaux furent le difficile siège de La Rochelle (1628) que les Anglais tentèrent en vain de faire lever, puis la lutte en Languedoc contre Rohan, gendre de Sully, un « Edit de Grâce » signé en 1629 à Alès fut accordé aux protestants épuisés. La liberté de concience et de culte leur fut formellement reconnue, mais toute leur organisation politico-militaire (assemblées, places de sûreté) fut supprimée. Ces dispositions sages procurèrent aux Réformés et à l'Etat quarante années de tranquillité.

La lutte contre les « Grands », dont beaucoup ne cessèrent de désobéir, de comploter, de se révolter, fut à la fois permanente, brutale et sans résultats décisifs. Le comte de Chalais (1626), le maréchal de Marillac (1632), le duc de Montmorency, l'imprudent et trop séduisant Cinq-Mars (1642) et quelques autres furent bien décapités. Vainement, puisque les complots ne cessèrent pas après la mort du Cardinal et du Roi. Vainement aussi parce que toutes ces intrigues s'ourdissaient dans la famille royale : Gaston d'Orléans, héritier du trône jusqu'à la naissance inattendue du dauphin Louis (1638), Anne d'Autriche peu attachée à son mari et longtemps plus espagnole que française, la Reine Mère enfin, tous ont plusieurs fois connu, favorisé les intrigues, les complots et les ingérences espagnoles.

Avec Marie de Médicis, vaniteuse, autoritaire, jalouse du Cardinal et assez sotte, la crise éclata en novembre 1630. Après avoir fait à son fils une scène terrible, elle parut obtenir le renvoi du Cardinal : du coup, toute la

Cour abandonna ce dernier et accourut vers elle. Mais Louis XIII se reprit vite, et rendit toute sa confiance à Richelieu. On appela ces deux revirements la « journée des dupes », et la Reine Mère fut contrainte à l'exil, pour toujours.

En fait, il ne s'agissait pas d'un simple conflit de famille et de Cour, mais de l'orientation à long terme de la politique française.

Tout un parti, dont les champions apparents étaient les frères de Marillac — un chancelier, un maréchal — militait en faveur de réformes profondes à l'intérieur du royaume et apparemment de l'allégement des impôts ; ce qui supposait la paix à l'extérieur, donc la non-intervention dans la guerre commencée en 1618 entre des princes surtout protestants et l'Empereur, soutenu par son cousin d'Espagne ; en clair, et c'était la clé de tout, l'alliance inconditionnelle avec l'Europe catholique, donc espagnole. Contre le « parti dévôt », Richelieu et les « bons Français » soutenaient que la tâche urgente consistait à « arrêter les progrès d'Espagne », qui de fait encerclait vraiment le royaume avec ses possessions méditerranéennes, italiennes (le Milanais), franc-comtoises et « belges », et le droit de passage par diverses routes alpines, suisses, lorraines. Pour desserrer l'étau, il fallait agir sur ces liaisons, et inévitablement s'allier aux adversaires de l'Espagne (où régnait le frère de la reine Anne), presque fatalement protestants, d'Allemagne, de Hollande ou du « Nord » (Scandinavie) ; ce qui faisait hurler les « dévôts » anciens et nouveaux, qui soutenaient que le catholicisme passait avant la raison d'Etat. Louis XIII et Richelieu (pourtant cardinal !) pensaient exactement le contraire, et le montrèrent clairement : d'abord en soutenant de leurs subsides les ennemis protestants de l'Empereur catholique — allemands, danois, suédois — puis en finissant par entrer eux-mêmes dans le conflit européen. Cette grande décision, implicitement contenue dans la « Journée » de 1630, mit cinq années à mûrir, durant lesquelles il fallut combattre sans arrêt intrigues et complots. Cette date de 1635 a déterminé presque tout le xviie siècle français.

LE « TOURNANT » DE 1635 : LE CHOIX DE LA GUERRE

Soigneusement préparée diplomatiquement et militairement, la guerre fut donc déclarée à l'Espagne, principal soutien de l'autoritaire Empereur catholique ; mais l'alliance française avec les princes protestants allemands (et la Suède, et la Hollande) montrait bien que les deux Habsbourg étaient visés. Des Pyrénées aux Flandres en passant par l'Italie, la Franche-Comté, la Lorraine et les Etats voisins, les théâtres de guerre furent nombreux. Les débuts, difficiles, furent marqués par une double invasion, en Bourgogne et en Picardie ; Saint-Jean-de-Losne tint, mais la chute de Corbie (1636) et l'arrivée de cavaliers espagnols jusqu'à Pontoise provoquèrent un début de panique à Paris, qui se ressaisit vite, le Roi et le Cardinal montrant l'exemple et de nombreux volontaires s'engageant dans l'armée. Les trois premières années ne furent nulle part vraiment victorieuses, puis le sort des armes parut tourner vers 1639-1640. Les régiments du roi s'installèrent en Lorraine et Alsace, coupant ainsi les liaisons des armées adverses ; puis en Artois où Arras fut repris ; enfin plus au Sud jusqu'à Barcelone, profitant des difficultés intérieures de la monarchie espagnole, qui dut lutter en même temps contre la révolte du Portugal jadis annexé par Philippe II et celle de la Catalogne (1640), toutes deux soutenues naturellement par la France. Quand moururent Richelieu (fin 1642) et Louis XIII (cinq mois après), ils purent croire qu'une paix victorieuse serait bientôt signée, d'autant que les négociations avaient déjà été ouvertes dans deux villes de Westphalie entre la totalité des belligérants. On pouvait y croire encore plus après la retentissante victoire sur la « fameuse infanterie espagnole » du jeune duc d'Enghien, à Rocroi, au cinquième jour du règne de Louis XIV. Il fallut pourtant attendre seize années encore pour célébrer la paix générale, à la suite de difficultés nombreuses et graves.

Cette longue et dure guerre marque profondément le quart de siècle 1635-1659.

Le poids de la guerre.

Mener des combats sur presque toutes les frontières contre des ennemis nombreux et puissants — l'armée espagnole était alors considérée comme la meilleure d'Europe — requérait des effectifs considérables (pour la première fois fut largement dépassée la centaine de milliers d'hommes), un armement et des équipages, voire quelques vaisseaux et galères neufs, comme on n'en avait jamais vu. Tout ce matériel s'épuisant vite, il fallait le renouveler. On trouvait avec assez d'aisance soldats et mercenaires de toutes langues, et des munitions. La difficulté consistait à les payer, *condottiere,* chefs de bandes et munitionnaires ne se contentant pas de bonnes paroles et de promesses, même écrites. Bref, la guerre se ramenait une fois encore à une affaire d'argent.

Bien sûr on pouvait emprunter, et l'on ne s'en priva guère. Mais les prêteurs, souvent italiens mais aussi français, demandaient des gages solides ; comme d'habitude, ceux-ci ne pouvaient se trouver qu'en la substance même du royaume, sa production et sa richesse. Autant dire que tout se ramenait à l'impôt, présent ou futur.

Les contribuables du temps eurent tout le loisir de s'en apercevoir. Entre 1635 et 1638, le montant global des impôts, tailles, aides, traites, gabelles et tout le reste, fut multiplié par un coefficient compris entre 2,5 et 3. De pareilles exigences furent mal supportées. Depuis 1630 environ, on avait pris, dans une ville ou un canton, l'habitude de protester et même de se révolter contre une taxe jugée exorbitante, ou perçue de manière brutale, ou inhabituelle. Ce fut bien autre chose à partir de 1635 : des provinces entières se soulevèrent des mois durant, surtout le Midi, le Sud-Ouest, l'Ouest. Contre les Périgourdins et leurs voisins en 1636-1637 comme contre les « Nus-Pieds » normands en 1639-1640, il fallut envoyer la troupe, former des tribunaux extraordinaires et dépêcher des commis fidèles et durs pourvus de pleins pouvoirs, comme Séguier en Normandie. Les petites gens mutinés, que gênaient aussi de mauvaises récoltes et des épidémies, supportaient au moins aussi mal la « nouvelleté » des impôts et des percepteurs que l'accroissement de leurs charges ; mais leurs mouvements ne surent jamais persévérer, s'organiser (malgré quelques nobliaux chefs de bande) ni se fédérer. De son côté, le Roi, médiocrement gêné sauf deux ou trois exceptions, profitait en quelque sorte de ces « émotions » (mot du temps) pour établir et pérenniser le système des « intendants de police, justice et finances » : une création assez ancienne, mais jamais encore systématisée ; il leur délégua même, peu après 1640, tout pouvoir financier dans les provinces (ce qui fit crier les compagnies d'officiers possesseurs de leurs charges, et donc abaissés). En somme, le désordre avait contribué à renforcer l'autorité.

Cela dit, il convient d'insister sur trois faits importants.

Le premier, c'est que les sujets du roi souffrirent vraiment beaucoup, du moins en certaines provinces, de la conjonction de disettes, de pestes ou autres épidémies, de révoltes saccageuses, et plus encore des soldats eux-mêmes, surtout dans le Nord et l'Est (ce qu'illustra Callot).

Le deuxième, qui n'est pas le moins surprenant, ce fut que les Français payèrent effectivement la plus grande partie de ce qu'une fiscalité apparemment délirante leur demandait. Ce qui, une fois encore, milite en faveur de la profonde richesse d'un royaume, qui venait d'ailleurs de connaître trente années de paix.

Le troisième, c'est qu'après la mort de Louis XIII épuisé, juste 33 ans après son père, la guerre continua, les révoltes reprirent de plus belle (d'autant qu'une vieille croyance prétendait que l'impôt mourait avec le roi), les malheurs du peuple persistèrent aussi et parfois s'aggravèrent, tandis que la grande noblesse s'engageait dans de nouvelles intrigues, souvent ridicules, parfois dangereuses, voire criminelles.

Il est vrai que le royaume était retombé dans une nouvelle Régence.

UN NOUVEAU GOUVERNEMENT BICÉPHALE : ANNE D'AUTRICHE ET MAZARIN (1643-1661)

Ce couple évidemment singulier a beaucoup retenu l'attention des historiens, et plus encore des romanciers. On a beaucoup discuté la nature de leurs relations, pour le moins une profonde affection de quadragénaires, surtout une confiance absolue, le seul fait qui réellement importe.

L'ancienne infante d'Espagne, étourdie, maladroite, mal entourée, plus dévouée à son frère qu'à un mari peu agréable, s'était muée en une mère d'enfant-roi consciente de ses devoirs et de son autorité, et qui avait mûri d'un coup. Le cardinal, élevé dans l'atmosphère romaine et l'entourage pontifical, avait été distingué entre cent par Richelieu, ce qui est tout dire : la même politique, la même énergie pour aboutir, au moins autant de finesse et bien plus de dissimulation et de patience, que les circonstances lui imposaient d'ailleurs. Mais il est vrai que son extrême souplesse, son mauvais français et son incroyable avidité purent indisposer ceux qui l'approchèrent. De toute manière son rôle était ingrat, et il lui fallait jouer (admirablement) le rôle de bouc émissaire, afin de gagner la guerre et de laisser à son roi et filleul un trône puissant.

Contre ce couple tout se ligua (heureusement, dans le désordre) : parlementaires désireux de jouer un grand rôle, d'évincer leurs rivaux les Intendants et de ne pas payer le moindre impôt ; jansénistes et dévôts patelins qui intriguaient en sous-main pour le vrai Roi Catholique, l'Espagnol ; belles dames et grands seigneurs avides d'aventures, d'influence, de pensions et n'hésitant pas à faire succéder la révolte armée, voire la félonie, aux intrigues entrecroisées ; peuples souvent pressurés, pillés par les soldats, blessés par de très mauvaises récoltes comme celles de 1649 et de 1652. Rien ne fut épargné à ceux qui avaient charge d'un royaume en guerre avec la moitié de l'Europe.

Après cent difficultés — avec les nobles, le Parlement —, Paris se couvrit soudain de barricades en août 1648, pour la première fois depuis la Ligue ; pour les lever, la Reine dut consentir, pleurant de rage, à faire relâcher un vieux parlementaire populaire et factieux qu'on venait d'arrêter, Broussel. Quelques mois plus tard, appuyée alors par Condé tout auréolé de sa nouvelle victoire à Lens, elle prit sa revanche en imposant à une capitale pleine d'intrigants un siège en règle qui suivit son départ nocturne pour Saint-Germain (janvier-mars 1649). Parlementaires, bourgeois, dévôts et grands seigneurs persistant à comploter à qui mieux mieux (et toujours dans le désordre) Mazarin fit arrêter soudain, en janvier 1650, l'ambitieux Condé, son frère Conti, son beau-frère Longueville : immédiatement, les provinces « condéennes » s'enflammèrent. Pendant deux ans, au milieu de l'anarchie, Mazarin louvoiera, enverra le jeune Roi et la Régente recueillir les hommages (et les subsides) de provinces fidèles, ou qui le redeviendraient à leur approche, s'exilera un moment hors de France après avoir délivré les trois Princes, s'attachera à brouiller ensemble les divers frondeurs, et finira par provoquer le départ et la trahison de Condé (le seul réellement dangereux) en exploitant son absence injustifiable lors de la proclamation de la majorité légale du roi en septembre 1651. La dernière année fut la plus dure, l'invasion étrangère (jusqu'aux portes de la capitale) s'ajoutant à la guerre civile (Turenne contre Condé, deuxième siège de Paris) et aux calamités naturelles (disettes et pestes à leur apogée). Les Parisiens divisés et matés finirent par acclamer le retour du roi adolescent et de sa mère, et Mazarin lui-même, tant vilipendé la veille, lorsqu'il revint de son second et volontaire exil. Il s'appliqua à pardonner à presque tous les ex-frondeurs, en leur distribuant de l'ar gent, vieille tradition...

Cet épisode burlesque, souvent odieux et parfois tragique, marque en quelque sorte la fin d'un monde : jamais plus, du moins pour un siècle et demi, la noblesse ni les Parlements ni Paris ne se soulèveront, sauf épisodes insignifiants.

Au milieu de toutes ces difficultés, et de quelques autres, Mazarin avait poursuivi guerre et diplomatie. En octobre 1648, sans que personne en France ne s'en aperçoive, il avait signé la paix de Westphalie, qui donnait au roi la plus grande partie de l'Alsace, moins Strasbourg, et consacrait à la fois l'extrême division de l'Empire et l'impuissance de l'Empereur. Restait l'Espagne qui, venant de reconnaître enfin l'indépendance hollandaise, concentrait ses forces sur la France seule, et divisée. Suivirent dix années de luttes pénibles, où l'on vit Turenne et le général « espagnol » Condé se combattre, le Cardinal appeler à l'aide Cromwell, chef d'une république protestantiste, en lui offrant Dunkerque comme salaire, et le jeune Roi participer bravement au combat. La victoire des

Dunes (1658) décida Philippe IV à traiter, ce qui fut fait l'année suivante dans une petite île de la Bidassoa, à cheval sur la frontière. Par cette paix des Pyrénées, la France annexait Roussillon, Cerdagne, Artois et quelques places du Nord ; Condé obtenait difficilement un pardon peu mérité ; et le mariage de Louis XIV avec l'infante aînée Marie-Thérèse fut décidé ; une dot de 500 000 écus d'or, qui ne fut jamais payée, garantissait la renonciation du jeune couple royal à la couronne d'Espagne, suprême habileté dont on reparlera.

Les historiens ont coutume de dire que de ces deux traités date la prépondérance française en Europe (et l'usage de notre langue dans leur rédaction, à la place du latin). On ne remarque jamais assez que les deux sont dus au génie de Mazarin, sans doute continuateur du « grand Cardinal » ; mais que fût devenue la politique de Richelieu sans l'action inlassable de son disciple préféré ? Il n'y eut pas un « grand Cardinal », mais deux.

Louis XIV, qui piaffait quelque peu en sa vingt-deuxième année, pouvait venir : son règne avait été bien préparé.

VIII

Les belles saisons
du grand règne
(1661-1688)

Juridiquement roi depuis le décès de son père en mai 1643, le petit Louis-Dieudonné avait passé sa jeunesse et son adolescence sous la houlette d'une mère et d'un parrain qu'il respectait et sans doute aimait profondément. Il avait 22 ans accomplis quand mourut Mazarin, qu'il n'avait jamais songé à gêner, et forcément des projets : celui de régner lui-même et de demeurer partout le maître résumait tous les autres. Enfant et jeune homme, il paraissait comme endormi, et peu capable de profiter de leçons il est vrai inattendues, comme celle du penseur libertin La Mothe Le Vayer ; même le grand Condé (qui changea) le jugeait alors avec un certain mépris. Il fallut en effet attendre sa quinzième année pour le voir essayer ses premiers « coups de maître », arrestation inopinée de Retz l'ex-frondeur, harangue rude aux parlementaires parisiens, et combattre l'Espagne dans le Nord avec une ardeur téméraire. En réalité, un couple et une crise l'avaient profondément marqué.

De sa mère, il avait appris la tenue, l'exacte dévotion, la courtoisie, la nécessité d'une Cour stylée à l'espagnole, et probablement le sens de la majesté et de la grandeur, inné aussi sans doute. Du grand Cardinal il avait appris, d'abord silencieux durant le Conseil, puis par des entretiens privés, l'Europe, les Cours, les intrigues, le sens de l'Etat, le sens du temps qui s'écoule et la connaissance approfondie des hommes, à peu près tous à vendre, princes compris. De la Fronde avec ses humiliations, ses départs inopinés, ses voyages et ses résidences inconfortables ou honteuses, il a sans nul doute énormément souffert, et s'en souvint toujours. Il s'est toujours méfié de Paris qu'il a quitté, de la grande noblesse qu'il a domestiquée, des parlementaires qu'il a méprisés, des provinces revendicatrices qu'il a matées, des vagues tendances réformatrices qu'il a rejetées, et même des dévôts, jansénistes ou non, qu'il a durement écartés durant une dizaine d'années.

Ce jeune roi décidé avait aussi la chance de posséder une santé à toute épreuve, dont quatre générations de médecins ignares ne purent venir à bout, et de régner aussi magnifiquement à la chasse, à la danse, à table et au lit qu'à la Cour et au Conseil. Par surcroît, Mazarin lui avait considérablement facilité la tâche en lui léguant, d'une part, la paix dans toute l'Europe ; de l'autre, une brochette de serviteurs dévoués et capables : le brillant Lionne aux « Etrangers », le solide Le Tellier puis son fils Louvois à la Guerre, et le séduisant Fouquet vite éliminé par l'ambitieuse jalousie de Colbert. Aux uns et aux autres succédèrent leurs fils et leurs parents, et tout un « lobby » familial les entoura. De toute manière, le Roi restait le maître et tenait de court tout ce monde récemment anobli, travailleur, efficace, et modérément honnête.

Les difficultés réelles venaient d'un certain désordre, qui « régnait partout », affirme le Roi au début de ses brefs Mémoires. A vrai dire, on avait découvert, peu de temps auparavant, en Normandie notamment, quelques complots nobiliaires ; des provinces et des grandes villes (Marseille, Bordeaux) s'agitaient quelque peu ; les révoltes paysannes, généralement antifiscales, venaient de remuer la Sologne, et d'autres allaient jaillir en Boulonnais, Béarn, Vivarais. L'essentiel désordre gisait cependant dans l'administration générale du royaume, financière spécialement, qui avait souffert des querelles entre officiers et intendants, entre ministres aussi, bref d'une improvisation fréquente relevée de tripatouillages accentués.

Malgré ces nuages, qu'on allait s'appliquer à dissiper, le printemps du règne pouvait commencer.

PRINTEMPS (1661-1672)

La postérité a retenu des premiers lustres de ce qu'on appellera bien plus tard le « grand règne » une image presque uniformément splendide. Il faut pourtant se résigner à ne pas oublier que ce règne débuta par une épouvantable famine dans la moitié Nord du royaume, que des révoltes paysannes et provinciales éclatèrent çà et là jusqu'en 1675, date à laquelle Madame de Sévigné signale les pendus de Bretagne, et que le Roi ne s'installa dans Versailles inachevé qu'en 1682, à un moment où presque tous les grands « classiques » étaient morts, vieillis, silencieux ou asservis.

Cela dit, qui appartient aussi à la vérité historique, il est hors de doute que ce début de règne offre des aspects à la fois brillants, solides et neufs. La Cour, qui chevauche de Fontainebleau à Saint-Germain et campe parfois au Louvre, n'a jamais été si jeune, si gaie, si galante et si dansante. La vertu n'y règne point, et les dévôts dont le jeune Roi a appris à se méfier (il oubliera) en sont bannis.

Tous les matins pourtant, souvent dès l'aube, le Roi réunit son Conseil Étroit : trois ou quatre hommes, ni sa mère, ni son frère, ni un évêque, ni un militaire ; après avoir écouté, il prend ses décisions personnelles. D'autres fois, il travaille en tête-à-tête avec un commis (ce mot, alors plein de grandeur, s'appliquait à Colbert et à quelques autres). Rien d'important n'est signé par un Secrétaire d'Etat (il en existait habituellement quatre) sans qu'il l'ait vu. Il s'agit vraiment du gouvernement d'un seul, au demeurant très gros travailleur, et attentif à ses informateurs.

Douze années de paix (la guerre dite de Dévolution, 1667-1668, se ramène à deux brèves campagnes, qui rapportèrent Lille et onze villes flamandes) ont permis enfin une véritable remise en ordre, qui n'avait pas été possible depuis Sully. Sous la rude poigne de Colbert, les dettes de l'Etat furent allégées, et parfois simplement supprimées, les revenus du Roi mieux perçus, les impôts mieux réglés (les « directs » adoucis, mais les « indirects » accrus). Le domaine royal est récupéré et remis en valeur, le roi supplié de contrôler ses dépenses, ce qu'il fera quelque temps, et l'équilibre financier enfin réalisé (il ne durera pas). Le même homme, aidé de tout un cénacle d'administrateurs et de juristes souvent apparentés, dote le royaume d'une série de Codes (civil, criminel, forestier, commercial, maritime, colonial...) le plus souvent synthèses solides de dispositions anciennes, dont quelques articles (forêt, mer) nous régissent encore. Son application méthodique et assez lourde vise essentiellement à assurer la grandeur de l'Etat, donc du Roi, et l'obéissance si possible absolue des sujets, dont le provincialisme inné devra être remplacé par ce centralisme têtu et tatillon appelé à marquer durant trois siècles le visage de la seule France, devant ses voisins éberlués. Au demeurant, absolutisme « tempéré par la désobéissance », comme l'écrivait Lavisse vers 1900. Désobéissance ? plutôt passivité rusée ou simple ignorance, à doses variables.

Quoi qu'il en soit, le temps où Colbert et le vieux Le Tellier conseillaient le jeune roi est marqué à la fois par une volonté de « structuration » étatique et par une mise au pas des administrations provinciales et municipales. Les ordres royaux sont préparés à Paris par quelques dizaines de Conseillers d'Etat et de Maîtres des Requêtes (ceux-ci assistants et parents de ceux-là, qu'ils remplaceront). Ils parviennent aux provinces — fort lentement — par l'intermédiaire désormais obligatoire d'Intendants, hommes de confiance qui détenaient au nom du Roi presque tous les pouvoirs, s'ils parvenaient à les faire appliquer. Leurs successeurs, avec des noms changeants (préfets...) ont, avec superbe, traversé les siècles. Au printemps du règne, on n'en comptait pas trente, et les bureaux de chacun rassemblaient moins de dix personnes ; les subordonnés, « subdélégués » comme on disait, à peine moins rares, furent longtemps bénévoles. Mais les Intendants pouvaient toujours compter sur le Roi et à l'occasion sur l'armée ; au demeurant, une administration ne se juge pas au nombre de personnes qu'elle emploie à noircir du papier.

Ce début de sérieux dans la gestion provinciale s'accompagnait d'une brutale mise au pas de l'administration locale, les maires des villes importantes étant presque tous désignés par le Roi, et les finances municipales fortement assainies, et à l'occasion confisquées.

Au-delà de ce nécessaire nettoyage, Colbert et quelques autres nourrissaient de magnifiques projets qui visaient à faire de la France le pays le plus riche, le plus brillant et le plus puissant du monde, une sorte de nouvelle Rome et de nouvelle Athènes tout à la fois. C'était beaucoup. Homme à systèmes et à dossiers, donc agacé par l'agriculture dont l'irrégularité productrice le choquait, Colbert voulut, à coup de règlements, rendre l'industrie meilleure et plus compétitive, tout en fermant les frontières aux produits étrangers (tarif protectionniste de 1667), ce qui ne constituait pas la meilleure manière d'exporter les français. Durant quelques années, des régions manufacturières, surtout textiles (Nord, Nord-Ouest, Languedoc) reçurent une sorte de coup de fouet, favorisées qu'elles étaient par la paix régnante, le bas prix des denrées après 1663, et aussi par les subventions ministérielles. Celles-ci faisaient vivre les grandes « manufactures » royales et privilégiées, tapisserie, dentelles, verrerie, métallurgie, constructions navales ; pour ces dernières, on allait même jusqu'à acheter ou enlever les meilleurs artistes ou techniciens étrangers.

On doit souligner les efforts valeureux pour tenter de combler les retards considérables accumulés pour la marine et la colonisation, auxquelles Henri IV et Richelieu avaient beaucoup songé, sans pouvoir dépasser, occupés qu'ils étaient ailleurs, le stade des velléités et des tentatives.

Colbert subissait jusqu'à la rage l'obsession de la petite, calviniste, bourgeoise et richissime Hollande, qui possédait la première banque d'Europe (Amsterdam, 1609), une flotte de près de dix mille navires, bien plus de la moitié de l'armement mondial, des draperies (Leyde) et toileries (Harlem) qui surclassaient les autres, et cette Compagnie des Indes, installée presque partout et spécialement aux Iles de la Sonde et dans un comptoir japonais, qui distribuait à ses actionnaires un dividende annuel moyen de 25 %. Le modèle hollandais le hantait, et il résolut de l'imiter, voire de le surpasser. Il entreprit donc de construire une marine de guerre, dont les premiers vaisseaux connurent des déboires, si une seconde série réussit mieux (elle se battra bien après 1675).

A partir de 1664 furent fondées quatre grandes Compagnies de commerce ; pour les plus connues, Indes Orientales et Occidentales, le Roi et les Grands souscrivirent, et les officiers et marchands furent priés d'agir de même, ce qu'ils tardèrent à faire. Des amorces de colonies (Nouvelle-France, Antilles) dues en partie à l'initiative privée furent aidées, élargies, un peu peuplées ; d'anciens comptoirs en voie de renaissance (Sénégal, océan Indien, Inde) allaient pouvoir être utilisés par la poignée de vaisseaux affrétés par les Compagnies. Il se trouva que ces entreprises tournèrent assez mal, sans doute parce que les capitaux français se méfiaient des initiatives officielles, mais aussi parce que les Hollandais, autrement puissants, firent tout pour éliminer des rivaux à la fois présomptueux et dangereux. Déçu aussi sur le plan commercial — son protectionnisme exacerbé ayant naturellement engendré des protectionnismes adverses —, Colbert pensa, dit et écrivit que décidément la guerre seule pouvait venir à bout de l'insolence de ces affreux « Bataves », au demeurant dix fois moins nombreux que les Français.

Pour d'autres raisons, le Roi en était venu aux mêmes conclusions : le glorieux passage du Rhin était en vue....

Magnificence au-dehors.

Pour le Roi, pour la Cour brillante et festoyante, pour l'Europe étonnée aussi, le règne avait commencé dans la magnificence. D'une part, le carnaval des fêtes, des ballets, des chasses, des maîtresses, la splendeur des premières constructions, à Paris (portes Saint-Denis et Saint-Martin, Louvre), à Fontainebleau, Chambord et Saint-Germain (la terrasse) plus qu'à Versailles, lieu de fêtes alors en devenir. Mais aussi l'orgueilleuse affirmation par le monarque en personne de la totale prééminence de « sa Maison, dans le monde, sans exception », puisque l'Empereur n'est qu'éligible, ne possède comme résidence propre que l'« unique ville de Bamberg », et que d'ailleurs le seul Louis « descend de Charlemagne » (citations tirées de ses Mémoires pour 1661). Ces sincères affirmations aboutissaient à des cérémonies grandioses, les « audiences d'excuses » : pour Gênes d'abord, qui prétendait introduire au Louvre son représentant comme un ambassadeur royal ; pour l'Espagne ensuite, dont l'ambassadeur à

Londres avait eu le front de vouloir « marcher » devant le sien ; pour le légat pontifical aussi (avec érection d'une pyramide expiatoire à Rome), un garde du Pape ayant trucidé un page français lors d'une bagarre d'ivrognes. Plus sérieusement, le roi de France envoyait 6 000 hommes pour aider les Allemands à arrêter l'assaut des Turcs aux frontières du duché d'Autriche (1664), et les Portugais à se libérer enfin de presque un siècle de joug espagnol (victoire de Villaviciosa, 1665).

Déjà, l'Espagne l'occupait essentiellement. Son beau-père Philippe IV venant de mourir sans avoir versé la dot promise à la reine Marie-Thérèse au traité des Pyrénées, il se crut fondé à réclamer une part de la succession. Ses juristes ayant découvert un certain droit brabançon de « dévolution », ce nom fut donné à la guerre courte, mais pas toujours facile, que plusieurs armées soigneusement équipées et entraînées déclenchèrent en « Flandres » (actuelle Belgique) au printemps 1667, puis plus aisément en Franche-Comté, sous Condé. Inquiets de ces faits d'armes, une partie des Etats d'Europe, Hollande surtout, mirent sur pied une sorte de « Triple Alliance », à laquelle se joignit la Suède encore puissante, tandis que le duc de Lorraine et même l'Angleterre commençaient à s'armer. Sagement, Louis XIV résolut de traiter, ramassant douze villes flamandes, dont Lille, et sachant bien que la Comté tomberait bientôt. Tout le royaume chanta cette gloire et ces acquisitions. Il n'empêchait que le Roi avait reculé devant une coalition à demi formée, et qu'il gardait aux Hollandais, âmes de ce coup d'arrêt, une solide rancune qui, pour une fois, mettait pleinement d'accord Colbert et Louvois. Tout, désormais, allait s'orienter vers le châtiment des « marchands de fromages », des « crocheteurs de l'océan », comme on qualifiait ces républicains calvinistes qui, comme Josué, avaient effectivement « arrêté le Soleil », et songeaient à mettre en médaille cet exploit.

Après quatre ans d'une solide préparation, diplomatique, militaire et financière, Louis XIV envoya 120 000 hommes plus la flotte anglaise alliée renforçant la sienne, pour « châtier la perfidie » de gens à qui il dédaigna même de déclarer la guerre, puisqu'il s'agissait seulement de punition.

Commencée au printemps 1672, la guerre de Hollande

marque le premier grand tournant du règne, le plein été de
sa gloire.

Les feux de l'été (1672-1679)

Cette guerre peut se résumer en quatre lignes : des
débuts glorieux et faciles, des surprises rapides et rudes
avec une coalition de presque toute l'Europe, un rétablissement à la fois difficile et brillant, achevé par ce point
d'orgue de la série de traité signés surtout à Nimègue
(1678-1679). En ces années passionnantes, expliquer
importe autant que conter.

Quelques semaines de campagne facile, avec de « beaux
sièges » se déroulant comme un spectacle classique : que
pouvaient faire trente mille soldats mal armés et curieusement abandonnés par une République sans doute obsédée
par la mer contre une armée quadruple ? Un beau
mouvement tournant préluda au passage du Rhin, sans
grand risque, le 6 juin : la Hollande semblait perdue, et les
trompettes de la renommée royale sonnaient à qui mieux
mieux. Pour une fois, le 8 juillet, Colbert rêva : « Si le
Roy assujettissait toutes les provinces unies des Pays-Bas,
leur commerce devenant le commerce des sujets de Sa
Majesté, il n'y aurait rien à désirer davantage. »

Ce beau songe était déjà périmé : le Rhin passé, Condé
avait proposé, pour en finir, que quelques régiments de
cavalerie galopent sur Amsterdam, cœur et coffre du
pays ; le Roi trouva plus grand d'aller présider au rétablissement du catholicisme en l'ancienne cathédrale
d'Utrecht... Ce même jour, les écluses de Muiden ayant
été ouvertes, la Hollande se réduisit à un petit archipel,
accessible seulement par mer ; or, l'amiral Ruyter venait
de battre les flottes mal unies de France et d'Angleterre.
Tout changea très vite : en juillet, au jeune Guillaume
d'Orange, 22 ans, dont ils se méfiaient auparavant, les
bourgeois hollandais confiaient le commandement de
l'armée, puis de quelques provinces, puis, en août, de tout
le pays. Guillaume s'était déjà assuré l'aide de l'Espagne,
puis du Brandebourg et de cet Empereur Léopold que
Louis XIV traitait avec condescendance. Ce dernier était
rentré dans ses châteaux, déclarant que la fin d'une telle

guerre « ne méritait pas sa présence » et humant tout
l'encens qui brûlait autour de sa personne. Le 15 décembre pourtant, Guillaume assiégeait Charleroi, place alors
française, et Turenne résistait difficilement sur le Rhin
contre le Habsbourg et le Hohenzollern... Malgré Boileau, le Grand Roi avait-il « cessé de vaincre » ?

La constitution d'une véritable coalition européenne,
auquel l'ancien allié Charles II d'Angleterre (pourtant
bien pensionné) eut le front de se joindre en février 1674,
coalition que soutinrent toujours les florins hollandais et la
sombre obstination de Guillaume d'Orange, pouvait en
effet le laisser craindre. L'année 1674 fut difficile, et il
fallut, pour la dernière fois, les génies ajoutés de Condé
(sanglante victoire à Seneffe) et de Turenne (étonnante
campagne d'Alsace, en plein hiver) pour conjurer le
danger d'invasion, alors que se révoltaient contre les
impôts Guyenne et Bretagne. Les mésententes des coalisés, la puissance d'une armée royale mieux organisée et
plus nombreuse, quelques exploits de la flotte toute neuve
autour de la Sicile espagnole, l'inflexible volonté de
Louis XIV et l'astuce de ses diplomates à négocier comme
à acheter l'adversaire finirent par assurer le succès. Les
Français approchant d'Anvers et à nouveau·d'une Hollande qu'ils avaient évacuée quatre ans auparavant, chacun des adversaires traita tour à tour. Le plus faible,
l'espagnol, paya pour tous les autres, en cédant, outre des
morceaux de Flandre, d'Artois et de Cambrésis, la
Franche-Comté qu'il avait à peine défendue. Même la
Suède, écrasée par le Brandebourg (Fehrbellin, 1675) et
aussi par le Danemark sur mer, parvint, grâce à la
protection de son illustre et seul allié, à conserver ses
possessions dans l'Empire et sur la Baltique. Plus célébré
que jamais, Louis XIV avait donc quelques raisons pour se
proclamer l'arbitre de l'Europe, et le premier monarque
du monde...

Et pourtant, aucun de ses objectifs antihollandais
n'avait été atteint. Sans perdre un pouce de leur territoire
ni bien sûr de leurs colonies, et assez peu de leur marine
(sauf Ruyter, tué), les Hollandais obtenaient l'évacuation
par les Français de quelques places avancées conquises en
1668 et l'abrogation du rigoureux tarif douanier de 1667,
qui aurait pu gêner leur commerce ; à leur tête, l'inexpia-

ble ennemi de Louis XIV allait épouser Mary, nièce du roi d'Angleterre, future héritière.

Chantés par tout ce que la France comptait de littérateurs, d'artistes et de prêtres, les résultats diplomatiques et militaires de la guerre voilaient sans peine ces ombres non légères.

D'autres apparaissaient, qui résultaient du choix fait en 1672 par le Grand Roi — le même que son père en 1630 : le « dehors » contre le « dedans ».

En effet, la guerre à la Hollande, puis à l'Europe, c'était d'abord la fin de l'équilibre financier rétabli par Colbert, et le retour à ce qu'on appelait les « affaires extraordinaires ». Dès 1672, le déficit atteignait 8 millions, doublait en 1673, triplait en 1676 ; plus jamais, sauf un an sous Louis XV, le budget ne serait en équilibre. On augmenta donc, les impôts chacun de 4 à 6 millions ; on pria instamment le Clergé d'accroître sa contribution, le « don gratuit » ; on inventa la marque de l'étain (très utilisé) et les monopoles du tabac et du papier timbré (déjà !), ce qui fit révolter quelques provinces. Comme cela ne suffisait pas, Colbert vendit des... dispenses d'impôts, puis des charges de petits officiers dont l'énoncé peut surprendre : jaugeurs de vin, de grains, surveillants de la vente des cochons et de la marée. Il revendit aussi en détail la partie du domaine royal péniblement rachetée depuis 1661 ; dès 1672, il s'était lancé, à regret, dans une politique d'emprunts, souvent à 10 % (le taux légal était 5 %) ; les banquiers génois et surtout les financiers français s'en mêlèrent, avançant aimablement (mais non gratuitement) les revenus des années à venir. Et pourtant, la période de paix avait été si longue, la politique précédente si efficace et la France si riche que toute catastrophe financière fut évitée. Mais désormais, et pour plus d'un siècle, sauf rares répits, l'Etat vécut d'emprunts, d'avances, de crédit, ce qui ne constituait d'ailleurs en rien une nouveauté. Tant que « les peuples » (comme on disait) travaillaient, produisaient et se perpétuaient, les choses allaient leur train.

Dans cette guerre glorieuse, longue et forcément coûteuse, sombra une partie de l'œuvre de Colbert, celle qui peut-être lui tenait le plus à cœur. Sauf lorsqu'elles alimentaient la guerre, la plupart des « manufactures royales » périclitèrent ou s'effondrèrent, faute de commandes, de subventions, de débouchés intérieurs et extérieurs. Les premiers colons lointains (Canada) ne furent que rarement secourus. La Compagnie des Indes Occidentales se dissout, ruinée, à son dixième anniversaire, en 1674. La Compagnie du Nord, destinée à faire pièce aux Hollandais dans les eaux qu'ils dominaient (Baltique, Mer du Nord), ne put sortir ses quelques navires, et dut liquider ses deux agences (Bordeaux, 1673 ; La Rochelle, 1677). La plus fameuse, l'Orientale, dut abandonner (aux Hollandais encore) la plupart de ses comptoirs (Inde, Ceylan), ne fit aucun bénéfice, renonça à son monopole en 1682, mais fut reprise plus tard par d'astucieux Malouins (ce que Colbert ne vit pas).

En réalité, des raisons plus profondes concourent à expliquer cet échec partiel. D'une part, marchands, négociants et armateurs, qui n'étaient en rien des médiocres, possédaient l'habitude enracinée de mener leurs activités à leur guise et selon leur seul intérêt ; leur esprit profondément imbu de liberté (économique) les portait à se méfier de toute intervention d'un Etat dont les capacités ne leur paraissaient pas éclatantes, ni les intentions claires : ils ont cru à un impôt maquillé. A distance, on ne sait que penser.

D'autre part, la richesse française, considérable, s'investissait avec beaucoup de sécurité dans la pierre et surtout la terre, vivant aisément de revenus fonciers et seigneuriaux ; ou bien, avec plus de risque, mais un profit supérieur, dans toutes les formes de prêt à intérêt, de la simple rente entre particuliers (avec prise d'hypothèque) aux rentes sur le Clergé de France et surtout sur le Roi, c'est-à-dire sur les futurs impôts, donc sur la richesse même du royaume. Quand la terre et la finance étaient là, pourquoi aller risquer des écus sur de fragiles rêveries maritimes et coloniales ?

Le Grand Roi, que tout cela préoccupait peu, jouissait de sa gloire, poussait la construction de Versailles, songeait à de nouveaux lauriers, remerciant Colbert du bout des lèvres de l'aider matériellement à permettre les grandes ambitions de sa maturité, afin d'étonner encore l'Europe, en une sorte d'apogée. Il voyait mal que le Monde changeait, que les saisons tournaient, que le grand été approchait de sa fin.

L'été qui s'achève : orages et tempêtes (1679-1688)

La décennie qui suit marque une profonde inflexion dans la personnalité du roi, la courbe du règne, la destinée du royaume.

Ivre de louanges, Louis XIV ose presque tout dans le triple domaine religieux, diplomatique et militaire. Il eut pourtant la malchance (mais le sut-il) ? de perdre alors ses meilleurs commis (dont Colbert 1683), ses meilleurs généraux, et les plus grands des « classiques ». Il perdit aussi la Reine, mais la remplaça vite par une de ses maîtresses, une veuve Scarron qu'il avait faite Maintenon, qui joignait à des talents privés probables un vrai génie pédagogique (elle aida à élever les bâtards royaux, et s'enticha plus tard d'éduquer les filles nobles à Saint-Cyr), beaucoup de dévotion tardive et un entregent certain. Elle assura au Roi une maturité et une vieillesse pieuses et propres et, rendant Versailles à peine habité définitive-ment sévère, contribua puissamment à la victoire mon-daine et intellectuelle de la Ville (Paris) sur la Cour. Concourut-elle aux inflexions despotiques du monarque dans le domaine religieux ? On soutient habituellement que non, mais au fond nul n'en sait rien, et son omni-présence peut laisser rêveur.

Le despotisme religieux.

Ce terme de « despotisme », qui n'est pas à prendre en mauvaise part, définit simplement la volonté du Roi de gouverner les choses de la religion comme les autres. Assez tiède dans les débuts, il laissa d'abord ses protes-tants tranquilles, d'autant qu'il s'alliait volontiers à ceux de l'extérieur. S'il tracassa quelque peu les jansénistes à la suite de Mazarin, qui savait bien que presque tous avaient frondé, l'affaire fut plus bruyante qu'importante (exil des religieuses)... et s'acheva par la « paix de l'Eglise » (1668), sorte de compromis. Elle faillit reprendre en 1679, lorsque l'archevêque de Paris fit sortir de Port-Royal une quaran-taine de postulantes, tarissant tout recrutement, et que quelque « Messieurs » illustres et encombrants (le Grand

Arnauld, M. de Sacy, Le Nain de Tillemont) furent contraints au départ. Peu théologien, Louis XIV ne s'embarrassait pas de querelles sur la grâce, mais il n'aimait pas les sectes, surtout puissantes et riches, et plus beaucoup des « intellectuels » qui (sauf Racine, pensionné) cessaient de l'adorer systématiquement.

Pour le moment, de plus grands sujets l'occupaient : l'insolence du pontife de Rome et celle des huguenots, la seconde se trouvant plus facile à châtier que la première.

Le vieux Concordat de 1516 avait réglé la plupart des problèmes pendants entre le Pape et le Roi : celui-ci nommait, celui-là consacrait. Des lacunes subsistaient : pour le clergé « étranger » (au royaume de 1516), pour les abbayes de filles, pour la gestion des biens (jamais médiocres) des évêchés vacants. Dès 1673, Louis XIV décida de tout résoudre en sa faveur. Rome protesta, mais les papes de ce temps manquaient de nerf. Parut tout à coup le seul grand pape de combat du siècle, Innocent XI (1676-1689). Autoritaire, intransigeant, vertueux, il ne craignait pas le Bourbon orgueilleux et doublement adultère. Dès 1678, des « brefs » pontificaux très secs donnaient tort au roi dans l'affaire compliquée de la Régale (régale, droit royal prétendu sur les nominations et les biens d'Eglise). En 1680, le Pape refuse deux nominations royales, au couvent de filles de Charonne et à l'évêché de Pamiers. Personne ne cédant, Louis XIV réunit soudain en 1681 une sorte d'assemblée extraordinaire de tous les évêques présents à Versailles, une cinquantaine, bien éloignés de leurs diocèses. De ce petit Concile aux ordres sortit pénblement une Déclaration dite « des quatre articles » qui affirmait l'indépendance des rois au temporel, la supériorité des Conciles sur les Papes et les « libertés » (non définies) de l'Eglise de France. Ce texte pourtant prudent fut simplement « déchiré » et « cassé » en avril 1682 par Innocent XI, qui désormais n'investit plus canoniquement aucun des évêques nommés par le roi. En 1683, 35 sièges épiscopaux — le tiers — se trouvaient sans titulaire, et les deux adversaires avaient failli en venir aux mains pour une affaire de « franchises » romaines que nous retrouverons. Le Roi-Soleil vivait au bord du schisme, quand Innocent mourut opportunément (1689).

Et pourtant, dans l'intervalle, il avait bien cru l'étonner

en « extirpant l'hérésie » par la Révocation de l'Edit de Nantes (1685).

Il faut bien comprendre que la dualité de religions à l'intérieur du même Etat était alors considérée comme une anomalie presque monstrueuse. Jamais l'Eglise n'avait accepté l'opportune et intelligente décision d'Henri IV en 1598 ; jamais elle ne manqua de tonner contre la « malheureuse liberté de conscience », les temples « synagogues de Satan », les religionnaires « esclaves révoltés ». Prudent d'abord comme Mazarin, et tenu par une politique extérieure tout hostile au « Roi Catholique » d'Espagne, Louis XIV opta longtemps pour la sagesse ; vers 1669 vinrent des mesures restrictives, non contraires à la lettre de l'Edit ; puis l'achat des consciences, par la « Caisse des Conversions » ; on pensa un moment que le retour tardif au « papisme » de Turenne le huguenot et de Condé l'athée servirait d'exemple... Dès 1679, la conversion par les « dragonnades » (soldats logés chez les hérétiques) avait commencé ; les excès étaient évidents, mais les Intendants envoyaient à Versailles des bulletins de victoire. Jusqu'à sa mort, Colbert, qui connaissait la puissance économique des protestants, conseillait la prudence ; Le Tellier, Louvois et toute l'Eglise poussaient en sens inverse. On discute sur les raisons profondes de la décision du Roi : se montrer le maître une fois encore, impressionner le Pape, étonner surtout l'Europe par un exploit qui rachèterait son absence à la grande victoire des Chrétiens sur les Turcs au Kahlenberg près de Vienne (1683). L'Edit de Fontainebleau (octobre 1685) aboutit en pratique à interdire tout exercice de la religion « prétendue réformée », à chasser tous les pasteurs, à obliger tous les enfants des ex-hérétiques à être instruits dans la « vraye foy », celle du roi.

La Révocation fut accueillie en France par une véritable explosion de joie ; des Grands et de Bossuet jusqu'au dernier des vicaires et des crocheteurs, on célébra le « nouveau Constantin ». Quelques rares personnes émirent des doutes sur la qualité des conversions forcées, comme l'évêque Le Camus et l'admirable Vauban.

A l'extérieur, le Pape applaudit mollement (les massacres de la Saint-Barthélemy, un siècle plus tôt, avaient provoqué d'autres effusions), les princes catholiques aussi ; quant aux protestants, ils furent renforcés dans leur hostilité, même ceux de Brandebourg, pourtant grassement stipendiés. Diplomatiquement, la Révocation constitua nettement une erreur.

Une faute aussi, sans le moindre doute. Sur près d'un million de protestants (on ne saura jamais leur nombre), au moins une centaine de milliers choisirent l'exil : peu de paysans, attachés à leur terre, mais beaucoup d'artisans, de manufacturiers, de marchands, qui allèrent enrichir de leur talent, de leur richesse et de leur énergie morale les pays voisins. Ils peuplèrent Berlin, apportèrent (par exemple) les techniques du papier angoumois et de la toile saint-quentinoise en Grande-Bretagne, et installèrent en Hollande de redoutables équipes d'écrivains et de pamphlétaires, appelées à inonder leur ancienne patrie de libelles talentueux, et à former vraisemblablement un actif réseau d'espionnage dans les conflits futurs. Peu utile — la meilleure part des réformés ne devint jamais catholique, et se retrouva vite au « désert », dans une semi-clandestinité —, la Révocation troubla et appauvrit le royaume en renforçant ses principaux adversaires. Elle aida même à préparer la révolution tranquille menée en Angleterre contre un roi « papiste », dont on craignait aussi les excès, révolution qui amena sur le trône des Stuart le plus rude ennemi de Louis XIV, et le plus riche, Guillaume d'Orange (1688-89).

Le Grand Roi n'avait même pas besoin de cette faute supplémentaire : déjà, il avait uni contre lui la majorité de l'Europe, par ses initiatives hardies et ses annexions en pleine paix.

LA GUERRE PENDANT LA PAIX, (1679-1688)

La paix de Nimègue signée, Louis XIV conserva plus de cent mille hommes sur le pied de guerre. Le rude Louvois s'employa à les armer et les discipliner, et Vauban les utilisa pour édifier ou réparer ses célèbres places-fortes. Demeurés près des frontières, ils soutinrent aussi les procès instruits par les juristes royaux contre certaines terres étrangères qui auraient pu dépendre jadis de fiefs ou seigneuries acquis récemment. On appela politique de

« réunions » ces brillantes initiatives. Elles commencèrent dès 1679 du côté de Montbéliard (alors principauté indépendante), s'étendirent en Lorraine, en Sarre, en Luxembourg, dans l'Alsace incomplètement annexée en 1648. Le plus fameux épisode, qui stupéfia une Europe qui pourtant l'attendait, fut le facile assaut donné à Strasbourg (septembre 1681) par trente mille hommes « secrète- ment » (?) rassemblés sous ses murs. Puis, pendant que les Turcs déferlaient sur Vienne, le Grand Roi ravageait les Pays-Bas si catholiques, où il avait déniché quelques fiefs à réunir, du côté de Bruxelles, Gand ou Bruges.

Excédée, et espérant des secours hollandais ou impé- riaux, l'Espagne déclara brusquement la guerre en octobre 1683. Louis continua de ravager, et prit Courtrai, Dixmude et Luxembourg ; il fit aussi pénétrer des troupes en Catalogne. L'Empereur, occupé à poursuivre victorieu- sement les Turcs, et tout le reste de l'Europe, poussaient France et Espagne à s'entendre. A Ratisbonne furent signées des trêves (août 1684) valables vingt ans : le roi de France se contentait de conserver Strasbourg, Kehl et Luxembourg, plus quelques villes des malheureux Pays- Bas espagnols.

La trêve à peine signée, Louis XIV choisit de se manifester à nouveau, mais sur d'autres terrains. Accusée de construire des galères pour l'Espagne, Gênes fut bombardée six jours durant par l'escadre de Duquesne, et son doge prié de venir s'excuser. Un peu plus tard, la flotte menaça Cadix, clé de tout le riche commerce américain, parce que le roi d'Espagne venait d'effacer une partie des privilèges dont jouissaient les prospères commerçants français de la ville (ils furent rétablis). Louis tracassait aussi son cousin de Savoie : il envoya même Catinat pour massacrer ses sujets vaudois accusés d'aider les religion- naires du Dauphiné : ce fut un assez beau massacre (début 1686) que décrivit Catinat : « tout est parfaitement désolé, il n'y a plus ni peuple ni bestiaux ».

Bientôt des affaires politiquement plus graves — succes- sion du Palatinat, nomination à l'électorat épiscopal de Cologne, querelles dans Rome — ameutèrent les nations européennes. Dès 1686, elles conclurent une série d'en- tentes auxquelles on donna le nom assez impropre de

Ligue d'Augsbourg. Ce n'était pas encore la seconde coalition, mais elle s'annonçait.

De nouvelles provocations et même des agressions en pleine paix amenèrent vite ce conflit généralisé, bien plus redoutable que les précédents. Il annonçait la fin des hardiesses relativement faciles. Dans les éclairs et les orages qui l'avaient annoncé s'affaissait l'été du Grand Siècle. L'automne venait (cette image saisonnière est de Michelet). Avant d'y entrer, il faudra prendre un répit, pour voir ce qu'étaient devenus la royauté, le royaume, et ce qu'on peut connaître du Monde.

IX

L'automne du grand siècle

(1689-1715)

La France vers 1689

Installé dans Versailles inachevé et sans chapelle depuis mai 1682, Louis XIV, en sa maturité alourdie, mais quelque peu assagie par la présence continuelle de sa seconde épouse Maintenon, menait ce style de vie si souvent décrit, mais pas toujours complètement, où l'étiquette à l'espagnole n'empêchait pas la pagaille, où le merveilleux décor n'empêchait pas l'ordure, où les laquais fripons et les matrones louches côtoyaient la plus grande noblesse, mais où le Soleil paraissait rayonner sur la France et l'Europe fascinées.

Autour de lui, la vieille et talentueuse équipe rassemblée par Mazarin était à peu près disparue, Colbert en 1683 ; la faveur de Louvois déclinait, Maintenon l'estimant peu, et il finit par mourir, gonflé d'argent mal acquis, de mangeaille et de vices (1691). Le roi gouvernait avec les enfants, les parents et les clients de ses anciens commis : des Louvois comme Barbezieux, peu utilisé ; des Colbert en nombre comme Croissy, un frère, Beauvillier, un gendre, Seignelay un fils, génial semble-t-il, mais vite fauché par les excès ; plus tard un neveu, Desmaretz, de grand style lui aussi. Les Phélypeaux, séculaire famille ministérielle, venaient enfin au premier plan avec Pontchartrain, homme remarquable qui éclipsait tous les autres, dont les historiens ont fini par découvrir le talent. De toute cette clientèle de descendants, cinq entraient au Conseil, où le Dauphin paraissait de temps en temps. Tout le reste, même le Chancelier, un certain Boucherat, se ramenait à des chefs de bureaux gérant une administration qui commençait enfin à conserver et classer ses archives. L'essentiel paraît s'être passé « dans le particulier » du roi (et de Maintenon maniant l'aiguille...) par des entretiens privés avec le Contrôleur général des Finances, un secrétaire d'Etat, un homme de confiance comme le militaire Chamlay, ou le confesseur jésuite. Les décisions prises passaient fréquemment en « arrêts pris en commandement », signés du Roi et d'un seul secrétaire d'Etat, habituellement un Phélypeaux. Le détail s'accomplissait par correspondance avec les Intendants, les derniers venant justement (1689) d'être installés dans deux provinces difficiles, Bretagne et Béarn.

Loin de ce Versailles où ne vécurent presque aucun des grands ministres, des grands généraux ni même des grands classiques, sauf Racine assagi, que devenait la France, sa lointaine mouvance ?

Les crises terribles des premiers temps du règne personnel s'étaient enfoncées dans le passé. On avait rarement revu, dans les campagnes, des disettes aussi terribles que celle de 1662. Si de rudes épidémies dévastant quelques bailliages traînaient encore, la peste avait reculé, et on avait su la cantonner la seule fois où elle avait reparu, vers Amiens, en 1667-1668. Nombreuses, rudes, mais isolées, les révoltes antifiscales s'étaient apaisées en 1675 par la terreur (Bretagne) ou plus souvent la résignation. Malgré quelques accidents locaux entre 1677 et 1684, la souveraine météorologie avait été favorable aux récoltes ; les prix des blés et du pain étaient habituellement demeurés bas, ce qui arrangeait bien le petit peuple, mais pas le puissant groupe des grands propriétaires et des gros fermiers.

Ces derniers ne pouvaient que vendre très bon marché leurs abondants excédents, ce qui contribuait à cette sorte de dépression d'une partie de l'économie française qui a souvent été décelée. Il est notamment certain — de nombreuses études l'ont prouvé — que le prix des fermages baissa sensiblement de la décennie 1660 à la décennie 1680, et au-delà ; le prix de la terre également, d'un quart ou d'un tiers. Autres signes patents de difficultés : le prix de la viande et du bétail s'affaisse légèrement, et même celui du bois (qui avait au moins triplé de 1600 à 1660), moyen de chauffage, matériau de base et source d'énergie d'importance capitale.

Du côté des « manufactures », un moment encouragées et comme dopées par Colbert, il semble aussi que viennent les difficultés : les crédits manquent, des clients se dérobent, notamment en Angleterre première acheteuse des toiles bretonnes, son contre-protectionnisme répliquant au protectionnisme malheureux de Colbert. On sait aussi que la production textile des villes du Nord, de Rouen à Lille en passant par la plus grande, Amiens, commença à s'infléchir durant la guerre de Hollande, et de toute manière n'atteignit jamais les sortes de « records » de la décennie 1630, assez curieusement la plus brillante du siècle.

Tous ces signes dépressifs n'étaient pas tragiques ; mais ils n'étaient ni compris ni même perçus à Versailles, semble-t-il. Ils aident pourtant à expliquer les difficultés rencontrées lorsqu'il fallut faire payer les guerres aux « peuples » du royaume.

En revanche, ce qui semblait bien marcher, trop bien peut-être, c'était la marine. La marine de guerre sans doute, bien reprise en main, après Colbert, par son fils Seignelay et par Pontchartrain. Elle a brillé parfois, pas toujours, dans le combat naval ; elle put quelque temps protéger (avant les désastres à venir) une marine de commerce dynamique et essentielle, qui se faisait corsaire en temps de guerre, c'est-à-dire munie de canons, grâce à des « lettres de course » délivrées par le Roi. Or, les négociants marseillais se montraient beaucoup en Méditerranée, et dominaient au Proche-Orient ; au « Ponant », les grands ports s'intéressaient toujours à l'Espagne et, par Cadix, à l'Amérique espagnole, mais de plus en plus aux « Isles » à sucre, les Antilles. Avec plus de cent navires chacun, Le Havre et Saint-Malo l'emportaient alors ; l'on verra bientôt les étonnants Malouins sillonner l'océan Indien et le Pacifique, avec des profits considérables. Les marchands anglais et hollandais, si puissants auprès du

Stathouder Guillaume d'Orange devenu roi d'Angleterre, pensaient que, en Méditerranée, sur la côte africaine des esclaves comme aux Indes d'Amérique, navires et négociants français se trouvaient trop nombreux et trop puissants. Il fallait que cela cesse ; même indirectement, de telles considérations pesaient sur la guerre qui allait s'ouvrir à nouveau, que des historiens anglais ont appelée « guerre contre le commerce français » et que nous persistons à nommer « de la Ligue d'Augsbourg », ce qui est prendre une partie pour le tout.

Cette guerre et la suivante vont désormais occuper et en partie déterminer toute la fin du règne, et lui conférer ces couleurs que Michelet appelait « l'automne du Grand Siècle ».

LA DEUXIÈME COALITION(1688-1697)

Après sa politique de « réunions », son conflit avec le Pape et la Révocation de l'Edit de Nantes, Louis XIV s'était engagé dans de nouvelles querelles. Après la mort de l'Electeur Palatin, frère de la seconde Madame, il réclama une partie de l'héritage, menaçant d'aller la prendre les armes à la main, ce que d'ailleurs il fera, ameutant la plus grande partie de l'Empire. A Rome, où il se refusait à supprimer les « franchises » (droit d'asile pour les malandrins) dans le secteur de son ambassade (dont le titulaire fut excommunié !), il menaçait de plus en plus haut, notamment de saisir Avignon, ce qu'il fera aussi. Enfin la succession de l'archevêché-électorat de Cologne opposait deux candidats : le Pape choisit celui de l'Empereur contre le sien (septembre 1688). Louis XIV, piqué au vif, lança ses troupes sur le Palatinat qu'il ravagea à nouveau, brûla Heidelberg, saccagea Mannhein, Spire, Worms et Bingen, ce qui acheva d'unir les princes allemands contre lui. Puis il prit Avignon et tenta (début 1689) de rétablir Jacques II sur le trône d'Angleterre dont venaient de le chasser ses sujets en y installant Guillaume d'Orange et la reine Mary. Pour cela, la flotte de Tourville (qui battit la flotte anglaise au cap Beachy Head) conduisit Jacques II dans l'Irlande catholique, où ses partisans fervents, mais sans armes, ne purent l'empêcher de se faire écraser par Guillaume à Drogheda. Le Stuart accourut en France, s'établit à Saint-Germain et n'en bougea plus. Presque en même temps, les régiments de Québec avaient foncé sur New York, les guerres commençant à s'étendre systématiquement aux colonies. Bien loin de là, Catinat fonçait sur la Savoie-Piémont et remportait sans mal la victoire de La Staffarde.

Ces agressions surprenantes résultaient de supputations non absurdes : Louis XIV et Louvois voulurent agir vite, pensant que les coalisés se disputeraient, que l'Empereur serait occupé par la guerre aux Turcs (qu'il écrasa, reconquérant Bude et Belgrade), et que Guillaume d'Orange s'empêtrerait en Hollande ou en Angleterre. Il arriva pourtant que ces calculs furent déjoués, et que toute l'Europe, sauf des neutres insignifiants (Portugal, Danemark, Suisse), fut coalisée contre lui, sous la direction du tenace Guillaume d'Orange. Une guerre longue et dure commençait. Elle devait se caractériser par l'énormité des effectifs engagés (au moins 200 000 hommes de chaque côté), l'aspect plus sanglant des batailles (dû aux progrès de l'armement), le coût élevé des opérations, leur caractère parfois intermittent et contradictoire, et l'émergence nette de la marine anglaise qui battit la française à La Hougue (mai 1692), et rendit impossible tout débarquement nouveau dans les Iles Britanniques.

Ces neuf années de guerre semblent redire sans fin la même histoire : une avance, un recul, une victoire, une défaite ; puis, finalement, une sorte de lassitude. Ainsi, après sa victoire, la marine anglaise, qui put bombarder Dieppe et moins gravement Saint-Malo, échoua dans un débarquement à Camaret (1694), furieusement défendu par les gardes-côtes et les paysans bretons ; et pourtant, de nombreux corsaires français — Jean Bart, Duguay-Trouin, Pointis, Forbin, harcèlent leurs navires. De même entre le Piémont et le Dauphiné français : en 1692, Victor-Amédée occupe Embrun et Gap ; un peu plus tard, Catinat entre dans la Savoie et le comté de Nice. Dans l'Empire, on voit un moment l'armée française s'installer en Bavière (1692), puis repartir, resaccageant Heidelberg et le Palatinat au passage : l'essentiel consistait à sauvegarder l'Alsace, ce qui fut fait. Même en Amérique, les allers et retours Québec-New York devenaient rituels ; vers la fin, les Canadiens saisirent la région de la baie d'Hudson, pays des fourrures, ainsi que Terre-Neuve et ses pêcheries. En Espagne, une armée française mit neuf ans pour aller de Perpignan à Barcelone, dont la prise (1697) grâce à la flotte de Toulon, intacte ou reconstituée, survint au bon moment. Les plus grandes batailles eurent encore pour cadre les Pays-Bas espagnols, l'actuelle Belgique. Luxembourg, le dernier des grands généraux français, arrêta une première fois les coalisés à Fleurus (1690), une deuxième fois, plus difficilement, à Steinkerque (1692), une troisième à Neerwinden (1693), victoire fameuse, une des grandes boucheries du siècle. Luxembourg mort (1695), le médiocre Villeroy recula, se vengea en bombardant cruellement Bruxelles (dont l'admirable Grand'Place dut être reconstruite) et attendit la paix.

Parmi ces combats durs, souvent indécis et dispersés, coûteux en hommes et en argent, les diplomates eurent tôt la parole, avant 1693 peut-être. On discuta longtemps, avec des ruses, des surenchères, des maquignonnages ; on en termina en 1697, dans un château de Guillaume près de Ryswick.

Les coalisés, qui avaient prétendu ramener la France à ses frontières de 1659, voire de 1648, durent lui reconnaître à peu près celles de 1679 plus Strasbourg lâché par l'Empereur de fort mauvais gré. Mais chacun obtint pour son compte quelques avantages et, pour une fois, le roi d'Espagne ne perdit rien ; il est vrai qu'on attendait sa mort (il était fort malade, et sans enfant) pour dépecer sa succession.

Louis XIV, malgré bien des difficultés, pouvait se targuer d'une belle défense, de quelques actions éclatantes, de beaucoup de courage, et d'avoir gardé Strasbourg. Pour le reste, il avait dû payer un prix élevé pour obtenir la paix dont avaient besoin son royaume fatigué et ses desseins futurs.

Il avait pris les armes pour rétablir le Stuart catholique sur le trône anglais, pour installer son candidat à l'Electorat de Cologne, pour faire céder le Pape en Avignon et à Rome, pour garder toutes les localités « belges », luxembourgeoises, lorraines ou comtoises qu'il avait « réunies ». Tout avait échoué. Il dut même signer avec le nouveau Pape un texte qui contraignait les évêques français à aller désavouer par écrit chez le Nonce la déclaration gallicane de 1682. Il rendit Avignon, il rendit à l'Espagne la Catalogne lentement conquise, et toutes les places des Pays-Bas annexées depuis 1679, y compris Courtrai, Mons et Charleroi. Il dut rendre à son jeune duc la Lorraine où il s'était installé, et se contenter d'un droit de passage pour atteindre l'Alsace. Aux princes allemands il restitua tout le pays de Trèves, le morceau de Palatinat qu'il occupait encore et les villes-ponts de la rive droite du Rhin, Kehl, Fribourg, Vieux-Brisach, Philippsburg (mais il conserva Sarrelouis, tracé par Vauban). Les Provinces-Unies rendirent Pondichéry qu'elles avaient prise, mais obtinrent de gros avantages commerciaux et douaniers, plus l'installation de leurs troupes, par précaution, dans des places proches de la frontière française, en plein pays espagnol, ce qu'on appela bientôt « la Barrière ». A l'Angleterre devenue le grand adversaire, Louis XIV dut promettre de ne plus soutenir Jacques Stuart contre Guillaume et lui consentir les mêmes avantages commerciaux qu'aux Hollandais ; il lui rendit Terre-Neuve et la baie d'Hudson pourtant conquises, en échange d'une demi-Antille et de deux comptoirs à Nègres près du Sénégal. Même au duc de Savoie (bientôt roi) il fallut redonner Nice, Suse et Montmélian, et promettre une future alliance matrimoniale. Pour un roi qui n'avait tout de même pas été vaincu, ni son royaume envahi, c'était beaucoup. La soixantaine approchant, Louis aurait-il appris la modération ?

En réalité, il avait compris que son royaume était fatigué ; mais surtout il songeait à la succession d'Espagne, qui semblait devoir rapidement s'ouvrir. Il se trouva que le Roi Catholique, condamné depuis longtemps, mit plus de trois ans à mourir, ce qui procura quelque répit à la France et permit aux diplomates de déployer leur imagination. Cette succession d'Espagne allait ouvrir la dernière grande guerre du règne, la plus terrible.

Mais celle qui venait de se terminer avait plongé le royaume dans de fort graves difficultés.

Le poids de la guerre.

Nourrir, équiper, armer pendant neuf ans deux cent mille hommes et deux grandes escadres sur quatre fronts principaux et autant de théâtres lointains, contre l'Europe presque entière, dont la banque d'Amsterdam et celle de Londres (depuis 1694) : tâche gigantesque, dont le coût atteignait la démesure.

Pour veiller aux finances après la mort de Colbert et l'intermède Le Pelletier (1683-1689) qui gérait honnêtement mais refusait tout expédient, le Roi eut la main heureuse en choisissant Phélypeaux de Pontchartrain, homme simple, gai, facile et solide, d'une intelligence si aiguisée qu'elle atteignait aisément l'humour et le cynisme, qui sut s'acquitter parfaitement de la stricte tâche qui lui était imposée : payer la guerre, bien entendu par tous les moyens.

Des ressources dites « ordinaires », les impôts classiques, il n'y avait guère à attendre mieux : elles augmentèrent un peu jusque vers 1693, puis retombèrent, car il s'était passé en 1694 quelque chose que nous retrouverons. Les Pays d'Etats et l'Eglise consentirent des « dons gratuits » ou des « subsides » un peu plus élevés. Les villes furent taxées en sus une fois, deux fois, et renâclèrent à la troisième. On tira de tout cela 20 à 30 millions par an ; il en fallait trois ou quatre fois plus.

Pontchartrain se mit à jouer des « affaires extraordinaires » avec une virtuosité qui rappelle Mazarin, l'excessive friponnerie exceptée. Il vendit, revendit, inventa et réinventa vingt sortes d'offices parmi lesquels les jurés crieurs d'enterrements et les officiers vendeur d'huîtres. Il vendit aux enchères toutes les mairies, sauf Paris et Lyon, et la moitié des charges d'échevins. Il vendit des armoiries aux roturiers. Il vendit la noblesse avec l'acceptation peut-être goguenarde du roi (qui osera publier ces listes d'anoblis pour 6 000 livres ?). Il vendit des offices de capitaines et de colonels de ces milices bourgeoises qui défilaient les jours de fête ; il vendit à nouveau des exemptions d'impôt.

Comme tant d'autres, il revint aux inépuisables créations de rentes (emprunts, dirions-nous) : une centaine de

millions d'abord, bien plus ensuite, jusqu'au « denier 12 »
(8,33 %) ; les intérêts viendraient plus tard, mais dans
l'immédiat le capital versé nourrissait les armées. On
s'étonne, à distance, de la richesse des acheteurs, et de la
confiance qu'ils manifestaient encore envers l'Etat. Tout
cela ne suffisant pas, Pontchartrain, pour la première fois
depuis deux essais malheureux de Colbert, tâta des
manipulations monétaires : seuls comptant l'argent et l'or
« sonnants », il suffisait de changer la valeur légale des
pièces, ou de les ramasser pour les refondre, en refrapper
d'autres, leur attribuer la valeur la plus avantageuse (pour
l'Etat), et recommencer. Le ministre s'y employa dès 1689
et, le procédé s'avérant fort fructueux, il en usa en quelque
sorte à tour de bras, ses successeurs continuant jusqu'à la
fin du règne et même au-delà. Les rentiers, mal payés, et
les créanciers, souvent remboursés en papier d'Etat dévalué, se lamentèrent beaucoup, mais supportèrent ces
dévaluations opérées par à-coups et traversées de rééva-
luations passagères, toujours profitables à l'Etat.

En 1694 cependant, les impôts rentraient difficilement,
et les offices, rentes et autres se vendaient mal. Un
épuisement général, aggravé par une crise soudaine (que
nous allons retrouver) s'était emparé du royaume : les uns
ne pouvaient plus payer, les autres ne voulaient plus
prêter. Bon gré mal gré, Pontchartrain dut écouter les
réformateurs sérieux, surtout Vauban, qui proposait un
impôt payable par tous, même par les privilégiés, selon les
revenus déclarés et vérifiés ; le maréchal développera ce
projet plus tard (*Dîme royale*, 1708) mais une certaine
déformation de celui-ci fut décidée en 1695, sous le nom
de « capitation ». Elle touchait tout le monde, même le
Dauphin et les princes du sang (mais pas le clergé, qui
paya en prières), selon une division de tous les sujets en 22
« classes » d'après leur profession, leurs titres ou leur
« estat », la dernière classe ne payant que quelques sous.
Cette surprenante nouveauté qui allait contre toute la
législation antérieure et les saintes coutumes, rapporta
plus de 20 millions par an, mais fut supprimée après la
paix, comme le Roi l'avait promis. Elle aida à financer la
fin de la guerre, dont le coût décrut curieusement dans les
dernières années, tant les ressources étaient épuisées,
comme les armées, comme aussi chez tous les belligérants.

D'autant qu'un événement tragique avait fondu sur le royaume presque entier entre l'été 1693 et l'été 1694. Après des années médiocres, traversées d'épidémies, la récolte de 1693, pourrie par un été humide, descendit peut-être à la moitié de la normale. Les prix du blé et du pain se mirent à monter — plus du triplement —, et les difficultés des communications et les spéculations habituelles s'en mêlant, accrurent à la fois la panique et la cherté. Sur une population qui, sauf dans le Midi et en Bretagne, manqua en même temps de ressources et de travail, la « grande mortalité » s'abattit, accrue par des nourritures infectes et de rudes « contagions ». Pour la première fois depuis plus de trente ans, on revit le pain de fougère, le pain de gland, les moissons coupées en vert et les herbes bouillies. Dans la moitié au moins du royaume, la mort faucha 2 à 4 fois plus qu'en période habituelle, ce qui peut signifier qu'au moins 10 % de la population disparut, et localement bien plus. L'impôt accru, un certain manque de travail (les ports bloqués par les Anglais, on ne pouvait plus exporter les produits ruraux ou urbains) et les difficultés des années précédentes avaient préparé cette catastrophe : les petites gens manquaient de ressources et de réserves pour résister. Depuis la Fronde, on n'avait pas revu des misères de cette intensité et de cette étendue ; même le fameux « grand hyver » de 1709 n'atteignit peut-être pas ce degré dans le tragique.

On comprend bien alors qu'il était impossible de faire payer plus une population diminuée et en partie épuisée. Le Roi lui manifesta sa pitié. D'autres commençaient à s'exprimer sur un registre différent. En 1694, Vauban éleva la voix, comme il l'avait fait après la Révocation ; Boisguilbert publiait son *Détail de la France* (1695), critique de l'économie et du système fiscal, et Fénelon écrivit sans doute cette Lettre au Roi si souvent citée : « La France entière n'est plus qu'un grand hôpital désolé et sans provisions... » ; formule un peu forcée, mais qui manifestait qu'une opposition ferme et respectueuse s'élevait. Déjà, les *Caractères* de La Bruyère contenaient de vives critiques (9 éditions de 1688 à 1696), tandis que se répandaient les violents et talentueux pamphlets venus de Hollande, les « Soupirs de la France esclave » — titre significatif — étant le plus connu. Dans des domaines différents, mais voisins, le cartésianisme progressait malgré les interdictions, l'exégèse biblique et sacrée renaissait, les premières attaques critiques et « libertines » contre les « superstitions » sortaient des plumes de Fontenelle et surtout de Pierre Bayle l'exilé, dont les *Pensées sur la Comète* et le *Dictionnaire Historique et Critique,* deux véritables « brûlots » philosophiques et politiques, paraissent entre 1694 et 1697. Œuvres interdites et pourchassées, mais recherchées et lues par une élite encore mince, sans doute en avance sur son époque, mais qui montrait bien que le temps de l'adoration éperdue s'estompait et que ce qu'on appellera les « Lumières » se mettait lentement en place. Bossuet vieillissant sentait bien le danger, mais le Roi ne s'y arrêtait guère, la guerre passée et la guerre future l'occupant presque entièrement.

LE RÉPIT (1697-1701)

Parvenu à sa soixantième année, Louis XIV, qui a négocié avec obstination et traité à Ryswick avec modération, va-t-il faire taire en lui les voix de la gloire et de la magnificence pour ne plus écouter que cet instinct de prudence qui émerge enfin de sa nature profonde ? Va-t-il donner à ses finances et à ses sujets le repos dont ils ont besoin ?

Il s'y décida sans doute, puisque avec ses diplomates il se lança dans des négociations complexes pour essayer de régler à l'amiable entre les cohéritiers éventuels la toujours imminente succession d'Espagne. Comme elle ne s'ouvrit qu'en fin 1700, un répit fut donné au royaume.

La capitation et quelques impôts de guerre disparurent, et les tailles fléchirent de 10 %, ce qu'on n'avait pas vu depuis longtemps. En revanche, les fermiers des impôts indirects perçurent ceux-ci avec plus de facilité, ce qui montre que l'économie du pays fonctionnait à nouveau : en effet, les récoltes furent bonnes à partir de 1695, et le blocus anglais des ports français fut levé, ce qui fit repartir exportations et production. Les manipulations monétaires se calmèrent un peu, et l'Etat sut rembourser à bon compte une partie des rentes et des emprunts créés pendant le conflit précédent. Le peuple des campagnes fut débarrassé d'une institution militaire récemment essayée, la milice, qui mobilisait en gros un soldat par paroisse, pris parmi les célibataires (puis les jeunes mariés), et entretenu par cette paroisse. Cette apparente « nouvelleté » (en fait, il s'agissait d'une résurgence) fit hurler la paysannerie attachée à ses guérets et peu portée au métier militaire : les déserteurs furent nombreux, et protégés. On fêta donc la fin de la milice, qui reviendra...

D'un autre côté, le Roi pensait par moments que sa politique antiprotestante avait mal réussi ; il ordonna en 1698-1699 qu'on utilise plutôt la persuasion que la contrainte, sans céder naturellement sur le principe de l'unité religieuse.

La paix fit éclater avec une énergie extraordinaire le commerce sur mer, pour qui la course n'avait constitué qu'un pis-aller. Dès 1698, le nombre de navires partis de Nantes et de Saint-Malo pour les Antilles a triplé. Les autres ports les imitent vite, et les Marseillais passent enfin Gibraltar. En même temps, de sérieuses compagnies (privées) se fondent pour le trafic dans l'océan Indien, en Chine, dans la Mer du Sud (côtes du Pérou) ; les premiers navires marchands font le tour du monde... en trois ans, mais en trafiquant. Ce commerce assez risqué rapportait gros (ou rien) : il consistait à conduire dans ces pays de cocagne les fines toiles et les produits de luxe français, et en ramener des quintaux d'argent en barre ou en piastres, mexicaines surtout, plus le sucre, la soie, la laque, les épices, les produits de la Chine et de l'Inde. Ces trafics souvent fabuleux (auxquels se mêlait la traite des Nègres) enrichirent des lignées de négociants fameux, comme les millionnaires malouins, les Danycan, les Magon, et d'autres. Ils apportaient aussi dans le vieux royaume terrien une sorte de souffle océanique qui lui avait parfois manqué, et au vieux roi, en pleine guerre bientôt, des secours indispensables. Naturellement, cet éveil soudain ne pouvait satisfaire les grandes puissances maritimes établies aux « Isles » et aux « Indes » et habituées aux trafics directs avec l'Orient et l'Extrême-Orient, c'est-à-dire la Hollande principalement, l'Angleterre de plus en plus, et l'Espagne encore beaucoup. Cet essor, favorisé par des ministres intelligents comme Pontchartrain, va donner des couleurs nouvelles aux conflits futurs, et à tous ceux du XVIIIe siècle.

Dans le royaume même, l'enquête organisée en 1697 « pour l'instruction du Dauphin » montre un assez bon état d'ensemble, des intendants qui travaillent à faire respecter l'ordre et payer les impôts, et disent y parvenir. Après les Eaux et Forêts, le Papier Timbré et les bureaux de Tabac (sous Colbert), de nouvelles administrations apparaissent : les Hypothèques, l'Enregistrement (au début, de certains actes des notaires) et bientôt les Ponts et Chaussées. Des lieutenants de Police furent installés dans toutes les villes importantes et moyennes, trente ans après Paris (1667, La Reynie) : ces hommes surveillaient l'approvisionnement, les métiers, les prix, l'imprimerie et les bonnes mœurs. Une décision de 1700 posa le principe de l'entretien (mais aux frais des habitants) d'un maître et d'une maîtresse d'école par paroisse : simple intention de voir généraliser ce qui se faisait couramment dans le tiers Nord du royaume.

Plus durable et significatif, le réveil du Conseil du Commerce jadis créé par Colbert, puis assoupi. L'idée neuve fut d'y faire entrer, à côté de deux ministres et de grands commis comme D'Aguesseau et Amelot, douze grands négociants qui représentaient les principales villes marchandes du royaume, qui peu à peu se pourvoyaient de Chambres de Commerce (1700). Ce conseil avança l'idée de liberté économique et demanda des accords avec les deux grandes puissances maritimes. Certains de ses membres, comme Mesnager de Rouen et Descazeaux de Nantes, jouèrent même un rôle diplomatique dans les négociations d'avant les traités de 1713-1714.

Pendant ce temps, la Cour, la Ville et aussi une partie des élites provinciales se passionnaient pour les « affaires du temps », qui échappaient au commun des mortels : un quiétisme excessif et vaguement hystérique autour de Mme Guyon et, un moment, de Fénelon, la renaissance d'un jansénisme fortement gallican ; dans ces querelles théologiques, le Roi, quasi-prêtre donnait son avis, désormais proche de celui de Rome et des ultramontains. Mais, laissant le beau monde aux discussions de salon et à bien des formes de libertinage, le Grand Roi s'occupait surtout de l'Affaire par excellence : la Succession d'Espagne.

Le problème se posait ainsi : parmi les éventuels héritiers du roi d'Espagne qui allait mourir sans enfants, deux comptaient vraiment : Louis XIV, fils et époux d'infantes aînées ; l'Empereur Léopold, fils et époux d'infantes cadettes. Tous deux mettaient en avant un fils ou un petit-fils. L'Europe pouvait difficilement admettre de voir unies sous un même roi les couronnes de France et d'Espagne (avec l'Amérique en sus), pas plus qu'elle ne pouvait supporter la reconstitution de l'Empire de Charles Quint, et Louis XIV moins encore. C'est pourquoi toute une série de négociations complexes, où Angleterre et Hollande se trouvaient forcément impliquées, se sont développées pendant ces années de répit. En dernier ressort, Louis XIV, avec beaucoup de modération, se serait contenté du Milanais, magnifique monnaie d'échange, et aurait laissé le reste de l'héritage, ou à peu près, à l'archiduc Charles, fils de l'Empereur.

Là-dessus le roi d'Espagne, enfin disparu, laissa un testament qui fut connu le 1ᵉʳ novembre 1700. Il exigeait le maintien intégral de l'Espagne et de ses possessions, et désignait comme héritier Philippe d'Anjou, petit-fils de Louis XIV ; à défaut, le frère de Philippe ; à défaut, l'archiduc Charles. Louis XIV et ses ministres délibérèrent deux jours, et acceptèrent le testament. Cela entraînait inévitablement la guerre avec l'Empereur, qui s'en tenait aux négociations antérieures, mais avec cet avantage de disposer de toute la puissance espagnole, non négligeable, surtout avec les richesses américaines. Le refus aurait aussi entraîné la guerre, mais sans l'appui espagnol, Louis XIV ne pouvant accepter le renouvellement de l'empire de Charles Quint.

Quoi qu'il en soit d'une décision que la postérité a longuement et inutilement discutée, elle n'amena pas immédiatement la guerre, sinon quelques mois en Milanais. La troisième coalition tarda à se former. D'abord parce que l'Empereur ne pouvait se décider seul ; ensuite parce que le jeune roi Philippe réussit fort bien son entrée en Espagne, et se rendit populaire, surtout en Castille ; enfin parce que Guillaume d'Angleterre et le grand Pensionnaire de Hollande Heinsius (homme de premier plan) semblaient décidés à voir venir, bien que marchands et marins des deux pays aient peu goûté cette accession d'un Bourbon à la couronne d'Espagne et aux trésors américains. Il faut bien reconnaître que Louis XIV gâcha ce répit par un retour à son ancienne politique de grandeur.

Dès février 1701, contrairement à ses engagements antérieurs, il maintenait tous les droits de Philippe V d'Espagne à la succession de France ; décision mal venue, alors que le Grand Dauphin et son fils aîné vivaient encore. Puis, en attendant l'arrivée de garnisons espagnoles, il envoya des soldats français occuper « provisoirement » les « places de la Barrière », y maintenant prisonniers les contingents hollandais qui s'y trouvaient depuis la paix de Ryswick. A Madrid, trop de conseillers français aidaient Philippe V à gouverner, tandis que les grands négociants français investissaient immédiatement le marché espagnol et surtout l'américain. Par surcroît, en septembre 1701, le roi d'Espagne accordait l'*asiento* (monopole de la fourniture d'esclaves à l'immense Empire espagnol, que possédaient naguère les Hollandais) à une compagnie française où lui-même et son grand-père étaient actionnaires, avec les financiers et banquiers les plus riches de France, les Crozat, Le Gendre et Samuel Bernard. Ce triomphe économique était inadmissible pour les puissances maritimes ; quelques jours plus tard fut conclue la Grande Alliance de La Haye — Angleterre, Hollande, Empire — qui donna deux mois à Louis XIV pour négocier. Celui-ci répondit à sa manière : le roi détrôné d'Angleterre, le catholique Jacques II, venant de mourir, il reconnut son fils Jacques III comme roi d'Angleterre « de droit », puisque Guillaume régnait « de fait ». Celui-ci ne supporta pas l'outrage, le Parlement anglais non plus ; la mort inopinée de Guillaume (mars 1702) ne retarda le conflit que de deux mois. Le 15 mai 1702, les trois alliés de La Haye entamaient la troisième coalition.

LA DERNIÈRE COALITION
OU GUERRE DE SUCCESSION D'ESPAGNE (1702-1713)

Une nouvelle fois, Louis XIV avait à combattre sur tous les fronts européens (Pays-Bas, Empire, Italie, Espagne) plus les mers et les colonies, et cela avec seulement quatre alliés deux en Allemagne (Cologne, Bavière) et deux qui l'abandonnèrent dès 1703 : le Portugal, craignant de perdre le Brésil, adoptant le protectorat anglais, et le duc de Savoie, pour devenir roi et vivre tranquille sur ses terres.

L'armée française avait été soigneusement préparée, réformée, entraînée. Le fusil avait été généralisé en 1701, la baïonnette à douille en 1703, l'artillerie renforcée par un bon spécialiste, Surirey de Saint-Remy. Un énorme effort de recrutement avait été accompli et la milice, à nouveau convoquée malgré l'hostilité paysanne, rendit de réels services, surtout comme auxiliaire. Dès 1702, le roi put avoir 220 000 hommes à sa disposition, peut-être 300 000 l'année suivante. Ce qui manquait, c'étaient les navires, de qualité, mais pas assez nombreux ; les généraux de talent aussi : certes il y avait Villars, Berwick (bâtard de Jacques II) et surtout Vendôme, talentueux mais difficile à manier ; ils furent expédiés d'un front à l'autre, mais le Roi utilisa aussi des courtisans incapables, comme Ville-roy, La Feuillade ou Tallard. Il se trouva que le génie militaire gisait plutôt chez l'adversaire, avec le Prince Eugène et Marlborough, et que la flotte anglaise, malgré de beaux exploits de « la Royale » et des corsaires, domina vite les mers, bloquant à nouveau les ports français.

A voir les choses de haut, la guerre a comporté deux aspects successifs : jusqu'en 1709, de graves revers ; après cette date, un certain redressement.

Le premier désastre eut pour cadre l'Empire : à Blen-heim près d'Hochstaedt (1704), le prince Eugène et Marlborough écrasèrent l'armée franco-bavaroise de Mar-cin et Tallard : des drapeaux furent enterrés, trente mille hommes furent pris, et le reste reflua jusqu'en Alsace. Personne n'osait apprendre cette déroute au vieux Roi ; quand il la sut, il rappela Villars des Cévennes (où il combattait les Camisards) pour qu'il arrête au moins l'ennemi sur la Moselle ; puis les adversaires combattirent sur le Rhin sans résultat notoire.

La même année, les Anglais prenaient Gibraltar, que la flotte de Toulon ne put reprendre, pas plus que Barcelone un peu plus tard. Les Anglais conduisirent même paisible-ment dans cette ville l'archiduc Charles, que la Catalogne reconnut comme roi, suivie des royaumes de Valence et Murcie. Le nouveau Charles III entra même dans Madrid en 1706, aidé par des armées autrichiennes et anglaises dont une partie venait du Portugal leur nouvel allié.

La même année, Vendôme, qui avait tenu longtemps le Milanais malgré le lâchage de Victor-Amédée sur ses arrières, fut remplacé par La Feuillade, immédiatement écrasé par le prince Eugène près de Turin. Louis XIV et son petit-fils durent renoncer à défendre toute l'Italie espagnole pour obtenir une retraite honorable en 1707.

Au Nord, les déceptions se succédaient. Vaincu à Ramillies en 1706, Villeroy perdit les Pays-Bas espagnols qui reconnurent l'Autrichien comme roi. Deux ans plus tard, Vendôme et le duc de Bourgogne, qui ne s'entendaient pas, furent défaits à Audenarde par les coalisés. L'armée française reflua en désordre, laissant Lille dégarnie ; malgré Boufflers, la ville tomba en octobre 1708 : l'invasion du royaume commençait.

La même année, le roi tenta un débarquement en Ecosse, fidèle aux Stuarts ; sa flotte ne put même pas aborder, et revint à Dunkerque.

Les difficultés avaient aussi atteint l'intérieur du royaume. Dès 1702, les protestants des Cévennes, excédés par l'intolérance catholique et la misère, et encouragés par de jeunes prophètes illuminés, entraient en révolte ouverte. L'affaire fut si grave qu'il fallut envoyer l'armée avec Villars lui-même. Les principales bandes furent dispersées en 1705 ; malgré une féroce répression, la guérilla dura jusque vers 1710. D'autres révoltes avaient agité le Sud-Ouest, comme celle des « Tard-Avisés » du Quercy en 1707. Dans un autre domaine, il se formait autour du duc de Bourgogne une sorte de parti de la paix, où Fénelon jouait un rôle pas toujours discret, préparant visiblement le règne suivant. A la tête du royaume, l'unité de vues chancelait.

On se doute bien que le financement de la guerre posait de graves problèmes. Comme précédemment, on accrut les impôts, qui rentraient mal, on vendit cent offices et toutes les rentes imaginables, et on remua les monnaies jusqu'aux limites du tolérable. On tenta même l'expédient des billets de monnaie (qui avaient réussi précédemment), mais on en émit trop, on ne put les rembourser intégralement, et ils perdirent assez vite la moitié de leur valeur, puis les trois quarts. Le Contrôleur Général Chamillart, sorte d'honnête homme, écrivit alors au Roi une lettre assez désespérée pour lui dire son épuisement et celui du royaume (1708). Louis XIV eut alors le courage d'appeler Desmarets, qu'il n'aimait guère à cause de son passé sans vertu ; mais l'intelligence et la cynique habileté de ce neveu de Colbert dépassaient tout ce qu'on peut imaginer. Il réussit l'impossible qui consistait à trouver de l'argent liquide pour terminer la guerre. Pour cela il s'adressa aux grands hommes d'affaires français et étrangers : Crozat, Fizeaux, Le Gendre, Samuel Bernard, les Genevois Hogger, Huguetan et Mallet ; il leur emprunta à des taux élevés, le tout garanti sur la richesse fondamentale du royaume, dont les revenus auraient été engagés pour de nombreuses années, s'il n'avait su, la guerre finie, opérer une aimable banqueroute partielle...

A toutes ces difficultés s'ajouta l'une de ces famines brutales (la dernière, mais qui le savait ?) qui depuis des siècles fondaient sur le royaume à intervalles irréguliers. Le « grand hyver » de 1709, souvent décrit, gela la plus grande partie des grains et des arbres français (oliviers et noyers notamment), provoquant une cherté catastrophique (on vit des prix quintupler) et des épidémies et « mortalités » foudroyantes, mais heureusement courtes, les céréales de printemps ayant sauvé quelques provinces et les récoltes suivantes se trouvant heureusement bonnes. Misère accrue par le poids de la guerre et des impôts, difficilement perçus. En ces années 1708-1710, le fond du gouffre parut atteint.

Bien qu'il eût éprouvé la grande joie de voir son petit-fils reconquérir presque tout son royaume dès le début de 1708, le Roi prit le parti de négocier à La Haye. Il offrit d'abandonner Dunkerque, Terre-Neuve et même Strasbourg ; il offrit de chasser le prétendant Stuart, et surtout d'abandonner son petit-fils Philippe V d'Espagne. Les Coalisés eurent le front d'exiger qu'il aille l'en chasser militairement. Le simple honneur lui commandait de refuser : il brisa net, infiniment triste.

Alors, les signes d'espoir apparurent. A Malplaquet (fin 1709), bain de sang et demi-victoire, les pauvres armées françaises improvisées et démunies tenaient en échec

Marlborough et le prince Eugène, protégeant quand même les frontières du royaume que Vendôme défendit à peu près jusqu'à sa mort (1712). A Villaviciosa, Philippe V, qu'aida encore Vendôme, parvenait à libérer tout son royaume (fin 1710). En septembre 1711, ce qui restait de la marine royale s'en alla bombarder Rio de Janeiro, et en ramena un considérable et fort utile butin. Enfin la victoire inattendue et tardive de Denain (juillet 1712), empêchant le prince Eugène de fondre sur Paris, accéléra des négociations que l'Angleterre avait, cette fois, très sérieusement engagées.

Dans ce pays, les choses venaient de changer : au parti de la guerre succédait au Parlement et dans l'entourage de la reine Anne un parti de la paix, mené par les landlords qui pensaient que le conflit coûtait trop cher et devenait inutile : l'Empereur étant mort, son fils qui se disait roi d'Espagne lui succédait. Pas plus que les autres puissances, les Anglais ne tenaient à voir le même monarque régner sur l'Autriche, l'Empire, les Pays-Bas, une partie de l'Italie, l'Espagne et l'Amérique. Anglais et Français ayant désormais des intérêts communs, les préliminaires de Londres (fin 1711) conduisaient à la paix et en préfiguraient les clauses ; elle fut signée en 1713 à Utrecht et en 1714 à Rastadt avec l'Empereur.

Louis XIV dut reconnaître solennellement la reine d'Angleterre et sa prochaine succession hanovrienne et protestante, et admettre que Philippe V renonce définitivement à ses droits éventuels sur le royaume de France. Son petit-fils reconnu roi d'Espagne et des « Indes de Castille » (l'Amérique) par toute l'Europe devait laisser ses terres italiennes et les Pays-Bas à l'Empereur, c'est-à-dire aux Habsbourg d'Autriche. Louis XIV perdit quelques lieues carrées à sa frontière du Nord, dut accepter de raser Dunkerque et de voir les Hollandais réoccuper les places de la « Barrière » pour le surveiller ; mais il récupérait sur le Piémont la vallée de Barcelonnette et quelques bourgs alpins. Déjà commençait aussi le sacrifice des terres lointaines que de hardis pionniers lui avaient données : une Antille (Saint-Christophe), les régions de la Baie d'Hudson, Terre-Neuve et surtout l'Acadie, déjà colonisée. En comparaison avec ce qui l'aurait attendu s'il avait traité en 1709-1710, c'était presque un succès.

Mais il s'atténue beaucoup lorsqu'on signale les avantages économiques et maritimes obtenus par les puissances maritimes. La France abandonnait tout protectionnisme de type colbertien ; elle renonçait à l'*asiento* et à tout privilège dans l'Amérique espagnole ; elle laissait les Anglais en obtenir de considérables : outre l'asiento, la fourniture d'esclaves, et ce « vaisseau de permission » allant chaque année trafiquer près des côtes américaines. La très grande période de la puissance anglaise démarre exactement en 1713. Elle allait obséder les successeurs de Louis XIV.

L'HIVER DU GRAND RÈGNE (1713-1715)

Septuagénaire, le Roi avait conservé cette majesté et cette santé que des milliers de purges, de saignées et d'émétiques n'avaient pu atteindre. Les chirurgiens qui lui avaient brisé la mâchoire pour lui enlever quelques dents gâtées n'avaient pas entamé une effarante boulimie qui le poussait à préférer les venaisons épicées et les énormes sorbets. Des ennuis digestifs et la goutte le diminuaient par moments, mais il fallut arriver aux dernières semaines pour que, miné sans doute par l'artérite, il soit victime de la gangrène des membres inférieurs.

Autour de lui, l'énorme machine de la Cour continuait ses courbettes, ses intrigues et son apparente dévotion, mais allait se distraire à Paris ou dans les « folies », maisons de campagne vouées à la liberté et au libertinage. *Mezza voce* commençait la Régence. Le Roi, souvent retiré chez Madame de Maintenon, vivait avec ses souvenirs et quelques vieillards, comme Grammont et Villeroy, se faisait jouer des comédies de Molière, ou bien écoutait cette musique de chambre qu'il avait toujours goûtée.

Cette gravité triste, qu'il montrait rarement, venait des revers de la guerre et de la dévastation de toute sa famille par la variole. Il lui restait juste un arrière-petit-fils, protégé des médecins par les femmes qui l'élevaient. Parmi ces deuils et ces échecs, il s'astreignait toujours à beaucoup travailler ; trois soucis l'obsédaient : l'établissement d'une paix enfin durable, la religion du royaume, la succession de France.

Sa modération récente avait déjà permis les derniers traités. Il songeait désormais à une sérieuse entente avec l'Empereur, qui compléterait son entente pas toujours aisée avec son petit-fils d'Espagne. Il n'eut pas le temps de conclure.

Sur le plan religieux, sa tardive dévotion, nourrie surtout de la peur de l'enfer pour ses péchés passés (selon la Maintenon), avait provoqué une sorte d'ultracatholicisme. Déjà, vingt ans plus tôt, des ordonnances précises avaient mis les prêtres des paroisses aux mains des évêques, qui pouvaient même les faire enfermer. Après les modérations de 1698, il décida soudain un regain de persécution antiprotestante, comme d'interdire aux médecins de visiter des malades qui ne présenteraient pas de billet de confession. Il fut mal suivi dans les provinces ; au moment de son agonie, le premier synode réformé du siècle se réunissait près de Nîmes. Il supportait aussi mal les renaissantes discussions théologiques à l'intérieur de l'Eglise. Contre le second jansénisme devenu gallican et « richériste » (favorable aux simples prêtres) il déclencha d'abord la persécution à Port-Royal, détruit pierre par pierre y compris l'église et le cimetière (1709-1712), puis demanda contre ces sortes de factieux l'appui de la Papauté, qu'il méprisait vingt ans plus tôt. Le Pape le fit attendre, puis rédigea en 1713 la bulle appelée *Unigenitus,* contre laquelle s'insurgèrent l'archevêque de Paris, la Sorbonne, le Parlement, une quinzaine de prélats et des centaines de prêtres et de religieux. Furieux, Louis XIV parla de « marcher sur le ventre » de tels adversaires, et songeait à réunir une sorte de petit concile à lui qui dirait le droit religieux, le sien. Rêveries qu'il n'eut pas le temps de réaliser.

Contre la Régence qu'il sentait venir en faveur de ce duc d'Orléans son neveu, qu'il détestait pour son intelligence et sa pensée libre, il fignola un terrible testament qui donnait tout le pouvoir à son bâtard préféré, le duc du Maine, un homme de valeur, qu'il avait fait déclarer par le Parlement apte à lui succéder... Mais deux jours après sa mort, le Parlement annula le testament, comme il en avait le droit.

Le monarque qui menait ces dernières actions un peu surprenantes mourut le 1ᵉʳ septembre 1715, après une brève et pieuse agonie. Jusqu'au bout, ou presque, il en imposa à son entourage comme aux ambassadeurs étrangers.

GRAND ROI, GRAND RÈGNE ?

De la France de 1715, sur laquelle les historiens ont beaucoup larmoyé, il faut bien dire qu'elle était financièrement en assez triste état, les revenus des deux prochaines années étant dépensés à l'avance. Il n'empêche que la Régence sut remettre tout sur pied en une dizaine d'années, et que la situation n'était pas plus terrible qu'au temps de Richelieu, et moins qu'au temps de Louis XVI. Dans les trois cas, la guerre en constituait la cause principale.

L'épuisement économique n'est pas évident. Certes les années 1709-1710 furent terribles, et une dure épizootie décima le bétail en 1714. Mais avant comme après, beaucoup de récoltes furent bonnes, se vendirent bien et fermiers et métayers, après de durs moments, parurent se rétablir, préparant les belles décennies du XVIIIe siècle. La paix revenue, l'activité des manufactures et des ports put reprendre, et ces derniers profitaient très largement du commerce des esclaves, des sucres et des toiles, dans l'euphorie maritime du siècle commençant. Les Iles à sucre, Martinique et Saint-Domingue, prospéraient rapidement, et de sérieux espoirs coloniaux apparaissaient en Inde et en Louisiane, sinon au Canada.

En revanche, le peuple des provinces, pour l'instant fort calme, semblait mal apprécier le centralisme triomphant, les intendants, la milice, et l'autoritarisme nouveau de prêtres formés dans des séminaires rigoureux.

Quant aux élites, elles avaient échappé à l'étouffoir versaillais et dévôt, et se complaisaient dans le cartésianisme, l'anglomanie, l'esprit critique et de critique, et le libertinage sous toutes ses formes, même nobles. Visiblement, la France des Lumières perçait sous le Grand Siècle.

Grand roi ? Grand règne ? Grand siècle ? Prononcer la sentence n'appartient pas à l'historien. Il doit seulement signaler que ni le monarque ni le royaume n'étaient les mêmes en 1661, 1688, 1715 ; que les opinions sur

Louis XIV ont beaucoup varié d'un siècle à l'autre, d'une famille d'esprit à une autre, d'un pays à l'autre. Il est notoire qu'il fut détesté en Allemagne et en Hollande, et que l'école historique anglaise, habituellement élégante et mesurée, n'est pas tendre à son égard. Il est significatif aussi que les légitimistes du xixe siècle aient bien moins évoqué son image glorieuse que l'image populaire du « bon roy Henry » ou le triste souvenir du « martyr du 21 janvier », le pauvre Louis XVI.

Tel qu'il fut ou qu'on le voit, il appartient au patrimoine national, comme Saint Louis, Louis XI, Henri III, Robespierre ou Napoléon.

X

Le temps de Louis XV
(1715-1774)

Ce long règne, près de soixante années, a suscité des interprétations souvent contradictoires et parfois surprenantes, notamment sur la personnalité d'un monarque assez mal connu, et qui fut regardé avec des lunettes de couleurs fort variées.

Vu de haut et sous l'angle politique, ce « siècle de Louis XV », comme l'appelait Gaxotte, se déroula en cinq actes.

Premier acte, imposé par l'âge du roi (cinq ans), occupé par la régence de ce duc d'Orléans dont la mauvaise réputation est à corriger (1715-1723) puis l'intermède du médiocre duc de Bourbon (1723-1726). Deuxième acte avec le vieux précepteur du roi, Fleury, personnage souple, autoritaire et pacifique, qui sut tenir le pouvoir de sa soixante-treizième à sa quatre-vingt-dixième année (1726-1743). Vint le temps de la Pompadour (1743-1757) (surnommée « Sa Majesté Cotillon » par Frédéric II) qui faisait défiler les ministres au gré de ses caprices, mais aussi de son élégante finesse. L'aimable et inconstant Choiseul — le premier qui « brada » un Empire — occupe la période suivante (1758-1770). Cinquième et dernier acte de cette tragi-comédie : la reprise du pouvoir par un monarque enfin décidé à mater d'orgueilleux opposants en s'appuyant sur deux hommes énergiques et talentueux,

Maupeou et Terray, qui entamèrent des réformes qui eussent pu sauver le Régime, si Louis XV, foudroyé par la variole, n'avait brutalement disparu.

Ce survol politique ne dit même pas la faible longévité de la plupart des ministres : l'un s'appelait Silhouette, ne fit que passer et devint un nom commun. Il voile aussi l'essentiel : un essor économique à la fois inégal et prononcé ; une puissante montée des oppositions : religieuse, philosophique, parlementaire et même aristocratique, dangereuses parce qu'elles affectaient surtout les élites, alors déterminantes ; une incapacité viscérale du régime à se réformer financièrement, malgré une dizaine de courageuses tentatives ; enfin une gloire militaire et parfois maritime souvent éclatante, finalement gâchée par des défaites, des inconséquences et des abandons ressentis comme honteux, mais qui du moins provoquèrent de vives réactions.

La régence

Celle-ci ne ressembla en rien aux précédentes, celles d'Anne d'Autriche et des deux Médicis. Elle demeure « la Régence » par excellence, entourée d'une réputation en partie fabriquée : dévergondage et agiotage, mais élégance et esprit. Elle fut simplement une réaction à la dure, triste et guerrière fin de règne qui l'avait précédée. Premier signe : le petit roi et la Cour quittent Versailles pour Paris, la grand-ville, autrement vivante. Second signe : le Parlement casse immédiatement le testament de Louis XIV qui avait désiré confier tout le pouvoir à son bâtard du Maine, aux dévôts et aux Jésuites ; en échange, le duc d'Orléans, devenu pleinement le maître, rendit aux parlementaires le droit de « remontrances » perdu précédemment, dont ils usèrent et abusèrent désormais jusqu'à leur extinction.

Neveu du Grand Roi, fils de la vigoureuse et savoureuse princesse Palatine, le Régent avait reçu à peu près tous les dons : la beauté, la prestance, les talents militaires, une culture littéraire, artistique et scientifique fort rares, la connaissance des hommes, ce grand art politique qui consiste à mettre les réalités avant les doctrines, et même le goût du travail, sauf le soir. Qu'il ait consacré un bon tiers de son temps au plaisir, voilà qui n'était ni neuf ni rare : son père et son oncle n'avaient offert en rien le modèle de la vertu, et ses « roués » comme ses belles amies se contentaient, sans pudeur mais aussi sans finesse, de montrer au grand jour ce qui s'était toujours passé dans une semi-discrétion. Et puis de telles constellations de talents entourent ce milieu dissolu : de la pastelliste Rosalba à Antoine Watteau mort trop tôt (1721, 37 ans), du sculpteur Caffieri à l'ébéniste Crescent, du toujours spirituel Fontenelle aux premières œuvres sérieuses (*La Henriade,* 1723), de l'impertinent Voltaire et au premier chef-d'œuvre du président de Montesquieu, ces *Lettres Persanes* (1721), modèle inégalé du pamphlet de style, avec les salons déjà philosophiques (Mme de Lambert) et les premiers cafés...

Accompagnant cette brillante civilisation qui se montre enfin, deux essais, l'un assez médiocre, l'autre aussi prématuré que génial.

Le premier, inspiré en partie par Saint-Simon et le souvenir de Fénelon, se résume dans la reprise du pouvoir à la « vile bourgeoisie » (les descendants de Colbert et de Louvois) par les princes du sang et la grande noblesse, persuadés que la conduite des affaires leur revenait, et que leur haute naissance leur tiendrait lieu de compétence. Le Régent congédia donc les hommes du « vieux système », sauf quelques-uns qu'il savait utiles. S'instaurèrent huit « Conseils » des plus aristocratiques, dans lesquels pénétrèrent tout de même des serviteurs chevronnés et compétents. Il est d'usage de moquer cette « polysynodie », dissoute en 1718 ; certes, elle ne brilla pas toujours et le « Conseil de Conscience » relança malencontreusement la querelle janséniste ; un autre Conseil créa cependant le corps des Ponts et Chaussées, avec des ingénieurs et inspecteurs de talent. Le Conseil des Finances, courageusement, aborda le terrible problème financier. Il commença, sans originalité, par une banqueroute partielle, que suivit la classique « chasse aux traitants » : la rituelle Chambre de Justice (1716-1717) en menaça quelques milliers, et fit « rendre gorge » à quelques douzaines : sauf exceptions (Crozat, Bourvalais) la purge annoncée s'abaissait au niveau de l'opération publicitaire :

comment condamner des gens dont le gouvernement ne pouvait se passer, et qui souvent en faisaient partie ? Plus prometteur, le projet de « taille proportionnelle » (proportionnelle aux revenus déclarés et constatés) conçu en 1717 et effectivement expérimenté dans quelques bailliages ; pour l'appliquer et l'étendre, il eût fallu des années et de la persévérance, ce dont ce Régime, qui réitérera, manquait le plus.

Le Régent écouta alors John Law, dont les idées avaient précédemment séduit Desmarets, sorte de génie écarté trop vite. Plus de cent livres se sont efforcés à décrire l'Écossais, son Système, et leur échec ; seul d'ailleurs compte l'échec.

Dans un premier temps, il paraissait normal que Paris jouisse désormais d'une bonne banque de dépôts, de change et d'escompte, comme Amsterdam (dès 1609) et Londres (1694). Plus hardiment, il convenait de multiplier la quantité et la vitesse de circulation de la monnaie, afin de favoriser une rapide expansion économique, intérieure, maritime et coloniale ; en même temps de faire reculer (sinon supprimer) le quasi-monopole de l'or et l'argent monnayés, pour leur substituer une sorte de billet de banque, voire d'action, garanti à la fois par les revenus de l'État et les ressources à attendre des comptoirs à Nègres, de l'Inde, des Antilles, et surtout de l'Amérique où l'on venait d'acquérir (de Crozat) la prometteuse Louisiane et de fonder La Nouvelle-Orléans. L'idée, visiblement mûrie à l'exemple hollandais et anglais — pays de grand commerce, de marine et de riches colonies — ne manquait ni de fondement ni de subtilité, ce qu'avait bien compris le Régent après Desmarets. Elle s'adaptait mal à un grand royaume à la fortune énorme, mais terrienne, immobilière, traditionnelle, attachée aux lourds et sûrs métaux précieux : elle venait donc d'ailleurs, et surtout trop tôt. Par surcroît, ce « système » convenait moins encore au groupe puissant et apparenté qui réunissait haute aristocratie, financiers, grands officiers de finances et même ministres, enrichi et spécialisé dans le trafic des espèces par le truchement du ramassage des impôts, des fournitures aux armées et des prêts au Roi : toucher à la monnaie « sonnante », c'était menacer leurs fortunes et leur pouvoir. Hostiles à Law dès le début, ils le feront capoter.

En effet, les premiers billets de la « Banque générale » (privée) comme les premières actions de la Compagnie d'Occident (Amérique) furent bien accueillis. Puis les émissions des uns et des autres s'accélérèrent, les dividendes furent faibles, et Law se mit à remuer sans cesse les monnaies, à absorber les compagnies esclavagistes et orientales, et surtout à se faire attribuer l'ensemble des Fermes d'impôts et le titre de Contrôleur Général (1719-début 1720). C'en était trop pour les financiers comme les frères Pâris et les princes du sang leurs alliés, comme Conti et Bourbon. Au milieu d'une spéculation effrénée, ces deux derniers donnèrent le signal de la curée : ils retirèrent l'or de la Banque devenue royale par charretées entières, en échange d'un papier qui devenait *ipso facto* sans valeur. Tout s'effondra vite. Des fortunes, petites ou grandes, furent atteintes et parfois fondirent ; d'autres s'envolèrent, ce qui constitue à peine un jeu de mots.

On a beaucoup disserté sur les conséquences du Système, en sollicitant trop souvent les pamphlets et les témoignages passionnés. Quelques faits demeurent certains.

Le cours obligatoire des billets, même dévalués, permit à beaucoup de débiteurs de purger aisément des dettes anciennes, de racheter à bas prix des rentes à 5 ou 6 %, ou d'en faire réduire l'intérêt ; ce ne fut point une belle saison pour les créanciers, mais pas mal de situations difficiles se trouvèrent assainies. En outre, le peuple de France — bien qu'il n'en souffrît aucunement neuf fois sur dix — fut dégoûté pour longtemps du papier-monnaie, de la monnaie de papier et même du billet de banque non convertible : aventure que renforça celle de l'assignat révolutionnaire, attitude qui persista jusqu'en 1914. Conséquence, vérifiée des millions de fois : désormais, aucune transaction, même un petit fermage, ne fut conclue autrement que « contre bonnes espèces d'or et d'argent, et quel que soit le fait du prince », et cette dernière et surprenante formule eut la vie particulièrement dure.

Un autre groupe de faits éclata aux yeux des contemporains les plus avertis, et a été largement confirmé : le « Système » avec son grand remuement d'argent et d'idées, a donné un coup de fouet à l'économie française, particulièrement au grand commerce, celui des Antilles, des Nègres et du sucre, qui va enrichir non seulement Nantes et Bordeaux, cités esclavagistes, mais aussi Marseille et Lorient (rénovée pour la Compagnie des Indes), mais encore les industries de transformation (raffineries), d'équipement des navires (voiles, cordages, mâts, quilles, rivets, ancres, canons) et la vente au loin des riches produits de la ville et de la campagne, des blés d'Aquitaine aux toiles de Laval et aux « articles de Paris ».

Conséquence plus lointaine, et capitale : après une série d'habiles manipulations monétaires, la stabilisation de la livre-tournois en mai 1726 ; cela pour deux siècles puisque, après la bourrasque des assignats, le franc de germinal (que continuera notre franc-or, mort de la Première Guerre mondiale) reprendra glorieusement la même définition : 4,45 grammes d'argent à 9/10 de fin, stabilité biséculaire qui traversa tant de régimes... Elle fut cependant l'œuvre de ceux qui gouvernèrent après la fuite de Law (1720) et la mort du Régent (1723, à 50 ans à peine) : le duc de Bourbon, sa maîtresse fille du financier Berthelot quoique marquise de Prie, le munitionnaire Paris-Duverney et ses frères, tueurs du Système. En attendant Fleury et la Pompadour, enfants de financiers tous les deux, on se prend à penser que le « siècle des Lumières » fut au moins autant celui de la Finance, ce qui n'était pas forcément contradictoire.

Après les tempêtes du Système, que Bourbon, Fleury ou leurs successeurs se trouvent au pouvoir, les mêmes problèmes lancinants se posent à la monarchie qu'on appelle absolue. Plutôt que de conter leur évolution dans le détail, mieux vaut prendre du champ et les présenter les uns après les autres, même s'ils s'imbriquent dans la réalité, avant d'éclater tous ensemble au temps du malheureux Louis XVI.

Le problème royal.

On le sait bien : sauf par quelques hurluberlus, le caractère sacré de la royauté n'est pas discuté. Spontanément montent vers le roi la confiance et l'affection

populaires : il est le suprême justicier et le suprême
recours ; il arrive certes que de mauvais conseillers le
trompent et que des financiers, sangsues du bon peuple, le
volent ; mais il saura les démasquer et les châtier. Il est à la
fois le représentant de Dieu, l'Etat et la Nation, la patrie
ne constituant alors qu'un territoire, que les sujets limitent
souvent à ce qu'ils connaissent. Pour le roi régnant,
l'important consiste à ne pas gâcher ce capital. Louis XV
ne semble pas y être parvenu.

Moins connu que ses aïeux, déformé par les passions
adverses des contemporains et des historiens, il offrait,
dans sa jeunesse, l'image de la beauté et de l'élégance. Son
penchant prononcé pour les dames, qu'expliquent aisément hérédité et facilités, ne choqua que tardivement, à
cause de choix peu honorables et de chansonniers féroces.
Henri IV excepté, il fut probablement le plus intelligent
des Bourbons, et sûrement le plus cultivé. Gâté par une
éducation trop douce et flatteuse et par l'affection impé-
rieuse de Fleury, il ne se sentit pas obligé au travail
journalier et assidu auquel s'astreignit toujours son prédécesseur, et ne s'appliquait que par foucades. Sans doute
nourrissait-il à la fois un aimable scepticisme, un certain
goût pour la diplomatie secrète (ses agents personnels ont
parfois contrarié ses propres ambassadeurs) et connaissait-
il des moments, parfois longs, de ce que nous appellerions
« dépression », durant lesquels son esprit semblait ailleurs. N'empêche que, contrastant avec des abandons et
des silences, il eut des réveils d'orgueil, de majesté et
d'énergie qui ne peuvent tromper sur une nature profonde
qu'on ne sait quoi a souvent occultée. En effet, il suffit de
le voir réagir lorsque son beau-père, le roi de Pologne, est
assez lâchement attaqué en 1733 ; courir à Metz dix ans
plus tard pour faire face à une menace d'invasion autrichienne, tomber malade et susciter alors les prières de tout
un peuple qui le salue du surnom de « Bien-Aimé » ; il
faut encore l'entendre flageller l'orgueil des parlementaires parisiens en 1766, dans le plus pur style louis-
quatorzien : « C'est en ma personne seule que réside la
puissance souveraine... à moi seul qu'appartient le pouvoir législatif sans dépendance et sans partage... L'ordre
public tout entier émane de moi... Les droits et les intérêts

de la Nation dont on ose faire un corps séparé du Monarque ne reposent qu'en mes mains. »

Cinq années plus tard, il soutiendra sans désemparer des ministres énergiques et impopulaires (Maupeou, Terray) qui prennent à bras-le-corps la réforme du régime, et qui eussent pu le sauver, si le Roi n'était mort et que Louis XVI ne les eût congédiés.

Et pourtant, cette maîtrise et cette lucidité royales affleurèrent rarement, soit résignation, soit fatigue, soit habitude tôt prise de laisser gouverner les mentors — Orléans, Bourbon, Fleury — ou les maîtresses, depuis les quatre filles du marquis de Nesles jusqu'à Pompadour venue de la finance et Dubarry de la galanterie... Ce qui peut expliquer, avec la rage des pamphlétaires, cette impopularité finale démesurée, alors que le bon peuple n'avait demandé qu'à adorer ce très beau et généreux monarque.

Il est vrai qu'il ne prit garde que bien tard à la montée des oppositions, occupé qu'il était par les jeux et les enjeux de la diplomatie et de la guerre (et ceux de la Cour), dans un pays porté par une expansion économique qu'il n'avait pas connue depuis bien longtemps, et sûrement pas dans ses formes nouvelles.

Une croissance brillante, mais inégale

Croissance démographique.

En 1708, Vauban estimait la population du royaume à un peu plus de 19 millions d'habitants. Ce chiffre, étayé de façon inégale, a nourri depuis plus de deux siècles les discussions et les divagations de douzaines d'historiens et de démographes. Il subsiste trois certitudes : d'une part, personne ne connaîtra jamais le chiffre exact ; d'autre part, celui de Vauban risque de se trouver un peu faible, de deux millions peut-être ; enfin, quoiqu'on disserte, il souligne que la France était le premier pays d'Europe par la population ; Espagne ou Angleterre réunissait un tiers de son effectif, la richissime Hollande, un dixième ; les autres pays constituaient de simples expressions géographiques ou sortaient tout juste de l'ombre (Russie).

L'abbé Terray mit sur pied vers 1772 l'amorce sérieuse d'une statistique démographique, qui fut continuée. Il en résulte que le royaume, augmenté d'une bonne partie de la Lorraine (les « Trois Evêchés » ayant été réunis dès le xvie siècle) et de la Corse, pouvait alors compter 26 millions d'habitants, ou un peu plus en 1789. Soit, pour le siècle, une croissance de l'ordre du tiers, à la fois inférieure à celle du xvie siècle et à celle de tous les autres Etats d'Europe : dès ce moment, les Empires d'Autriche et de Russie, il est vrai moins unifiés, avaient probablement dépassé la France.

Cette bonne croissance s'explique de manière assez simple : sauf une brutale incursion à Marseille et aux alentours en 1720 (50 000 morts ?), la peste avait disparu ; sauf sur quelques pieds carrés, les guerres avaient toujours sévi hors du royaume, et les régiments, mieux réglés et disciplinés, ne vivaient presque plus sur le pays ; enfin, après 1710 disparurent les très graves chertés et disettes, n'en laissant survivre que de petites (vers 1740, vers 1770) ou de très locales, plus de pénibles et durables souvenirs. Et le contrôle systématique des naissances n'avait encore fait que de timides et tardives apparitions (dans quelques milieux, autour de Paris, dans le Sud-Ouest peut-être).

L'ensemble du royaume bénéficia inégalement de cette expansion, qui affecta surtout le Nord, l'Est, le Midi, tous les grands ports et les grandes villes ; la Bretagne, le Centre et les montagnes stagnaient, ou reculaient quelque peu.

Sauf exceptions, ce surcroît d'hommes à nourrir et à employer ne constituait pas alors un problème grave, puisque la croissance économique accompagnait, expliquait ou provoquait la croissance démographique.

Croissance économique d'ensemble.

Vers la fin du xviie siècle parurent les premiers statisticiens ; ils ne détenaient pas la technicité des nôtres, mais leur bon sens y suppléait parfois. Ceux du xviiie siècle allèrent plus loin, et plus sûrement ; on en trouvait même dans les bureaux ministériels ; enfin, des archives bien nourries fournissent des chiffres, surtout commerciaux, assez crédibles. Nous donnerons seulement quelques exemples de « taux de croissance » assez sûrs, bien qu'élémentaires.

La valeur du commerce extérieur français — largement bénéficiaire presque chaque année — a triplé de 1726 à la mort du roi, donc en période de monnaie stable ; certes, les marchandises dites coloniales (en partie réexportées) tiennent une belle place dans cette triomphale ascension ; mais elles constituent un facteur d'exaltation plus que de décision.

Des produits bien définis comme les draps du Langue-doc, expédiés par Marseille vers le Levant, passent d'une trentaine de milliers de pièces au début du règne à près de cent mille vers la fin. Le trafic des grandes foires régionales ou internationales comme Guibray (Normandie) et Beaucaire, connaît aussi un presque triplement. Même le charbon de terre, enfin utilisé malgré sa mauvaise réputation (la fumée...) plus d'un siècle après l'Angleterre, part de la région stéphanoise vers Paris à raison de 3 000 ou 4 000 tonnes l'an vers 1715, plus de 15 000 en 1774, et 20 000 un peu plus tard ; au Nord, de très grands seigneurs comme le duc de Croÿ ont fondé la compagnie d'Anzin, tandis que s'accroît également la production des fourneaux et des forges de Champagne, de Lorraine, du Nivernais, du Berri, de l'Isère et d'ailleurs, et que les noms des Wendel, Dietrich et bientôt Schneider commencent à émerger.

Du côté du textile, si l'ancienne draperie connaît une croissance lente, la toilerie, de Cambrai à Rouen, Laval ou Voiron, triple sa production en un demi-siècle, bientôt épaulée par les indiennes (cotonnades teintes) enfin autorisées en 1759. Vers cette date arrivaient déjà les « mécaniques » anglaises, qui accéléraient le travail, grâce à John Kay et à Holker.

Trêve de statistiques et d'exemples : cette impressionnante progression industrielle et commerciale (qui talonnera bientôt les performances anglaises) est sans précédent, mais n'atteint tout de même pas les dimensions d'une explosion. Mais ce fut peut-être le « take-off », ou du moins sa préparation.

Il va de soi que tout cela signifiait bien plus de travail pour bien plus d'ouvriers, notamment ruraux, puisque

c'étaient princip   ment eux qui façonnaient les étoffes, et
œuvraient saisonnièrement aux fours, forges, mines,
coupes et transports. Mais, en ville, ceux qui travaillaient
ensemble dans de grandes fabriques, notamment textiles,
se comptaient parfois par centaines.

Dans d'autres secteurs, la prospérité ambiante ne revê-
tait pas toujours des aspects aussi décisifs.

Progressions et contrastes dans le monde rural.

L'ensemble du monde rural (sauf infimes et tardifs
exemples) n'a ressemblé en rien à ce qu'ont raconté les
physiocrates, agriculteurs de salon (sauf exceptions) qui
généralement se sont contentés, après 1750, de traduire
des agronomes anglais qui eux-mêmes s'étaient également
contentés d'observer Hollandais et Flamands qui avaient
accompli depuis près de deux siècles leur « révolution »
agricole (jachère cultivée, engrais abondants et choisis,
légumineuses, fourrages artificiels, sélection des espèces,
etc.). Pourtant, dans la majeure partie du royaume, le
monde rural a connu une lente évolution qui explique,
d'une part, que de graves problèmes de ravitaillement se
soient rarement posés ; d'autre part, que ce qu'on peut
appeler son « niveau de vie » se soit sensiblement élevé,
mais pas toujours, ce dont peut simplement témoigner
l'évolution des mobiliers et des garde-robes, surtout
féminines.

Dans les zones heureuses — le Nord, l'Est, le Bassin
parisien, les grandes banlieues rurales et tous les vignobles —, on constate avec certitude une élévation lente et
sûre du prix des denrées, des fermages et de la valeur des
terres, vignes et prés surtout, bois bien plus encore ; ce qui
s'interprète comme autant de signes de prospérité, coupée
de rares accidents. Il est également sûr que les « bleds »
toujours essentiels, puisque nourriture par excellence, ont
été mieux semés, mieux conservés, mieux moulus et mieux
panifiés et que le beau froment a retrouvé sa place, faisant
reculer les pains « bis » ou noirâtres. Il apparaît aussi que
quelques défrichements nouveaux ont été effectuées (tardivement), que les jachères ont été entamées par des
cultures dérobées — fèves, pois, trèfle, luzerne — dont les

vertus n'étaient pas ignorées des paysans attentifs. Dans les vignobles qui s'étendent et produisent plus (bientôt trop), une certaine spécialisation s'est instaurée : les grands (avec le nouvel usage des vendanges tardives et des raisins triés) sont exploités par la meilleure noblesse, la haute magistrature et le haut clergé : le vieil hermitage, illustre, les solides bourgognes, de Beaune surtout, particulièrement goûtés à Paris, avec le nouveau champagne en pleine vogue ; plus à l'Ouest, Bordeaux et Cahors abreuvent toujours Angleterre et Pays-Bas et sont enlevés, comme les vins de Loire et les eaux-de-vie de Charente et Armagnac, par les bateaux hollandais omniprésents dans chaque rivière ; et voici que le Beaujolais nouvellement encépé commence à garnir, après ceux de Lyon, les cabarets parisiens. Le grandissime vignoble demeure pourtant celui « de France » — coteaux de Seine entre Champagne et Normandie — : ses 3 à 5 millions d'hectolitres d'un « gros rouge », de plus en plus noir et abondant, abreuvent, outre le Nord, toutes les guinguettes de banlieue, de Belleville à La Courtille et à Passy, et aident à vivre correctement des milliers de vignerons dans leurs maisons à étage recouvertes de tuiles, où leurs femmes et filles amassent parfois de pimpantes garde-robes.

Cette montée lente de l'aisance dans une partie du monde rural se mesure aussi par des changements dans le décor de vie, avec l'apparition de l'armoire, de la faïence, d'un couvert d'argent, d'une fontaine de cuivre, parfois d'un miroir. Il s'observe encore dans l'enchérissement accepté de fermages parfois fort disputés ; ou, plus simplement, dans la montée de plus de 60 % (le double de l'accroissement de population) des quantités de sel vendues par l'administration des Gabelles ; ou bien par une rentrée des impôts, certes lente et récriminante, mais combien moins difficile qu'au siècle précédent.

Il convient toutefois de ne pas outrer cette impression d'aisance croissante (que nient, sans preuve décisive, quelques historiens). D'une part, de « mauvaises années » se rencontraient encore (blés pourris, vendanges maigres, maladie des animaux) et de graves épidémies (grippes, typhoïdes, diphtéries) continuaient à circuler. D'autre part, des pans entiers du royaume semblaient piétiner, sinon régresser. Ainsi le Massif Central, où population et économie stagnent de concert, et d'où partent des hommes, maçons, tailleurs de pierres, scieurs de long, qui ne reviennent pas toujours. D'autres montagnes, celles que la métallurgie (Allevard) ou le papier ne fécondent pas, exportent des cadets non héritiers, parfois fort loin (Hollande) en attendant les « Mexicains » de Barcelonnette (après 1820). On est sûr que la Bretagne, bien étudiée, a perdu des habitants au xviiie siècle (ruine des grandes toileries après 1680, somnolence de nombreux petits havres tués par les très grands ports et surtout épidémies épouvantables contre lesquelles on ne sait pas lutter). Les pays de Loire semblent somnoler, puisque aucune activité nouvelle d'importance ne s'y maintient longtemps : leur aisance seigneuriale, rentière, jardinière et vigneronne ne les poussait pas à des changements qu'ils pensaient inutiles.

On doit enfin souligner que l'ensemble du monde rural a inégalement bénéficié de ce qu'on a pu appeler la « prospérité Louis XV ». Gros fermiers et meilleurs métayers se sont enrichis (on le verra lorsque les biens d'Eglise seront mis en vente), moins tout de même que les rentiers du sol, nobles, clercs ou bourgeois ; vignerons et jardiniers s'en sont fort bien tirés, ce qui ne durera pas ; en revanche, les pauvres diables, s'ils ont à peu près gagné l'assurance habituelle du pain quotidien, n'ont ramassé que les miettes de l'expansion (souvent grâce à un travail accru) et ont commencé à ressentir l'écart entre leur sort et ceux des « nantis ». Voici déjà un demi-siècle que le grand historien économiste Ernest Labrousse résumait tout cela en trois chiffres saisissants : l'ensemble des prix a monté de 56 % en trois quarts de siècle, la rente foncière de près de 100 % alors que les salaires (pas très significatifs cependant en un temps de large autoconsommation) se contentaient d'un bon quart ou d'un petit tiers. Quoi qu'il en soit, ce siècle n'offrit jamais les aspects lamentables ou tragiques qui avaient puissamment caractérisé le xviie siècle, et ceux qui le précédèrent.

Il faut ajouter que plus d'un aspect de ce xviiie siècle fut épaulé ou permis par une administration souvent talentueuse, et encore légère, malgré bien des « valses » de ministres.

UNE ADMINISTRATION DE QUALITÉ

Lancée par Colbert, Louvois et les deux Pontchartrain, l'administration louis-quatorzienne, à la fois élémentaire et lourde, a pris désormais une sorte de vitesse de croisière, après l'épisode de la polysynodie. L'historien qui manie ses archives éprouve le triple plaisir de lire, sur un papier inusable gratté par des plumes habiles et souvent artistes, une langue claire et élégante qui allie la précision et l'extrême courtoisie à des injonctions souvent fermes. Désormais, chaque province est pourvue d'un intendant, sorti souvent du « vivier » des maîtres de requêtes et conseillers d'Etat parisiens : de la « grande robe » ou des descendants de vieux serviteurs, anoblis habituellement depuis longtemps. Chaque intendant est épaulé par un gouverneur, très grand noble d'épée qui, au-delà de l'apparat, jouit assez fréquemment de pouvoirs naturellement militaires et même politiques ; il est aidé par des bureaux qui s'étoffent un peu — pas beaucoup à vrai dire —, et à un niveau en quelque sorte cantonal, par des subdélégués désormais nombreux, et souvent fort bien choisis parmi les notables locaux. L'Intendant surveille à la fois les Etats provinciaux qui subsistent, les Parlements, les prélats (discrètement), les villes, les officiers, le ravitaillement et l'ordre public. S'il songe aussi à faire carrière (par un brillant retour à Paris), il devient souvent l'homme de sa province. On les connaît bien, et la plupart surprennent par leurs qualités d'esprit, parfois de caractère, et surtout par leur culture, que leurs lointains successeurs n'atteignent pas fréquemment.

Quant au gouvernement central, parisien autant que versaillais, des traits nouveaux transparaissent à travers des structures anciennes. Le Roi n'étant pas toujours disposé à venir au Conseil, les ministres se réunissent en « Comités » ; ces ministres sont de plus en plus fréquemment des nobles de race, ou d'anoblissement fort ancien (comme les prélats) ; l'essentiel de leur besogne concerne désormais les finances (plusieurs milliers d'« arrêts du Conseil » par an) et non plus la justice ; Fleury mort, il n'y eut plus de « principal ministre », même si Choiseul put être considéré ainsi. Ce qui frappe plus encore, c'est l'extension de leur activité au domaine économique.

Un exemple : les Ponts et Chaussées. Administration créée par la Régence, elle ne prit son essor qu'après 1730 et fut illustrée par les Trudaine père et fils (1743-1777) et en même temps par Perronet : ils créèrent la première « grande école » (les « Ponts », 1747) et utilisèrent l'institution de la corvée royale des « grands chemins » (1738) pour faire tracer par les paysans pauvres (les autres étaient dispensés) cet étonnant réseau de routes qu'admiraient même les Anglais, et qui suscitèrent tant de protestations par leur passion de la ligne droite (et le rare paiement des nécessaires expropriations), par leur trop grande largeur et par le temps qu'elles faisaient perdre aux ruraux, justement à la belle saison. Œuvre gigantesque et bénéfique, inachevée en 1789, et que les régimes suivants sauront mener à bien.

Dans un autre domaine, très neuf également, la grande vogue de l'agriculture « nouvelle » incita le ministre Bertin, ami des physiocrates, à une législation pleine de bonnes intentions : on suscita un peu partout des « Sociétés d'Agriculture » qui parfois ne se contentèrent pas de bavardages ; on créa les utiles Ecoles vétérinaires de Lyon et d'Alfort ; on essaya de « libérer » le commerce des grains, ce qui entraîna des hausses, et donc des applaudissements comme des protestations. Une fois encore, on tenta sérieusement de régler (il ne l'est pas encore) l'éternel problème du droit d'enclore, du partage des communaux, des usages en forêt : des dispositions, souvent favorables aux seigneurs et aux riches paysans, furent essayées dans quelques provinces ; la masse rurale les goûta peu, et le fit savoir.

Cette administration pleine de bonnes intentions légiféra en d'autres domaines, souvent heureusement : loi sur la « nationalisation » du sous-sol (dévolu au Roi) en 1744 ; décisions de créer des écoles militaires (à Paris, 1751) plus tard en province, puis de techniciens du génie, de l'artillerie, et tant d'autres...

Sa bonne volonté à répétition échoua pourtant sur l'essentiel, la réforme fiscale, sorte de serpent de mer interséculaire.

L'impossible réforme fiscale.

L'endettement variable, mais habituel, de la monarchie française provient sans doute de fortes dépenses, surtout militaires, qui absorbaient couramment la moitié des sommes disponibles, et plus en temps de guerre. Il était dû aussi à un système fisco-financier assez surprenant, mais qui commence à être compris. La monarchie vivait d'impôts, fort bien connus, mais plus journellement d'emprunts (en espèces) et d'avances (toujours en espèces) sur recettes futures, qui lui étaient consentis par la partie très riche de la société : en gros l'aristocratie, surtout d'épée, mais aussi d'Eglise, de robe et de finance anoblie ; les fameux « fermiers généraux » servaient d'intermédiaires (bien salariés) et à l'occasion de boucs émissaires. Ces aimables prêteurs (jamais à moins de 10 %, plus les frais, et des « voleries » assez rares) se trouvaient naturellement échapper, en tout ou en partie, aux impôts que payait le commun des mortels, sauf d'authentiques miséreux. A bien y réfléchir, on pouvait trouver là une certaine logique (se payer des impôts à soi-même !) ; la déceler n'était pas à la portée de tout le monde.

Les divers ministres qui se sont succédé depuis la fin du xviie siècle ont pourtant essayé, devant l'absolue nécessité, de faire payer les divers privilégiés, y compris les officiers, beaucoup de bourgeois, des villes et même des provinces entières (la Bretagne, par exemple, ne payait pas la gabelle). Ils ont caressé l'espoir d'établir une sorte d'impôt sur les revenus, déclarés et vérifiés, sinon sur la fortune, que tout le monde aurait versé. A plusieurs reprises depuis Colbert, ils ont envisagé et parfois amorcé la confection d'un cadastre du royaume (déjà établi en maints Etats voisins, comme la Savoie, où, même aujourd'hui, on trouve encore des exemplaires de la « vieille mappe »).

On a vu que l'affaire avait commencé avec la capitation de 1695, levée pour la durée de la guerre. Elle reprit avec le premier Dixième (plus proche des idées de Vauban) en 1710 : le texte qui l'instaura précisait que « tous nobles ou roturiers, privilégiés et non privilégiés » devraient déclarer dans la quinzaine tous leurs revenus en « terres, bois, prés, vignes.. dîmes, champarts, droits seigneuriaux... et rentes de toutes sortes », et en payer annuellement le dixième au roi ; mais ce dernier déclara aussitôt que le clergé était exclu de ce nouvel impôt ; suivirent, bien sûr, des retards, des défaillances, des protestations, des réductions et des abonnements. La dixième rapporta quand même pas mal de millions, mais beaucoup moins de 10 % des revenus estimés. Supprimé par le Régent, il fut rétabli en 1733 (autre guerre) puis en 1741 (idem), à peu près dans les mêmes termes et avec les mêmes résultats. Dans l'intervalle fut essayé en 1725 un « cinquantième » qui reposait sur les mêmes principes, reçut la même et maigre application, et fut aboli dès 1727. Après quelques années d'excellente administration (un Contrôleur Général, Orry, établit même en 1738 le seul budget en équilibre du siècle), Machault tenta en 1749 d'instaurer le Vingtième de tous les biens, y compris nommément ceux d'Eglise, et cela avec le ferme soutien du Roi. Naturellement, l'Assemblée du Clergé de 1750 tonna contre ce sacrilège, et Parlements et Etats provinciaux réagirent avec véhémence. Le roi, qui appréciait Machault et traversait une de ses bonnes périodes, résista un moment ; puis, comme d'habitude, il dispensa, réduisit ou « abonna » (généreusement) Eglise, noblesse et autres privilégiés. Mieux établi et mieux perçu, mais surtout sur les roturiers non protégés, cet impôt rendit assez bien, fut reconduit, puis agrémenté d'un second vingtième et, momentanément, un troisième : ils ressemblaient au premier.

On a compris l'enjeu : toucher aux « privilégiés », c'était remettre en cause les fondements, la nature même de la société. Sans doute l'égoïsme et l'intérêt jouaient un rôle dans la résistance forcenée et presque toujours victorieuse de l'ensemble complexe des privilégiés. Plus spécialement, clergé et noblesse éprouvaient un sentiment de déshonneur à l'idée qu'ils puissent payer le même impôt que le premier roturier laïc venu. Certes la noblesse du Midi réglait une taille « réelle », non déshonorante, sur la partie roturière de ses terres, et le clergé consentait un « don gratuit » ; mais le propre de celui-ci était de servir le roi par la prière et, pour celle-là, par l'épée, et, à la rigueur, le *consilium* (conseiller le roi) ou l'office.

Placé devant le même problème, aggravé par une dette de guerre gigantesque, le gouvernement de Louis XVI se heurtera aux mêmes difficultés, mais accrues, et tentera à peu près les mêmes remèdes, condamnés à l'échec. Changer les bases de l'impôt aurait institué effectivement une sorte de révolution ; la monarchie la sentait parfois nécessaire, mais ne se décida jamais vraiment à l'assumer. C'est que, si « absolue » qu'elle se prétendît, elle se heurtait à forte partie.

LA MONTÉE DES OPPOSITIONS

On met généralement au premier plan la « philosophie des Lumières » dont la critique, souriante ou acérée, soutenait une demande de réformes plus ou moins radicales ; elle attaquait surtout l'intolérance, l'obscurantisme et l'absolutisme non éclairé. Du temps de Louis XV du moins, cette opposition-là, très littéraire et salonnière, fut rarement dangereuse, d'autant que pas mal de ses tenants étaient proches des cercles gouvernementaux, et s'y trouvaient parfois, comme Malesherbes protecteur de l'Encyclopédie et le physiocrate Bertin. De toute manière, nous les retrouverons au temps de Louis XVI, mieux groupés et plus hardis.

Beaucoup plus bruyants et apparemment plus dangereux furent « Nosseigneurs du Parlement ». Louis XIV les avait réduits au silence, et à une servitude où beaucoup se complurent ; outre leur rôle judiciaire, ils écrivaient sur des registres les ordonnances royales (l' « enregistrement ») afin de les publier, mais jouissaient du droit de « remontrances » (remarques en principe juridiques, vite étendues au domaine politique). Le Régent, qui eut besoin du Parlement pour casser le testament de Louis XIV, lui rendit (aux douze autres aussi) son droit de remontrances, dont désormais il usa et abusa. Un Louis XIV majeur les eût fait promptement taire. Aucun de ses successeurs, sauf brefs épisodes, n'osa.

Le premier conflit intervint dès 1718, et reprit le schéma ancien, qui durera : à un texte de loi qu'il recevait et lui déplaisait, « la Cour » présentait ses remontrances, et n'enregistrait pas ; pour la faire juridiquement céder, le Roi venait y tenir un « lit de justice », entouré de tous les Pairs, Princes du sang et Chancelier ; le lendemain, le

Parlement présentait d' « itératives remontrances » ; le Roi répliquait par des « lettres de jussion », qui devaient contraindre à l'obéissance ; si le conflit persistait, pouvaient s'ensuivre une grève judiciaire et un exil du Parlement (Pontoise, 1720, où il s'ennuya) ; l'affaire se terminait par négociations et compromis.

Comment expliquer cette puissance de ceux qu'on appelait les « grandes robes » ? Par la faiblesse de quelques rois sans doute ; par ce fait aussi que toute loi devait être « registrée », en province comme à Paris, pour être publiée, diffusée, appliquée, et cela dans le ressort bien distinct de chaque Parlement ; par le décorum, la richesse, la clientèle et la popularité en leur quartier des parlementaires eux-mêmes ; enfin parce qu'ils surent s'insérer dans des mouvements idéologiques et passionnels qui trouvaient de vifs échos dans une grande partie de ce qu'on appelle l'opinion, c'est-à-dire l'élite cultivée (curés compris désormais) et une portion non négligeable de la boutique et de l'atelier des grandes villes. Les uns revêtaient un caractère religieux, parlements et public prenant habituellement fait et cause pour les rigoureux jansénistes et les gallicans, en partie par vive hostilité contre les Jésuites attaqués et jalousés, dont le Parlement de Paris « toutes les Chambres assemblées » provoqua pratiquement l'expulsion (1762-1764). La seconde arme des Parlements résidait dans un refus quasi systématique de toute imposition nouvelle. Dans ce cas, ils mettaient en avant le « Bien public », et la nécessité d'épargner un peuple misérable dont ils se disaient les protecteurs et les champions, ce que celui-ci crut souvent. En réalité, les « grandes robes » songeaient surtout à préserver leurs exemptions et privilèges. Puis les Parlements se mirent à proclamer que tous ne constituaient que les sections locales d'un même et illustre Corps, le vrai Conseil du Roi, établi depuis Clovis, rien de moins. Mus par une sorte d'orgueil collectif, tous se lancèrent dans une sorte de révolte d'ensemble contre l'autorité royale dans la décennie 1760, à Paris, à Rouen, à Rennes, à Pau et ailleurs. Tous proclamaient que le Roi ne pouvait gouverner sans eux, et ils osèrent même présenter les premières demandes de réunion de vieux Etats provinciaux oubliés (Rouen, 1760) voire des Etats Généraux (Paris, 1763).

Ce fut alors que le Roi, après une longue patience, décida un coup de majesté, qu'on appela le « coup d'Etat Maupeou », 1771. On coupa d'abord en six secteurs le ressort très vaste du Parlement de Paris, et on y institua des « Conseils supérieurs » avec des magistrats nouveaux, payés par l'Etat, fonctionnaires et non plus officiers ; par surcroît, ils rendaient la justice gratuitement ; la réforme fut étendue en province, supprimant vénalité, hérédité et « épices » aux juges. Voltaire, qui s'était heurté à l'intolérance parlementaire (affaire Calas, par exemple) applaudit ; Beaumarchais adopta la position inverse, de même que l'opinion, ou ce qui en tenait lieu. Il se trouva pourtant que, après un démarrage difficile, le système fonctionna bien. En même temps, l'abbé Terray assainissait rudement les finances, reprenait les projets de Machault d'un impôt sur la fortune, lançait le cadastre général, créait le premier bureau officiel de statistique. Cette courageuse et impopulaire reprise en mains s'écroula dès la mort du roi, inhumé presque clandestinement (mai 1774) tant on redoutait les manifestations hostiles. Malgré ses ultimes efforts, incompris et inachevés, il laissait un royaume insatisfait, notamment par la politique extérieure qu'il avait menée ou laissé mener.

POLITIQUE EXTÉRIEURE : DE LA GLOIRE À L'ABANDON

Après les difficiles traités de 1713-1714, la France trouvait en Europe et dans le monde une situation nouvelle.

Sur le continent, les Habsbourgs d'Autriche, adversaires traditionnels, étaient parvenus en trente ans à reconquérir sur les Turcs toute la Hongrie, la Serbie et la Valachie. Comme ils possédaient aussi la Bohême et la dignité impériale, ils constituaient la grande puissance centrale. Après la chute du brillant et éphémère Charles XII de Suède (mort en 1718), deux astres nouveaux se levaient. Après une ascension discrète et systématique, les Hohenzollern de Brandebourg étaient devenus rois de Prusse (1701), s'étaient constitué une sorte de royaume discontinu depuis les frontières russes jusqu'au Rhin, puis une armée puissante et entraînée bien soutenue par une fiscalité efficace, que va immédiatement utiliser le jeune Frédéric II, roi en 1740, curieusement populaire en France grâce à son allure « éclairée », à ses victoires, et à une sorte de haine rituelle de l'Autriche.

Plus à l'est, en Moscovie, le tsar Pierre le Grand avait entrepris furieusement une œuvre de modernisation, accédé à la mer en construisant Pétrograd et en prenant Azov, et contribué à écraser les Suédois de Charles XII. Après des règnes difficiles, deux de ses successeurs, Elisabeth (1741-1762) et surtout Catherine (1762-1796) firent de leur immense Empire un pays puissant, et tinrent en Europe une place qui ne fut rien de moins que secondaire.

Du côté de la mer et des mondes lointains, auxquels les rois de France ne s'intéressèrent qu'épisodiquement, il sautait aux yeux que l'adversaire désigné était l'Anglais, dans le sillage duquel voguaient la toujours riche Hollande avec ses comptoirs et ses Indes, et le Portugal toujours flanqué du Brésil. Après quelques nuages, une sorte d'accord tacite, le « pacte de famille », s'instaura avec les Bourbons de Madrid, toujours riches de leur Amérique, pourtant guignée. Outre la religion et les mœurs politiques, tout opposait France et Angleterre : la marine, le grand commerce, les comptoirs un peu partout, les Antilles et la pénétration en Inde comme en Amérique du Nord —, avec cette différence que le gouvernement et les élites anglaises (noblesse et bourgeoisie intelligemment mêlées) discernaient nettement le problème, et étaient prêts à tout pour le régler, alors qu'en France on comprenait mal, ou par moments, le continent presque seul retenant l'attention.

Vers l'Amérique, l'Angleterre occupa toutes les Antilles vacantes, et envoya ses « dissidents » religieux coloniser tout le littoral, du nord de Boston aux abords de la Floride espagnole ; vite, ils furent plus d'un million. Pendant ce temps, Colbert et les autres interdisaient tout départ aux protestants et, à défaut d'Eldorado connu, n'expédiaient à la Nouvelle-France que de maigres secours, s'occupaient surtout des comptoirs à esclaves, du sucre et du café antillais, à la rigueur des fourrures canadiennes, mais ne dédaignaient pas les produits des « échelles » du Levant ottoman, ou les soieries et

« indiennes » d'Asie collectées dans quelques comptoirs (Pondichéry, les escales des Mascareignes) : du bricolage heureux plus qu'une grande idée. Et cependant, 60 000 à 80 000 pionniers s'installaient ou voyageaient depuis le Saint-Laurent et la Nouvelle-Orléans par les Grands Lacs, l'Ohio et le Mississippi, encerclant pratiquement les treize colonies britanniques. En Inde, de hardis compagnons dont le plus fameux demeure Dupleix, partant des comptoirs de la Compagnie française et débordant ceux de l'Anglaise, pénétraient dans le continent par l'adresse et la diplomatie, et dominèrent un moment dans le Deccan un territoire double de celui de la France ; mais les administrateurs français trouvaient que tout cela coûtait bien cher, et les diplomates n'avaient d'yeux que pour les Pays-Bas, le Rhin ou... l'Italie.

Jusqu'en 1740, l'entente avec l'Angleterre de Walpole puis avec l'Espagne bourbonienne épargna les conflits graves, d'autant que Prusse et Russie ne comptaient pas encore beaucoup. La France jouait encore un rôle d'arbitre : entre les pays du Nord qui venaient de battre la Suède (1721) ; entre Autrichiens, Savoyards et Espagnols qui se disputaient des morceaux d'Italie (en fin de compte, des infants devinrent rois des Deux-Siciles, la Savoie s'agrandit, notamment de la Sardaigne, et les Autrichiens occupèrent un moment Parme et Toscane) ; arbitrage encore en 1739, lorsque la Turquie à nouveau attaquée se réveilla, reprit et conserva Belgrade et la Serbie (tandis que les Capitulations, si favorables au commerce marseillais, étaient renouvelées).

Dans l'intervalle, Louis XV avait expédié quelques troupes à Dantzig pour sauver son beau-père Stanislas Leckzinski, qu'avait détrôné une coalition austro-russe. Il guerroya ensuite en Italie contre les Autrichiens (il évita les Pays-Bas pour ne pas déplaire aux Anglais) où le vieux Villars remporta ses derniers succès. De longues négociations suivirent, d'où sortit le traité de Vienne, qui confiait au roi Stanislas le duché de Lorraine et le comté de Bar, qui reviendraient à la France à sa mort (1766), complétant utilement la frontière du Nord-Est.

A partir de 1740, tout change. D'une part, la guerre ne cessa guère durant 22 ans ; d'autre part, elle s'élargit, par la volonté anglaise, de l'Europe aux Océans, à l'Amérique et à l'Asie. Londres s'en prit dès 1739 aux Espagnols, les plus faibles, mais qui, se redressant, se permettaient de réagir contre la contrebande anglaise dans leur Amérique ; Fleury se résigna à expédier deux escadres françaises pour les épauler. Trois ans plus tard, la guerre fut déclarée, mais la marine anglaise, trois ou quatre fois plus nombreuse que la française, l'emportait fréquemment, et put prendre Louisbourg, porte du Canada (1745) ; en revanche, Dupleix et La Bourdonnais enlevaient Madras, principal comptoir britannique d'Inde. Ces exploits lointains étaient occultés par la grosse affaire continentale de la Succession d'Autriche (1740-1748) où presque tout le monde s'acharnait contre la jeune Marie-Thérèse, héritière désignée par son père l'Empereur Charles VI. Frédéric II se jeta sur la Silésie et la garda ; les Français sur la Haute-Autriche puis, dédaignant Vienne, sur Prague et la Bohême (1741). L'année suivante, la jeune reine sut traiter avec Frédéric et obtenir l'appui des Hongrois, des Saxons, des Anglais, de la Savoie et de la Hollande. L'armée française dut opérer une retraite rapide, et les Autrichiens menacèrent l'Alsace. Le roi puis Maurice de Saxe redressèrent la situation : après l'illustre victoire de Fontenoy (1745) et quelques autres, les Pays-Bas entiers et un morceau de Hollande furent solidement tenus ; en Italie, le Milanais conquis avait été lâché, mais la Savoie fermement occupée : c'étaient là des « gages » considérables ; aussi fut-on bien étonné en Europe (et même en France) lorsqu'on vit Louis XV et ses ministres, fatigués de la guerre, rendre toutes leurs conquêtes (traité d'Aix-la-Chapelle, 1748). C'était l'aimable temps de la « France Pompadour », où beaucoup de choses flottaient.

La guerre de Sept Ans, où la France se trouva l'alliée de l'Autriche contre Prusse et Angleterre, fut jalonnée de catastrophes. Dès 1755, en pleine paix, l'escadre Boscawen capturait trois navires qui allaient ravitailler le Canada ; quelques jours plus tard, quelque trois cents vaisseaux français furent pris en pleine mer et dans les ports anglais : rudes débuts. Après des succès au Hanovre (domaine du roi George) et la prise de Minorque, l'armée commandée par l'incapable Soubise fut écrasée à Rossbach (1757), honte nationale curieusement corrigée par l'admiration manifestée envers le vainqueur, Frédéric II, et son armée modèle. Pendant ce temps, les Français d'Amérique guerroyaient comme ils pouvaient, sans renforts, contre des ennemis trois ou quatre fois plus nombreux et régulièrement renforcés et ravitaillés par la flotte du ministre Pitt. Le tout s'acheva par la triste mort de Montcalm vaincu par Wolfe (qui mourut aussi) sous les murs de Québec (1759), puis par la prise de Montréal et de quelques forts. De toute manière, comment moins de 80 000 colons français eussent-ils pu tenir devant un million et demi d' « Américains » ?

Aux Indes, la Compagnie française, qui ne pensait qu'au bénéfice immédiat, rappela Dupleix (1754) et contraignit son successeur à traiter avec la Compagnie anglaise, donc à renoncer à tout protectorat sur les Etats du Deccan. Après quelques succès, les dernières troupes — 700 hommes — furent enfermées dans Pondichéry, assiégée par 20 000 Anglais et leurs navires : ils cédèrent en 1761 ; curieusement, leur chef, Lally-Tollendal, fut décapité à son retour en France, ce qui offrit à Voltaire l'occasion d'une belle campagne de réhabilitation.

Le traité de Paris (février 1763) consacra la perte de toute l'Amérique (le morceau de Louisiane laissé par les Anglais fut donné à l'allié espagnol qui avait perdu la Floride), de quelques Antilles (dont la Dominique), de tout le Sénégal sauf l'îlot de Gorée, de toute l'Inde sauf les cinq comptoirs démantelés que les enfants des écoles ont longtemps énumérés. En Europe aussi, on s'était battu durement pour un résultat nul (mais Frédéric conservait sa Silésie).

A deux siècles de distance, il est facile de condamner le gouvernement de Louis XV, et les Québécois le font toujours. Mieux vaut tenter de comprendre. Les hommes de ce temps ont simplement suivi en Europe la politique de Louis XIV, orientée vers la domination du continent contre le traditionnel ennemi Habsbourg, avec le même type d'armée renforcée de miliciens, un équipement amélioré, mais un commandement médiocre ou pire (sauf Maurice de Saxe). Du côté des Indes et des « Isles », on avait surtout cherché le profit : des produits bon marché, faciles à vendre très cher ; de ce point de vue mercantile, on peut s'étonner de l'abandon de l'Inde (mais c'était si loin...), mais non pas des « arpents de neige » (qu'on situait parfois dans l'Ohio!) : territoires presque vides, peu productifs (quelques fourrures) : qui pouvait deviner leur prestigieux avenir ? Garder la Martinique et Saint-Domingue avec leur énorme production de sucre et de café, si faciles à vendre, constituait sûrement *alors* le meilleur choix, et les Anglais les mieux avertis le savaient bien.

Quoi qu'il en soit, après Rossbach et la perte de ce premier Empire (que Choiseul compensa quelque peu en achetant la Corse, 1768), on sentit le besoin de réformer profondément l'armée (à la prussienne), de constituer une marine enfin puissante, de préparer une sorte de revanche. Dans le royaume montaient, plus hardies, et la révolte parlementaire et la propagande philosophique, tandis que reparaissaient les crises économiques et les émeutes du pain cher (1770-1772), que la Pologne était pour la première fois dépecée sans que rien ne bouge à Versailles, et que la courageuse réaction royale du temps de Maupeou rencontrait une impopularité imméritée.

La revanche, les oppositions hargneuses et l'éternel problème financier : tel était l'héritage que le roi foudroyé à 64 ans par la variole laissait à son petit-fils de 20 ans. Chacun sait qu'il ne put ou ne sut l'assumer. Il faudra chercher pourquoi, et comment.

XI

Louis XVI
(1774-1792)

La fin pitoyable et courageuse de Louis XVI et de Marie-Antoinette, guillotinés, a ému beaucoup de Français depuis bientôt deux siècles, et provoqué plus récemment les interprétations discutables et parfois risibles des psychanalystes et de leurs séides (la mort du père...). En ce domaine, l'historien n'a pas à prendre parti, mais seulement à essayer de retracer et de comprendre. Il demeure certain qu'on ne pouvait prévoir quoi que ce soit de précis, sinon des difficultés, lorsque, en mai 1774, deux jeunes princes de vingt ans, sympathiques et populaires, reçurent un pouvoir qu'ils n'attendaient pas si tôt, ni pour si peu de temps.

Malgré leur apparente complexité, ces trois lustres de règne n'offrent que deux nouveautés frappantes. D'abord la guerre d'Amérique, dont on n'exagérera jamais l'importance puisqu'elle contribua à déclencher la Révolution française. En second lieu, l'apparition d'une crise économique complexe, qui culmina curieusement en juillet 1789 : nous y reviendrons.

Pour le reste, on revit ce qu'on avait vu depuis soixante ans : de bons projets de réforme avortés par la faiblesse du roi ou la hargne d'une aveugle opposition aristocratique ; un *crescendo* d'idées philosophiques de plus en plus

hardies et répandues, notamment grâce aux diverses
« sociétés de pensée » (la Franc-Maçonnerie n'en fut
qu'une) nées bien avant le début du règne, relayées
désormais à un niveau plus populaire par un colportage de
contrebande plus brutal ct plus vert.

Le Roi et son entourage

Instruit, mais inégalement, le jeune monarque nourrissait beaucoup de bonnes intentions, mais il ne savait pas
trop lesquelles ; pour les choisir, ses pieuses tantes, les
filles de Louis XV, lui trouvèrent un mentor assez
inattendu : le comte de Maurepas, 73 ans, sceptique,
spirituel et intrigant, que quelques épigrammes contre la
Pompadour avaient fait écarter des affaires... en 1749 ! Le
comte va aider son jeune maître à régner pendant sept ans.

Louis XVI eût été le meilleur des pères de famille
(malgré des difficultés physiques initiales), des artisans ou
des géographes si le sort ne l'avait placé sur le Trône. Il ne
connaissait pas grand-chose à l'art de gouverner, et
subissait successivement des accès d'enthousiasme (envers
Turgot, notamment), de timidité, de faiblesse et parfois
d'énergie, mais souvent à contre-temps. De la Reine, dont
le charme extrême et la fin malheureuse ont suscité tant
d'admirateurs, il n'avait rien à attendre : folle de toilettes,
elle s'étourdissait de fêtes, de bals, d'imprudences, de
bergeries, et dépensait sans compter pour ses plaisirs et ses
belles amies ; ses rares interventions dans le gouvernement
ressemblent à des foucades, souvent inopportunes. Elle
désola successivement sa mère Marie-Thérèse, puis son
frère l'Empereur Joseph II, qui vint incognito en France
pour tenter de la raisonner. Adulée au début, elle fut vite
impopulaire par sa fierté, ses prodigalités et son entourage ; la malheureuse affaire du « Collier de la Reine »,
dans laquelle elle était parfaitement innocente, et qui
n'aurait dû ridiculiser que le plus riche et le plus noble des
évêques de France, l'éclaboussa trop, la hargne des
pamphlétaires s'en mêlant. L'avenir devait montrer que
l'épithète malsonnante d' « Autrichienne » dont la cin-
glaient bien des Parisiens n'était pas entièrement inexacte.

Du reste de la famille royale, il n'y avait pas mieux à

attendre. Le comte de Provence, futur Louis XVIII, fin épicurien, contribuait à rendre la Reine impopulaire ; tout au contraire, son frère Artois essayait de la dépasser dans la futilité et le gaspillage. Les princes du sang, Conti et Orléans, jouaient les opposants ; le premier auprès des Parlements ; le second, l'homme le plus riche de France, non dénué d'ambition, dans une sorte de réformisme à l'anglaise, qui devait le mener loin. A la Cour, entre les fêtes, on jouait à la guerre des petits clans : derniers dévôts, « choiseulistes » attardés, anglomanes, physiocrates enrubannés, camarillas servant l'un ou l'une.

Et pourtant, d'excellents ministres parurent, travaillèrent à des réformes qu'ils sentaient nécessaires, et échouèrent successivement, comme tous leurs prédécesseurs depuis le temps de Vauban, liquidés par les incompréhensions et les égoïsmes.

PREMIÈRE EXPÉRIENCE MANQUÉE : TURGOT (1774-1776)

Après la monumentale erreur initiale (le rappel des Parlements et le congé donné à Maupeou et Terray, derniers grands ministres de Louis XV), Maurepas fit choisir à Louis XVI des serviteurs de tout premier plan : Sartine, Saint-Germain, Vergennes, Miromesnil et Lamoignon de Malesherbes. Les deux premiers s'attelèrent à refaire une marine et une armée qui pussent faire oublier quelque jour les hontes de la Guerre de Sept Ans et les abandons du traité de Paris ; le troisième va diriger longuement et supérieurement la diplomatie, et les autres s'occuper du reste, sauf des finances, confiées à Turgot.

Cet ancien et bon intendant du Limousin, fils d'un prévôt des Marchands (ancien nom du Maire — nommé — de Paris), avait une solide réputation de culture, surtout économique et philosophique, de réussite provinciale, du caractère et des projets. Sa franchise rude et son souci du bien public plurent au Roi, du moins pendant quelque temps.

Financièrement, il proclama son refus de toute banqueroute, de toute augmentation d'impôt, de tout emprunt. Il entreprit une salubre campagne d'économies budgétaires, qui toucha même la Maison du Roi, donc les dépenses de la Cour, qui apprécia peu. Pour rendre le système fiscal plus juste et plus rentable, il décida d'étendre la « taille tarifée » appliquée dans la généralité de Paris, sorte d'impôt sur le revenu détaillé et vérifié, dont les archives sont dignes d'admiration. Il rêvait d'une Régie d'Etat pour l'ensemble des impôts, soulevant l'hostilité des fermiers et sous-fermiers, financiers grands et petits qui préféraient les percevoir eux-mêmes.

Champion de la liberté économique, il rétablit la liberté (intérieure seulement) du commerce des blés. Mais la malchance d'une mauvaise récolte, aggravée par les habituelles manœuvres des spéculateurs à la hausse, engendra, après un cortège de fausses nouvelles, une série d'émeutes du pain et de pillages de magasins, en province comme à Paris. Au cours de cette « guerre des farines », durement réprimée par la troupe, apparurent des phénomènes de « taxation volontaire », sorte de « maximum » imposé par la foule soulevée, et la dénonciation de « bandits, brigands et monopoleurs », manifestations et pulsions qui réapparaîtront sous la Révolution, qui ne les « inventa » donc pas.

Parachevant sa philosophie de la liberté, Turgot proclama en 1776 la « liberté du travail », ce qui se ramène à l'abolition sauf exceptions (chirurgiens, armuriers, imprimeurs...), de tout contrôle de l'Etat sur les métiers (que nous appelons « corporations ») et la suppression de presque toutes les maîtrises et jurandes de ces « corps ». Le Parlement tonna contre cette « liberté indéfinie » et cette choquante égalité des droits. Il eut aussi l'occasion de déclamer contre des projets d'impôts qui risquaient de « confondre » tous les Ordres, et de « dégrader la Noblesse » — donc lui-même : Turgot ne se mit-il pas à remplacer la « corvée royale » sur les « grands chemins » (les routes nouvelles) par une taxe sur tous les propriétaires fonciers, privilégiés compris (ils possédaient près de la moitié des terres) ? Autres provocations : donner enfin un « état civil » aux protestants, laïciser enseignement et assistance, lever enfin le « cadastre général », et même soumettre le Clergé à l'impôt. Au même moment, Malesherbes songeait à abolir la censure (il est vrai modérément efficace) et à rétablir l'Edit de Nantes. C'en était trop pour la grande noblesse, de Cour, d'Eglise, d'épée, de robe, d'autant que le ministre abhorré prônait aussi le rachat de certains droits féodaux et la création d'assemblées locales et provinciales, qui empiéteraient sur la toute-puissance des intendants et des gouverneurs. La Reine aidant, Louis XVI congédia sèchement Turgot en mai 1776.

Dans les semaines suivantes, toutes ses décisions furent rapportées ; survécut seule une « Caisse d'Escompte » qu'il avait autorisée : outre les effets de commerce, elle acceptait les dépôts et émit bientôt, en quantité raisonnable, de commodes billets qui furent appréciés durant quelques années, avant que l'agiotage s'en mêle.

Après quelques hésitations, durant lesquelles on réinventa la loterie royale et prépara une bonne banqueroute, Maurepas jugea bon de donner à Jacques Necker la haute main sur les finances qui (avec les affaires étrangères) constituaient l'essentiel.

DEUXIÈME EXPÉRIENCE MANQUÉE : NECKER PREMIÈRE MANIÈRE (1776-1781)

Un étranger, roturier et hérétique de surcroît, riche banquier il est vrai, on n'avait jamais vu rien de semblable, même s'il dut se contenter du modeste titre de Directeur du Trésor. La popularité de ce gros homme modéré, opportuniste, assez vaniteux, mais habile, peut surprendre ; le brillant salon de sa femme (fille d'un pasteur suisse) et de sa fille Germaine — la future Mme de Staël —, où se rencontraient philosophes, écrivains et mondains y est sans doute pour quelque chose ; ses liens étroits avec la puissante banque suisse, au moins autant ; en outre, il se tailla une belle réputation philanthropique en fondant l'hôpital qui porte toujours son nom, en créant le premier Mont-de-Piété (deux siècles après l'Italie), en affranchissant les derniers serfs du domaine royal, en abolissant la question préparatoire (torture) et en préparant un beau plan d'Assistance publique.

Sa grande réussite populaire fut de payer la guerre d'Amérique sans accroître les impôts : « C'est un dieu ! », ironisait Mirabeau. En bon banquier, il se contenta d'emprunter 550 millions (deux fois le budget ordinaire de l'Etat) à 8,5 puis 10 % ; il ne resterait plus qu'à rembourser. Cette dette considérable s'ajoutait aux autres et faisait boule de neige, intérêts et remboursements partiels croissant d'une année sur l'autre. Et se posait, plus brûlante, l'éternelle question : les riches consentiraient-ils enfin à se laisscr imposer ? De leur réponse dépendrait l'essentiel.

Dans l'immédiat, il fallait bien vivre. L'on vit alors le bon M. Necker se mettre à rogner sur chaque budget, même celui de la Guerre et de la Marine, ce que ses éminents collègues (Vergennes, Sartine) reçurent fort mal. Ses sous-ordres du Conseil et du fisc se montrant peu dociles, il osa en renvoyer quelques-uns et s'entourer de simples commis salariés qu'il avait appréciés dans la banque. Excédé par la mauvaise volonté des intendants, il revint à une initiative de Turgot, créer des Assemblées provinciales aptes à lever l'impôt à leur place. Il en installa même à Bourges et à Montauban ; leurs membres, partie nommés, partie cooptés, comptaient, nouveauté scandaleuse, autant d'hommes du Tiers Etat que des deux autres ordres réunis.

Ces initiatives dressèrent contre le Genevois toute une camarilla. Il riposta en frappant un grand coup : la publication en 1781 de son *Compte-Rendu au Roi,* révélation presque sacrilège du « secret » des finances, auto-apologie éhontée qui faisait apparaître un excédent budgétaire alors que le déficit dépassait 80 millions (l'artifice : écarter les dépenses « extraordinaires ») ; enfin cent mille acheteurs, dit-on, pouvaient y trouver le montant des pensions, des « grâces », des fêtes alloué à la famille royale et à toute la Cour, une somme considérée comme astronomique, bien qu'elle n'ait représenté que 6 à 8 % des dépenses totales. Et l'on citait cette dot offerte par la Reine à la fille de sa tendre amie Polignac : 800 000 livres, l'équivalent du salaire annuel de 2 000 compagnons parisiens... Tout cela contribua à la disgrâce de Necker, congédié à son tour en mai 1781.

Quelques bons commis passèrent (Joly de Fleury, d'Ormesson), qui furent bien contraints d'ordonner des économies et de nouveaux impôts. Soudain, fin 1783, la Reine fit nommer Calonne Contrôleur Général des Finances. Ce mondain souple et optimiste, venu avec la paix, présida à quelques mois d'euphorie. Il comprit vite, à son tour, qu'il convenait de réformer la vieille machine, et s'y attela aussi...

Il y a quelque chose de vain dans ce défilé d'hommes souvent talentueux, qui passent à côté de la réussite ou sont contraints de renoncer. Depuis quelques années déjà, les facteurs essentiels se trouvaient ailleurs qu'à Paris ou Versailles ; tandis que le fond du royaume était travaillé de forces profondes qui allaient déferler toutes ensemble, l'Amérique venait au premier plan.

LE VENT D'AMÉRIQUE

Aucune des treize colonies bien distinctes établies depuis 1609 (Virginie) jusqu'en 1732 (Géorgie) ne ressemblait à sa voisine, ni par la religion, ni par l'économie, ni par la composition ethnique (New York fut d'abord Nieuwe Amsterdam), ni jusqu'à un certain point par le système politique. Cependant, une sorte de gouverneur représentait le roi d'Angleterre dans chaque Etat, et une ou deux Assemblées y détenaient, sous la protection divine toujours invoquée, une bonne part des pouvoirs locaux ; ces assemblées étaient élues par une sorte de suffrage censitaire, presque universel cependant au Massachusetts. Il régnait presque partout un certain climat de liberté que pouvaient envier les « philosophes » français : consentement à l'impôt, élection des juges, écoles quasi obligatoires, liberté de la presse (si elle ne choque ni la morale ni la religion, souvent puritaine ou quaker).

Très touchée financièrement par la Guerre de Sept Ans, l'Angleterre voulut faire payer par les Américains une partie de ses dettes, et renforcer sa primauté, voire son monopole commercial. Durant les protestations et les mouvements violents qui se déclenchèrent là-bas, des textes retentissants furent rédigés, votés, publiés : dès 1774, la Déclaration des Droits de Philadelphie ; autrement fameuses, celle qui précédait la Constitution de la Virginie devenue républicaine (juin 1776), et enfin, le 4 juillet, la très célèbre Déclaration d'Indépendance des Etats-Unis d'Amérique, issue du Congrès de Philadelphie.

Ces textes, toujours vénérés aux U.S.A., furent vite connus dans la partie cultivée de la France, et même au-delà. Ils déchaînèrent soit l'enthousiasme, soit l'inquiétude : « Tous les hommes sont par nature libres et indépendants... Tout pouvoir appartient au peuple et conséquemment dérive de lui. Les magistrats ne sont que ses mandataires et ses serviteurs, en tout temps responsables envers lui... Les pouvoirs législatif et exécutif de l'Etat doivent être séparés du judiciaire. » (Virginie)... « Tous les hommes ont été créés égaux et ont reçu de leur Créateur certains droits inaliénables, comme la vie, la liberté et la recherche du bonheur ; c'est pour assurer ces droits que les gouvernements ont été institués parmi les hommes, et qu'ils ne tirent leur juste pouvoir que du consentement de ceux qui sont gouvernés... » (1776).

De telles formules, qui reprenaient à la fois les idées philosophiques et politiques anglaises et françaises, allaient à l'encontre des bases mêmes de la monarchie absolue. Il saute aux yeux qu'elles ont vivement inspiré les proclamations de 1789, y compris les Droits de l'Homme et du Citoyen, et la Constitution de 1791. Certains historiens ont même vu une filiation directe entre la « Révolution » américaine (insurrection anticoloniale) et la Révolution française, dont la portée immédiate (mais la portée lointaine ?) a revêtu une signification et une importance tout autres.

Toujours est-il que les « Insurgents » — la partie des colons révoltés et armés — ont aussi suscité la sympathie parce qu'ils fournissaient aux Français, gouvernement compris, une occasion de prendre leur revanche sur les vainqueurs de la Guerre de Sept Ans et sur la honte du traité de Paris. Une sorte de générosité patriotique et préromantique poussa de très jeunes officiers à traverser l'Atlantique pour se mettre à la disposition des troupes alors peu chanceuses du grand planteur virginien George Washington ; parmi eux, outre l'illustre La Fayette (à peine 20 ans), les ducs de Lauzun et de Noailles, le comte de Ségur, et bien d'autres : la fleur de la noblesse française allant épauler des républicains révoltés ! La plupart formèrent ensuite le noyau de la noblesse libérale dans les premiers mois de la Révolution. Presque en même temps, le « bonhomme Franklin » arrivait à Paris, renforçant de sa simplicité matoise et savante « l'air d'Amérique » qui s'emparait de la capitale et des grandes villes ; il venait négocier l'intervention française.

Après quelques hésitations, Vergennes et Louis XVI, qui avaient déjà secouru les Insurgents en argent et munitions, décidèrent l'aide militaire : ils avaient obtenu la neutralité de l'Europe, puis l'alliance de l'Espagne, et même de la Hollande. La capitulation d'une armée anglaise à Saratoga (octobre 1777) avait aidé la décision. Depuis Choiseul, armée et marine, profondément étoffées et réformées, avaient acquis un armement moderne (dont bénéficieront les régimes suivants). Le rôle de la marine fut enfin considérable : elle aida puissamment à la victoire décisive de Yorktown (1781), et s'illustra en Méditerranée (reprise de Minorque), près des Antilles malgré l'échec final de l'amiral de Grasse aux Saintes et surtout autour de l'Inde grâce au bailli de Suffren. Au traité de Versailles (septembre 1783), l'Angleterre reconnut l'indépendance des Etats-Unis, mais la France victorieuse se contenta de récupérer une Antille (Tabago, reperdue en 1815), le Sénégal et Saint-Pierre et Miquelon.

Cette gloire évidente s'accompagnait d'un endettement considérable, dont le Régime ne sortit pas. On sait déjà que Necker avait dû emprunter plus de 500 millions, mais d'autres dépenses, surtout maritimes, s'y ajoutèrent ; un historien, Michel Morineau, a évalué récemment le coût de la guerre d'Amérique à près de 1 300 millions (or), qui s'ajoutaient aux dettes non encore épongées de la guerre précédente, vieille de vingt ans. Les Anglais, dont les dépenses avaient été comparables, s'en tirèrent grâce au second Pitt, par un écrasant tour de vis fiscal. En France, on ne put ou on ne sut le faire. Soigneusement reconstitué, le dernier budget de la monarchie montre que près de la moitié des dépenses étaient affectées au service de la Dette, proportion qui avait plus que doublé depuis le début du règne.

Le vent d'Amérique avait apporté à la fois de la gloire, des idées, et un déficit qui pouvait mener droit à la banqueroute ; en somme, pas mal d'éléments qui conduisirent à la Révolution.

Pourtant, en appelant Calonne au ministère, un

homme-miracle se présentait une fois de plus, qui eut le sort des autres.

LES DERNIÈRES EXPÉRIENCES (1783-1788)

La paix célébrée, durant six années où tourbillonnèrent les fêtes et les querelles, les livres et les libelles, la banque suisse (Perrégaux, Clavière, Panchaud) et l'agiotage, les scandales et les émeutes, quelque chose à la fois de brillant et d'inquiétant, Louis XVI débordé fit défiler trois premiers ministres, deux nouveaux (Calonne, Brienne) et un ancien (Necker). Ils tentèrent trois nouvelles expériences, qui aboutirent à trois nouveaux échecs, toujours pour les mêmes raisons : l'énormité du déficit, le refus de l'aristocratie de contribuer à la combler.

L'aimable Calonne acheta pour le roi Saint-Cloud et Rambouillet, embellit Bordeaux et Marseille, acheva Cherbourg, ouvrit les canaux du Centre et de Bourgogne, ressuscita la Compagnie des Indes Orientales, s'entoura d'économistes et de physiocrates et signa le premier traité libre-échangiste avec l'Angleterre (1786), qu'on lui reprocha. Cette même année, ne trouvant plus à emprunter, même en Suisse, et prévoyant un déficit accru de 150 millions, il en revint à une sorte de turgotisme. Il présenta un plan de redressement en six points, dont une banque d'Etat, un grand impôt « proportionnel » (aux revenus) et absolument général, que des Assemblées provinciales à élire auraient pour charge d'appliquer. Pour ratifier ces hardiesses, on ressuscita l'antique institution de l'Assemblée des Notables (la dernière, sous Louis XIII), que le roi désigna : sur 144 membres, une grosse majorité de nobles d'épée et de robe, plus quelques anoblis. Ils acceptèrent tous, sauf l'essentiel, l'impôt « territorial » et universel. Comme Necker six ans plus tôt, Calonne en appela à l'opinion « éclairée » par-dessus les Notables. La Cour et l'Assemblée apprécièrent peu, et le firent renvoyer (avril 1787).

Poussé une fois de plus par la Reine, Louis XVI appela alors le chef de l'opposition aristocratique, Loménie de Brienne, un prélat qui brillait plus par la culture, la souplesse et l'esprit que par la dévotion et les bonnes

mœurs. Lui aussi lança d'utiles réformes, comme celle de
l'armée (avec le rude Guibert, partisan du système prussien), la reconnaissance légale du protestantisme, des
coupes sombres dans l'administration, les charges de Cour
et même les cadres de l'armée ; il réussit un emprunt de
400 millions. Mais, après avoir renvoyé les peu dociles
Notables, il rencontra l'opposition systématique et parfois
violente du Parlement de Paris (que d'autres imitèrent) ;
qui pensait se faire ainsi une popularité. Outre le rituel
consentement à l'impôt, cette opposition s'ancra sur deux
points.

Le premier consistait en la création, cette fois sérieuse,
d'une cascade d'assemblées provinciales électives, qui
allaient de la Généralité à la paroisse en passant par les
neuves subdivisions du « département » et de l' « arrondissement » (que la Révolution reprit) : la représentation
du Tiers Etat y était systématiquement doublée, et le
mode d'élection proche du suffrage censitaire : les imposés à plus de dix livres (la majorité), mais 50 livres pour
être éligible (bien moins du dixième) ; leurs pouvoirs
financiers abolissaient en fait ceux des intendants et des
anciens officiers du fisc. En fait, une préfiguration de la
Constitution de 1791. Et Brienne songeait à couronner le
tout par des Etats Généraux.

Les Parlements, assemblage à parties inégales de semi-
réformateurs et d'antiréformateurs, mirent en avant la
tradition telle qu'ils l'entendaient : leur pouvoir sacré de
contrôler la législation, surtout financière, le bien public et
la protection du bon peuple, qui dissimulait habituellement leur égoïsme et leur vanité. A Paris, on vit à nouveau
remontrances, lits de justice, exil (à Troyes cette fois),
négociations, retour sous les acclamations des badauds,
puis récidive. Le Garde des Sceaux Lamoignon lance alors
l'Edit du 8 mai 1788, sorte de reprise des « parlements
Maupeou » de 1771, supprimés en 1774 : 47 Grands
Bailliages accompliront désormais la besogne judiciaire
des vieux Parlements (réduits à juger les seuls privilégiés)
et une « Cour Plénière » nommée se chargera d'enregistrer édits et ordonnances. Energique, mais tardive
réforme, qui déclencha de vives protestations, des libelles
violents, de vraies révoltes en province, notamment à
Rennes et Grenoble. Ce fut le moment que choisit

l'Assemblée du Clergé pour refuser tout subside au Roi. Brienne suspendit les paiements de l'Etat le 16 août 1788, ce qui ne constitue pas un détail. Huit jours plus tôt, il avait convoqué les Etats Généraux pour mai 89 ; neuf jours plus tard, il partait.

Pour tenter de conjurer la banqueroute, le roi rappela Necker, dont on attendait d'impossibles miracles. A tout hasard, il rappela les Notables : résignés cette fois à l'égalité fiscale, ils se divisèrent sur le « doublement » (des effectifs) du Tiers aux prochains Etats. Dans l'agitation générale, cette question devint cruciale. En se prononçant contre, le Parlement de Paris se déconsidéra définitivement en septembre.

A la jonction de 1788 et 1789, le roi accorda le doublement, et autorisa un régime électoral infiniment généreux, quasi démocratique. Après une débauche de libelles, de pamphlets, de réunions et de doléances, il amena à Versailles un grand nombre de juristes dans le Tiers, une majorité de curés dans le Clergé, une minorité de réformateurs dans la Noblesse. Se joindraient-ils ? Le Roi tâcha de les en empêcher : il déclarait encore le 23 juin : « Seul, je ferai le bonheur de mes peuples ». Quatre jours plus tard, il cédait : les trois Etats regroupés représentaient désormais, face au Monarque, la « Nation assemblée » ; et cette Assemblée « Nationale » va bientôt se déclarer « Constituante ».

En ce bel été 89, le premier recul de Louis XVI en laissait présager d'autres, qui constitueront autant d'étapes dans la chute de la royauté, et dans la sienne.

LES ÉTAPES D'UNE CHUTE (1789-1792)

Début juillet, le roi réagit : renvoi de Necker, concentration de régiments sûrs ; réplique le 14 juillet ; le roi cède à nouveau, rappelle Necker, va même jusqu'à arborer la cocarde tricolore. S'ensuivent les révoltes municipales et campagnardes et la « destruction du régime féodal » (nuit du 4 août) par l'Assemblée ; il refuse de ratifier la plupart des décrets ; mais le 6 octobre, il est amené de force à Paris. Après une résistance intermittente, des tentatives de corruption, des intrigues complexes et des complots obscurs, il n'en sortira que pour fuir maladroitement vers l'Allemagne et se faire arrêter assez misérablement à Varennes (juin 1791). Par son évasion manquée et son retour presque funèbre, Louis XVI a rompu avec la confiance que lui gardait encore une partie de « ses peuples », comme il disait ; il n'est plus que le Roi d'une partie des Français. Et pourtant l'Assemblée le ménage encore, feignant de croire qu'on a voulu l' « enlever ». Pratiquement, il est prisonnier de Paris ; ses dernières tentatives de résistance et ses ultimes appels à l'Europe des rois absolus achèveront de le desservir. L'invasion menaçante, la « révolution du 10 août » qui amène sa suspension, la proclamation de la République, son pénible procès et une exécution difficilement décidée : tout cela était pratiquement en germe dans la triste équipée achevée à Varennes.

Profondément blessé dans son sens de la monarchie et sa foi sincère, mais mal entouré et trop hésitant, Louis XVI n'a pas pu, ou su, ou voulu comprendre à temps, céder franchement ou commander fermement quand il l'aurait pu encore. Il fut un monarque et un homme malheureux au double sens du terme, et l'Histoire, qui n'est en rien un tribunal, n'a pas à le juger, mais à le comprendre, en son temps.

Et ce temps compte tout de même bien plus que sa personne.

XII

La Révolution dans la paix

(1789-1792)

Il n'existe aucun espoir de réconcilier un jour les Français autour de leur première Révolution. Les passions antagonistes s'en sont emparées, le proche bicentenaire va les attiser encore, et déjà les querelles ont recommencé. Le rôle d'un historien de métier ne consistant pas à pratiquer l'effusion ou la proclamation, on proposera ici la difficile gageure de dominer le débat, de chercher à voir clair et de souligner ce qui paraît essentiel.

Définir la Révolution.

Les révolutions, les vraies (il y en eut peu) bouleversent les bases mêmes du gouvernement et de la législation, reclassent les groupes sociaux, révèlent des hommes nouveaux et souvent jeunes, déplacent au moins en partie la propriété et renouvellent sensiblement les idées, les mentalités et les passions. Les Etats Généraux de mai 1789, devenus Assemblée Constituante en juin-juillet puis l'Assemblée Législative (1791-1792) accomplirent en moins de trois ans cet ensemble de bouleversements, véritable et première révolution en partie imprévisible. Ils bénéficièrent à la fois de la médiocrité de leurs adversaires et de la paix générale, les rois d'Europe étant occupés ailleurs.

Tout changea avec la guerre, déclarée en avril 1792. L'invasion amena des paniques, des mouvements violents et divergents, des dépenses énormes, la concentration et la radicalisation du pouvoir et la chute de la monarchie. A partir de l'été 1792, la défense du territoire national, durement assumée, commande tout, explique presque tout. Les victoires survenues (fin 93 et 94) rendaient inutiles la suppression déclarée provisoire des garanties légales, nommée Gouvernement Révolutionnaire et, un moment, Terreur ; pour ne pas l'avoir compris, et empêtrés aussi dans leurs querelles, les plus « exagérés » des révolutionnaires tombèrent de mai à juillet 94 ; le reflux commença, dans un climat d'intrigues, d'agiotages, de coups d'Etat médiocres, mais le grand travail institutionnel et législatif reprit. La guerre se rallumant très vite après les traités de 1795, survint ce que Robespierre avait prévu huit années plus tôt : un « sabre » s'empara du pouvoir (novembre 1799) ; ç'aurait pu être Hoche (mort trop tôt), Moreau ou Pichegru ; ce fut Bonaparte, qu'on croyait un instrument. Il devint Napoléon (1804) et la guerre recommencée dura plus de dix ans. Pour l'essentiel, de 1792 à 1815, elle demeure le facteur principal d'explication ; la Révolution débuta dans la paix.

Mais pourquoi cette Révolution ?

A LA RECHERCHE DES ORIGINES

Il faut toujours en revenir aux constatations élémentaires : il n'y eut révolution que parce qu'on réunit les Etats Généraux ; on les réunit parce que la banqueroute totale paraissait inévitable ; elle était apportée à la fois par les énormes dépenses de la guerre d'Amérique et le refus de toute l'aristocratie (mais aussi des banquiers) de contribuer sérieusement au soutien financier de l'Etat ; si bien qu'on a pu dire que l'aristocratie (de Cour, d'épée, d'Eglise, de robe) déclencha la Révolution par son aveuglement. Cela n'aurait pourtant pas suffi, si d'autres facteurs n'avaient joué : lesquels ?

Sans le ralliement au Tiers Etat réformateur de 200

curés députés du Clergé, l'Assemblée Nationale, réunion en un seul corps des trois Ordres que le roi voulait tenir séparés, n'aurait jamais pu se réunir. Ce fait, souvent omis, souligne ce qu'il faut bien appeler la scission d'un bas-clergé instruit et digne au sein d'ordres privilégiés dont la morgue, le luxe et la légèreté le choquaient ; une telle option aurait dû être choyée, alors que les Constituants, par esprit de système et inintelligence politique, perdront très vite — en moins d'un an — ce soutien pourtant précieux, et qui fut décisif en juin 89.

Sans l'intervention d'une partie des Parisiens le 14 juillet — petit peuple et modeste bourgeoisie —, le Roi et la Cour auraient fait disperser par leurs fidèles régiments des sujets insubordonnés qui prétendaient représenter la Nation « qui ne fait pas corps en France, et réside tout entière dans la personne du Roi », avaient affirmé les monarques précédents. Sans la puissante intervention de Paris, dont le poids ne cessera de se faire sentir, l'œuvre réformatrice, puis révolutionnaire, n'aurait même pas commencé.

Et si, le mois suivant, l'Assemblée, allant bien plus loin, « détruisit entièrement le régime féodal » dans le psycho-drame de la nuit du 4 août (rectifié par les décrets qui suivirent), c'est que la plus grande partie des paysans de France l'avaient déjà refusé en n'en payant plus les charges, et avaient parfois osé prendre les armes pour le détruire, lui, ses grimoires et parfois ses champions. Si bien que les décrets d'août 89 représentent bien plus un freinage qu'une accélération. Mais pourquoi les paysans, si calmes depuis un siècle, s'étaient-ils soudain réveillés, changeant complètement la marche de la Révolution commençante ?

Et que voulaient exactement les huit ou neuf cents députés (plus de 500 du Tiers, près de 200 du Clergé et quelques poignées de nobles) qui se disaient « patriotes », « nationaux », réformateurs et « constituants », et qui le montrèrent bientôt par une législation abondante et sérieuse (une partie nous régit encore, par exemple le découpage départemental) ? Appliquaient-ils, ou non, quelque programme « philosophique » arrêté dans des « sociétés de pensée » ?

A ces quatre grandes questions, fondamentales pour

expliquer Quatre-Vingt-Neuf (et, en partie, la suite), les
réponses sont données à la fois par le long terme et le court
terme.

Les origines lointaines : la société.

Il y avait plus de deux siècles que de vives critiques
s'élevaient contre l'intransigeance, les richesses et la
relative corruption d'une partie du Clergé de France —
dont les revenus égalaient sensiblement ceux du Roi. La
malice satirique s'en était d'abord prise aux moines et
moniales, raillés depuis Villon et Rabelais, fortement
touchés par l'ironie cruelle de Voltaire et des sous-
voltairiens. Louis XV, en personne avait fini en 1766 par
créer une « Commission des Réguliers » pour épurer
sérieusement la gent monastique, dont l'honneur était
toutefois relevé par des enseignants comme les Orato-
riens, des érudits comme certains Bénédictins et d'admira-
bles hospitaliers et « servantes des pauvres ».

Au temps des guerres de Religion, les rois de France
n'avaient pas craint d'obliger l'Eglise à vendre (mais avec
clause de rachat) une partie de ses considérables biens afin
de contribuer à lutter contre des Réformés qui, naturellement, ne ménageaient pas leur impitoyable adversaire (et
s'appuyaient sur des refus de dîme). Louis XIV lui-même,
dans ses Mémoires, avait fustigé le « grand nombre de
religieux... inutiles à l'Eglise... onéreux à l'Etat », et
soutenu qu'il avait « naturellement la disposition pleine et
libre de tous les biens, tant des séculiers (laïcs) que des
ecclésiastiques... selon les besoins de l'Etat » : il justifiait
par avance la nationalisation de ces biens par l'Assemblée
Constituante dès novembre 89. Ajoutons que des esprits
même fort modérés admettaient difficilement la survi-
vance des énormes privilèges, notamment financiers, de
l'Eglise de France.

A tout cela s'était ajoutée au cours du xviiie siècle une
manière de scission d'un bas-clergé infiniment digne et
assez instruit, qui supportait mal l'arrogance, la fréquente
tiédeur et l'opulence parfois écrasante de prélats qui
sortaient presque tous des plus grandes familles nobiliaires.

Ils contribuaient ainsi à renforcer l'opinion de ceux qui voient une « réaction aristocratique » dans la seconde moitié du siècle, qui provoquait tout naturellement les rancœurs d'une partie des « exclus », le plus souvent des bourgeois fort compétents, et parfois riches.

Il sied en effet de rappeler que tous les ministres de Louis XVI (sauf Necker), tous les évêques, presque toute la haute administration, les parlementaires, les officiers de l'armée et surtout ceux de la marine appartenaient à la noblesse la plus ancienne, la plus titrée, la plus riche souvent. Certes, quelques roturiers de valeur, des techniciens notamment, parvenaient à se glisser dans les cadres de la hiérarchie civile et militaire, après une pénible ascension ; de la hiérarchie maritime, jamais, sinon en tant qu'officiers « bleus » ou « de plume », méprisés. Or, une partie de la bourgeoisie qu'on appelle « à talents » — des spécialistes, des hommes de plume, beaucoup d'avocats, quelques « rentiers », un nombre croissant de négociants, armateurs, planteurs (des Antilles), banquiers et hommes d'affaires — désiraient vivement accéder à des postes pour 'lesquels la qualification ne leur manquait pas. Leur ambition fut l'un des moteurs d'une Révolution qui les employa beaucoup et les révéla parfois, surtout dans sa première période, avant le 10 août 92 et après Thermidor (juillet 94), mais aussi sous l'Empire qui suivit.

Cet ensemble essentiellement bourgeois avait naturellement reçu, comme la partie « éclairée » de la noblesse et du clergé, l'inégale empreinte de ces moralistes, « politologues » et « sociologues » avant le terme qu'on appelait *philosophes*. Ils avaient aussi médité l'exemple anglais — monarchie parlementaire — et plus récemment l'américain — république fédérale à base de suffrage censitaire. Ils en avaient beaucoup discuté dans des salons, des cafés, des clubs, des académies provinciales, des sociétés d'agriculture et des loges maçonniques (qui alors n'offraient aucun caractère antireligieux). Parmi la forêt d'idées qui s'y exprimaient, relevons seulement celles qui ont vraiment compté.

Presque toujours, le refus du « despotisme » pur et de la monarchie qui se dit « absolue ». Une préférence marquée pour des corps intermédiaires, volontiers provinciaux, mais aussi des chambres légiférant, élues par un suffrage jamais universel, toujours réservé aux bons propriétaires. L'acceptation habituelle, après Montesquieu, de la séparation des pouvoirs ; une réforme complète de la justice : plus claire, plus unifiée, plus humaine, non vénale ; le dogme de la tolérance religieuse, souvent lié à un certain déisme (rares étaient les athées), à une sérieuse philanthropie, à des plans généreux d'assistance publique et à un culte fréquent pour la vertu, la famille et les vieillards, à la manière antique ; une foi assez fraîche dans l'instruction (pas toujours pour tous), la science, la technique et les progrès incessants de l'esprit humain.

Cet ensemble idéologique inspira la majorité des députés élus en mars-avril 1789, et leur œuvre en porte les marques évidentes. Mais ils n'auraient pu l'accomplir sans l'intervention de Paris, des nouvelles municipalités de province, et surtout des paysans. Mais ces interventions-là se sont inscrites dans le « court terme » de crises récentes.

La crise économique et les mouvements populaires.

Depuis 1726 et la stabilisation monétaire, l'économie française avait connu une croissance inégale et modérée, mais certaine, avec quelques nouveautés heureuses comme le début de l'extraction de la houille, l'essor des cotonnades, le progrès des grands ports (sauf pendant les guerres, du fait du blocus anglais) et surtout l'explosion du commerce colonial, avec Saint-Domingue au premier plan. Il semble aussi que, quelques régions et quelques années noires mises à part, les conditions de vie à la campagne comme à la ville se soient lentement améliorées, les grandes disettes ayant, comme la peste, pratiquement disparu.

Dans ce climat relativement heureux, les difficultés, même légères, prenaient des résonances nouvelles. Vers 1771-1772, de mauvaises récoltes amenèrent immanquablement des hausses des prix du blé et du pain ; elles provoquèrent de vives « émotions », à Paris et ailleurs, que la maréchaussée réprima durement. Au même moment, une épidémie de faillites secoua le négoce et quelques manufactures, provoquant des difficultés d'argent et du chômage. Premier avertissement.

Ce fut à partir de 1775-1778 que se déclencha ce qu'Ernest Labrousse appela voici quarante ans la Crise de l'Ancien Régime. Une production exagérée de vin (les adultes des grandes villes buvaient leur litre par jour pourtant !) amena la chute des prix et la mévente ; or les vignerons quasi spécialisés se comptaient par dizaines de milliers, notamment en Ile-de-France, et les paysans-viticulteurs étaient plus nombreux encore ; et c'étaient les ventes de vin qui donnaient de l'aisance aux trésoreries, permettaient de payer les impôts et d'acheter à l'extérieur. La dépression vigneronne dura sept ou huit ans. Elle fut relayée en 1785 par une grande sécheresse qui raréfia et enchérit les fourrages, et fit mourir le bétail par dizaines de milliers de têtes, d'autant que des épizooties se répandirent ; pour le large tiers de France montagnarde et bocagère qui vivait d'élevage, cela constituait une lourde perte, d'autant qu'un cheptel ne se reconstitue ni vite ni gratuitement. Depuis 1778, le prix des grains se traînait ou fléchissait, ce qui touchait les innombrables petits vendeurs, fermiers ou métayers, sans gêner beaucoup les seigneurs, dîmeurs et gros propriétaires, qui percevaient toujours leurs diverses « rentes ». Tout à coup, de 1787 à 89, la vieille crise céréalière typique de l'ancienne économie (on la croyait agonisante) se déclencha durement, au moins dans la moitié Nord du pays : une moisson médiocre, puis une catastrophique après les épouvantables grêles de juillet 1788, enfin un hiver exceptionnel haussèrent les prix des grains (donc du pain) de 50 à 100 % : à Paris, le taux maximum fut atteint le 14 juillet 1789. Ce record ne provoqua naturellement pas la prise de la Bastille, mais il amplifia la hargne des émeutiers.

Déjà, le resserrement des trésoreries rurales avait provoqué une mévente « industrielle », surtout dans le textile, secteur de premier plan, qui travaillait en 1789 à la moitié de ses possibilités. Manque de débouchés signifie chômage ouvrier, naturellement non secouru. Chômage aussi dans les campagnes surpeuplées, avec reflux des jeunes paysans « oysifs » (sans travail) vers les villes... les villes parcourues de rumeurs de spéculation, de peurs diverses, travaillées par les vifs pamphlets, les chansons cruelles et les harangues enflammées des orateurs de

cabaret, de carrefour, de place publique ou du Palais-
Royal à Paris.

Juillet : l'irruption de Paris.

Ce Paris surchargé — au moins 700 000 habitants,
beaucoup de jeunes et de chômeurs —, où chacun savait
lire ou écouter, où l'on vivait dehors par ce bel été, dans
un voisinage chaleureux ou paillard, où les pamphlets et
les affichettes s'étaient multipliés depuis les élections, où
les bruits les plus surprenants se transmettaient au galop,
Paris apprit donc début juillet que le roi concentrait de
menaçantes troupes. L'on chercha et trouva (aux Invalides) des armes pour résister ; on espérait en trouver aussi
à la Bastille. Ce ne furent point des brigands, des
loqueteux ou des émissaires de la Franc-Maçonnerie
(comme on s'est donné le ridicule de le prétendre) qui
prirent la vieille forteresse-prison (presque vide), mais le
petit peuple du faubourg Saint-Antoine, des ouvriers, des
compagnons, des commis de boutique épaulés par quelques petits patrons et même de modestes rentiers. Cet
assaut, qui frappa beaucoup et devint un symbole,
entraîna dans les jours suivants des exécutions aveugles et
cruelles (l'intendant Bertier de Sauvigny, l'un des meilleurs administrateurs du royaume, accusé de spéculation...). Dans l'immédiat, il aboutit à la constitution d'une
municipalité, avec un maire, l'astronome Bailly, la transformation de l'ancienne garde bourgeoise en une garde
nationale, et la capitulation sans gloire de Louis XVI.
Grâce à Paris, l'Assemblée Nationale échappa à la
dissolution qui l'attendait, et put se mettre au travail. Elle
ne put le faire tranquillement : les nouvelles venues de
province étaient graves, non pas tellement dans les milieux
urbains où se constituaient aussi municipalités et gardes
nationales, mais dans les campagnes où le mécontentement prenait des dimensions inattendues.

L'impact des campagnes et la fin du régime féodal.

Paisibles depuis la mort de Louis XIV, les campagnes
n'en étaient pas moins travaillées par des rancœurs, des

querelles, des revendications, exprimées de manière assez nouvelle : beaucoup de procès, rarement gagnés, et surtout l'arme absolue, la résistance passive.

Rares, les dissensions avec l'Eglise portaient essentiellement sur la dîme, qu'on savait inégalement perçue et sur des productions variables. Envers le fisc royal, on essayait surtout de frauder et de traîner, mais l'administration devenait excellente ; cependant les démêlés avec les « gabelous » et « rats de cave » — des agents de la Ferme des Aides qui contrôlaient les ventes de vin — dépassaient la farce courante pour atteindre parfois la tragédie.

La nouveauté, la crise aidant, ce fut de s'en prendre désormais au seigneur, petit ou grand, présent ou représenté par un homme d'affaires bourgeois souvent retors, qui recherchait les droits féodaux tombés en désuétude et surveillait étroitement les paiements. La colère paysanne s'abattait de préférence sur le gibier (la liberté de le tuer constitua la première de toutes les doléances de 89), le pâturage interdit, la répression des « usages » en forêt, le partage des « communaux » et, là où ils existaient, les moulins et fours banaux. Les premières violences rurales datent de l'hiver 1788-1789 : dans le Nord, en Picardie, en Alsace, autour de Paris, en Anjou, même en Bretagne, dans le Dauphiné et plus encore en Provence, on refuse la dîme et parfois l'impôt, on détruit les insignes seigneuriaux, on chasse ouvertement, on commence même à brûler des châteaux et surtout leurs vieux papiers féodaux, après avoir souvent asséché la cave. Quelques nobles récalcitrants furent molestés, un ou deux trucidés (à Aups, Provence, mars 89). Le « régime féodal », comme on disait, se trouvait déjà bien ébranlé avant la réunion des Etats.

En juillet-août, ce fut bien autre chose. L'écho déformé des événements parisiens, la dureté des temps, des phénomènes de panique irraisonnés (les brigands, l'invasion...) irradiant d'une demi-douzaine de centres poussèrent, après les « Grandes Peurs » qui n'épargnèrent que la Bretagne, la Lorraine et une partie du Midi, à l'assaut répété des châteaux, des abbayes et de leurs archives, même à quelques assassinats. Quant à payer les droits du seigneur, la dîme et même l'impôt royal, il n'en était plus question. Et chacun de chasser, de pêcher, de faire pâturer et de couper du bois partout où avait régné l'interdiction.

Bourgeois ou non, parfois liés à la rente seigneuriale, craignant aussi que le désordre ne s'étende, les Constituants et leurs amis poussèrent à la formation, sur le modèle parisien, de gardes nationales chargées à la fois de sauver la Révolution commencée et les biens des possédants (qu'ils étaient presque tous). Le bel élan généreux de la Nuit du 4 août, avec l'abolition proclamée des « privilèges, dîmes et droits féodaux » prend alors sa signification : ce que les députés abandonnaient était déjà perdu, et ils espéraient seulement calmer les fureurs paysannes, ce qui survint en effet, pour un temps. Par la suite, l'Assemblée revint en détail sur sa générosité globale, et voulut distinguer droits supprimés et droits « rachetables » (par les paysans). Ces derniers ne rachetèrent à peu près rien, et les assemblées suivantes ratifièrent ce refus. Malgré quelques tentatives après 1815, ce qui fut alors aboli le demeura ; le temps des seigneurs et de la dîme mourut cette année-là, ce qui ne constitue pas un événement insignifiant.

Un dernier sursaut de panique et de pain cher — parisien celui-là — ramena rudement (5-6 octobre) la famille royale de Versailles aux Tuileries. L'Assemblée suivit bientôt. Elle avait déjà beaucoup travaillé. Elle allait pouvoir montrer, deux années durant, ce dont elle était capable, mais sous l'attentive surveillance des Parisiens organisés et armés.

L'ŒUVRE DE LA CONSTITUANTE (1789-1791)

Cette assemblée travailla beaucoup, et très systématiquement, sans doute trop. Elle voulut entièrement refondre le vieux royaume devenu la Nation : institutions, législation, administration, justice, finances, poids et mesures (l'admirable système métrique...), religion même, tout lui paraissait à reprendre.

Logiquement, à la manière américaine, elle plaça son œuvre constitutionnelle sous l'invocation d'une Déclaration des Droits de l'Homme et du Citoyen qui ne semble pas périmée. Ce texte sobre et ferme reconnaît l'autorité d'un « Etre Suprême », expression large d'une divinité qui puisse convenir aussi aux Protestants, aux Juifs et aux « philosophes », puisque l'article X reconnaît officiellement la liberté de conscience (« Nul ne peut être inquiété pour ses opinions, même religieuses... »). La proclamation s'adressait sciemment aux citoyens, non aux sujets, parlait de l'Homme et non du seul Français, et traitait de ses droits plus que de ses devoirs ; le tout, pour la première fois. Les mots clés sont l'égalité (de droit seulement), la liberté, presque toutes les libertés : travail, presse, parole, personne (puisque « tout homme est présumé innocent »), la propriété aussi, dite inviolable et sacrée, et même la résistance à l'oppression ; seules limites : la liberté des autres, l'intérêt suprême de l'Etat. Beaux principes, qu'il ne restait qu'à appliquer...

Le roi devenait (ou redevenait, il avait été « *rex Francorum* ») roi des Français, non par la grâce de Dieu, mais après serment prêté à la Constitution ; il disposait de l'essentiel du pouvoir exécutif et contrôlait le législatif par le droit (veto) de suspendre quelque temps l'application des lois ; Louis XVI en usa quelque peu, pas toujours adroitement. De toute manière, une seule assemblée détenait l'essentiel du pouvoir. Elle allait être élue par un système censitaire qui excluait les pauvres — presque la moitié des hommes, femmes évidemment exclues — et ne rendait éligibles que les propriétaires riches, ce qui suffit à qualifier le régime nouveau, aussi éloigné de la démocratie que de l'absolutisme ; il dura peu, mais réapparaîtra jusqu'en 1848.

Plus fondamentale et durable, la refonte des structures du royaume, puisque les subdivisions séculaires, qui se recouvraient partiellement, de la prévôté au bailliage, à la généralité et vingt autres disparurent à jamais. Tout fut soumis au découpage départemental, qui faillit être quadrangulaire (comme l'Oise). Dans ces 83 départements et leurs subdivisions qui finirent par s'appeler arrondissement et canton (la commune rurale se calquant très souvent sur la paroisse), se coula toute l'administration, politique, financière, judiciaire et même religieuse, dont les titulaires étaient systématiquement élus, y compris juges, percepteurs, curés et évêques. Dans la pratique, les conseils locaux détenaient une autorité considérable, aboutissant à une réelle décentralisation, fort éloignée du centralisme précédent et surtout de celui qui suivit dès Napoléon. –

Tout fut aboli de l'ancien système d'impôt, et trois de

nos quatre « vieilles » contributions (foncier, patente, personnelle-mobilière) inaugurèrent une longue carrière ; les percevoir fut une autre affaire... et il fallut se préparer à en revenir vite à ce qu'on appellera « les indirects ».

La justice, très humanisée, en passe d'être simplifiée (Cambacérès travaillait déjà au Code Civil), connut l'utile institution du Juge de Paix cantonal, adopta le « jury populaire » à la mode anglaise, et créa la Cour de Cassation. Là aussi, un bilan considérable, souvent durable, mais qui comportait une grave faiblesse, dans le domaine religieux.

L'écueil : les affaires religieuses.

Passe encore de « mettre les biens du Clergé à la disposition de la Nation » dès novembre 89, afin qu'ils aident à résoudre le problème financier : cela avait été déjà fait ailleurs et naguère. Et d'ailleurs les « biens nationaux de première origine » (la deuxième, ceux des émigrés, plus tard) se vendirent avec la plus grande facilité, selon des modalités qui varièrent : la bourgeoisie surtout, les paysans riches aussi et même une partie de la noblesse acquirent de beaux domaines et des parcelles dispersées par centaines et milliers d'hectares, puisque l'Eglise possédait au moins 7 à 8 % du sol français. Des papiers émis par l'Etat, assignés sur la valeur de ces biens (et donc nommés « assignats ») permettaient de régler ces achats ; jusqu'à la fin de la Constituante, l'assignat perdit peu par rapport à la véritable monnaie, l'or ; après 1792, il reflua, puis dégringola ; si bien que ceux qui surent attendre purent payer leurs acquisitions avec un papier qui, après Thermidor, ne valait presque plus rien. Cette opération d'envergure prit un caractère irréversible, et attacha à la cause de la Révolution une foule de gens plutôt aisés, qui ne professaient comme idéologie que leur intérêt, et qui ne demandèrent aux régimes suivants, Restauration comprise, que la pérennité de leurs acquisitions ; ce qui ne les empêcha pas d'entrer ensuite dans les groupes de Notables bien-pensants et champions de l'ordre.

L'interdiction (pour l'avenir) de vœux perpétuels, de

même que le regroupement dans quelques couvents conservés ou le retour à la vie civile des réguliers — qui reçurent d'honnêtes pensions — ne scandalisa que peu de gens ; de toute manière, on avait intelligemment ménagé les ordres charitables.

Plus surprenante et dangereuse apparut vite ce qui fut appelé la Constitution Civile du Clergé. Fidèles à leurs principes, les Constituants mirent un curé par commune (plus dans les villes, évidemment), un évêque par département, quelques « métropolites » (archevêques) au-dessus, et en firent des fonctionnaires appointés, mais élus par les plus riches de leurs ouailles ; cela pouvait surprendre d'honnêtes ecclésiastiques, moins choqués peut-être, en bons gallicans, qu'on se passe désormais du Pape pour les consécrations (mais les évêques ?) et qu'on ne lui envoie plus d'argent. Ce qui devint affaire de conscience fut de devoir prêter serment à la Constitution à partir de novembre 1790 : ceux qui refuseraient seraient remplacés, mais recevraient une pension. Jureurs et non-jureurs se partagèrent en gros par moitié, fort inégalement selon les régions, mais certains « assermentés » avaient exprimé des réserves. La plupart des évêques refusèrent. La loi commençait d'être appliquée, un nouveau clergé s'installant difficilement. En réalité, on attendait — et on attendit longtemps — la réaction du Pape. On savait Pie VI hostile à tout ce qui s'était fait en France depuis mai 1789. Il ne se prononça qu'en mars 91, par deux « brefs » cinglants. Le schisme était désormais à l'intérieur de l'Eglise de France et entre la France et Rome. Beaucoup d'anciens « jureurs » inclinèrent vers la rétractation. L'affaire n'était pas terminée, puisque d'autres serments seront par la suite exigés, et majoritairement refusés.

Hommes des villes pour la plupart, choqués souvent par un haut et moyen clergé de qualité variable, les Constituants, dont bien peu étaient dévôts et encore moins athées, n'avaient en rien saisi l'attachement profond d'une grande partie des provinces, notamment dans l'Ouest, envers des prêtres fort bien formés depuis un siècle, leurs seuls guides et leurs pasteurs toujours résidents.

Ce schisme, peut-être évitable, aggravait les désordres intérieurs, croissants, et la menace extérieure, encore théorique.

La fuite du Roi, ce coup de tonnerre, exagéra le tout, mena à la guerre d'abord, à la république ensuite.

La montée des périls (mars 91-avril 92).

Depuis 89, l'agitation, un moment calmée, avait repris en ville comme à la campagne.

En ville, elle avait pour cadre, outre les cabarets et la rue, des sortes d'assemblées de quartier (sections à Paris), ce qui tenait lieu de mairie, ou bien des clubs comme les Jacobins, les Cordeliers, les Feuillants. De puissants orateurs, souvent issus de la basoche, de la plume ou de la boutique, s'exprimaient un peu sur tout : les « accapareurs », les « aristocrates » (premiers émigrés dès juillet 89 avec le comte d'Artois), les « réfractaires » ; bientôt, on vit les complots (il en existait) un peu partout, et l'on commença à parler de « suspects ». Heureusement, le pain était bon marché, et le chômage n'augmentait pas.

A la campagne, c'était souvent l'anarchie : clôtures détruites, bois pillés, bétail partout ; et on ne payait plus l'impôt, même pas la dîme aux « bons prêtres ». Dans des provinces entières (Comtat, Ouest, Centre), on se déchirait entre révolutionnaires et royalistes. L'affaire du serment exagéra tout : des cantons entiers refusaient les « jureurs » et la Constituante dut, à l'exemple du directoire départemental parisien (11 avril 1791) autoriser les « réfracteurs » à dire au moins la messe, — mais pas à administrer les sacrements, réserve inapplicable.

Pendant ce temps, les querelles de tendances et d'hommes déchiraient l'Assemblée, où s'opposaient les derniers champions de la monarchie absolue, des modérés ambitieux, qui dominaient (dont La Fayette et Barnave), et une poignée de hardis révolutionnaires appuyés par les clubs parisiens, parmi lesquels émergeaient des sortes de démocrates, bientôt républicains, comme le journaliste Marat et l'avocat Robespierre.

En fuyant, dans le dessein assez naïf d'intimider les Constituants de l'autre côté de la frontière, et en manquant sa fuite, Louis XVI provoqua une redistribution des cartes, un regain d'agitation, et une échappée vers de vraies tragédies. Au lendemain du 21 juin 1791, une partie des Français parut penser qu'un Roi ne devait pas abandonner son peuple ; une autre, qu'il avait sûrement de bonnes raisons d'aller chercher secours auprès des princes étrangers et des quelques milliers d'émigrés qui s'agitaient aux frontières de l'Est. L'Assemblée suspendit le Roi un moment ; puis, acceptant la thèse singulière de l'enlèvement, le rétablit, d'autant qu'il ratifia benoîtement la Constitution de 1791. Mais elle disposa aux frontières une bonne partie des gardes nationaux, cent mille hommes, et ne put empêcher de violentes réactions : des nobles et des réfractaires furent molestés, et de nouveaux châteaux flambèrent. A Paris, le club des Cordeliers réclama la république, et finit par déposer une pétition dans ce sens sur l' « autel de la Patrie », au Champ-de-Mars, là où le 14 juillet 1790 les provinces fédérées avaient juré, devant le roi et l'évêque d'Autun, fidélité aux lois et à la Nation, qu'elles constituaient solennellement. Les hommes au pouvoir, modérés ambitieux qui goûtaient peu le petit peuple, osèrent faire tirer sur les « républicains » qui venaient ratifier la pétition. C'était le 17 juillet, et de ce jour date la scission entre les deux branches de l'ex-parti « patriote » et la méfiance des sections parisiennes envers l'Assemblée, dont sortirent bien d'autres « journées ».

Peu de temps après fut élue au suffrage censitaire cette nouvelle assemblée qui ne pouvait compter (sur proposition de Robespierre, jamais renouvelée depuis) aucun député de la précédente. La Législative contenait une presque majorité de constitutionnels sincères, décidés à faire fonctionner le système. Une autre partie, surtout des inscrits au club des Feuillants (260 environ), essayait d'aider le roi, mais était traversée d'ambitions contraires. A « gauche » du président siégeaient près de 140 députés, souvent inscrits aux Jacobins ou aux Cordeliers, dont émergèrent bientôt des gens de talent, d'origine relativement modeste et souvent girondins (d'où le nom que popularisa Lamartine), éloquents (surtout Vergniaud), à la fois généreux et un peu mous, qui se regroupaient autour de Brissot, journaliste au passé douteux, mais plein de séduction et d'activité brouillonne. Ils se retrouvaient dans de brillants salons, où le luxe et les dames (Mme Dodun, place Vendôme, Mme de Staël née Necker, Mme Roland surtout) les séduisaient fort. Dans les clubs, de puissantes personnalités comme Danton et Robespierre les harcelaient peu à peu.

Parmi des intrigues sans nombre, des désordres en province et le glissement de l'assignat, s'élevait la seule question importante : la paix ou la guerre. Si l'on opta pour la guerre le 20 avril 1792, l'on ne saurait oublier que la Révolution bénéficia de trois années de paix, qui facilitèrent sa tâche, mais qui requièrent explication.

L'abstention de l'Europe (mai 1789-avril 1792).

Les premiers malheurs de Louis XVI avaient été vivement ressentis par les rois d'Europe ; du moins le dirent-ils. Crièrent le plus fort ceux qui étaient le plus loin, comme Catherine II, ou qui n'avaient aucune intention de venir le secourir, comme le roi d'Espagne et les petits monarques italiens. Les trois grands Etats « continentaux » (Autriche, Prusse, Russie) songeaient surtout à découper des morceaux de Turquie et à se partager une deuxième fois la Pologne, en attendant l'ultime dépeçage. Par surcroît, certains avaient leurs problèmes intérieurs, surtout le frère de Marie-Antoinette avec les Pays-Bas (belges) et la Hongrie plus qu'à demi révoltés. Bien que l'écho des premiers actes révolutionnaires ait été trop vivement ressenti, à leur goût, par leurs quelques élites libérales, tous ces grands Etats, et l'Angleterre en tête, considéraient ces étranges agitations avec une certaine faveur, puisqu'elles ne pouvaient, selon eux, qu'affaiblir ce pays qui venait de gagner une grande guerre. Ils se contentaient donc de protestations indignées et de réponses aimables et dilatoires à leur frère et à leur sœur de France qui les appelaient régulièrement à l'aide. D'ailleurs l'Assemblée Nationale n'avait-elle pas solennellement déclaré la paix à l'Europe et au Monde ?

Deux affaires compliquaient pourtant les relations. Dès 89, les Avignonnais, sujets du Pape, s'étaient « donnés » à la France transformée, qui ne savait comment refuser, et finit par accepter : fureur du Souverain Pontife, qu'achevèrent d'irriter la Constitution Civile du Clergé et l'affaire du serment. La condamnation qu'il fulmina impressionna certes les princes catholiques, agacés aussi du sort fait au clergé français ; cela ne suffisait pas à les décider. Seconde affaire : dès 89 aussi, l'abolition des droits féodaux touchait l'Alsace où étaient restés « possessionnés » depuis 1648 des princes d'Empire qui, lésés, en appelèrent à leur souverain. Mais les municipalités alsaciennes s'étant fédérées avec les autres dans la grandiose cérémonie du 14 juillet 1790, l'Assemblée considéra que la volonté des Alsaciens primait les droits anciens de quelques seigneurs étrangers, posant ainsi le redoutable principe du droit des peuples à disposer d'eux-mêmes. L'Empereur Léopold, sage et assez libéral, donna quelques bonnes paroles, et se contenta de protester. Même après l'équipée de Varennes et la suspension de son beau-frère, il publia qu'il n'envisagerait une intervention, certes souhaitable, que si toute l'Europe se rangeait à ses côtés, ce qu'il savait alors impossible. Même la fameuse « déclaration de Pillnitz » (août 91) qu'il publia conjointement avec la Prusse, ne constituait pas à ses yeux un engagement réel. Mais elle fut perçue par les révolutionnaires, même modérés, comme une menace insultante, qu'en fait elle n'était pas.

Six mois suffirent pour faire tout basculer. Pourquoi ?

Bien des choses avaient changé, en Allemagne comme en France. Excédées enfin par les avanies subies par la famille royale et les prêtres réfractaires (menacés de prison), Autriche et Prusse nouèrent une alliance afin de restaurer en France l'ancienne forme monarchique ; ils y mettraient 50 000 hommes chacun, mais dans quelque temps. La mort inopinée de Léopold, remplacé par son fils François II, ni prudent ni libéral, allait accélérer le mouvement. Mais la France avait pris l'initiative le 20 avril.

Tout ce qui comptait alors, sauf Robespierre, voulait la guerre : le roi et surtout la reine, qui misaient sur la défaite des « jacobins » ; des ambitieux, comme La Fayette et Dumouriez, qui pensaient utiliser l'armée pour tenir le premier rôle auprès d'un monarque forcément reconnaissant ; d'ardents idéalistes aussi, qui rêvaient de porter la liberté aux peuples asservis d'Europe, dont les Girondins, qui espéraient aussi se renforcer. En somme, les opérations, qu'on voyait souvent malheureuses, ou détournées de leur objectif, devaient simplement servir des ambitions contradictoires.

DE LA GUERRE À LA RÉPUBLIQUE
(AVRIL-SEPTEMBRE 1792)

Les armées françaises allaient affronter, outre l'autrichienne, la fameuse armée prussienne, qu'elles n'attendaient pas.

Certes elles disposaient du meilleur armement et surtout de la meilleure artillerie d'Europe, mise au point par les techniciens et ministres de Louis XVI. Mais elles étaient composées de deux éléments presque opposés : les troupes anciennes, bien entraînées, mais en plein désarroi après l'émigration de plus de la moitié de leurs officiers, la mollesse ou l'incompétence des autres ; enfin leur tiédeur à l'égard des révolutionnaires se traduisit par des milliers de désertions. D'autre part, les cent mille soldats prélevés. en 1791 dans la Garde Nationale, souvent enthousiastes, pleins de bonne volonté mais naturellement dénués d'instruction et surtout d'expérience. Aux premiers contacts avec les Autrichiens vers l'actuelle frontière belge, une partie se débanda, leurs chefs montrant parfois l'exemple, comme Dillon, que ses soldats massacrèrent. Le hasard voulut que les armées adverses ne fussent pas prêtes, et que les Prussiens se fissent attendre deux bons mois. Arrivés aux confins lorrains fin juillet, ils prirent Verdun le 2 septembre, menaçant déjà Paris. A cette date, le sort d'une monarchie qui n'avait cessé de renseigner ses alliés d'Allemagne était déjà scellé : Paris en avait ainsi décidé.

Premières défaites militaires, menaces des émigrés depuis Coblence, révoltes dans l'Ouest et le Midi, trahison imminente de La Fayette, regroupement par le roi d'une « garde constitutionnelle » de fidèles : tout cela nourrissait une atmosphère où se mêlaient angoisse, colère et suspicion. Le Paris révolutionnaire et l'Assemblée en vinrent à des mesures rigoureuses : les « sans-culottes », avec le bonnet phrygien, la carmagnole et la pique, demandaient dans des réunions houleuses la déchéance d'un roi dont les sympathies ne pouvaient qu'aller aux troupes adverses. La Législative, pour déjouer les

« complots des aristocrates » (on en voyait partout ; ils existaient souvent) accentua sa défiance envers les prêtres réfractaires, menacés de bannissement, tracassa les familles des émigrés, et convoqua 20 000 fédérés, des gardes nationaux de province, pour venir protéger Paris.

Louis XVI ayant mis son veto à ces dernières mesures, des milliers de manifestants menaçants envahirent les Tuileries et l'injurièrent ; le Roi montra son habituel courage tranquille, but à la santé de la Nation, mais ne céda pas (20 juin) ; simple avertissement.

En juillet, l'armée prussienne s'ébranlant, l'Assemblée osa (malgré le Roi) déclarer la « Patrie en danger », et ouvrit des listes de « volontaires » qui se présentèrent nombreux, tandis que les Fédéraux, dont les célèbres Marseillais chantant, convergeaient sur Paris. Dans cette atmosphère extraordinaire fut soudain connu, le 1er août, le fameux manifeste de Brunswick, texte insensé et brutal rédigé par un émigré sur les probables indications de Marie-Antoinette : il promettait la mort à tout Français qui résisterait à l'armée « impériale et royale » (que Brunswick commandait), et, à Paris, l' « exécution militaire » et la « subversion totale » si le Roi et sa famille n'étaient ni respectés, ni rétablis en tous leurs pouvoirs. L'effet produit ne fut pas celui qui était visé.

A l'initiative de celle du faubourg Saint-Antoine, les sections parisiennes, formées d'ouvriers, d'artisans et de petits patrons, chassèrent l'administration légale et la remplacèrent par une Commune insurrectionnelle qui, aidée des Fédérés, assaillit brutalement les Tuileries le 10 août, forçant la main à la Législative. La résistance fut vive et meurtrière, mais le Roi tenta de l'arrêter et se réfugia auprès de l'Assemblée. Elle ne put que le suspendre, l'emprisonner, et convoquer une Convention constituante nouvelle, puisque la Constitution de 1791 était visiblement dépassée.

Suivirent presque deux mois d'anarchie, de passions et de violences, partiellement expliquées par la chute de l'assignat, les spéculations, la cherté des vivres, les gros efforts d'armement. Une vague antireligieuse, acceptée par des députés peu croyants, bannit de France les réfractaires (30 000 ?), ferme couvents et évêchés, dissout définitivement les ordres religieux, confisque vases sacrés et croix précieuses, interdit même le costume ecclésiastique, instaure le divorce et l'état civil.

La peur des Prussiens qui assiégeaient Verdun, le tocsin incessant, la trahison effective de La Fayette (que son armée refusa de suivre), les harangues brûlantes de Danton : (« De l'audace, encore de l'audace... »), et l'excitation des sans-culottes amenèrent la création d'une sorte de tribunal criminel extraordinaire, qui prétendit instrumenter dans les prisons. Les « massacres de Septembre », expression d'une panique et d'une fureur incontrôlées, tuèrent moins de 100 aristocrates, plus de 200 ecclésiastiques et une majorité de « droit commun ». La moitié des 2 800 détenus furent épargnés, dont presque toutes les femmes sauf 35, y compris la princesse de Lamballe, sur laquelle les exécuteurs se vengèrent de l' « Autrichienne » son amie.

Quinze jours plus tard, à Valmy, une manœuvre astucieuse de Dumouriez et Kellermann coupant leur retraite aux Prussiens, la courageuse résistance à la canonnade de leurs jeunes troupes mêlées de vieux soldats, firent faire demi-tour à un ennemi réputé invincible, certes surpris, mais aussi englué dans la boue, décimé par la dysenterie, et écœuré de ne recevoir aucun secours de l'allié autrichien. Il rentra tranquillement dans ses quartiers d'Allemagne.

Le lendemain 21 septembre, la Convention, élue par les seuls révolutionnaires (un dixième du corps électoral théorique) dans une atmosphère de crainte, abolissait la royauté. Le 22 septembre inaugura l'an I de la République. Rude et inattendue avait été cette réplique à Brunswick, aux émigrés, aux aristocrates et comploteurs de l'intérieur. Dans l'immédiat, la Révolution était sauvée.

Il lui restait à survivre, dans une Europe presque entièrement hostile, et une France qui l'était plus qu'à demi.

XIII.

La Révolution et la guerre
(1792-1799)

Les sentiments passionnément contradictoires qu'ont toujours nourris la plupart des Français à l'égard de ces deux lourdes années de leur histoire, été 1792-été 1794, ne rendent compte ni de l'objet des conflits ni du fond des choses.

L'essentiel paraît bien être que, par la volonté des successifs gouvernements, la guerrre contre la plus grande partie de l'Europe, la puissante Angleterre comprise, a duré de 1792 à 1815, juste coupée par deux brèves trêves (1802-1803, première Restauration). Directement ou non, cette guerre a très souvent commandé la politique intérieure comme l'évolution économique et financière, et amené aussi bien la dictature montagnarde que la napoléonienne. Certes, elle n'explique pas tout, notamment pas le détail des querelles internes et moins encore les affaires religieuses. Mais elle a pesé longuement et lourdement, et peut-être laissé autant de faiblesses nouvelles que de souvenirs glorieux.

La Convention jacobine et les années terribles
(fin 1792-juillet 1794)

Des ouvrages nombreux et denses ont été consacrés à cette vingtaine de mois si lourdement chargés d'histoire, et si complexes. Aller à l'essentiel constitue une tâche quasi impossible ; mais la guerre peut fournir une sorte de fil directeur.

Sauvée en septembre 92 à Valmy, confortée en novembre par la brillante victoire de Dumouriez à Jemmapes, exaltée par la rapide conquête de toute la Belgique, du Palatinat jusqu'à Mayence, de la Savoie et du comté de Nice enlevés au roi de Sardaigne, la jeune Convention républicaine décréta le 19 novembre qu'elle apporterait désormais « fraternité et secours à tous les peuples qui voudront recouvrer leur liberté ». Cette proclamation ne plut guère aux monarques d'Europe ; même les Anglais, jusque-là prudents et un peu goguenards, s'inquiétaient, car ils avaient leurs démocrates et leurs Irlandais. Puis, franchissant une nouvelle étape, la Convention victorieuse, mais peu argentée, couvrit ses frais de guerre en confisquant les biens des princes et des religieux des pays occupés, outre quelque pillage, tandis que Danton et quelques autres formulaient ou retrouvaient la théorie des frontières « marquées par la nature », soit le Rhin et les Alpes. Quelques mois plus tard, alors que se déroulait le procès de Louis XVI (guillotiné le 21 janvier 1793), les pays conquis par les armées républicaines furent tout simplement annexés.

La sensation fut grande, en Angleterre surtout, qui ne pouvait souffrir (et ne souffrit jamais) qu'une escadre française occupe Anvers. Sous prétexte de l'exécution de Louis XVI, Londres expulsa le représentant de la République. Ivre de jeunesse et de victoires, la Convention répliqua en déclarant dès le 1er février la guerre à l'Angleterre et par surcroît à la Hollande devenue sans joie pays-frontière. L'inexpiable guerre contre la patrie de Pitt allait durer plus de vingt ans. Dans l'immédiat, se joignirent aux quatre coalisés (Autriche et Prusse étant restées en guerre, bien qu'occupées à un second partage de la Pologne) l'Espagne, le Portugal, le Piémont-Sardaigne, le royaume de Naples et la Russie (théoriquement au début). A cet agrégat alors peu organisé fut attribué le nom de Première Coalition.

Pour une armée française encore incertaine, divisée, improvisée, inégalement commandée, le danger était grand. En quelques semaines, ce fut la catastrophe. Expulsées de toutes leurs conquêtes, trahies par certains chefs dont Dumouriez, les troupes de la République ne purent empêcher une invasion multiple : les Autrichiens assiégeaient Maubeuge et Valenciennes, les Prussiens investissaient Mayence puis Landau, les Piémontais reprenaient pied en Savoie, et les Espagnols débordaient les Pyrénées par les deux bouts. Même les Anglais, bien que guignant essentiellement les riches Antilles, investissaient Dunkerque, la Corse et bientôt Toulon, livré par les royalistes du lieu.

Comme si cette sextuple invasion ne suffisait pas, la Convention devait faire face, en ce printemps 93, aux révoltes intérieures. D'une bonne partie du Midi et de certaines villes comme Lyon et Marseille, travaillées depuis des mois par les royalistes, il n'y avait à attendre que de grosses difficultés ; en mai-juin, l'élimination des Girondins par les Montagnards après de longues querelles, surtout personnelles, dont seul importe le résultat, accentua et étendit ces insurrections souvent appelées « fédéralistes » (les Montagnards étant centralistes par principe et par nécessité) ; elles couvrirent un bon tiers de la France, dont la Normandie. Les soldats envoyés pour mater ces « ennemis de l'intérieur » opérèrent sans douceur.

Le plus grave, et de fort loin, eut pour cadre ce qu'on a appelé la Vendée : en fait les bocages de l'Ouest, angevins surtout, poitevins ensuite, « mainiaux » (du Maine) et bretons un peu plus tard. Cette guerre civile, qui atteignit en son temps les sommets de l'horreur, éveilla et éveille encore des réactions violemment opposées. Comment comprendre ?

L'insurrection éclata au moment exact où fut décrétée la levée de 300 000 hommes en mars 93. Les gens du Choletais et du voisinage refusèrent de s'enrôler, excités par des chefs d'origine populaire, comme le garde-chasse Stofflet et le voiturier Cathelineau ; ils refusaient de quitter leur village pour aller combattre des ennemis lointains pour le compte d'un gouvernement aussi mal connu que peu sympathique. Habitués à leurs « bons prêtres », seuls guides toujours présents, ils avaient refusé les jureurs ; mais ils avaient accepté avec joie l'abolition des « rentes » (droits seigneuriaux), car ils n'adoraient pas spécialement leurs seigneurs, méprisants et souvent absents. En revanche, ils avaient mal pris l'installation de « municipalités » et d'administrations dominées par les bourgeois, et l'achat massif par ceux-ci de biens nationaux qu'ils convoitaient sans le dire. Dès le début, la révolte, épaulée par les anciens faux-sauniers rendus disponibles par l'abolition de la gabelle, fut aussi sauvage que peu structurée, du moins tant que les nobles (qui se firent parfois prier) ne tentèrent pas de l'organiser. Les rares troupes républicaines qui se trouvaient là, mal commandées, souvent piégées et massacrées, ne reçurent que de médiocres renforts et réagirent avec la même indicible cruauté. Mais, en trois mois, les Vendéens avaient pris Cholet, Saumur, menaçaient Nantes et viraient vers le Nord, à la rencontre d'hypothétiques secours anglais. A la même époque, l'invasion était partout, et la Normandie, la Franche-Comté, la Provence et une partie du Sud-Ouest s'embrasaient.

Cette conjonction de dangers requérait un gouvernement de salut public. La Convention, après avoir rédigé une constitution ultradémocratique qu'elle mit soigneusement de côté dans un magnifique coffret, déclara que le gouvernement de la France serait « révolutionnaire jusqu'à la paix ». Des mesures d'une grande énergie, parfois excessive, conduisirent à la dictature des Montagnards, au Comité de Salut Public et à la Terreur. Face aux terribles dangers extérieurs et intérieurs, l'historien se voit contraint de soutenir que, pour sauver la « Patrie en danger », les hommes de ce temps n'avaient le choix qu'entre ces dures mesures et la capitulation pure et simple. Un choix que Napoléon n'aura même pas, vingt ans plus tard.

Ces quelques douzaines de Conventionnels décidés, avocats, journalistes, techniciens, républicains centralistes et peu catholiques, se caractérisaient par leur jeunesse (leur aîné, Carnot, frisait la quarantaine), leur habituelle compétence, leur volonté, leur ardeur parfois brouillonne, mais aussi leur fréquente nervosité et leur fatigue, et la vigueur de passions souvent contradictoires qui les amenèrent à s'entre-déchirer, d'autant que les foules parisiennes, fanatisées, armées, organisées par sections, les exaltaient par des cris, des haines et des vivats. Cependant ces hommes communiaient dans leur ferme décision de défendre par tous les moyens, même horribles, ce qu'ils appelaient enfin la Patrie (l'usage courant du mot date de cette époque) ; une Patrie vraiment en danger, du fait des ennemis de l'intérieur, qui n'étaient pas illusoires, comme des envahisseurs, qu'ils avaient eu l'audace de provoquer en leur déclarant la guerre.

Les moyens employés sont parfaitement connus, s'ils sont habituellement présentés avec un enthousiasme ou une haine également superflus.

Tout d'abord, la concentration du pouvoir entre les mains de minorités successives de conventionnels : Girondins, puis Montagnards, puis divers Comités surtout de Sûreté Générale et de Salut Public, puis purs robespierristes, auxquels le Centre dénommé « Marais », pourtant majoritaire, dans sa prudence ou sa lâcheté, sut se rattacher successivement, quitte à prendre le pouvoir, tout danger passé, après Thermidor. Cette sorte de magistère collectif, où chacun pourtant détenait une spécialité (Carnot pour la guerre, simple exemple) avait besoin de relais, d'« antennes », dans les départements et aux armées. Ce rôle fut dévolu aux Représentants en mission, conventionnels investis de tous pouvoirs (comme jadis les Intendants), à l'Agent National dans chaque district ou chaque grosse commune, appuyé par une « Société populaire », filiale habituelle du club des Jacobins. Pour surveiller les « suspects », aristocrates, prêtres, fédéralistes, tièdes, « ennemis de l'intérieur », un Comité révolutionnaire sévissait dans la plupart des communes, et le Comité de Sûreté Générale à Paris. Des « tribunaux révolutionnaires » (le premier à Paris dès mars 93, donc de création girondine) se chargeaient de juger ces opposants. Ils opérèrent d'abord avec mesure, acquittant une fois sur deux. Puis la multiplication des dangers et la pression des exaltés, puis des « Enragés », les rendirent terribles. En 1793, le Tribunal de Paris prononça 243 condamnations à mort, à peu près autant qu'à Bordeaux ou Marseille, villes hostiles, mais dix à quinze fois moins qu'à Lyon, Angers et surtout Nantes, cités délibérément révoltées, ou au centre d'une région insurgée ; les noyades insensées ordonnées par Carrier préludèrent à la « mise à l'ordre du jour » de la Terreur par la Convention montagnarde. La « Grande Terreur » de 94 fut à 70 % vendéenne et provençale, inexistante dans 6 départements, insignifiante dans plus de trente (Centre et Alpes), spectaculairement tragique à Paris où l'on guillotina plus de 2 000 personnes en 16 mois. Sur les 14 000 victimes parfaitement identifiées, on dénombre moins de 15 % de nobles et d'ecclésiastiques et près de 60 % d'ouvriers et de paysans. Avec les tueries de Vendée, les victimes dépassèrent largement la centaine de mille, peut-être près du double. La passion, la haine et la folie y contribuèrent autant que la nécessité nationale, qu'on ne peut écarter.

Après la reconquête intérieure (incertaine ici ou là quelques années encore), l'autre priorité était le sauvetage des frontières. Pour cela, il fallait renforcer une armée disparate, incertaine, mal équipée, où se répandait l'usage considéré comme démocratique d'élire officiers et sous-officiers. Sous l'autorité peu discutée de Carnot, il fut pourvu au quadruple problème des effectifs, des armements, de la discipline et de la tactique.

A la levée de 300 000 hommes succéda vite la levée en masse, soit la mobilisation de tous les hommes de 18 à 25 ans ; malgré insoumissions et désertions, elle assura vite à la France la supériorité numérique, quelque 600 000 hommes fin 93, peut-être 800 000 en 94. Les adversaires réunis en comptaient nettement moins, et par surcroît ils ne s'entendaient guère.

La discipline, jamais parfaite, s'améliora fortement grâce à deux mesures qui réussirent progressivement : l'amalgame en « demi-brigades », un tiers de « blancs » (anciens soldats) deux tiers de « bleus » (les nouveaux) ; l'épuration progressive du commandement par la trahison des chefs, leur destitution et parfois leur exécution pour cause d'échec, facilita les choix de Carnot et des représentants en mission ; délaissant le système inefficace de l'élection, ils distinguèrent ou promurent des généraux très jeunes (les doyens, Jourdan et Pichegru, atteignaient 32 et 33 ans), souvent d'anciens sous-officiers, compétents, dynamiques, chaleureux, d'origine souvent modeste, et bons républicains : les noms de Hoche, Marceau et Kléber suffisent à montrer que le talent militaire ne vient pas forcément de la naissance ou de l'âge. L'excellent armement légué par l'Ancien Régime (surtout l'artillerie) fut renouvelé et amélioré ; d'anciennes fabriques et de nouvelles (parfois installées dans des couvents désaffectés) parvinrent, notamment grâce aux manufactures de Saint-Étienne, Le Creusot et Allevard, à produire jusqu'à 700 canons et 250 000 fusils par an. La Marine même, bien entretenue, put tracasser la Navy (qui bloqua à peu près tous les grands ports) quelques années encore, et les corsaires capturer pas mal de navires marchands, avant que Bonaparte la laisse assassiner à Aboukir.

Quant à la tactique prônée avec intelligence par Carnot, qui fut suivi, elle offrait la plus grande simplicité : profiter de la supériorité numérique, de l'ardeur des combattants et de la qualité de l'armement pour attaquer l'ennemi massivement, en un seul point, et ne plus s'attarder à de longs sièges ou de subtiles manœuvres. Le résultat fut qu'en fin 93 les fédéralistes et la Vendée étaient battus ou contenus, et l'ennemi à peu près reconduit aux frontières. Dès le printemps 94, les succès (Fleurus, juin) et les reconquêtes (Belgique, Rhénanie, Savoie, confins espagnols) commençaient. La plupart des coalisés songeaient à la paix, alors que le grand drame révolutionnaire atteignait son paroxysme entre mars et juillet, les Montagnards se déchirant entre eux jusqu'au meurtre.

Vie et mort de la Montagne (1794).

Les Girondins, plus modérés, ayant été éliminés en juin 93, ce fut aux Montagnards, portés à la tête de la République, d'assumer la tâche presque impossible de vaincre les ennemis de l'intérieur et de l'extérieur. Ils devaient s'y déchirer de mars à juillet 94.

Et pourtant, le travail accompli au milieu de difficultés croissantes offre quelque chose à la fois de titanesque et de monstrueux. Il fallait principalement nourrir, vêtir, ravitailler, armer, solder ces troupes immenses et ces navires encore nombreux. Prieur, ex-officier du Génie comme Carnot, et Lindet assumèrent au « grand Comité » la responsabilité de l'armement et du ravitaillement. Ils surent s'entourer de savants fameux (Monge, Berthollet, Chaptal) pour améliorer et activer la fabrication de la poudre et des armes ; ils y affectèrent la main-d'œuvre nécessaire, femmes comprises. Pour le reste, de dures réquisitions, des impôts forcés et l'exploitation des pays conquis aidèrent à la réussite. Mais il fallut bien en passer par les munitionnaires et trafiquants de toujours pour trouver les crédits et les fournitures indispensables. Ainsi, cette république montagnarde souvent honnête ne put garder les mains propres, et les régimes suivants, moins encore, puisqu'on ne fait pas seulement la guerre avec des hommes, même nombreux. Elle fit cependant exécuter en 1794 quelques louches affairistes comme Choiseau et d'Espagnac, qui avaient trop volé.

Ces épreuves et ces succès furent durement ressentis par un pays qui, quelles que fussent sa richesse et sa puissance, supportait mal les multiples exigences et exactions d'un régime autoritaire et impitoyable, qu'une large partie des citoyens détestait pour son attitude religieuse, politiquement insensée dans un pays encore majoritairement catholique : ni la chasse aux prêtres, ni le calendrier révolutionnaire avec sa suppression du dimanche, ni les fêtes civiques et révolutionnaires, avec Déesse Raison ou Etre Suprême, et moins encore les poussées sauvages de déchristianisation ne furent compris ni admis, sauf par une minorité « philosophique », ou exaltée. Et puis, comment soutenir que l'état de guerre commandait ces incroyables maladresses qui paraissaient osciller entre le ridicule et l'odieux ?

Autrement réels, et bien suffisants, ces obstacles qui s'appelaient hausse des prix, inflation, chômage partiel, dissimulation de denrées, spéculations à la hausse et émeutes courant çà et là. Contre les trafiquants et les gros paysans et bourgeois « monopoleurs », les agents locaux de la Convention furent intraitables. Une sorte d'« armée révolutionnaire » de l'intérieur (quelques milliers d'hommes tirant parfois une guillotine) s'employait à assurer les réquisitions, et à faire respecter le « maximum » décrété sur les prix, qui provoqua évidemment des phénomènes de « marché noir », et qui hérissa les ouvriers lorsqu'il fut étendu aux salaires. Heureusement, la récolte de 93 fut assez bonne, la guerre procura du travail, et l'assignat ne tomba pas trop (il chuta surtout après Robespierre).

Mais tout changea avec l'hiver 93. La rudesse de la saison, le travail de sape des agents royalistes et de l'argent anglais, les querelles incessantes des sectionnaires parisiens avec l'Assemblée, et des factions de l'Assemblée entre elles, l'autoritarisme sincère de Robespierre provoquèrent cette série de « purges » qui, moins d'un an après les Girondins, éliminèrent Enragés et Hébertistes partisans d'une Terreur accrue (mars), puis les Dantoniens favorables à une accalmie après les victoires intérieures et extérieures (avril). Coupés du peuple depuis mars, aggravant la Terreur en une sorte de folie, décrétant la « Culte de l'Etre Suprême » et ses fêtes théâtrales, les robespierristes et leur chef provoquaient la lassitude, le dégoût, et surtout la méfiance des derniers Conventionnels inquiets à la fois pour leurs propriétés et pour leur vie. Le moins accepté fut probablement cette loi de prairial qui proclamait la confiscation des biens des « suspects » et leur redistribution aux pauvres. Attaquer la propriété, sacrilège suprême !

L'accumulation des rancœurs et les ultimes maladresses de Robespierre amenèrent, le 9 thermidor (27 juillet) l'élimination de la Montagne et de sa « crête ».

Les hommes du « Marais », prudents, sages, souvent médiocres ou pires, qui avaient su survivre au torrent jacobin, allaient désormais occuper le devant de la scène de Thermidor à Brumaire, puisqu'ils se retrouvèrent presque tous dans le Directoire. Mais, durant ces cinq années d'une transition souvent terne ou louche, les armées de la République, malgré quelques traverses, continuaient leurs exploits.

Allons les retrouver.

De Thermidor à Brumaire : Guerre et Conquête

Thermidor, terme de la phase montagnarde dite « ascendante » de la Révolution, début d'une réplique moins dure apparemment, moins pure sûrement, plus « bourgeoise » en quelque sorte, influa peu sur le sort des armées. Elles continuaient leur marche conquérante au Nord, à l'Est, au Sud-Est, au Sud-Ouest. Ce qu'on commençait à appeler « la Grande Nation » débordait jusqu'au Rhin comme au-delà des Alpes et des Pyrénées. L'Espagne inclinait vers la négociation ; la Prusse la désirait vivement, car elle voulait participer à l'ultime dépeçage de la Pologne, que les Russes amorçaient. Même l'Angleterre, pourvu qu'elle continue à dominer les mers et à prendre ce qui restait des colonies françaises, ne demandait que la tranquillité, et décidait même de ne plus subventionner la Prusse son alliée. Mais en janvier 1795, Pichegru lança sa cavalerie sur la Hollande et captura la flotte néerlandaise, bloquée par les glaces ; même « thermidorienne », la Convention restait la Convention : elle transforma rapidement les Provinces-Unies en « république batave », sorte de sœur cadette de la française. L'Angleterre ne supporta pas un tel affront : tout en cueillant prestement Le Cap et Ceylan, ex-colonies hollandaises, elle décida de ne jamais traiter avec ce voisin continental devenu trop puissant et trop proche. Autriche et Piémont conservaient encore des ressources, et donc des espoirs de revanche. Finalement, Prusse et Espagne traitèrent à Bâle entre avril et juillet 1795. La première reconnaissait l'occupation de la rive gauche du Rhin, contre promesse de futures et encore vagues compensations. La seconde céda sa moitié de la riche île de Saint-Domingue (il est vrai alors investie par les Anglais) et promit désormais son alliance ; la toute jeune république batave traita aussi, donnant quelques territoires flamands, son alliance, et surtout l'aide de sa flotte.

Apparemment, les gens du Directoire avaient remplacé les Thermidoriens en octobre 1795 : c'étaient en gros les mêmes hommes (Carnot compris) et les mêmes groupes d'intérêts, que nous retrouverons. Ils se trouvaient confrontés à deux adversaires puissants. Contre l'Angleterre et son privilège insulaire, à peu près rien ne se révéla possible : les tentatives de débarquement de Hoche (fin 1795) et de Humbert (1798) échouèrent, même en utilisant le relais irlandais. La Navy contrôlait à peu près les mers, malgré les exploits et les pillages des corsaires français.

Contre l'Autriche, Carnot reprit à son compte une vieille tactique de la feue Royauté : foncer sur Vienne à la fois par la vallée du Main et celle du Danube. Deux bonnes armées de 80 000 hommes chacune furent confiées à deux jeunes et brillants généraux, Jourdan et Moreau ; mais l'archiduc Charles, frère de l'Empereur, les arrêta net l'un et l'autre. Restait une troisième armée, plus modeste (pas 40 000 hommes) et moins bien équipée, stationnée près de Gênes, qui devait faire diversion en attaquant le roi de Piémont et les possessions autrichiennes d'Italie du Nord. Carnot s'était résigné à la confier à Bonaparte, 27 ans, officier d'artillerie au passé complexe, médiocrement connu ou apprécié par son rôle pourtant remarquable dans la reprise de Toulon (fin 93) et sa collaboration à la répression d'un coup d'Etat en vendémiaire (octobre 95). La plupart des autres officiers considéraient ce Corse comme un intrigant parvenu par la protection de personnages à la fois puissants et louches, comme Barras ; peu de temps avant de devenir ses fidèles lieutenants, Masséna et Augereau le qualifiaient, le premier d'intrigant (ce qu'il fut), le second d'imbécile (ce qui put lui arriver plus tard). Dès la fin mars 96, les avis changèrent, le nouveau général manifestant immédiatement un génie militaire et politique que personne n'avait soupçonné, ou presque.

Maintes fois contée sur le ton épique à partir de documents trop souvent refabriqués par l'entourage immédiat et les zélateurs du Héros, cette fameuse campagne d'Italie n'en révèle pas moins un génie militaire qui tient à la fois, comme chez Condé, du coup d'œil, de l'intuition, de la rapidité et d'une sorte de charme ; au moins autant, un génie politique qui va vite s'épanouir, et qui triomphe déjà dans l'astuce publicitaire. En réalité, la campagne a comporté deux épisodes brefs et brillants encadrant les huit mois terribles du siège de Mantoue (juin 96-février 97). Auparavant, en deux mois, Bonaparte avait séparé les armées piémontaises des autrichiennes, contraint le roi de Piémont-Sardaigne à céder immédiatement Savoie et Nice ; puis, ayant surpris les Autrichiens à Lodi, il occupa la Lombardie. Mantoue prise, il remonta les vallées alpines, et se trouva en deux mois à trois étapes de Vienne. L'Empereur fut contraint de signer un armistice à Leoben, transformé en traité à Campo-Formio (octobre 97) : il abandonnait à la France ses biens des Pays-Bas du Sud (en fait déjà annexés), le Milanais et (secrètement) la rive gauche du Rhin jusqu'à Coblence.

Cette brillante campagne débarrassait la République du plus puissant de ses ennemis continentaux, du moins pour quelques années. Par surcroît, Bonaparte avait systématiquement organisé le pillage de l'Italie du Nord, puis bientôt du Centre qu'il investit : la péninsule nourrit ses armées, paya les munitionnaires, l'enrichit largement, lui et tout son entourage, et aida puissamment les finances du Directoire, qui recevait ses « secours » agrémentés d'œuvres d'art par chariots entiers. Ce même Directoire s'inquiétait cependant, et avec quelque raison, de la conduite proconsulaire du général corse.

Dans un château proche de Milan, il avait tenu quelques mois une sorte de Cour fastueuse. Il avait traité avec les Autrichiens à peu près à sa guise, suivant ou non les instructions de son gouvernement. Tantôt approuvé, tantôt non, il avait remodelé l'Italie. Avec l'appui du Directoire, il avait envahi les Etats pontificaux, pris une partie de ses territoires avec Bologne et Ferrare, et obtenu du Pape vaincu, outre ces provinces et l'abandon définitif d'Avignon et du Comtat, une substantielle indemnité en or et œuvres d'art, immédiatement voiturées vers le Trésor et les musées français. De lui-même, il attaqua sous un vague prétexte la vénérable république de Venise, en garda la moitié, et donna l'autre à l'Empereur à Campo-Formio. A peu près en même temps, il avait transformé la Lombardie en « république cisalpine » et, après un ultimatum à Gênes, inventé la « république ligurienne ». Peu après son départ, le Directoire, grisé, créait trois autres « républiques-sœurs », l'helvétique, la romaine et la napolitaine (1798-1799) qui venaient s'ajouter aux précédentes, et à leur aînée batave. Décidément, la République apportait à l'Europe, et principalement à l'Italie, bien autre chose que la liberté.

Après l'épopée magnifiée par les trompettes publicitaires mises en place par Bonaparte lui-même, il restait au gouvernement français, outre des soucis intérieurs qu'on va retrouver, deux problèmes majeurs : l'Angleterre toujours en guerre, ct cc général trop populaire. L'incroyable expédition d'Egypte aurait pu les résoudre, puisqu'elle pouvait atteindre l'Angleterre dans son commerce avec l'Orient (et, en rêvant, aider une partie de l'Inde révoltée), et débarrassait Paris du héros encombrant. Pour celui-ci, dont l'ambition était fixée, ce voyage flattait ses rêves anciens et son désir de gloire accrue, et lui donnait du champ, car il sentait bien que le temps d'agir n'était pas encore venu.

On ne racontera pas en détail cette aventure romanesque et tragique, le cache-cache maritime avec Nelson, les victoires faciles sur les Mameluks comme sur les Turcs venus par la Syrie et par mer, la peste de Jaffa et d'ailleurs, l'hostilité profonde des musulmans (d'ailleurs rançonnés) aux chrétiens promis à l'égorgement (comme Kléber en 1800), l'essai de gouvernement « éclairé » de ce vieux pays (que Méhémet-Ali reprendra), et la très belle œuvre de la centaine de savants joints à l'armée.

L'essentiel tient en deux faits : abandonnant son armée, Bonaparte put (curieusement ?) revenir clandestinement pour accomplir son coup d'Etat ; une année plus tôt, Nelson avait surpris et entièrement coulé la flotte française mouillée près d'Aboukir (1er août 1798). Fait capital de ce mauvais feuilleton, un tel prélude à Trafalgar aurait dû montrer où gîtait précisément le danger, l'Angleterre, et comment seraient un jour limitées, puis détruites les rêveries annexionnistes continentales de la Révolution comme de l'Empire.

Pendant que traînait cette triste équipée, l'Europe avait noué contre la France une deuxième coalition (été 1799). L'essentiel en fut la venue d'armées russes nombreuses et bien commandées ; elles aidèrent puissamment les Autrichiens et quelques régiments anglais à chasser les Français de presque toutes leurs conquêtes, surtout en Italie. Une lourde défaite générale s'annonçait, lorsque Brune en Hollande et surtout Masséna autour de Zurich et du Saint-Gothard, ce dernier contre les redoutables troupes de Souvorof, réussirent dès octobre à redresser nettement une situation presque désespérée. Mais il devenait patent que la République pouvait être sauvée sans Bonaparte.

Revenu à temps, son coup d'Etat difficilement réussi, Bonaparte devait, pour affermir son pouvoir, liquider la coalition. La Russie s'étant retirée après sa défaite et l'assassinat du tsar demi-fou Paul Ier, et l'Angleterre demeurant inaccessible, restait l'Autriche, une fois encore.

Après un difficile passage du Grand Saint-Bernard (que l'imagerie transfigura), Bonaparte vainquit péniblement les Autrichiens à Marengo (juin 1800) ; en réalité, ce fut Desaix qui le sauva de la déroute (mais eut, si l'on peut dire, l'esprit de se faire tuer peu après). En revanche, Moreau infligea aux Autrichiens une écrasante défaite (Bonaparte en éprouva quelque jalousie) en Bavière, à Hohenlinden (décembre 1800). L'empereur François ne put que traiter à Lunéville (1801) dans des conditions comparables à celles de Campo-Formio.

Au loin, les Turcs avaient contraint les restes de l'expédition d'Egypte à capituler sans gloire, mais les laissèrent repartir (1801). Restait l'Angleterre, hors d'atteinte. Mais, dans la grande île, les difficultés économiques et financières s'accentuaient, tandis que l'opinion se lassait de plus en plus de la montée des impôts et du coût de la vie. De fort pénibles négociations aboutirent à la paix d'Amiens (mars 1802) : l'Angleterre rendait Malte et, en principe, une partie des colonies françaises, espagnoles et hollandaises qu'elle avait occupées sans grand risque. Des conquêtes françaises et des affaires maritimes et commerciales, il n'était soufflé mot, ce qui montre qu'il s'agissait d'une simple trêve.

Elle ne dura guère plus d'un an. Une fois encore, et pour douze longues années, la guerre allait tout envahir, tout dominer, expliquer presque tout ; pour la magnifier et donc l'excuser, les artisans de la légende napoléonienne étaient en place depuis 1796. Mais pouvaient-ils prévoir ce qui survint ?

DE THERMIDOR À BRUMAIRE :
LE GOUVERNEMENT DU MARAIS ET LES COUPS D'ÉTAT

Robespierre et les siens exécutés, les artisans de Thermidor (27 juillet 94) tentèrent de gouverner durant cinq années. On y trouvait des montagnards repentis, des Girondins ressuscités, et cette majoritaire « Plaine » ou « Marais » qui avait tout laissé faire jusque-là par pusillanimité, par prudence, mais aussi par nécessité ou par changeante conviction. Pas mal de régicides, beaucoup de républicains fervents, de rares catholiques convaincus, peu de gens aux mains propres, et tous champions de la sacrosainte propriété, que quelques robespierristes avaient paru menacer. Pour se maintenir au pouvoir, ils surent user parfois d'astuces subalternes, comme ce décret dit des « deux-tiers », qui décida effectivement que les deux tiers d'entre eux appartiendraient, sans élections, aux assemblées du régime suivant (le Directoire) ; ou bien comme cette simple annulation des élections qui leur étaient défavorables (mai 1798) ; ou bien ils recoururent aux coups de force ou coups d'Etat, une demi-douzaine, qui ne méritent guère qu'on s'y arrête, sinon pour montrer le rôle croissant qu'y joua l'armée, avant de faire elle-même sauter le Régime, comme l'avait prévu Robespierre, dès 1792.

Dans l'immédiat, après Thermidor vint le temps du soulagement, réel ou lâche. On vit moins de charrettes sur le chemin de la guillotine, mais celle-ci continua de fonctionner (ce qu'on dit rarement) ; il est vrai qu'on sut la suppléer par la déportation, généralement sur les vieux pontons de la marine, ce qu'on appela « guillotine sèche » : y moururent un certain nombre de prêtres et d'émigrés rentrés trop vite, les députés exclus et les journalistes trop bavards qui furent « fructidorisés » (coup d'Etat du 18 fructidor, septembre 97). Ce gouvernement du Marais ne fut qu'assez peu celui de la douceur de vivre.

Sauf pour les solides bourgeois et les aristocrates résignés, rassurés par l'abolition des lois montagnardes touchant la propriété, par la fabrication rapide d'une Constitution (dite de l'an III) qui donnait effectivement le pouvoir aux plus riches (guère plus de 20 000 électeurs

distingués justement par leur fortune) ; rassurés aussi
parce que les biens nationaux continuaient à se vendre et à
être payables en assignats (devenus dix fois plus faibles
que sous Robespierre), qui par surcroît étaient revenda-
bles en détail (mais contre de l'or) : ce fut seulement alors
que furent démolis, débités, vidés pierre par pierre et
meuble par meuble les plus grands monuments ecclésiastiques et les châteaux désertés ; des filières de marchands de
biens, dénommés ici et là « bande noire », s'y employè-
rent ; les traces de la plupart de leurs opérations sont
conservées dans nos archives, mais n'ont naturellement
jamais été analysées, dans « l'intérêt des familles »,
comme on dit, et surtout des descendants. Cette faune
thermidorienne-directoriale de l'éternel « marais » s'enri-
chissait également en spéculant sur les grains, notamment
après la mauvaise récolte de 1795 (qui replongea le petit
peuple urbain dans une semi-misère), en ravitaillant
avantageusement les armées, en liaison d'ailleurs avec les
grands banquiers internationaux d'Amsterdam, Hambourg ou Londres — incidemment, sujets de pays ennemis. De belles fortunes, construites par le tripotage et la
guerre, purent enfin s'étaler au grand jour, au moins en
ville, les fermiers engraissés demeurent plus discrets : ce
fut l'heureux temps des costumes et des coutumes verbales
extravagants, des Muscadins rossant les supposés républicains, et de ces Merveilleuses diversement scandaleuses
comme la Tallien, la Récamier ou la Beauharnais, celle-ci
maîtresse de chacun et notamment de Barras, qui la passa
peut-être à Bonaparte, dont l'aveuglement sur ce point (il
y en eut d'autres) a été fréquemment signalé.

Dans ce relâchement général, diversement accueilli,
accompagné à ses débuts par une classique crise de
subsistances, les maîtres du moment devaient batailler sur
leur droite comme sur leur gauche.

Le sort de la « gauche » — ce qui restait des Montagnards et des sans-culottes parisiens — fut réglé le
1er prairial (20 mai 95). Ceux-ci, réclamant « du pain et la
Constitution de 93 » (très démocratique) avaient envahi
l'Assemblée et tué un député. Ce qui restait de la
Convention fit appel à la troupe — ce qu'on n'avait jamais
vu depuis juillet 89. Les sans-culottes furent désarmés et
Paris ne bougera plus avant 1830 ; les Montagnards non

encore guillotinés furent tués, déportés ou emprisonnés ; la Garde Nationale, épurée, fut confiée aux bons bourgeois des quartiers de l'Ouest parisien, le club des Jacobins rasé, et le mot de « révolutionnaire » interdit, dérisoire péroraison à cette liquidation.

Du coup, royalistes et contre-révolutionnaires crurent leur heure arrivée. Les émigrés, qui n'avaient jamais été bien nombreux, guère plus de 20 000 nobles (dix fois plus restèrent tranquilles, résignés ou apparemment ralliés en leurs demeures, pourquoi ne jamais le dire ?) commencèrent à rentrer ; les prêtres, bien moins, car cette Convention-croupion et ce Directoire les appréciaient peu. Un peu partout, à Paris, dans la vallée du Rhône, le Toulousain, l'ex-Vendée militaire, des « compagnons » de Jéhu ou du Soleil, des exaltés mêlés de brigands organisèrent une sorte de « Terreur Blanche » (qui reprit par la suite) : chasse, vols, exécutions sauvages et parfois massives de Jacobins ou prétendus tels. Encouragés de Vérone par le futur Louis XVIII, Charette en Vendée et Cadoudal en Bretagne reprirent une lutte contraire aux accords qu'ils avaient signés avec Hoche. Les Anglais se décidèrent enfin à les secourir, en fournissant des navires et des uniformes à quelques centaines d'émigrés courageux, qu'ils débarquèrent à Quiberon (juillet 1795) : Hoche les attendait, les tailla en pièces et fit (légalement) fusiller les survivants. Cela ne découragea pas les royalistes parisiens, ulcérés par ce décret des deux tiers que la Convention apeurée venait de voter pour se survivre. Une forte insurrection avec tocsin et mobilisation de 32 « sections » bourgeoises (sur 48) menaça en octobre la Convention. Elle confia sa défense à un comité de cinq membres, que dominait Barras. Celui-ci songea à un petit général sans affectation, un moment emprisonné, longtemps suspect, dont il avait apprécié le talent à Toulon. Le rôle de Bonaparte se réduisit à expédier le chef d'escadron Murat prendre des canons aux Sablons, près de Neuilly, et à les disposer dans les avenues conduisant aux Tuileries, où siégeait l'Assemblée inquiète, et rien d'autre. C'est abusivement qu'on l'appela « général Vendémiaire ». Barras (et son complice Fréron) s'étaient seulement servis de lui ; Joséphine et le grade de général de brigade, puis le commandement de

l'armée chargée du maintien de l'ordre à Paris, récompen-
sèrent son initiative d'artilleur.

Le régime qu'avait mis en place le Marais s'installa
aussitôt. La Constitution dite de l'an III, qui l'a enfanté,
passe l'entendement : deux chambres, élues par les vingt
mille plus riches Français, condamnées à s'entendre parfaitement pour voter la moindre loi ; cinq Directeurs
détenant seuls le pouvoir exécutif, et ce pouvoir exclusive-
ment ; les uns et les autres renouvelables par unité ou par
tiers chaque année ou tous les trois ans. L'instabilité, les
querelles internes et l'inefficacité étaient prévisibles : elles
ne manquèrent pas. Jacobins et Royalistes entendaient
profiter de cette flagrante faiblesse : ils n'y manquèrent
pas plus. La seule solution était le coup d'Etat. On en cite
habituellement quatre : en quelque sorte, deux contre la
droite et deux contre la gauche.

Au printemps 1796, on commença par s'occuper d'un
petit groupe fort hardi, inspiré par l'ancien feudiste
Babeuf, qui obtenait quelque audience au lendemain d'un
difficile hiver. Ils prônaient, en somme, l'écrasement du
million d'aristocrates et de bourgeois qui détenaient la
fortune française, et la remise aux 24 millions d'autres, les
pauvres, de toutes les richesses et de tout le pouvoir, après
avoir organisé les secours et le travail. Même simplifié
comme ici, ce qu'on appelle « communisme » de Babeuf
ressemble peu à ce qu'on nomme ainsi en cette fin du
XXe siècle. N'empêche que, ayant comploté, le théoricien
et ses amis furent pris et exécutés. Le « million de riches »,
malgré de courtes alertes, allait dormir tranquille durant
des décennies.

Il fallut bien ensuite frapper à droite. En septembre
1797, le renouvellement (légal) du tiers des députés avait
éliminé deux cents anciens Conventionnels, et amené une
énorme majorité de royalistes qui s'empressa d'encourager le retour des émigrés et des prêtres réfractaires et
s'apprêta à décréter d'accusation trois Directeurs vaguement jacobins. Ceux-ci recherchèrent l'aide d'un général
prestigieux, Hoche ou Bonaparte. D'Italie, ce dernier
expédia Augereau, qui ramena rapidement (18 fructidor)
l'ordre républicain par des arrestations *manu militari*, que
suivirent des emprisonnements, des expulsions et de rudes
condamnations (les pontons...). La majorité des Cham-

bres se trouva renversée d'autorité, les émigrés rentrés menacés de mort, les réfractaires de déportation et la liberté de la presse « suspendue ». Le Directoire, qui avait laissé le culte catholique (et les autres) se rétablir peu à peu, revint, sinon à la déchristianisation, du moins à un style vaguement robespierriste de religion civile, fête du « décadi » avec défilés, chants et danses, et à ce qu'on appela « théophilanthropie », sorte de mélange de déisme, de rousseauisme et de bonté nationale. Ces inventions touchaient une poignée d'idéologues et quelques badauds, et se heurtaient, au mieux, à l'indifférence, la stupeur amusée ou l'indignation. L'essentiel était que l'armée avait décidé de tout, et le brave Augereau s'en vantait ouvertement.

L'année suivante, de nouvelles élections avantagèrent fortement les Jacobins. Le régime en place trouva commode d'exclure les élus et de les remplacer par la plupart des battus. On donne à cette indélicatesse « centriste » le nom excessif du coup d'Etat de floréal (mai 1798).

Et derechef l'année suivante des « néo-jacobins » et des « révisionnistes » (qui voulaient renforcer le pouvoir des cinq Directeurs) gagnèrent les élections. Cette fois, une série de gros scandales financiers et des défaites en Allemagne et en Italie facilitèrent l'emprise des Jacobins ; après avoir démissionné trois Directeurs jugés « mous » (on appelle cela coup d'Etat du 30 prairial, juin 1799), ils revinrent à une politique qui les rajeunissait : poursuite contre les familles d'émigrés, les réfractaires, les accapareurs, vote d'un impôt forcé sur les riches (qui se cachèrent) et d'une loi des otages qui effraya plus qu'elle ne sévit. Ce qu'on peut appeler l'opinion restait indifférente, ou résignée, cherchait surtout à vivre en paix et à faciliter la désertion des jeunes de 20 à 25 ans dont la récente loi Jourdan (septembre 1798) prévoyait l'incorporation pour cinq ans. En province, la Terreur Blanche reprenait dangereusement, surtout dans le Midi.

Cette atonie, ces craintes, ces excès politiques, l'évidente inadéquation du régime directorial et le croisement de beaucoup d'intérêts et d'ambitions aident à comprendre la relative facilité du seul coup d'Etat qui ait vraiment compté, celui de Brumaire.

Les hommes chevronnés, souvent intelligents et compétents, sinon honnêtes, qui gouvernaient peu ou prou depuis Thermidor sentaient bien que ce régime instable et menacé ne pourrait durer. Certains ne manquaient pas d'ambition, sans qu'aucun scrupule les tenaille. L'ancien prêtre chartrain Sieyès, qui avait eu son heure de célébrité (1789, *Qu'est-ce que le Tiers Etat ?*) puis s'était effacé, revenait au premier plan. Il avait préparé une admirable Constitution, où il se réservait la première place. Il disposait d'un bon cercle d'amis, mais il lui fallait des complicités, des garanties financières, et un « sabre ». Cambacérès et Merlin, vieux et remarquables serviteurs de l'Etat depuis trente ans ; Fouché et Talleyrand, supérieurement capables de tout (le second dut acheter Barras, peut-être avec de l'argent fourni par Bonaparte...) ; l' « intelligentsia » du temps, Daunou, Cabanis, Volney, Destutt de Tracy ; pas mal d'inquiets et de « nantis » aussi paraissaient disposés à se rallier à Sieyès. Les banquiers, sauf Perrégaux et peut-être Lecouteulx (deux futurs créateurs de la Banque de France), hésitaient ; les munitionnaires et fournisseurs aux armées, bien moins, Collot (Italie) et sans doute Simons (bois de marine) avancèrent l'argent nécessaire. Quant au sabre, les conjurés avaient d'abord songé à Joubert, malheureusement tué en août ; puis à Moreau, qui hésitait. Le retour inattendu de Bonaparte donna la solution. Précédé par le récit de ses prestigieuses victoires (mais non de ses échecs) dans le lointain Orient, le général qui avait abandonné son armée fut acclamé tout au long de sa route de retour. Assez naïvement, Sieyès pensait en faire son instrument, et mit en train son coup d'Etat, « l'un des plus mal conçus et des plus mal conduits qu'on puisse imaginer », jugeait Tocqueville.

Le 18 brumaire, tout se passa à peu près bien : sous prétexte qu'un complot « anarchiste » les menaçait, les deux Chambres décidèrent de se transférer à Saint-Cloud, et de confier la garnison de Paris à Bonaparte afin de les protéger. Le 19, tout faillit échouer : le général harangua fort mal l'une des Chambres, fut bousculé dans l'autre et menacé, comme aspirant dictateur, d'être mis hors la loi. Son frère Lucien, président de Chambre, vint opportunément apostropher les soldats indécis, et Murat lança simplement à ses grenadiers : « Foutez-moi tout ce monde-là dehors ! » Ce qu'ils firent, presque trop bien. On retrouva cependant quelques députés pour organiser un triumvirat de Consuls remplaçant des Directeurs évanouis. Sieyès pensait y dominer Bonaparte...

Une poignée d'hommes et de soldats venaient de donner un maître à la France, dans la jubilation ou l'indifférence de la plus grande partie de ses habitants.

Celui qui allait être Napoléon a dit successivement : « je suis la Révolution » et « la Révolution est finie », deux affirmations à peine contradictoires. Les historiens ont pris l'habitude de terminer la Révolution au 19 brumaire, puisque rien de décisif n'eut lieu le 18.

Mais une Révolution, surtout une grande comme celle-là (qui la déclare « insignifiante » fabule), n'est jamais vraiment close. Elle a laissé des réalisations, des anticipations, des promesses, des déceptions, et naturellement des fautes ; de toute manière, une marque profonde et presque indélébile, puisqu'elle vit toujours dans les esprits.

Un bilan de la Révolution française ?

Au lendemain du 19 brumaire, alors que Bonaparte concoctait une constitution (dite de l'an VIII) qui instituait apparemment le suffrage universel (jamais appliqué), quatre assemblées (vite avilies, voire supprimées) et trois consuls (seul comptait le premier, mais Cambacérès et Lebrun étaient d'excellents administrateurs, qui avaient servi tous les régimes depuis Louis XV), bien malin qui eût pu dire ce qu'avait réellement apporté la Révolution. D'autant que son œuvre fut parachevée dans les années qui suivirent (préfets, Code Civil, Concordat, Banque de France...), le Consulat et même l'Empire faisant pour ainsi dire corps avec elle, Napoléon Bonaparte étant à la fois son expression, son aboutissement et son liquidateur.

Il paraissait désormais difficile que revienne un jour la royauté dite absolue : même si les monarques réapparaissaient — ce qui se produisit cinq fois de 1804 à 1870 —, ils ne pourraient se passer d'une Constitution écrite qui dégage au moins l'apparence d'un pouvoir législatif et celle d'un système électoral, toujours réservé aux plus

riches jusqu'en 1848, et bien entendu aux hommes seulement. La séparation des trois pouvoirs, dogme issu surtout
de Montesquieu, serait désormais respectée, au moins
apparemment, sauf cas de danger grave.

L'Eglise de France — comme d'autres peu à peu en
Europe et depuis longtemps dans les Etats protestants —
avait perdu ses considérables privilèges (premier rang,
justice spéciale, dispense de tout impôt, prélèvement de 6
à 8 % sur toutes les récoltes) et surtout son énorme
richesse immobilière et mobilière. La paysannerie aisée, la
bourgeoisie plus encore, et même quelques nobles,
avaient acheté sans remords et avec enthousiasme ces
biens « mis à la disposition de la Nation », réglés assez
souvent en papier, et qui donnèrent lieu à un trafic éhonté,
même pas terminé en 1799. La classe moyenne et même
d'assez modestes paysans avaient aussi participé quelque
peu à cet énorme transfert de propriété, qui toucha près
du dixième de la richesse foncière du pays, mais épargna
en partie les biens dits « de deuxième origine », qui furent
confisqués sur les émigrés : ceux-ci surent les défendre par
leur famille, leurs amis et mêmes leurs fermiers, qui
s'étaient bien gardés de partir. Tous ces petits et grands
acheteurs de biens nationaux vinrent renforcer puissamment ce qu'on peut appeler, après Quesnay, la « classe
propriétaire », la partie supérieure constituant les « nantis » ou « notables », qui, avec la richesse, pensaient
détenir le pouvoir, et effectivement y prirent une large
part, durant bien des décennies. Ces hommes n'accep-
taient donc pas que soit remis en cause leur enrichissement
aux dépens de l'Eglise. Napoléon le comprit parfaitement,
et s'appuya sur eux ; les Bourbons revenus furent bien
contraints d'accepter le fait accompli, malgré les vives
pressions de leur entourage.

L'Eglise de France retrouva par la suite une large partie
de son prestige, sut se faire donner des biens au soleil,
mais ne joua plus, sauf lors de trois épisodes (Charles X,
Empire autoritaire, Ordre Moral de 1871 à 1877), le rôle
politique éminent qu'elle tenait sous l'Ancien Régime ; en
outre, accentuant la tradition dite voltairienne, l'esprit
révolutionnaire détourna d'elle un nombre croissant
d' « esprits forts ». Que sa tête et ses membres aient

maudit la Révolution pendant plus d'un siècle, rien que de normal.

L'ancienne noblesse (sur laquelle tenteront bientôt de se greffer quelques autres, comme l'impériale) souffrit moins qu'on ne l'a parfois dit. Sauf crimes ou erreurs, ceux qui furent exécutés ou moururent au combat savaient ce qu'ils risquaient. Les émigrés, fort minoritaires, venaient surtout des provinces frontières et côtières. Le plus souvent, une partie de la famille restait sur place pour tenter de préserver des biens fort menacés, et parfois pillés, vendus, incendiés. Dès le lendemain de Thermidor, des émigrés revinrent progressivement, parfois tracassés, parfois bien accueillis ; Napoléon Empereur leur ouvrira ses bras, où la plupart se précipitèrent. Les irréductibles reviendront en 1814, puis 1815, « dans les fourgons de l'étranger », selon la formule cruelle, mais juste. L'ensemble du groupe nobiliaire avait perdu une partie de ses biens (en 1825, Charles X lui fit accorder une sorte de compensation, le « milliard » des émigrés), toute puissance seigneuriale et tous droits seigneuriaux ; et cependant, en 1800 comme en 1815 et au moins un demi-siècle encore, la noblesse demeura le groupe social le plus riche de France, et de loin ; seuls quelques grands bourgeois — banquiers, industriels, rares négociants — arrivaient à se glisser dans le groupe parfaitement connu des hommes les plus imposés de l'Empire, puis du royaume, dont la liste était alors publique et imprimée.

Tous les paysans, sans exception, bénéficièrent de la disparition des droits seigneuriaux et de la dîme ecclésiastique, bien que certains de leurs anciens maîtres aient tenté d'en récupérer une partie par diverses astuces, comme des accroissements de fermages. Un bon tiers, ou plus, acquit au moins un lopin de terre, et beaucoup (s'ils furent parfois inquiétés par des réquisitions) profitèrent de la cherté des prix et des besoins de l'armée pour vendre avantageusement leurs produits et tâcher de se faire payer en or. La petite paysannerie ne gagna à peu près rien, sinon la gloire de servir, de gré ou de force, dans les vaillantes armées républicaines, et souvent de n'en pas revenir, victime des épidémies et du manque de soins plus souvent que de l'ennemi.

Seul, le petit peuple des villes, qui avait habituellement

soutenu les révolutionnaires jusqu'en 93 ou 94, ne gagna strictement rien. Il souffrit de la vie chère, de l'insécurité, des émeutes, de la conscription, et perdit même par la loi Le Chapelier (1791) le droit qu'il avait précédemment de se grouper en « corporations ». Au nom de la « liberté », toute association ou toute coalition d'ouvriers devenait illégale ; il fallut attendre Napoléon III pour que cette interdiction soit partiellement levée, et la fin du siècle pour qu'elle le soit presque. C'est que le consortium de grands propriétaires (nobles et bourgeois), nantis et notables, qui se trouvait désormais au pouvoir, et s'y maintint fort longtemps, se méfiait comme de la peste du petit peuple ouvrier de plus en plus grouillant et nerveux, surtout celui de Paris, creuset où se fabriqua le plus souvent l'histoire de notre pays.

Ce pays, les hommes de la Révolution puis ceux du Consulat (en partie les mêmes, souvent anciens serviteurs de la monarchie) l'avaient profondément transformé.

A la bigarrure des provinces inégales aux satuts différents, aux privilèges durables, aux coutumes foisonnantes, s'était substituée la solide armature départementale, que Bonaparte coiffa bientôt de préfets, souvent de talent, dont l'autorité dépassait celle des anciens intendants. Dans ce cadre, subdivisé après quelques hésitations, en arrondissements et cantons, la commune prolongeant très souvent l'ancienne paroisse, vint s'inscrire peu à peu l'administration politique, financière, judiciaire, mise en place pour l'essentiel de la Constituante au Consulat, telle qu'elle a survécu jusqu'au milieu du XXe siècle.

Plus de loi provinciale naturellement, mais une seule loi nationale, bientôt concentrée en un Code Civil, puis d'autres, préparées depuis plusieurs années par de solides juristes, surtout celui qui devenait deuxième Consul, Cambacérès.

Pour des esprits profondément centralisateurs et unificateurs, la loi nationale entraînait la langue nationale. L'on put entendre l'abbé Grégoire tonner contre les « patois », par lesquels s'exprimerait la Contre-Révolution, alors que le français serait la langue de la République ; sur ce point, l'abbé obtint un succès progressif et séculaire... Son discours s'intégrait dans la volonté et le sentiment fréquent de vivre enfin dans une Nation et même une Patrie qui ne repose plus désormais dans la seule personne du Roi, mais dans cette fédération unificatrice qu'exprimaient plus ou moins bien des fêtes, des harangues, des chants, des victoires et comme une épopée.

Il arrive qu'on exalte la Révolution pour avoir atteint les « frontières naturelles » et fait flotter sur l'Europe des Rois les trois couleurs qui symbolisaient la liberté, mais aussi la sujétion et le pillage. Conquêtes disputées et éphémères dont il ne restera rien en 1815, et qui sacrifièrent des centaines de milliers d'hommes à une gloire éclatante autant que fugitive, à la fréquente rancœur des anciennes « républiques-sœurs », à la perte de presque toutes les colonies et au sacrifice d'une marine pratiquement livrée à Nelson par Bonaparte. Après Aboukir, le deuil de Trafalgar sera porté par nos marins durant plus d'un siècle.

Cette Révolution, qui en fin 1799 n'avait encore résolu ni le problème financier ni le religieux (ils le seront bientôt), avait coupé les Français en deux camps irréconciliables (sont-ils réconciliés ?), les « pour » et les « contre », tous deux subdivisés en inconditionnels et en modérés. Pour les uns, la légitimité française s'est située, après la mort de Louis XVII (alors indiscutée), hors des frontières, dans la personne de ce comte de Provence qui se disait Louis XVIII ; pour les autres, sans doute très majoritaires, elle siégeait tout de même là où battait ce qu'on appelle parfois le cœur de la Patrie.

Après le 19 brumaire allait s'effectuer une sorte de redistribution des données, dont personne ne pouvait prévoir la portée et la durée.

XIV

La France contre l'Europe : l'époque napoléonienne

(1800-1815)

En douze années, Napoléon passa sur la France et l'Europe comme un météore. Son génie fulgurant, qu'on pouvait croire illimité, la surprenante facilité de sa réussite, puis de son échec, le tintamarre des canons, des trompettes, des proclamations, des délires et des haines, des imitations et des détestations, les légendes portées dès 1796 par la presse, la parole, l'image, la poésie, la musique et tous les arts : à près de deux siècles de distance, ce tourbillon fascine encore. Les Français — assez peu l'ignorent vraiment — en tirent généralement une grande fierté ; l'Europe, dans la mesure où elle se souvient, des sentiments plus mêlés, généralement hostiles. Toute cette mousse de l'histoire, pour exaltante qu'elle puisse paraître, voile cependant l'essentiel : la geste napoléonienne repose sur du granit.

LE GRANIT

Parachevant pour la plus grande partie le travail considérable fourni par les Assemblées précédentes, Directoire compris, le régime déjà napoléonien du Consulat, puis les premières années de l'Empire réussirent en peu de temps à jeter les fondements législatifs, administratifs, financiers, judiciaires et même religieux qui soutinrent la France pendant tout le XIXe siècle et même une partie du XXe.

Du Code Civil, plus tard dit Code Napoléon (1806), on loue habituellement la clarté assez rigide, et le fait que (moins tout de même que l'admirable système métrique, 1793) il se soit répandu sans trop de peine dans une partie de l'Europe, puis du Monde. On sait moins qu'il fut l'œuvre d'excellents juristes d'Ancien Régime qui avaient servi toutes les Assemblées, comme l'illustre Cambacérès, et qu'il se montre souvent plus dur que les vieilles coutumes, notamment sur la sujétion de la femme et des enfants. Du moins reconnaissait-il les principes de la liberté civile, de l'égalité de droit (non de fait, bien sûr), le caractère non religieux de l'Etat (et même, pour un temps, le divorce) et la sacro-sainte base de la Nation rénovée, la propriété, jalousement protégée, mais avec la généralisation de l'héritage égal (d'ailleurs, le droit d'aînesse s'appliquait surtout à la noblesse et à quelques contrées) ; et surtout, le Code ratifiait l'immense transfert de propriété opéré par la vente des biens nationaux, pilier définitif de la fidélité bourgeoise et paysanne, que les sentiments encombraient peu.

L'administration départementale, qui nous régit toujours malgré de récentes modifications, datait de la Constituante, mais le découpage à peu près définitif (arrondissements, cantons) de 1800, ainsi que le remplacement des administrateurs élus (comme le furent juges, percepteurs, et même curés un moment) par des fonctionnaires nommés (maires, sous-préfets, préfets) ainsi d'ailleurs que les divers Conseils (municipaux, d'arrondissement, de département) dont les membres étaient choisis dans des listes de « notables » (les plus riches, en gros). Le Paris révolutionnaire retrouva le privilège d'être pourvu de deux « têtes », l'une à l'Hôtel de Ville, le préfet de la Seine successeur de l'ancien Maire, jadis nommé lui aussi, et le Préfet de Police successeur de l'ancien lieutenant créé par Louis XIV en 1667. L'institution fondamentale fut naturellement celle des préfets, agents directs du pouvoir, choisis par Bonaparte et son proche entourage (son frère Lucien, les deux consuls, Talleyrand, belle brochette de talents) parmi les anciens députés de toutes les anciennes assemblées révolutionnaires, régicides compris. Pure émanation du gouvernement, ces personnages tout-puissants, pourvus de plus de pouvoirs que les Intendants d'Ancien Régime, outils efficaces d'un centralisme unificateur bien plus napoléonien que louis-quatorzien, sortes de rouleaux uniformisateurs pour racler les différences et imposer l'obéissance, ont traversé deux siècles. Ils continuent de provoquer la surprise au moins ironique de la plupart des pays dits occidentaux, qui ont fréquemment adopté le système fédéral, sans apparemment en souffrir beaucoup. Tous ces préfets-valets dépendaient étroitement du ministre de l'Intérieur c'est-à-dire du chef de l'Etat. Cette dépendance existe peut-être encore.

Le moule départemental et la désignation par le sommet se sont étendus dès 1800 (et s'étendent toujours) aux domaines judiciaire, financier et même religieux (ce dernier jusqu'en 1905, en principe).

Sous le Consulat fut aussi fixée la hiérarchie des tribunaux civils et criminels, plus les 29 Cours d'Appel, la Cour de Cassation, la justice administrative avec, au sommet, mais de plus large compétence, Cour des Comptes et Conseil d'Etat — au fond, résurgences de l'Ancien Régime. Tous les juges se trouvaient dorénavant non plus élus mais nommés ; leur inamovibilité de principe se trouvait corrigée par les pouvoirs exorbitants conférés aux procureurs impériaux, révocables ceux-là, mais chargés de surveiller, outre les magistrats, l'état d'esprit des autres fonctionnaires et de l'ensemble du département. Devenus procureurs royaux, puis généraux, ils semblent régner encore.

L'administration financière et même l'ecclésiastique (jusqu'à un certain point) obéirent à des règles voisines. Mais ces deux domaines, où les assemblées révolutionnaires éprouvèrent de grosses difficultés, méritent un examen assez précis, d'autant que le Consulat apporta des solutions durables.

La Révolution, on s'en souvient, était issue en partie d'une forte crise financière et d'un refus de tout privilège, surtout fiscal. Les premières assemblées effacèrent la législation antérieure et tentèrent d'asseoir un régime universel de contributions directes (et générales) qui reposaient sur les possessions immobilières (le « foncier »), mobilières et sur les activités à caractère commercial (patente). Bientôt taxées à leur tour, les « portes et fenêtres » (dont beaucoup disparurent) achevèrent de constituer la famille des « quatre vieilles ». Cela ne suffisant pas, les révolutionnaires avaient pensé résoudre le problème en confisquant et offrant en vente tous les biens d'Eglise (et plus tard ceux des émigrés) et en « assignant » du papier d'Etat sur leur valeur. Après de bons débuts, les assignats se dévaluèrent lentement, puis rapidement après Thermidor : les Français préféraient naturellement l'or ou les marchandises au papier. D'excellents ministres comme Cambon et Ramel tentèrent de substituer un « mandat territorial » à l'assignat : ce succédané ne réussit pas mieux. En 1797, Ramel dut se résoudre à ce qu'on baptisa le « tiers consolidé », belle banqueroute à la manière des anciens rois, qui supprima froidement les deux tiers de la dette publique et « consolida » le tiers restant en rentes 3 % ; on enregistra l'opération sur un magnifique « Grand Livre de la Dette Publique » qui existe encore. En même temps sous le nom de « droits réunis », on se résigna à recourir, discrètement d'abord, aux impopulaires mais efficaces contributions indirectes (y compris sur les boissons, mesure honnie). Dans la réalité, les assemblées révolutionnaires avaient essentiellement vécu d'impositions, de réquisitions, d'exactions et de francs pillages : en ce domaine, Bonaparte brilla particulièrement (d'autres aussi, comme Masséna).

Une fois au pouvoir, donc dès fin 1799, il fit de Gaudin, ancien commis de Necker, un fort compétent ministre des Finances. Non seulement il ressuscita toute la gamme des impôts indirects de l'Ancien Régime, mais il leur fit rendre presque autant que les contributions directes, sans doute parce qu'il en confia l'assiette et la perception à des fonctionnaires choisis, compétents et puissants. Aidé par la paix de 1801 et par une brochette d'intelligents banquiers qui connaissaient bien les fondements de la richesse française, Gaudin gagna la confiance en stabilisant la monnaie, et surtout en réussissant à payer en or les rentiers, qui constitueront (avec les propriétaires fonciers) la base indéfectible de tout Régime qui les respectera, donc jusqu'en 1914.

Le banquier Perrégaux qui, comme presque tous ses confrères, avait su traverser la tempête et peut-être en profiter, avait créé en 1796 une Caisse des Comptes Courants pour aider le commerce. La Caisse s'effaça en février 1800 devant une banque privée, dénommée « Banque de France », dont les principaux « régents », outre Perrégaux, s'appelaient Mallet, Perier, Lecouteulx, Récamier, personnages richissimes, avisés et puissants qui unissaient en eux l'Ancien et le Nouveau Régime. A ses attributions considérables (escompte, avances, comptes courants, billets au porteur), la Banque vit s'ajouter, en avril 1803, le monopole de l'émission des billets, d'abord pour quinze ans et en quantité modérée ; l'extension sera progressive. Depuis 1800 une Caisse d'Amortissement dirigée par Mollien, qui sortait des Fermes Générales de Louis XVI, caisse alimentée par les cautionnements et avances des puissants receveurs généraux des départements (ils existent toujours, leurs avances aussi), s'employait à racheter au mieux des rentes encombrantes et assez dévaluées, ce qui réduisait la Dette publique.

Mais l'acte capital, celui qui compte probablement plus dans la France du XIXe siècle que la succession des régimes et des lauriers militaires intermittents, ce fut la loi de mars 1803 qui créait enfin le franc qu'on appela de Germinal, déjà réclamé par la Convention. Il équivalait sensiblement à 4,5 grammes d'argent ou à près de 0,3 gramme d'or. Qui pouvait prévoir la destinée plus que séculaire de ce franc qui, en reprenant à peu près la définition de la livre tournois de 1726, prouvait la pérennité de cette puissante richesse française qui avait pourtant traversé tant d'épreuves ? Il fallut la guerre de 1914-1918 pour terrasser cette stabilité quasiment bi-séculaire.

Moins accomplie, la réussite religieuse, difficile à atteindre, dénouait en gros une situation qui semblait inextricable. Seul, le sort du clergé régulier, déconsidéré sauf exceptions, ne posait plus problème : le Concordat de 1801 n'en parla même pas ; mais les Jésuites surent remonter à la surface. Les Assemblées révolutionnaires, peu catholiques, souvent vaguement déistes, parfois athées, avaient contraint le clergé à prêter des serments successifs, dont seul le premier (celui de la Constituante) pouvait être acceptable pour lui. Deux clergés s'étaient constitués, puis déchirés. Rapidement, les prêtres (qui soutenaient très souvent les grandes insurrections, de

Vendée et d'ailleurs) devinrent suspects, souvent pour-chassés, parfois exécutés. Des fêtes nouvelles (la Vertu, la Jeunesse, la Philanthropie, l'Etre suprême) avec défilés-processions et cantates-cantiques avaient tenté de rempla-cer le vieux christianisme en s'insérant dans un calendrier nouveau, à la fois mathématique (les décades) et poétique (germinal, floréal, prairial)... ; tout cela avait peu convaincu. Pour venir à bout du robuste catholico-roya-lisme de Vendée et d'ailleurs, que Hoche voulait traiter humainement et Thureau sauvagement, il fallut bien composer : on entrouvrit, puis ouvrit des églises (un moment, à des cultes successifs), on laissa par moments y officier des réfractaires. En bref, avec la complicité du curé angevin Bernier et quelques autres, Bonaparte réus-sit, non seulement dans l'Ouest, mais auprès du nouveau pape. Après des mois de négociation et une vingtaine de projets, le Concordat, qui devait régir les relations entre la France et le Saint-Siège durant plus d'un siècle (et les régit encore dans l'ex-Alsace-Lorraine), fut signé par Pie VII le 15 août 1801.

La religion romaine n'était plus reconnue que comme celle de « la grande majorité des Français » (Protestants et Israélites furent par la suite reconnus et protégés, l'athéisme toujours toléré, et la Maçonnerie noyautée par la famille Bonaparte). L'Eglise se résigna à la perte de ses biens et promit de ne jamais inquiéter les acheteurs, clause fondamentale. La carte des diocèses fut remaniée, et ce fut dorénavant le chef de l'Etat qui nomma les évêques, avec accord tacite et investiture immédiate du Pape, comme en 1516. Les curés leur furent désormais étroitement subor-donnés, bien plus que sous Louis XIV. Tous prêtaient à ce régime fort serment de fidélité, recevaient un traitement, et les églises ou les corps pieux purent à nouveau recevoir des « fondations », legs d'argent ou d'immeubles par de dévotes personnes qu'on sut adroitement solliciter. On grogna quelque peu autour du Premier Consul, dans les assemblées et dans l'armée, où l'esprit républicain et la tiédeur religieuse avaient laissé de fortes traces. Il se trouva de sérieuses difficultés à pourvoir les évêchés, ici d'anciens réfractaires, là d'anciens jureurs, et ailleurs d'hommes nouveaux. Au Concordat, Bonaparte ajouta de son chef des « articles organiques » fortement gallicans qui instituaient l'unité du costume ecclésiastique — à la française, non à l'italienne — et surtout celle du catéchisme, qui louait César autant que Dieu. Du coup, le ministre Chaptal rédigea aussi des articles organiques pour les protestants, dont les pasteurs furent aussi salariés. Dans ce règlement d'ensemble, on trouvait, avec quelques nouveautés, des traits qui rappelaient tantôt le Concordat de 1516, tantôt la législation de Louis XIV, tantôt celle de la Constituante. En fait, cette tiède réconciliation de l'Eglise et de l'Etat enleva à l'opposition royaliste beaucoup d'arguments, et même de troupes : dans les pays chouans, par exemple, on ne vit plus guère que quelques complots ou colères (mais Cadoudal fut exécuté), et pas mal de brigandage.

Malgré quelques sérieuses difficultés à la fin de l'Empire, le Concordat a constitué l'une des bases sur lesquelles s'est bâtie la France moderne. Deux autres sont aussi à noter : l'Université, la Légion d'Honneur.

La première fut conçue comme une pyramide très hiérarchisée, entièrement au service de César. En haut, le « Grand Maître » ; en bas, l'enseignement primaire, à peu près abandonné, l'Empire n'ayant besoin que d'ignorants disciplinés, et ce sera l'honneur de la Monarchie de Juillet de penser autrement. Pièce essentielle, les lycées, sortes de casernes gérées par des valets voués au célibat, enseignant partout en même temps les mêmes matières sans danger, mais utiles à la formation de « cadres » aux ordres : c'était ce qui restait de la libérale et intelligente institution des Ecoles Centrales par la Convention, écoles vouées à la culture moderne, scientifique et technique pour un large public. Les Grandes Ecoles créées aussi par la Convention furent déviées de leurs objectifs de très haut niveau : Polytechnique se réduisit à fabriquer des militaires, et Normale des professeurs de lycée. Mais l'architecture d'ensemble (avec, vers les sommets, quelques Facultés et l'Institut) a traversé le siècle et ne s'est libéralisée et élargie que très lentement.

Avec la Légion d'Honneur, Bonaparte voulut d'abord instituer des cohortes régionales fidèles et décorées qui soient à ses ordres et lui prêtent un serment personnel. Devant des résistances à cette espèce de vasselage, il réduisit la chose à une constellation de médailles et de rubans, ces « hochets avec lesquels on mène les hommes », disait-il. Ils fonctionnent toujours.

Cet ensemble d'institutions, compromis entre la vieille France et la nouvelle, assurait la prépondérance d'une bourgeoisie à la fois ancienne et récente ; beaucoup d'aristocrates viendront la rejoindre. Ces « notables » — le terme acquiert une sorte de noblesse — survivront à Napoléon. Ecoutons Jean Tulard :

« Les régimes passeront, les institutions consulaires ne seront pas modifiées » (ou assez peu)... « Empire, Monarchie, République ne seront que des épiphénomènes. Au-delà de l'instabilité politique, c'est la permanence de l'administration mise en place sous le Consulat qu'il faut considérer. » Il n'est pas interdit de penser qu'elle gouverne encore.

Ces durables masses de granit bien assises, on aurait bien envie d'écrire que tout le reste est littérature, si tout de même l'épopée napoléonienne n'avait profondément marqué, en France comme au-dehors, les lettres, les arts, la pensée, l'imagination et la politique. Marqué de manière bénéfique, ou néfaste ? Ce n'est pas une question d'historien.

LE RÊVE

Il est des moments où l'historien contemple, et hésite avant de tenter d'expliquer. En cinq ans, le jeune officier hésitant, fidèle de Paoli, puis de Robespierre, puis de Barras, l'officier qui bafouillait à Saint-Cloud devant le Conseil des Cinq Cents, se couronne lui-même Empereur à Notre-Dame de Paris, face au successeur de celui qui, mille ans auparavant, couronna Charlemagne, devant un parterre chamarré d'éminents personnages et de parvenus. Le nouveau César s'était marié religieusement la nuit précédente. Cinq années de plus, après des campagnes extraordinaires de génie et de chance, il semble dicter sa loi à toute l'Europe, sauf à l'Angleterre, victorieuse dès Trafalgar (1805) sans que personne, sauf elle, s'en soit aperçu ; il annexe des provinces, offre les royaumes qu'il a cisaillés à son encombrante famille, impose sa protection au reste, épouse la fille du dernier descendant de ceux qui furent, depuis 962, les chefs du Saint-Empire Romain de Nation Germanique, devient ainsi le neveu de feu Louis XVI, fonde une dynastie toute neuve, songe à la conquête de l'Empire Ottoman (qu'il laisse pourtant au Tsar, son ami d'un moment), et, pourquoi pas ? à l'Inde. Puis l'Alexandre corse, fort ignorant en géographie et peu conscient de ses limites, se lance dans le guêpier espagnol, où il rencontre un peuple, puis dans l'immensité neigeuse de la Sainte-Russie, qui l'étouffe, comme naguère Charles XII de Suède et plus tard un ancien peintre autrichien. Battu, exilé, revenu, rebattu malgré des éclairs passagers, cinq ans plus tard encore il laisse son pays sans marine et sans colonie (ou presque), plus petit qu'il ne l'avait connu à dix ans au collège de Brienne, recouvert pendant six mois jusqu'à la Loire par une dizaine d'armées étrangères, dont une suisse, honte inconnue depuis Charles VI ; 150 000 hommes devaient « occuper » encore les franges Nord et Est durant trois années ; raffinement supplémentaire : musées et palais français devaient restituer toutes les œuvres d'art volées depuis vingt ans.

Aurait-il fallu conter, dans un détail bien connu (mais pas toujours scrupuleusement exposé) les merveilleuses campagnes illustrées par les victoires d'Austerlitz (1805, sur l'Autriche), d'Iéna (1806, sur la Prusse), de Friedland (1807, sur la Russie) ? Puis montrer le Grand Empire, ses 130 départements, ses royaumes vassaux ou alliés, le dernier grand triomphe à Wagram (1809), suivi du mariage autrichien et de la naissance du « roi de Rome » (1811), et enfin la chute, venue par l'Espagne, la Russie (1812), l'Allemagne (désastre de Leipzig, 1813), enfin l'invasion et la première abdication (avril 1814) avant le retour vertigineux et les Cent Jours, clos à Waterloo (déjà un 18 juin), suprême erreur tactique (la même qu'à Marengo, mais sans Desaix comme sauveur), de toutes manières inévitable écroulement sous le poids irrésistible de l'Europe excédée et unie.

Les problèmes qui se posent à l'historien sont plutôt ceux de l'homme, de la guerre, de l'Europe et du pays.

L'homme.

Selon Jean Tulard, il a inspiré plus de livres qu'il ne s'est écoulé de jours depuis sa mort ; dès 1837, Ozeki Sane'i lui consacrait une biographie en chinois. La fascination qu'il exerce provient du caractère presque invraisemblable de son aventure, des habituelles et fades comparaisons avec Alexandre et César, de l'extraordinaire publicité qu'il a constamment suscitée, et du fait un peu oublié qu'il se plaça durant près de vingt ans à la vitrine du monde *entier,* indirectement il est vrai : il avait réussi à pousser les Anglais, remplaçants des Bourbons d'Espagne détrônés et de la Hollande occupée, dans l'océan Indien, à Java, aux Antilles, dans l'ex-Amérique espagnole et même au Brésil à la suite du roi du Portugal.

Deuxième fils (l'ineffable Freud a parlé de « complexe du cadet ») d'une famille de tout petits nobles corses assez aisée, protégée par l'intendant Marbeuf (on chuchota que la beauté de « Madame Mère » l'impressionna), il obtient sur l'insistance de celui-ci, qui attesta de sa noblesse et... pauvreté, une bourse pour le collège de Brienne (il passa auparavant au collège d'Autun) ; puis il entra à l'École Militaire, où il brilla peu (sorti 42e sur 58). Suit une longue période d'hésitations et d'essais ; piètre officier de garnison (Valence, Auxonne) souvent absent, lisant un peu de tout, Rousseau notamment, tentant d'écrire, amoureux ici et là, passionné un moment pour l'indépendance de sa patrie d'alors, la Corse, et y combattant ; puis rallié aux Montagnards et soutenu par Robespierre le Jeune, ce qui lui vaudra un peu de prison après Thermidor ; mais s'étant fait remarquer au siège de Toulon par son habile utilisation de quatre canons et de deux mortiers, le voici, à 25 ans, passé de capitaine à général de brigade, Barras aidant. Ce dernier l'utilise pour aider à sauver en octobre 1795 ce qui restait de la Convention, et le voilà « général Vendémiaire ». Puis cesse la période incertaine. Avec la campagne d'Italie, et pour une quinzaine d'années l'homme exceptionnel éclate d'un coup. Mais auparavant, Napoléon ne perçait absolument pas sous Bonaparte.

Du légendaire pont d'Arcole jusque vers 1809 brille le génie politique et militaire, avec des erreurs encore rares, et qu'il est trop commode d'apercevoir deux siècles plus tard. L'aspect militaire du génie tient à la solide étude du terrain, à l'acuité du coup d'œil, à la fréquente tactique du glissement sur l'aile derrière un rideau trompeur et à la division en tronçons, d'ennemis battus par morceaux, à l'extraordinaire vélocité de l'infanterie légère et d'une cavalerie nombreuse, rapide, survoltée par des magiciens du type Murat, à la supériorité (non durable) du nombre et de l'armement, au pouvoir de séduction quasi surnaturel que l'homme conserva longtemps sur son Etat-Major (souvent de vieux compagnons de Toulon et d'Italie) et sur des troupes auxquelles il savait parler comme jamais on ne parla. Mais ce génie comportait des limites, que Clausewitz a bien vues : refus de l'innovation technique, croyance en la vertu d'une perpétuelle offensive qui finit par se dévorer elle-même, confiance obstinée en une supériorité en effectifs et en matériel qui va se réduisant, refus de toute suggestion... Du moins le général fit-il encore illusion, par éclairs, en 1814 et 1815.

Le génie politique tenait, comme presque toujours, dans une connaissance approfondie et sèche de la vanité et surtout de la vénalité des hommes et, pendant assez longtemps, de l'exacte appréciation du possible. Inutile d'ajouter qu'il vouait à presque tous les êtres un parfait mépris : envers les humbles, ouvriers tenus au passeport et au livret, petit peuple promis à l'ignorance pieuse et à l'infanterie massacrée, comme à Eylau, dont le spectacle horrifia même le chirurgien de la Grande Armée, Percy ; même mépris envers les « idéologues », savants et républicains, anciens compagnons de la Montagne ou d'Egypte ; pour à peu près toutes les religions et le pape même (puisqu'il exila Pie VII à Savone, comme jadis Pie VI par le Directoire) ; parfois même de sa propre famille et de ses maréchaux, qu'il gava exagérément d'honneurs et d'argent pour mieux les rabrouer. Comme presque toujours aussi, le génie politique relevait de la facilité que possédait Napoléon d'expédier au plus vite ces nécessités biologiques qui se nomment sommeil, nourriture et amour, et de classer les problèmes dans sa cervelle comme ses dossiers dans leurs casiers. Suprême arme, ce qu'on appelle aujourd'hui « charisme » : le sens de la tenue — simple et presque unique —, du geste, habituellement sobre, la voix et la plume rapides et précises, et ce regard que chacun cherchait à définir avec des mots insuffisants : fulgurance, charme, magnétisme.

Cette extraordinaire machine à saisir, à organiser et à commander s'est abîmée, on ne le sait que trop, par la fatigue, une santé vite médiocre et la démesure dans l'orgueil et le rêve, qui amena des erreurs aussi lourdes que l'invention d'une noblesse impériale, plus encore les brutalités avec Pie VII et l'ignorance de l'hiver russe. Sans doute est-il dérisoire de souligner, de si loin, les faiblesses d'un homme « vaincu par sa conquête ». Il l'est moins de rappeler encore que l'Angleterre détenait depuis Trafalgar les clés de la victoire, ni qu'un Empire devenu à la fois hétérogène et pesant ne peut toujours l'emporter sur les résistances internes et les nationalismes qu'il a contribué à renforcer.

L'Europe et l'Empire.

Dans un premier temps, les divers peuples de langue latine ou germanique qui avaient été annexés, occupés ou « protégés » purent, les premiers pillages passés, apprécier les avantages de la partie exportée de la législation française : abolition du servage, rachat de droits féodaux, ventes de terres d'Eglise et suspension des dîmes en pays catholique, introduction du Code Civil et application mesurée du principe de liberté, sous lequel on peut parfois mettre ce qu'on veut. Les princes qui avaient gouverné ces peuples, et dont certains furent chassés, vassalisés ou mis à l'écart, apprécièrent beaucoup moins ; les Eglises, pas davantage, d'autant que Napoléon se brouilla dès 1809 avec le Pape, qu'il garda prisonnier plus de quatre ans. Par surcroît, malgré l'appel incessant de conscrits français de plus en plus jeunes, mais rongés par l'insoumission (parfois 20 %), la désertion et les décès (au moins 800 000 en 15 ans), Napoléon fut amené à recruter, non seulement dans les départements nouveaux (plus de 40), mais dans les royaumes vassaux et alliés. Ainsi la Grande Armée se rajeunit dans sa moitié française et se bariola dans l'autre. On n'y comptait peut-être pas vingt nations, comme disaient les Russes, mais à coup sûr quelque trois cent

mille Hollandais, Westphaliens, Saxons, Bavarois, Polonais, Croates, Dalmates, Suisses, Italiens, Espagnols,
plus, suprême ironie, des corps auxiliaires prussiens et
autrichiens (juin 1812). Des vaincus de la veille ou des
méditerranéens vite transis, il y avait peu à attendre ;
maladies et désertions aidèrent à l'effritement, puis à la
quasi dissolution du monstrueux conglomérat militaire
enfoncé en Moscovie.

La chute paraissant évidente dès le début de 1813, les
princes évincés ou soumis redressèrent courageusement la
tête. Souvent, leurs peuples les avaient précédés. L'espagnol et le russe s'étaient levés avec courage, constance et
cruauté. Ainsi, l'armée de Koutousof, l'incendie de Moscou et l'hiver n'expliquent pas seuls la débâcle : l'activité
de francs-tireurs et la tactique de la terre brûlée vinrent
aussi des moujiks, fanatisés par leurs popes, qui voyaient
en Napoléon, fils de la Révolution, quelque chose comme
le Diable ou l'Antéchrist. Les prêtres espagnols ne
tenaient pas à leurs paroissiens des discours bien différents
contre les soldats de l'athéisme ; mais leurs terribles
actions de guérillas furent efficaces, et bien antérieures
aux premiers grands échecs de Napoléon.

Quant aux élites, surtout allemandes et italiennes,
séduites au début par quelques grands principes issus de la
Révolution, elles furent rapidement déçues par la dureté
de l'occupation, les inconvénients du blocus et les levées
d'hommes. Une idée surnageait pourtant, celle de la
nation, accompagnée du droit des peuples à disposer
d'eux-mêmes. Officiers et intellectuels italiens se retrouvaient à la fois dans l'armée et dans des associations
secrètes de « résistance », les premières nées dans la Sud,
les « carbonari » ; ils rêvaient de libération, d'unité et de
patrie.

Dans le monde germanique, l'enthousiasme pour la
« liberté » et les réformes avait peu duré. Un siècle
auparavant, les ravages des armées de Louis XIV (non
oubliés) avaient déjà provoqué quelque chose comme
l'éclosion d'un sentiment national allemand. La conquête
napoléonienne hâta l'évolution ; intellectuels, poètes,
hommes politiques, universitaires (Fichte) agissaient avec
une force nouvelle ; allant plus loin, la noblesse prussienne
avec Stein, Scharnhorst et d'autres reforgèrent un patrio-

tisme et surtout une armée, dont l'action contre l'Empire chancelant fut efficace. A l'horizon apparaissait l'unification allemande, qu'un autre Bonaparte aidera.

Une partie des peuples a donc effectivement appuyé les rois d'Europe enfin réconciliés pour exploiter les erreurs de Napoléon et, dès l'été 1813, le condamner à sa perte ; puis, en deux étapes, avant et après les Cent Jours, se précipiter à la curée. En deux traités signés à Paris (mai 1814, novembre 1815), ils réussissaient à amoindrir la France dans son territoire, ses colonies, sa fortune, à l'occuper, la surveiller, l'abaisser, peut-être l'avilir. Les Bourbons ramenés allaient devoir assumer tout cela, dans une France fatiguée et apparemment résignée.

Mais les Français avaient concouru quelque peu à ce triste bilan de l'Empire.

Le pays et l'Empereur.

Dès le début, Bonaparte comptait des adversaires de plusieurs côtés. Après des violences et des fautes (enlèvement et exécution du duc d'Enghien, 1804), il avait réussi à séduire une bonne partie des royalistes, même émigrés, et à satisfaire provisoirement l'Eglise et la plus grande partie des catholiques (Concordat). Ses anciens amis jacobins et républicains avaient été convertis, achetés, ou rejetés, et l'on sait dans quel mépris il tenait les « idéologues », nous dirions « intellectuels ». La création de la Cour impériale avec son faste et ses simagrées imitées des Bourbons, dégoûta pourtant ceux qu'elle ne séduisit pas. Dès 1809, le conflit avec le Pape indisposa naturellement le clergé, beaucoup de catholiques et de royalistes ralliés. Les plus fins politiques, qui se trouvaient aussi les plus pourris, comprirent vite que la construction ne tiendrait pas ; Talleyrand, qui servit et trahit tant de régimes, s'entretenait avec le tsar dès 1807. De temps à autre, un complot était déjoué par l'excellente police de Fouché, puis de Savary ; en 1808, on fusilla des chouans tenaces, qui naviguaient entre Jersey et la Bretagne (parmi eux, un cousin de Chateaubriand) ; la même année, un général en retraite, Malet, fomenta un complot ; démasqué, il fut interné ; il réitéra en 1812, et fut fusillé.

Le mécontentement des intellectuels et des libéraux, sans gravité immédiate, fut limité par un bon renforcement de la censure (1810) et quelques exils plus ou moins volontaires (Benjamin Constant, Royer-Collard...)

Autrement grave, l'évolution d'un peuple qui avait longtemps paru vibrer aux victoires de son Empereur, et qui parut un moment considérer sa chute sans émotion excessive. Les raisons de ce semi-lâchage sont à chercher dans plusieurs directions.

Les impôts, bien sûr. La guerre avait d'abord nourri la guerre ; puis elle s'était mise (Espagne, Russie) à coûter cher. Les « droits réunis » (sur les boissons surtout) triplèrent de 1806 à 1812. On revit alors des émeutes antifiscales, comme sous la vieille monarchie.

D'autant que la situation économique, longtemps convenable malgré le blocus anglais et le blocus du continent contre navires et marchandises anglaises (tous les deux impossibles à tenir), finit par se dégrader. Il manquait des produits coloniaux auxquels on avait fini par s'habituer ; ainsi le prix du sucre décupla, la betterave n'arrivant pas à suppléer la canne ; le coton arrivait mal, et les manufactures françaises, pourtant encouragées, manquaient de débouchés plus encore que de matières premières, les clients habituels, continentaux, se trouvant appauvris et récalcitrants. Il en résulta des faillites et du chômage : à Lyon, plus de la moitié des métiers étaient inactifs en 1811, et il fallut secourir 20 000 chômeurs à Paris. Des banques durent entrer en liquidation, même à Amsterdam et chez Laffitte. Seules fonctionnaient bien les usines d'armement.

Reparurent par surcroît les vieilles crises frumentaires de subsistances typiques de l'Ancien Régime. Première alerte en 1805 ; seconde, bien plus grave en 1811-1812 : on revit le prix du blé doubler, de l'agitation sur les marchés, du pillage, des émeutes (à Caen, où l'on fusilla quelques ouvriers) et même la vraie disette. Le gouvernement fut contraint de recourir aux soupes populaires, aux chantiers de travaux publics et même à la taxation (le « maximum », naguère honni) mal assise et respectée aussi mal.

La bonne récolte de 1812 résolut le problème alimentaire, mais pas les autres. Les défaites venant, commerce et manufactures tournaient mal, les faillites reprenaient et, signe alarmant, le cours de la rente 3 %, pilier de la Nation, tombait d'un coup au-dessous de 50 F. Bref, ce qu'on appelle confiance, celle des notables et des hommes d'affaires, rejoignait dans sa chute le climat politique et la fatigue populaire.

Dans les campagnes, où les royalistes recommençaient à se démener et s'apprêtaient à se venger, c'était de la conscription dont on était fatigué. Malgré l'insoumission et la désertion, protégées par la population, les ponctions incessantes de conscrits, dont beaucoup ne revenaient pas (20 %, selon J. Godechot, entre 1806 et 1815), pouvaient d'un jour à l'autre provoquer une Vendée nouvelle. En vérité, il semble bien manquer un million d'hommes (par rapport aux femmes) dans la tranche 20-59 ans de la pyramide des âges reconstituée pour 1815. Et ces hommes furent presque tous des paysans. Le surnom d' « Ogre corse » s'avère-t-il tellement exagéré ?

Ces facteurs réunis peuvent aider à comprendre la sorte d'indifférence dans laquelle tomba la nouvelle de l'abdication d'avril 1814. Sur le chemin de l'île d'Elbe, dans le Midi surtout, le vaincu fut insulté et menacé, et dut même se déguiser en officier autrichien pour terminer le voyage. Et cependant, une bonne partie de ses soldats et du petit peuple lui restait fidèle, comme devait le montrer, après les maladresses des Bourbons, le rapide succès du retour pour Cent Jours, puis la grande Légende.

Transfiguration

Pas plus que le souvenir de Napoléon, sa légende n'est morte. Déclenchée par lui-même et l'éloquente plume de ses proches dès la campagne d'Italie, elle courut tout au long des bulletins de la Grande Armée ; l'image d'Epinal s'en empara aussitôt ; le Mémorial et les chansons de Béranger firent plus encore, ainsi que le romantisme des « enfants du siècle » (Musset) transféré du roi légitime à l'Absent, au Proscrit ; enfin les relais incessants de la littérature populaire et de la lithographie indéfiniment imitée et reproduite (Charlet, Raffet) propagèrent la figure et le mythe de l'Aigle jusqu'au début du xxᵉ siècle, où la sonore poésie de *l'Aiglon* (1900) suscita de ferventes acclamations. Vers 1930 encore, on trouvait dans de nombreux foyers populaires des images ternies célébrant la geste napoléonienne, dont le cinéma s'est aussi emparé, pas toujours avec le même talent qu'Abel Gance. Il faut reconnaître sans la moindre réserve que cette épopée atteint, avec les Dieux en moins et la vérité en plus, celle qu'illustra jadis un inconnu nommé Homère. De plus, elle porte le nationalisme ou le patriotisme au paroxysme, puisque jamais la France ne fut aussi grande (du moins par la superficie) ni aussi puissante ou terrible.

Cela dit, l'historien doit toucher terre à nouveau et formuler deux remarques simples. La première, c'est que la légende a profondément transformé la réalité (c'est d'ailleurs sa fonction) et transfiguré l'homme Bonaparte. La seconde, c'est que sa stature domine, dès son exil, et de fort haut, plus d'un demi-siècle d'histoire de France, et qu'elle a hanté presque aussi longtemps les peuples et les rois d'Europe.

Ce qui s'est fabriqué du pont d'Arcole jusqu'à Sainte-Hélène et après, cette grande confusion devenue vérité de l'imagination, du cœur et donc de la politique, mélange le conquérant et le dictateur avec l'image de la Révolution libératrice de tous les Anciens Régimes ; de même le drapeau tricolore, avec ou sans aigles, devient (avec la Marseillaise souvent) le symbole à la fois de la patrie, de la gloire, de la liberté et de la Révolution. Il deviendra curieusement un signe de ralliement souvent international pour ceux qui luttent, ou croient lutter contre les « tyrans » et pour un avenir de progrès forcément heureux.

Cet amalgame provient en grande partie de la politique des rois vainqueurs, qui se méfiaient de la France et voulaient effacer partout le souvenir de ce quart de siècle qui avait ébranlé leurs trônes et donné de mauvaises idées à leurs peuples. Il provient aussi des Bourbons.

Eux n'avaient vaincu personne, mais, malgré la sagesse de l'ancien comte de Provence et de quelques autres, ils ne surent pas conquérir un peuple fatigué de guerre et d'impôts, dont la majorité ne leur était pas hostile, du moins en 1814. Rétablir, d'un coup, le drapeau blanc et la monarchie de droit divin ; ramener, dans leurs costumes et leurs idées surannées, des émigrés et des prêtres dont beaucoup ne songeaient qu'à se venger ; conserver tous les impôts impériaux, droits réunis compris ; trouver 700 millions d'indemnité de guerre ; devoir supporter trois années d'une occupation étrangère dans un pays aux frontières racornies et grignotées de partout : l'ensemble s'apparentait mal à un joyeux avènement (juridiquement reporté d'ailleurs à 19 années en arrière). Après l'étonnant épisode des Cent Jours, rien, ou presque, ne changera. Comment la déception d'un grand nombre n'aurait-elle pas engendré cette nostalgie mêlant les trois couleurs et la Nation, la Marseillaise et les aigles, la République et l'Empire ? Et comment le souvenir magnifié de Napoléon le Grand n'eût-il pas engendré le facile triomphe de l'habile Napoléon le Petit, pour parler comme Victor Hugo ?

L'Europe des rois, rassemblée à Vienne dans un Congrès (1815) qui ne se contenta pas de valser et de se partager les dépouilles de l'Empire, voulut conjurer le double danger de l'esprit de liberté et de la ferveur nationale. La Sainte-Alliance des Anciens Régimes vieillissants ne put empêcher que naissent, encore jeunes, bientôt adultes, de 1820 à 1830, 1848 et la suite, des mouvements révolutionnaires qui, longtemps encore, se placèrent ou crurent se placer dans la lignée de la « grande révolution », plus chantée et rêvée que connue.

Cette Révolution, qu'en serait-il resté sans l'Empereur qui en gomma les excès, en sauva et en prolongea les réformes qui convenaient à ceux qui, en fin de compte, l'avaient porté, les « Notables », soupe bourgeoise relevée d'aristocratie résignée ou libérale ? Et n'a-t-il pas souvent fallu, dans ce pays, un « sauveur » pour consolider la puissance des Notables et écarter le danger populaire, « la canaille » « la rue », comme on disait ? De 1848 à 1958, on peut en compter au moins quatre de bonne taille, plus quelques petits. En est-il un qui ait atteint le génie du « petit caporal » ? Là non plus, l'historien n'a pas à trancher.

XV

La France au XIXᵉ siècle : un panorama

A mesure qu'approchent les jours de notre vie, il apparaît plus nécessaire, pour tenter de comprendre, de voir de très haut l'évolution de cette France qui venait de soutenir (et de perdre) 23 années de guerre et qui, cent ans plus tard, allait entrer dans un conflit plus bref, plus cruel, victorieux cette fois, mais lourd de conséquences.

Comme toujours, l'évolution la plus claire concerne les aspects politiques. On est passé des Bourbons aux Orléans grâce à une insurrection parisienne de trois jours, en juillet 1830 ; des Orléans on est revenu à un Bonaparte après une vraie Révolution aux accents nouveaux, vite confisquée comme les précédentes par la peur des possédants et un coup d'Etat risqué le 2 décembre 1851. On est retourné de l'Empire à la République à cause d'une guerre insensée et d'une déroute inexcusable, le 4 septembre 1870. Commencée dans le sang des Communards, puis dans l'incertitude d'un royalisme pour le moins maladroit, cette Troisième République, née d'une défaite, morte d'une défaite, fut en fin de compte le régime le plus long que la France ait connu depuis Louis XIV, et un de ceux qui travaillèrent le plus au milieu des tempêtes, factices ou réelles. Tout ce siècle politique fut régi par des Constitutions successives ; seule compte leur application. Le droit de vote, d'abord réservé aux très riches (moins de 100 000 jusqu'en 1830, puis le double), fut étendu à tout adulte mâle à partir de 1848. L'Empire s'ingénia à manipuler le système pour qu'il lui donne les résultats désirés ; la République a moins pratiqué cette gymnastique, et les divers tournois électoraux donnent des indications sur ce qu'on appelle l'opinion. Jusqu'en 1875, aucun régime ne fut vraiment « parlementaire », puisque les assemblées élues (ou nommées) ne tenaient pas vraiment le sort du gouvernement entre leurs mains, les rois comme l'Empereur ayant presque toujours choisi leurs ministres.

Au travers de ce siècle monte irrésistiblement un mouvement réformateur, puis républicain, puis social ou « socialiste » (mais très tardivement marxiste), tous les trois issus plus ou moins directement de la Révolution de 1789, dont l'influence et le souvenir restent considérables (aussi bien contre que pour, d'ailleurs) ; puis la concentration des travailleurs dans des industries nouvelles et dans des faubourgs surpeuplés, ainsi que l'exploitation croissante à laquelle ils pensaient être (et étaient souvent) soumis, suscita des mouvements ouvriers puissants — le premier à Lyon en 1831 — assez indépendants du contexte politique, et que les penseurs socialistes et l'organisation syndicale n'encadrèrent qu'assez tard, et incomplètement, entre 1885 et 1900. Les gouvernements successifs combattirent tous ces noyaux de résistance et d'action avec violence et succès, grâce à l'emploi de la force, militaire, policière ou judiciaire. Jamais la grande bourgeoisie qui, après 1830, ne cessa de dominer effectivement le pays, n'admit de partager quoi que ce soit, même une parcelle de pouvoir, avec ceux qu'elle appela successivement « la canaille, la racaille, les partageux, les rouges, les faubourgs, la rue, les barbares ». Ces forces qu'on peut appeler plébéiennes triompheront bien plus tard, en 1936, et pour peu de temps, — ce qui nous entraîne hors de notre dessein.

Au-delà de cette succession de régimes — huit entre 1799 et 1870, un seul ensuite pour le même laps de temps —, la population, l'économie et la société françaises ont connu des transformations au moins aussi importantes, mais beaucoup plus lentes. Beaucoup confèrent à la

France du XIXᵉ siècle des caractères spécifiques, pas forcément bénéfiques.

ÉVOLUTION DÉMOGRAPHIQUE

Elle offre une nette originalité en Europe et dans le monde. Bien connue, elle peut être ramenée à quelques données incontestables.

Au début du siècle, avec un peu plus de trente millions d'habitants, la France occupait, derrière la Russie, la 2ᵉ place en Europe. A la veille de la guerre de 1914, elle était descendue à la 5ᵉ place en Europe, et à la 7ᵉ dans le monde qu'on appellera plus tard « occidental », les U.S.A. approchant les cent millions et le Japon la cinquantaine. Le taux de croissance était, depuis 1870, le plus bas d'Europe, et la densité kilométrique dépassait juste celle de l'Espagne. Le double fait de la perte de l'Alsace-Lorraine en 1871 et de l'annexion de la Savoie et de Nice en 1860, qui se traduisait par une perte d'un million environ, ne modifiait ni la faiblesse du classement, ni celle du taux de croissance.

Cette originalité s'explique simplement : un taux de mortalité, surtout des enfants, qui a fléchi très lentement (en 1895, 17 enfants sur 100 mouraient encore avant un an) ; une émigration assez faible ; et surtout une baisse précoce, continue et prononcée du taux de natalité : environ 40 naissances pour mille habitants au temps de Louis XV, 31 ou 32 vers 1815, 27 vers 1850, 20 autour de 1900, moins de 19 à la veille de la « Grande Guerre ». Cette évolution (qui par la suite devint générale) commença et s'accusa beaucoup plus tôt en France que n'importe où ailleurs. Historiens, démographes et autres, se sont querellés sur son interprétation. Ils ne sont d'accord que sur la volonté de la majorité des couples de réduire leur descendance (*coïtus interruptus*, avortements fréquents et dissimulés, pessaires et autres préservatifs dans le beau monde), et sa date d'apparition, vers 1770 dans la région parisienne. Mais pourquoi ce refus ? Désir de « donner leur chance » économique et sociale à des enfants moins nombreux et donc mieux élevés ? de ne pas diviser l'héritage familial ? indifférence (surtout mascu-

line) aux préceptes de la très chaste Eglise catholique qui
n'admet les rapports sexuels que dans le mariage, dans un
but de procréation et si possible sans plaisir ? On sonde
plus difficilement les cœurs que les reins : on se résignera
donc à laisser disserter sur les causes pour ne retenir que
les indiscutables résultats.

L'un de ceux-ci est ce qu'on a appelé le vieillissement,
que quelques chiffres suffisent à souligner. Vers 1815, les
moins de 20 ans constituaient 44 % de la population (et les
« vieux », plus de 59 ans, 7 %) ; au recensement de 1911,
les premiers dépassaient tout juste le tiers, et les seconds
approchaient 13 %. Faiblesse tenue pour grave face à
l'Allemagne unifiée, dont la jeunesse atteignait un effectif
presque double.

Pourtant, grâce aux tardifs progrès de l'hygiène et de la
médecine, surtout aux techniques pastoriennes et à la
vaccination, la mortalité infantile avait enfin décroché des
alentours de 17-18 % vers 1890 pour avoisiner les 10 % à la
veille de la guerre (aujourd'hui, dix fois moins) ; la
mortalité des adultes, surtout dans les faubourgs et les
cantons les plus pauvres, baissait bien plus lentement,
faible compensation à l'irrépressible chute de la natalité.

A cette sorte de langueur française vient s'ajouter, en
un domaine voisin, une lenteur qu'on a pu qualifier de
sagesse.

Deux derniers chiffres, tirés de l'arsenal des démographes, peuvent la caractériser : au recensement de
1846, les ruraux formaient plus de 75 % de la population française, et treize villes seulement dépassaient
50 000 habitants ; en 1911, ils en constituaient encore
56 %. A cette date, il y avait longtemps que la population
urbaine (et donc non agricole !) dominait de beaucoup
dans les plus puissants Etats d'Europe, Angleterre et
Allemagne. C'est une nation de paysans qui va s'engager
dans la Grande Guerre ; certes, la « révolution » industrielle s'y est fait sentir, mais plus tard et moins vivement
qu'ailleurs.

Grands rythmes de l'évolution économique

Mécanisation, concentration des usines et des ouvriers, essor de la machine à vapeur et de la métallurgie, rôle nouveau de la banque, accélération des transports et triomphe du chemin de fer, tout cela caractérise, assez sommairement, la première « révolution industrielle » (que d'autres suivirent bien plus tard).

Le mouvement débuta en Angleterre dès la seconde moitié du XVIIIe siècle. Il s'amorçait très timidement en France à la veille de la Révolution, qui contribua à le freiner, ainsi que le caractère timoré des détenteurs de la richesse française, qui se contentaient des investissements fonciers, de la thésaurisation de l'or et de la rente d'Etat. Ce pays a toujours aimé les richesses paisiblement dormantes et la contemplation de l'avenir avec les yeux du passé.

Deux séries statistiques simples peuvent illustrer ce qui vient d'être avancé. La première concerne la longueur des chemins de fer dans le monde, qui a centuplé de 1840 à 1900. Les Etats-Unis, qu'on ne peut alors comparer à aucun pays, en ont toujours détenu la moitié. L'Angleterre, qui possédait en 1840 un réseau sextuple du français, a tenu le premier rang européen, puis le second quand l'Allemagne (plus vaste) l'eut dépassée vers 1870-1880 ; la France venait loin derrière, et la Russie la dépassa même en 1900 (mais les distances y sont tout autres !). Comme l'ensemble de son « démarrage » industriel, le démarrage ferroviaire de la France a été tardif : en gros, le Second Empire.

La seconde série est tirée d'une publication sérieuse de la S.D.N. qui, en 1945, fournissait une estimation de la répartition (en valeur) de la production industrielle mondiale. L'Angleterre figura longtemps au premier rang ; en 1870, elle produisait encore 31 à 32 % de l'industrie mondiale ; la France, trois fois moins, tenait alors le quatrième rang. Dès 1885, les Etats-Unis figurent en tête, et l'Allemagne dépasse l'Angleterre à partir de 1905. En 1913, l'industrie française n'assure plus que 6,4 % de cette production ; la Russie la talonne ; Angleterre et Allemagne produisent chacune plus du double, et déjà les

Etats-Unis écrasent le reste du monde, égalent à eux seuls les trois grands pays européens additionnés.

On n'a pas présenté ces quelques chiffres par une sorte de délectation morose, mais parce que, crédibles, ils mettent en relief, mieux qu'un long discours, cette constatation plutôt pénible à formuler : la timidité, les retards, le glissement de la France des « performances » excellentes vers les honorables. Dans le présent du XIXᵉ siècle, cette évolution était peu visible, et d'ailleurs on aurait refusé de la voir. Le pays restait fier de lui, de sa gloire passée, des exemples qu'il pensait avoir donnés au monde. Et, de fait, sa solide armature paysanne, sa richesse en or, la fermeté de sa monnaie, son poids diplomatique et, croyait-on, militaire, un Empire colonial renaissant, et le rôle toujours brillant joué depuis Louis XIV par sa littérature, ses arts, sa langue dans les élites de partout, comme le rayonnement encore mondial de Paris lui conféraient une solide réputation, entamée pour un moment par les aventures hasardeuses de Napoléon III et sa déroute finale, proche de la honte.

Mais il est temps de voir se dérouler ce siècle autrement que de Sirius.

D'UN NAPOLÉON À L'AUTRE : 1815-1852

La Restauration.

Le nom même du régime impliquait un retour au passé. Dans quelle mesure, telle était la vraie question. Elle provoquait l'inquiétude des anciens acteurs de la Révolution, à un degré moindre celle des bonapartistes, et presque maladivement celle des acheteurs de biens déclarés « nationaux » (d'Eglise, d'émigrés), fort nombreux dans la bourgeoisie et la paysannerie aisée, pas si rares dans cette partie de la noblesse qui s'était terrée pendant un quart de siècle, ou s'était ralliée à l'Empereur. Les fervents royalistes et catholiques de toujours, et plus encore ceux que le Roi ramenait dans ses bagages, clamaient leur volonté de revanche absolue, avec restitution de leurs biens aux « spoliés », rétablissement du régime seigneurial et de la dîme, et châtiment exemplaire à tous les coupables de lèse-royauté. Il est probable que la majorité des Français demandaient surtout la fin des guerres (ils seront à peu près exaucés durant quarante ans) et la diminution des impôts, ce qui ne pouvait se produire, et d'ailleurs ne se produisit sans doute jamais.

Rentré d'un long exil, le comte de Provence avait beaucoup gagné en sagesse, et rien perdu en finesse. Désireux de ne pas « recommencer ses voyages », il chercha à donner satisfaction à tous ceux qui n'étaient pas déraisonnables. Il était peu aidé par son entourage, qui ne songeait qu'à rétablir tel quel l'Ancien Régime, et ne brillait habituellement ni par la raison, ni par l'intuition ; il se retrouvait avec les plus exaltés des ex-émigrés, des prêtres et des Jésuites renaissants, pour former des sociétés secrètes à la fois nobiliaires et cléricales, comme la Congrégation (surtout confite en dévotion) et les « Chevaliers de la Foi », bien plus politiques, comme l'a montré l'un des descendants de leur inspirateur, un Bertier de Sauvigny. Tous ces « ultras » assiégeaient le roi.

Celui-ci fut bien obligé de laisser passer la tempête. En province, Ouest et surtout Midi, une Terreur blanche s'abattit à nouveau sur les détenteurs de biens nationaux, les anciens révolutionnaires et les fidèles de Napoléon. Beaucoup furent menacés ou molestés, d'autres assassinés, comme les Mameluks à Marseille, les généraux Ramel et Lagarde à Toulouse et Nîmes, et les protestants à nouveau persécutés par les papistes. Pas mal de brigands se mêlèrent à cette réaction. Espérant la calmer, le gouvernement la reprit à son compte. Dix-huit généraux bonapartistes passèrent en Conseil de guerre : l'exécution de La Bédoyère, et surtout de Ney, firent sensation. Après avoir épuré l'armée, mis les « grognards » en congé et pas mal d'officiers en demi-solde, le gouvernement la peupla de nobles sémillants dont beaucoup avaient combattu la France dans les armées étrangères. Une loi dite d'amnistie aboutit à bannir la famille Bonaparte, les régicides et les nouveaux « suspects ». L'administration et même l'Institut furent nettoyés : on en chassa Carnot, David, Lakanal et Monge. Une suite de lois contre « les cris séditieux » (!) et les « factieux », déférés devant des tribunaux d'exception jugeant sans appel, permirent de fusiller jusqu'en juillet 1816 (à Lyon, le général Mouton-Duvernet). La presse fut naturellement muselée (cautionnement, timbre, censure, autorisation préalable) et la police politique brilla.

Ces fureurs passées, Louis XVIII tenta de gouverner modérément, assisté du gentil ministre Decazes, qu'il avait pris en affection jusqu'à le tutoyer. Pour cela, il utilisait les ressources de la Charte de 1814 (qu'il avait malheureusement prétendu « octroyer ») ; relativement libérale, bien que ne laissant aucune initiative aux deux chambres, l'une élue, l'autre nommée, elle établissait pour la deuxième fois (n'oublions pas Louis XVI et la Constitution de 1791) une monarchie constitutionnelle bourbonienne, avec un « pays légal » comptant moins de cent mille électeurs, tous les plus riches, majoritairement d'anciens nobles. La première Chambre ainsi élue, baptisée « introuvable » par le roi lui-même, dominée par les plus exaltés des « ultras », fut vite dissoute, ce qui les remit à leur vraie place : une centaine, qui siégeaient à droite du Président, contre cent vingt « constitutionnels », fidèles soutiens de la Charte et de Decazes, plus une trentaine d' « indépendants » siégeant à gauche (ils s'accrurent lors des élections partielles), où l'on trouvait à la fois des libéraux à l'anglaise ou à l'américaine comme le vieux Lafayette, de francs bonapartistes et quelques républicains comme Manuel. Ces derniers étaient épaulés par une presse de faible tirage et persécutée, mais surtout par les cinglants pamphlets de Paul-Louis Courier et plus encore (outre les « imagiers ») par le très populaire chansonnier Béranger, barde inspiré de l'Empereur et rude railleur des prêtres comme des ex-émigrés, marquis de Carabas ou marquise de Prétentailles ; par surcroît, il ridiculisa plus tard le « sacre » quelque peu suranné de l'ineffable Charles X.

Quatre années assez paisibles, sauf quelques petits complots vite réprimés (Saumur, Strasbourg, filiales de la « Charbonnerie » société secrète vaguement républicaine) permirent une législation lénifiante : loi militaire instituant une petite armée d'engagés, complétée au besoin par un « tirage » au sort corrigé par le « remplacement » (pour ceux qui pouvaient payer), promotion (jugée scandaleuse à droite) des officiers à l'ancienneté et au concours ; loi électorale favorisant indirectement les bourgeois, assez sages ; lois un peu plus libérales sur la presse.

Parallèlement, une saine gestion financière permit à la France de payer à la fois les Alliés et ses dettes, et d'instituer des habitudes budgétaires régulières qui portèrent si bien leurs fruits que, si le premier emprunt à 5 % fut négocié à 52,50 francs, le dernier en 1830 fut adjugé au-dessus du pair (102 F), fait sans précédent. Par surcroît, sous la surveillance des rois d'Europe et de leur Sainte-Alliance, la paix extérieure fut naturellement assurée.

L'assassinat par un ouvrier bonapartiste du seul héritier direct des Bourbons le duc de Berry (février 1820) provoqua la fin de l'expérience semi-libérale et le retour des Ultras au pouvoir, d'autant que Louis XVIII, malade dès la fin de 1821, ne se mêlait plus de pondérer son entourage, et que Charles X son frère et successeur (1824) n'avait pour lui que son élégance aimable, et rien d'autre. Avec Villèle, puis Polignac (malgré un intermède Martignac, moins excessif) se déchaînèrent les rancœurs tardives d'une aristocratie et d'une Eglise qui n'avaient rien oublié, et à peu près rien compris. On tritura le mode de scrutin pour écarter les bourgeois ; on multiplia les obstacles financiers et policiers à la presse et à la libre expression ; on mit un évêque à la tête de l'Université d'Etat pour en chasser les esprits forts ; on patronna la campagne bruyante de « missions » réparatrices et de plantations de croix qui s'étendit sur tout le pays, et dont les restes sont visibles ; on osa promulguer une loi sur le « sacrilège » qui prévoyait des peines sévères pour qui troublerait les cérémonies religieuses ou profanerait les « vases sacrés » (mais l'application en fut impossible) ; enfin le « milliard des émigrés » (1825), simple indemnité (assez minable : des rentes 3 %) pour les « spoliés » de la Révolution, scandalisa et terrifia les anciens détenteurs de biens nationaux. Il était aussi question de rétablir le droit d'aînesse, qui pourtant n'avait pas été général. En même temps, une expédition bénie par l'Europe des rois absolus (Angleterre exceptée) allait en 1823 rétablir sur son trône le despote espagnol Ferdinand VII, menacé par une rébellion libérale établie à Cadix ; le duc d'Angoulême et quelques régiments l'en délogèrent sans péril, après la prise du fort Trocadéro ; ce facile exploit fut chanté par les uns, raillé par les autres.

Depuis plusieurs années, la lutte contre le régime s'était

organisée dans la bourgeoisie et dans les couches supé-
rieures du peuple, s'appuyant en grande partie sur des
sociétés secrètes du type « carbonaro » à l'italienne, sur le
souvenir du Grand Empereur mélangé à la Révolution ;
elle s'exprimait lors des obsèques de personnalités d'opposition, comme Foy et Manuel. Même à la Chambre, une
alliance de circonstance se noua un moment entre la
Gauche et le Centre. La constitution du ministère Poli-
gnac-Bourmont-La Bourdonnaye, ultras (et même traî-
tres) parmi les ultras, entraîna le vote, fort légal, d'une
« adresse » au roi par 221 députés, une majorité. Cette
Chambre inconvenante fut dissoute, mais les 221 revinrent
274, malgré le tapage fait autour de la prise (difficile)
d'Alger. La presse d'opposition bravait la censure et les
faubourgs grondaient. Pour les faire taire, restait le coup
d'Etat, appuyé au besoin par la force. Quatre ordonnances
parfaitement inconstitutionnelles furent publiées le
26 juillet 1830 (presse muselée, chambre à nouveau dissoute, droit de vote restreint à nouveau). Inconscience ?

Exaspérés par dix années qu'ils considéraient nettement
comme des provocations du Trône et de l'Autel alliés,
bourgeois, journalistes, artisans et compagnons parisiens
passèrent presque immédiatement à l'action. Dans l'aveuglement qui la caractérisa, la Restauration, cette négation
de l'intelligence politique, avait fait le lit de ce qu'on a de
la peine à appeler une Révolution.

LES « TROIS GLORIEUSES »,
OU COMMENT ON SUSCITE ET CONFISQUE UNE « RÉVOLUTION »

Exaspérée par les excès de Charles X et de ses ministres,
la bonne bourgeoisie française désirait une véritable
monarchie constitutionnelle, où elle tiendrait le premier
rôle. Pour y parvenir, il fallait une occasion (on pouvait
faire confiance à Charles X), des hommes de main pour
élever des barricades, un groupe de politiciens retors et un
roi de rechange, acceptable pour le peuple (de Paris, seul
concerné) majoritairement républicain. Préparée dès
1827, la comédie fut jouée en moins de quinze jours. Un
vieux routier de la trahison, Talleyrand ; un héros fatigué,
peu subtil, républicain d'un moment mais resté populaire,

Lafayette ; un écrivain dévoré d'ambition, Adolphe Thiers, modèle réduit de Rastignac ; un prince aux allures bourgeoises bien étudiées, ancien combattant de Jemmapes (mais émigré ensuite), fils de régicide, héritier de ces Orléans qui ont humé le trône pendant un siècle et demi, Louis-Philippe ; tels furent ceux qui tirèrent les ficelles. Les indispensables figurants furent les étudiants, imprimeurs, compagnons et artisans de Paris, hostiles à la royauté, et qui l'avaient montré lors de cortèges funèbres antérieurs ; par surcroît, excédés par la hausse du pain et du chômage. Ils se rassemblèrent d'abord autour des journaux libéraux dont la police voulait saisir les presses, puis élevèrent des barricades — technique classique — dans l'est et le sud de Paris (ailleurs, jamais). Le roi commit la suprême erreur d'expédier contre eux Marmont, le traître de 1814, et quelques régiments. Les combats furent rudes : dans ce Paris demeuré moyenâgeux (Haussmann y remédiera en taillant des avenues pour les charges de cavalerie et les canonnades), les troupes royales ne purent occuper le terrain, et se débandèrent en partie. Marmont s'enfuit, naturellement par l'Ouest.

Le moment difficile arrivait : tromper le peuple victorieux, qui désirait la république. Une mise en scène risquée réussit pleinement : le duc d'Orléans, épaulé par ses amis, entreprit une marche d'abord difficile puis presque triomphale de son domicile du Palais-Royal à l'Hôtel-de-Ville où, comme d'habitude, siégeaient les vainqueurs du jour. Il se montra au balcon avec Lafayette et le drapeau tricolore : la foule, d'abord ébahie, pleura et applaudit, sauf quelques chefs républicains, qui avaient compris la manœuvre : c'était le 31 juillet. Quelques jours plus tard, Charles X abdiquait ; il alla mourir en Autriche en 1836, quatre ans après celui qui aurait pu être Napoléon II.

Le duc d'Orléans, un moment simple « lieutenant général », se retrouva « roi des Français », avec le drapeau tricolore et la Charte expurgée de ses formules malheureuses et quelque peu libéralisée.

La France « profonde », presque entièrement paysanne, occupée à la moisson, ne bougea pas ; un roi ou un autre, du moment qu'on était sûr de garder les biens nationaux et qu'on espérait ne pas voir les impôts augmen-

ter, quelle importance ? Depuis un demi-siècle, on en avait
tant vu.

Louis-Philippe ou la monarchie « bourgeoise »

1830 a surtout marqué une grande coupure pour la
vieille aristocratie : sauf exceptions, elle refusa le règne de
cet intrus ceint de tricolore, et réimplanta son légitimisme
ombrageux dans ses châteaux et ses considérables
domaines, où elle se consacra souvent à une rénovation
agricole et sylvicole fort remarquable, prêchant d'exemple
auprès de « ses » paysans, bien épaulée par des prêtres
sévères et autoritaires, aussi légitimistes qu'elle, et pour
longtemps. Leur influence conjointe fera merveille pour
utiliser le suffrage universel, concédé imprudemment en
1848. Pour le moment, elle boudait, mais travaillait.

Autour de Louis-Philippe et de sa famille, spectacle
attendrissant des vertus à la fois princières et bourgeoises,
un milieu de banquiers (Laffitte, Perier), d'historiens
(Mignet, Guizot, Thiers) et de grands bourgeois s'était
apparemment regroupé ; quelques survivants de l'Empire
(Soult, Mortier) y figuraient : ils n'étaient pas à une volte-
face près. Apparemment débonnaire, sincèrement pacifique, nettement intelligent mais vieillissant mal (il était né
en 1773), le monarque était en fin de compte aussi
autoritaire que ses prédécesseurs, mais il savait utiliser le
temps, et ne rien précipiter. Il sut jouer des ambitions
rivales, ne pas céder devant l'émeute (sauf à la fin), après
s'être assuré, en doublant le cens électoral, d'une Chambre qui refléterait bien la bonne bourgeoisie triomphante,
qui ne demandait (outre l'enrichissement) qu'un peu de
liberté, mais pour elle seule ; elle refusait toute république
(pour le moment) et se souciait peu de la montée en
effectifs, en misère et en colère du monde ouvrier, qu'elle
méprisait le plus souvent.

Ce régime a laissé une réputation inégalement méritée
de paix à l'extérieur (si l'on excepte la conquête coloniale), de prospérité et de progrès économique, d'administration souvent intègre et efficace, dans une sorte d'immo-
bilisme symbolisé par la sèche silhouette et l'âme aussi

sèche de Guizot. Il s'est pourtant heurté à de graves difficultés.

Celles qui venaient des légitimistes et des bonapartistes ne furent jamais graves. Un complot dit de « la rue des Prouvaires », qui visait à enlever le roi, fut éventé par la police, et ses chefs emprisonnés ou déportés. La même année 1832, la duchesse de Berry, veuve du prince assassiné en 1820, débarqua en Provence, puis en Vendée, vieilles provinces légitimistes, espérant un soulèvement massif ; piteux échec, qui s'acheva dans le ridicule lorsqu'elle fut contrainte (par sa grossesse) de révéler un mariage secret avec un diplomate italien de noblesse légère. L'avenir d'Henri V se dessinait mal.

L'« Aiglon » mort, l'héritier des Bonaparte, un neveu, tenta deux fois de soulever des régiments (Strasbourg 1836, Boulogne 1840). Deux échecs, avec des détails souvent ridicules, sanctionnés par une expulsion, puis un internement au fort de Ham, dont il s'échappa en prenant les vêtements d'un maçon sans doute nommé Badinguet, un nom qui lui resta attaché. Pour complaire aux nostalgiques de Napoléon, le régime avait pourtant fait revenir à grand spectacle les « cendres » de l'Empereur, probable maladresse politique.

Plus vive fut la réaction des ex-révolutionnaires de 1830, conscients d'avoir été trompés, et apprenant l'échec des « révolutions-sœurs » d'Allemagne, d'Italie, surtout de Pologne (mais heureux de la réussite belge) ; ils accueillaient les nombreux réfugiés et, à leur image, fédéraient leurs petits groupes carbonari en sociétés secrètes : les Droits de l'Homme dès 1832, les Saisons en 1839. Des hommes jeunes et ardents y paraissaient, comme Carrel, Cavaignac, Garnier-Pagès ; plus tard, autrement dangereux, le sérieux socialiste Louis Blanc, Ledru-Rollin, un peu en retrait, l'abbé de Lamennais, initiateur talentueux et vite désavoué d'un catholicisme assez « libéral », ou des romantiques touchés par la grâce « sociale », George Sand, surtout Lamartine, et Victor Hugo quelque peu. Au-delà des générosités et des utopies (rien de « marxiste » encore, et pour longtemps), de rudes manifestations harcelèrent très tôt le régime nouveau. Dès 1831, la célébration d'un service à la mémoire du duc de Berry amena le sac d'une église et de l'archevêché.

L'année suivante, à l'occasion des obsèques du général Lamarque et en 1834 plus encore, barricades et batailles de rue opposèrent les insurgés à la troupe, qui fit des centaines de morts et s'illustra par les massacres du cloître Saint-Merry et de la rue Transnonain, le dernier en pleine nuit, flagellés par une terrible lithographie de Daumier. Trois ans plus tôt, à Lyon, les canuts, véritable prolétariat ouvrier dont on avait osé baisser les salaires de 75 %, descendirent de la Croix-Rousse sur la ville et l'occupèrent, drapeau noir en tête. Pour une fois, le gouvernement envoya une armée (avec Soult) qui ne tua personne ; mais les canuts, toujours aussi mal payés, continuèrent d'« aller tout nus ».

L'horizon s'éclaircissant vers 1835, la monarchie de Juillet entreprit un grand nettoyage judiciaire et législatif. Deux cents républicains furent accusés, la plupart emprisonnés ou déportés. Dans l'attentat de Fieschi (boulevard du Temple, juillet 1835) qui épargna le roi mais non sa suite, quelques membres des « Droits de l'Homme » étaient compromis. Du coup, les « lois de septembre », en réformant durement les Cours d'Assises, le jury et surtout la presse, réduisirent les républicains au silence ; même Monnier et Daumier eurent bien de la peine à publier leurs terribles caricatures. Malgré quelques épisodes peu dangereux (émeute des Saisons avec Blanqui, 1839 ; agitation antianglaise avec Marseillaise chantée dans les rues vers 1840 et 1845), le régime connut une douzaine d'années de relative tranquillité. Le choléra, qui sévit plusieurs fois après 1832, ne constituait pas un objet de gouvernement, même s'il éliminait des ministres (Casimir Perier). Hormis ces péripéties, le travail accompli fut considérable, aussi bien à l'intérieur qu'à l'extérieur.

De ce côté, deux grands soucis : sauvegarder la paix, reconstituer un réseau colonial ; dans l'un et l'autre, l'Angleterre, mal vue dans le pays depuis Jeanne d'Arc et Waterloo, faisait toujours problème. Elle grogna à peine lorsque l'Europe des Rois absolus permit à quelques troupes françaises d'intervenir en Espagne (1823) puis à Alger (1830). En revanche, elle interdit aux Belges libérés du joug hollandais de choisir un roi français, ce que Louis-Philippe et l'éternel Talleyrand durent accepter après de pénibles négociations européennes. En Egypte, depuis

Bonaparte, les Français exerçaient une très grande influence sur le pacha réformateur Méhémet-Ali, qui se mit soudain à battre deux fois les Turcs. L'Europe s'en mêla, et l'Angleterre s'arrangea pour faire régler le problème sans la France (1840). L'opinion prit feu, on chanta la Marseillaise partout, les fils de Louis-Philippe brocardaient les Anglais, et Thiers alors ministre mobilisa trois classes, acheta des armes et se mit à méditer sur des plans de campagne, se prenant pour un petit Napoléon. Louis-Philippe le renvoya, et calma les esprits. Par suite, malgré des incidents maritimes et coloniaux (à Tahiti notamment), et l'agacement produit par la pénétration en Algérie, une sorte de première « entente cordiale » fut instaurée entre le vieux roi et les conseillers de la jeune reine Victoria qui se reçurent l'un l'autre à Eu et à Windsor. Des nuages passagers, pourtant insignifiants, montraient que l'opinion française admettait mal cette entente, et la jugeait plutôt humiliante.

N'empêche que le royaume connut trente-trois années de paix, qui arrangèrent bien les finances et l'ensemble des affaires. Du régime précédent, il avait pourtant reçu le difficile héritage algérien. Pendant quelques années, Louis-Philippe ne sut trop qu'en faire, se contentant de faire occuper quelques ports et leur immédiat arrière-pays : l'Angleterre, beaucoup de députés, d'hommes d'affaires, de Bordelais et de patriotes revanchards auraient préféré qu'on en reste là. D'autres songeaient à une vraie colonisation, avec installation de soldats-paysans. Abd el-Kader, jeune chef qui prétendait descendre de Mahomet, simplifia le problème en proclamant la Guerre Sainte, et en s'alliant un moment au sultan du Maroc. Pour réagir contre les massacres organisés par l'Emir, Louis-Philippe envoya d'abord Clauzel, homme d'expérience et bon militaire, mais avec des troupes insuffisantes, qui échouèrent devant Constantine (1835-1836), qui fut quand même emportée l'année suivante. Mais Clauzel fut rappelé, et le gouvernement tergiversa trois ans, négociant même avec Abd el-Kader. Celui-ci en profita pour s'étendre, s'organiser, créer une diplomatie, qui tâta même l'Angleterre. Puis il reprit la Guerre Sainte en massacrant les colons de la Mitidja. Cette fois, Louis-Philippe envoya cent mille hommes sous Bugeaud, homme de terrain qui sut parfaitement organiser l'armée comme les défrichements. Il lui fallut quand même sept ans, et une campagne contre le Maroc, pour venir à bout d'Abd el-Kader, qui se rendit. En 1848, il manquait à l'Algérie en voie d'exploitation la Kabylie, gros morceau, et les territoires du Sud.

Malgré les récriminations anglaises, une jeune marine encore modeste avait conquis vers 1842 quelques points d'appui en Côte d'Ivoire, aux Comores, à Nossi-Bé, en Polynésie. Ils s'ajoutaient aux lambeaux de l'ancien « Empire », villes de l'Inde, Réunion, Antilles, fortins du Sénégal, impénétrable Guyane et îlots morutiers de Saint-Pierre-et-Miquelon. Personne ne pouvait alors prévoir la grandeur prochaine et la chute future d'un ensemble colonial dont il faut bien dire que l'opinion, et même les banques françaises se soucièrent assez peu.

L'œuvre intérieure, considérable, a mieux résisté.

C'est à Guizot, et non à d'autres, qu'on doit la première loi obligeant effectivement chaque commune à entretenir une école primaire, et environ un département sur trois à construire une Ecole Normale d'Instituteurs. Sans doute le peuple français n'était alors ni ignare (sauf dans l'Ouest, une partie du Midi et quelques montagnes, non alpines), ni désireux de le rester, et de nombreuses écoles existaient dès le XVIIᵉ siècle ; sans doute aussi l'enseignement ne devenait pas obligatoire (mais de nombreux enfants étaient scolarisés l'hiver) et encore moins laïque ; il était habituellement payant, mais bon marché, et les pauvres reconnus bénéficiaient déjà de la gratuité. L'effort fut considérable, et la première grande trame scolaire sérieusement ourdie : Jules Ferry n'aura qu'à parachever, démocratiser et « républicaniser ».

En des domaines tout différents, d'autres réseaux furent renforcés ou créés. La grande politique royale des Ponts-et-Chaussées, continuée par la Révolution, l'Empire et la Restauration, fut encore améliorée. La monarchie de Juillet construisit 6 000 nouveaux kilomètres de grandes routes, 17 000 de routes départementales et près de 300 ponts. La grande nouveauté fut la loi de 1836, qui lança le programme capital des chemins vicinaux (60 000 km tracés ou réparés !) qui allaient enfin débloquer *tous* les villages en les reliant à une route, et réaliser la première étape, à la base, de ce qu'on peut raisonnablement appeler la « révolution » des transports, sans laquelle aucun progrès sérieux n'eût été possible.

Quand à la « fièvre des canaux » qui, sur le modèle anglais, s'était précédemment emparée du pays, elle persista quelque peu (les voies navigables passèrent de 2 000 à 4 000 km, ou environ), mais elle ne pouvait guère concerner que le Nord, et surtout l'âge du rail approchait. L'éternel modèle anglais, la construction de quelques tronçons autour de Saint-Etienne, de Paris, dans le Midi, en Alsace (moins de 500 km en 1840) ne suffisaient pas à convaincre hommes d'affaires, hommes politiques et même savants. Autour de 1840, de féroces discussions (à distance, grotesques) s'étaient engagées. Le gouvernement sut trancher en faisant voter la loi de 1842 qui dessinait les axes du futur réseau et les principes des concessions à effectuer. Quatre mille kilomètres furent concédés en six ans à dix-sept compagnies ; les grands banquiers s'y intéressaient enfin, puisqu'on trouve Laffitte neuf fois administrateur et les Rothschild douze fois ; la présence active de tels personnages donne sa couleur à la fois à l'entreprise et au régime. Cependant, moins de 2 000 km étaient exploités en 1848 : la « révolution ferroviaire », ce serait pour plus tard.

En effet, le temps de Louis-Philippe appartient encore à ce type d'économie qu'on a pu qualifier d' « Ancien Régime » : les transports y demeurent lents et coûteux, l'unification nationale des marchés et des prix est loin d'être accomplie ; l'agriculture l'emporte toujours sur l'industrie par le nombre de ses travailleurs comme par le poids et la valeur de sa production ; dans cette industrie toujours seconde, le vieux textile enfin mécanisé compte encore plus qu'une métallurgie qui a du mal à se moderniser, la fonte au bois l'emportant toujours sur la fonte au coke. D'autre part, dans la stabilité monétaire et la haute tenue de la rente (habituellement au-dessus du pair), les banques, trop nombreuses et étriquées, ou bien dérisoirement prudentes comme la Banque de France, ne vont tenter que tardivement de mobiliser l'épargne (énorme) et d'investir dans l'industrie ou les grands travaux.

Sans doute, dans l'agriculture toujours reine (et qui provoque encore presque seule les grandes crises économiques, comme en 1847), on discerne des progrès : un peu moins de jachère et de seigle ou de méteil, un peu plus d'amendements (le guano apparaît), de prairies artificielles et surtout de pommes de terre et de betteraves sucrières... Mais aucune « révolution » agricole générale avant le cœur du XXᵉ siècle dans un pays où une grosse majorité de propriétaires parcellaires, de petits fermiers et de métayers vivent en quasi-autarcie et dans un fréquent isolement, au moins cantonal.

Esquissées et en partie permises par la Monarchie de Juillet à partir de 1842-1845, les grandes transformations économiques seront pour les décennies suivantes.

Ce qui émergea en 1848 en France, comme dans une grande partie de l'Europe, ce furent les rumeurs, les souffles, les batailles et les déroutes révolutionnaires.

1848, OU COMMENT ON TUE UNE RÉVOLUTION[1]

Née en juillet 1830 de trois journées d'insurrection parisienne et républicaine, qu'elle avait trahie, la monarchie bourgeoise de Louis-Philippe s'effondra presque naturellement sous trois autres journées, que d'autres politiciens confisquèrent un peu plus tard après un meurtre prémédité. Cette fois pourtant, une manière de République avait eu le temps d'exister, d'abord dans les cœurs et dans les faits et avec quelques teintes socialistes, puis en droit, puis en apparence, avant de se muer en une nouvelle autocratie avec un nouveau sauveur : ce Louis-Napoléon que personne n'attendait et que Thiers prenait pour « un crétin » qu'il s'imaginait mener.

L'insurrection avait une origine double. L'une tenait au monde politique, donc essentiellement à la bourgeoisie, nettement réformatrice, modérément républicaine, rarement touchée par une sensiblerie romantique à l'égard du « peuple ». L'autre venait, comme d'habitude, du petit peuple parisien, qui comportait désormais de véritables ouvriers, avec une élite de métiers « d'art » (ébénistes,

---

1. A partir de cette date, il est patent que la sympathie de l'auteur va plus naturellement aux victimes qu'aux vainqueurs ; qu'on veuille bien l'en excuser : il essaie cependant de rester honnête.

doreurs, imprimeurs...) et non plus seulement des commis de boutique, des compagnons et des désœuvrés ; bien au-delà de quelques sentiments et « slogans » socialistes (riches et pauvres, patrons et prolétaires), il était mu par une crise économique et sociale, d'ailleurs abattue sur toute l'Europe depuis plus d'un an. Comme une brave et grosse crise d'Ancien Régime, elle avait commencé par une moisson franchement mauvaise en 1846, accompagnée d'une maladie détruisant ce précieux succédané des céréales, la pomme de terre (en Irlande, on avait revu la famine, suivie d'une émigration massive vers l'Amérique). Les prix des blés, donc du pain, avaient doublé en France ; on avait enregistré des émeutes de marché, des pillages de boulangeries et même de châteaux, des bandes armées, des incendies et des assassinats. Le petit peuple, contraint de restreindre ses dépenses à l'alimentation, n'achetait presque rien d'autre. Manufactures et magasins connurent la mévente ; il en résulta des faillites, une baisse de la rente et un premier déficit budgétaire, l'impôt rentrant mal ; beaucoup plus grave, un important chômage, naturelle-ment non secouru, sinon par quelques charités. Comme l'idée républicaine demeurait populaire, que les caricatu-ristes et les chansonniers ridiculisaient l'image du roi et de Guizot, que les premières formules socialistes se répan-daient, on comprend qu'un certain nombre de « prolé-taires » (le mot apparaissait de plus en plus) fussent disposés à des manifestations vigoureuses.

Une partie de la bourgeoisie s'était indignée des complaisances du Régime envers l'Angleterre, puis l'Au-triche, et de la déconsidération que lui apportaient des scandales (alors assez rares) qui atteignaient des pairs de France et d'anciens ministres (trafic de décorations, d'in-fluence, pots-de-vin, etc.) : Tocqueville osa demander à la Chambre si ce régime « par son indifférence, par son égoïsme, par ses vices » n'était pas devenu « incapable et indigne de gouverner ». Il se fit alors dans le pays une vaste campagne à l'anglaise sous forme de grands banquets avec discours de plus en plus enflammés de jeunes « radicaux » (encore un mot anglais) ou démocrates — socialistes comme Ledru-Rollin, Louis Blanc et, en tout idéalisme, Lamartine. Guizot et son maître restaient impavides. L'interdiction d'un banquet à Paris (une manifestation aurait dû le suivre) déchaîna le 22 février des manifestations fort bruyantes, mais non sanglantes. Effrayé, Louis-Philippe sacrifia Guizot. Mais une bagarre boulevard des Capucines entre la foule et les soldats dégénéra en fusillade. La vue des seize victimes promenées dans une charrette à la lueur des torches déclencha l'émeute, que ni la troupe ni le roi ne voulurent vraiment réprimer. Le lendemain 24, la République était proclamée à l'Hôtel de Ville, et le vieux roi partait à son tour pour l'exil, après un essai manqué pour laisser le pouvoir à son petit-fils le comte de Paris. Assez curieusement, le pays et l'Europe (occupée aussi par ses révolutionnaires — Allemagne, Autriche, Italie...) réagirent favorablement, ou silencieusement ; on vit même l'armée se rallier vite, et les curés bénir (très provisoirement) les nouveaux arbres de la liberté. Cette belle unanimité ne dura pas.

Le Gouvernement Provisoire, une poignée de républicains de nuances variées plus, pour le principe, quatre socialistes, Louis Blanc, Marrast, Flocon et le symbolique « ouvrier Albert », contenait en son sein tous les germes d'une rapide division. Pourtant, dans l'enthousiasme touchant des premiers jours, il proclama pêle-mêle et généreusement toutes sortes de libertés : de la presse (près de 300 journaux nouveaux à Paris en 5 mois), de réunion (explosion de clubs, dont ceux de Blanqui et de Barbès, fort hardis), libération des esclaves aux colonies, abolition des châtiments corporels et de la prison pour dettes, etc. Puis ces deux nouveautés aussi magnifiques qu'imprudentes : le suffrage universel à 21 ans, et les « ateliers nationaux » chers à Louis Blanc, institués pour occuper (en principe) et assister les nombreux chômeurs (cent mille en mai).

Le suffrage universel faisait passer le corps électoral d'un quart de million à près de dix, dont les trois quarts de paysans et un bon tiers d'illettrés. Beaucoup avaient entendu parler de la République, certains en bien (détenteurs de biens nationaux, artisans, bûcherons), d'autres en mal, spécialement dans les vieilles provinces de chouannerie, de royalisme et de catholicisme fervent. Aucun ne savait ce que pouvait bien être le socialisme ; leurs curés, leurs châtelains et bon nombre de libellistes se chargèrent de le leur expliquer. Ecoutons Henri Wallon (qui curieusement sera le « père » de la IIIe République) : « Un rouge n'est pas un homme, c'est un rouge… Ce n'est pas un être moral, intelligent et libre comme vous et moi… C'est un être déchu et dégénéré. Il porte bien du reste sur sa figure le signe de cette déchéance. Une physionomie abattue, abrutie… des yeux ternes comme ceux d'un cochon… la bouche muette et insignifiante comme celle de l'âne… Les partageux portent gravés sur leurs figures la stupidité des doctrines et des idées avec lesquelles ils vivent » (mai 1849).

Bel exemple, et vivace : le « spectre rouge » ou le chiffon de même couleur fut agité avec le même succès pendant de longues décennies, et pas seulement en France ; peut-être fonctionne-t-il toujours. Dans l'immédiat, aux trois élections qui suivirent la révolution de février, la bourgeoisie apeurée, soudain unie à l'Eglise que, comme Thiers, elle brocardait la veille, obtint le résultat désiré. Pour la « Constituante », en avril 48, les socialistes obtinrent cent sièges sur neuf cents et les républicains « modérés », dont beaucoup étaient des orléanistes masqués, l'énorme majorité. Huit mois plus tard, la nouvelle Constitution rapidement rédigée ayant inventé imprudemment la Présidence de la République, ils désignèrent massivement le « neveu du grand empereur », bien soutenu par les notables locaux et les champions de l' « Ordre » ; qui connaissait Cavaignac ? qui avait lu Lamartine ? quant aux autres candidats, Ledru-Rollin et Raspail, c'était tout rouge et « partageux ». Même phénomène six mois plus tard : en mai 49, pour désigner une Assemblée nouvelle, un remarquable rassemblement électoral, dit « Parti de l'Ordre », se dressa pour défendre, avec l'aide des banquiers et de l'Eglise, « la famille, la propriété et la religion » : ce fut l'un des grands moments de l'exploitation du spectre rouge, dénoncé par des dizaines de milliers d'impérissables brochures. Les champions de l'Ordre remportèrent les deux tiers des sièges, 450 ; les survivants modérés, 75, ne gênaient personne, mais il revint 180 démocrates et socialistes, populaires à Paris, dans le Centre et le Sud-Est. Ce n'était pas supportable et on le leur fit bien voir, en 49 comme en 48.

Pour les éliminer, il fallait la force ; pour la justifier, on pouvait compter sur la passion naïve des « rouges », et surtout sur les provocations. L'opération se fit en deux temps, en attendant le Coup d'Etat.

Au nom du « droit au travail » proclamé dès le 25 février, le ministre Marie, tout en organisant au Luxembourg une monstrueuse Commission de près de 900 membres pour en discuter, créa les « ateliers nationaux » (imités en province) pour occuper et payer les sans-travail. On s'arrangea, avec la complicité de l'administration des Ponts et Chaussées notamment, pour ne rien leur trouver à faire, en payant tout de même aux chômeurs un demi-salaire, un franc par jour : il fit vivoter des centaines de milliers de personnes tout en obérant le budget de l'Etat. Chez les ouvriers inoccupés (à dessein ?), se répandait la propagande socialiste, et surtout la bonapartiste. L'Assemblée modérée élue en avril ne pouvait que se saisir du problème ; elle songea à occuper les chômeurs aux vastes chantiers des chemins de fer ; les milieux d'affaires qui les dirigeaient refusèrent. Il se trouva que, dans le même temps, des banques fermèrent et des faillites s'annoncèrent, tandis que s'effondraient de moitié les titres cotés en Bourse, les bons du Trésor et la rente 5 % et qu'accroître les impôts s'avérait indispensable. La « confiance » faiblissait avec un bel ensemble. Le 15 juin 1848, Goudchaux, porte-parole des banquiers, somma l'Assemblée d'en finir. Celle-ci s'inclina, et annonça qu'une partie des ouvriers seraient envoyés en Sologne pour des travaux (utiles) d'assèchement, et que les jeunes auraient à opter entre le licenciement et l'engagement dans l'armée (22 juin). Le lendemain, les premières barricades furent édifiées ; les insurgés se trouvèrent vite maîtres de la moitié sud-est de Paris. L'Assemblée délégua alors tout pouvoir au général Cavaignac pour vaincre ceux qu'il allait appeler « l'ennemi ». Refoulés rudement, ils se réfugièrent dans le « vieux faubourg », Saint-Antoine ; on les y bombarda. Un millier de soldats furent tués, et de 5 000 à 15 000 insurgés (on ne sait) certains proprement assassinés dans les souterrains des Tuileries. Même Renan, qui n'était pas un foudre de révolution, écrivit le 1ᵉʳ juillet : « Les atrocités commises par les vainqueurs me font frémir. » Quinze mille prisonniers furent déférés devant des Conseils de guerre (quelle guerre ?) ; cinq mille furent déportés en Algérie, d'autres restèrent en prison, d'autres s'exilèrent, plus ou moins contraints. Félicité de Lamennais, plus éloquemment que d'autres écrivains désenchantés, parla des « saturnales de la réaction ».

Ce ne furent pas les dernières. Au lendemain des élections de 1849, où ils remportèrent trop de succès (un quart des sièges), démocrates et socialistes, sous l'impulsion de Ledru-Rollin, entreprirent de manifester contre l'intervention militaire française en faveur du pape Pie IX délogé par les républicains romains et Garibaldi. Du 13 au 15 juin, en province comme à Paris, l'armée écrasa les manifestants : à Lyon, par exemple, elle en tua deux cents. Puis justice et législation prirent le relais : 34 députés furent traduits en Haute-Cour, des journaux furent supprimés, la liberté d'association « suspendue », l'état de siège proclamé. Ce qui restait de républicains se terra.

Le Prince-Président et l'Assemblée, pour un moment bien d'accord, achevèrent de détruire liberté de la presse et liberté d'association, livrèrent la presque totalité de l'Enseignement au Clergé (loi Falloux, 1850) et amputèrent le suffrage universel d'un bon quart de ses électeurs (les plus jeunes, les plus mobiles) par le biais d'une obligation de résidence portée à trois ans. Du coup, finances et économie se redressèrent : la Bourse et la rente remontèrent, les avances de la Banque de France à l'Etat chutèrent de 85 % et les exportations augmentèrent de 50 %. Un beau résultat.

Tout danger de dérive républicaine et surtout socialiste se trouvant écarté, les heureux vainqueurs allaient devoir se décider. La mort de Louis-Philippe (août 1850) pouvait donner l'occasion à la « branche aînée » Bourbon et à la « branche cadette » Orléans de se réconcilier dans un retour à la royauté qui eût sans doute été accepté sans peine, pourvu qu'elle s'accommode d'une bonne Constitution bourgeoise. Les deux branches ne purent s'entendre et, malheureusement pour elles, ne le pourent jamais. Dès lors, la porte était ouverte à l'aventure, et surtout à l'aventurier. Louis-Napoléon n'attendait que cela.

Son premier dessein fut de se faire réélire Président en 1852, ce que ne permettait pas la Constitution, que l'Assemblée refusa de modifier. Cette Assemblée, dans sa majorité monarchiste comme dans sa minorité républicaine, ne l'aimait guère. Par surcroît, elle était composée surtout de provinciaux et de terriens qui ne comprenaient ni Paris, ni les milieux d'affaires, ni la volonté d'industrialisation exprimée par des hommes de progrès souvent influencés par le saint-simonisme. Ces derniers soutinrent Louis-Napoléon, qui d'ailleurs les appréciait, leur était favorable... et profitait de leur argent.

Dédaignant apparemment intrigues et rumeurs, le Prince-Président voyageait en province et tâchait de s'y faire acclamer, avec l'appui actif des préfets. Y parvenant inégalement, il se décida au coup d'Etat, mijoté secrètement par un très petit groupe d'amis sûrs : son demi-frère Morny, Persigny, Rouher, Maupas devenu préfet de police, le banquier Fould qui finança, et le « sabre » nécessaire, Saint-Arnaud, baroudeur énergique aux lumières limitées et aux scrupules nuls, promu ministre de la Guerre.

Dans la nuit du 1ᵉʳ au 2 décembre, l'armée occupa tous les points stratégiques de Paris, arrêta d'éventuels adversaires comme Thiers et Cavaignac, ainsi que quelques poignées de députés qui tentaient d'organiser une résistance « légale ». Les derniers républicains exhortèrent le peuple à construire des barricades : les expériences précédentes ayant suffi, les ouvriers bougèrent très peu, même dans les faubourgs. L'ordre fut vite rétabli. Le 4, la foule cria et manifesta quelque peu sur les boulevards ; Morny fit tirer dedans, on releva deux ou trois cents victimes, et Paris se tut pour longtemps.

Ce fut la province qui réagit, et durement. L'implantation républicaine et sociale avait été régionalement forte dans la petite bourgeoisie, les métiers d'art et d'adresse, les vivantes associations de bûcherons, de scieurs de long, de carriers, de flotteurs de bois et chez certains journaliers. De violentes émeutes éclatèrent dans l'Yonne, l'Allier, le Lot-et-Garonne, l'Hérault, et surtout le Var, les Basses-Alpes et la Nièvre. A Clamecy, un imprimeur et ses fils menèrent la révolte, vite rejoints par les travailleurs du bois et les paysans d'alentour ; ailleurs, on vit des menuisiers, des maçons, des aubergistes jouer le même rôle. La troupe expédiée vint vite à bout des « bandits et des assassins » (langage du préfet de la Nièvre), d'ailleurs découragés par les nouvelles de Paris. La répression ne fut pas légère : 84 députés expulsés, 32 départements en état de siège, 27 000 « rouges » déférés devant des commissions mixtes présidées par un général assisté d'un préfet et d'un procureur, près de dix mille déportés (Algérie et Guyane), 2 500 internés, 1 500 exilés. Après les Basses-Alpes et avant le Var, la Nièvre détint le record des déportations, huit cents. C'est ainsi qu'on fabrique les adversaires du lendemain.

Fin décembre, le peuple plébiscita le coup d'Etat par 7 millions et demi de voix ; 650 000 avaient eu le courage de refuser ; un million et demi s'étaient abstenus.

Un an plus tard, après avoir promulgué une Constitution (encore une !) qui lui donnait tous les pouvoirs et effectué un circuit provincial très soigneusement fabriqué par Persigny et ses préfets, Louis-Napoléon se fit proclamer Empereur par un nouveau plébiscite, pour lequel plus de deux millions d'électeurs ne se dérangèrent pas. Il décida qu'il s'appellerait désormais Napoléon III, et que sa descendance (à venir) lui succéderait. En ce 2 décembre 1852, nouvel anniversaire d'un Couronnement-Sacre qu'il n'osa quand même pas renouveler, il pouvait l'espérer.

Une nouvelle fois, une Révolution, que pas mal d'idéalisme avait marquée et affaiblie, avait été assassinée, méthodiquement et sèchement. En réalité, tout était joué depuis les journées de juin 1848.

XVI

La France de Napoléon III

(1851-1870)

Un régime, un homme

Pour la sixième fois en moins de quarante ans, la France changeait de régime. Le Second Empire était issu d'un coup d'Etat, mieux préparé que celui du 18 brumaire ; il succédait à un bon mélange de massacres, d'emprisonnements et de déportations, comme tous les précédents régimes. La Troisième république ne débutera d'ailleurs pas d'autre manière, sous l'œil goguenard de l'occupant, comme en 1815. Cet Empire-bis mourra comme le premier, dans la défaite et l'occupation ; soixante-dix ans plus tard, la république qui lui succéda mourra de la même manière. Malgré des pages glorieuses, mais épisodiques, les guerres, surtout les grandes, ne réussirent pas bien à l'Etat comme à la Nation française. Constatation qui pourrait paraître cruelle, si le devoir de l'historien ne consistait pas à mettre en lumière l'évidence, et non à l'envelopper dans les voiles de la pudeur ou de l'hypocrisie.

Aidé par un groupe étroit, tenace, forcément intelligent (surtout Morny), passablement malhonnête, le neveu du Grand Empereur s'était brutalement emparé du pouvoir. Sa personne a suscité les analyses et les sentiments les plus divers. A vrai dire, on a envie d'écrire que sa fin le juge :

l'inintelligence marque à la fois l'incroyable expédition du Mexique (1861-67) et les six semaines catastrophiques de la guerre de 1870, pratiquement terminée à Sedan — déjà ! — le 2 septembre ; il est vrai que Louis-Napoléon sexagénaire avait à la fois perdu Morny et la santé, et que son entourage — qu'après tout il avait choisi —, montrait une indéniable et vaniteuse médiocrité.

Mais le Second Empire ne se réduit pas à son dénouement. Cette vingtaine d'années a profondément marqué la France, principalement parce qu'elle a connu alors ce qu'on a pu appeler (un peu vite) la première « révolution industrielle » de son histoire, avec un sérieux retard sur l'Angleterre. Cette « révolution » peut se ramener au quadrige crédit-banque-chemin de fer-métallurgie ; elle s'était amorcée dans les dernières années du régime précédent, et entraîna forcément des conséquences sociales.

Napoléon III comprit bien l'importance du changement, et le favorisa autant qu'il put. Ainsi, il poussa l'organisation des six grandes compagnies de chemin de fer (Nord, Est, P.L.M., etc.), sut offrir une vitrine aux nouveautés dans les deux grandes expositions de 1855 et 1867, et eut l'impensable audace de préparer secrètement le passage de la vieille France frileusement protectionniste au premier traité de libre-échange, négocié entre l'Anglais Cobden et l'économiste Michel Chevalier, qui éclata comme un coup de tonnerre en janvier 1860 dans un milieu d'industriels français endormis dans leur routine et exagérément engraissés par l'écart entre des prix de vente fort élevés et des salaires très bas. Ils durent réformer les uns et les autres.

L'ancien prince Louis-Napoléon, qui avait écrit, entre autres opuscules, *De l'extinction du paupérisme,* et fut un instant « carbonaro » et un tantinet révolutionnaire en Italie Centrale (1831), s'intéressait aux ouvriers et voulait résoudre à sa façon la question sociale. Après une aimable politique de secours et de charité, il osa, en 1864, autoriser la grève, pourvu qu'elle reste non violente et qu'elle n'attente pas à la liberté du travail. Il autorisa aussi quelques coopératives et quelques syndicats ouvriers à condition qu'ils se montrent raisonnables.

Ces quelques exemples aident seulement à caractériser

l'homme et le régime : une alternance de générosité et d'autoritarisme. Ce dernier aspect se manifesta d'abord dans la vie politique, réduite à peu près à zéro entre 1852 et 1859. Deux exemples : lors des élections, qui duraient deux jours, les maires, tous nommés, emportaient chez eux l'urne non scellée ; un ministre, Fortoul, interdit la barbe aux professeurs, voulant ainsi éliminer, écrivait-il gravement, « les derniers signes de l'anarchie » ; un certain Francisque Sarcey osa alors demander s'il lui serait permis de porter la moustache... A partir de 1859, le régime se libéralisa quelque peu, et l'on vit même au Corps Législatif quelques opposants, dont Thiers, qui se refit ainsi le simulacre de virginité politique dont il avait besoin. L'opposition réussit même à accroître ses troupes, et l'Empereur détendit quelque peu le régime : en 1870, on put même croire qu'un « Empire parlementaire » allait s'instaurer. Cependant, la même camarilla dominait toujours, et les ministres étaient toujours ses créatures. Amoureux du secret, Napoléon III continuait à diriger seul la politique extérieure ; mais, Morny disparu (1865), il écouta trop souvent l'Impératrice Eugénie, dont l'intelligence politique était loin d'atteindre la piété.

Au fond, chez cet homme intelligent, qui savait écouter et le plus souvent comprendre, même quand il n'en avait pas l'air et que son regard semblait se perdre dans de vagues rêveries, la faiblesse fut d'être et de vouloir rester un Bonaparte, et de désirer assumer un héritage que la légende avait rendu inaccessible.

Il voulut donc retrouver la gloire militaire : après quarante années de paix bénéfique, il replongea la France dans quatre guerres dont les deux premières (Crimée, Italie) furent difficilement victorieuses, et un certain nombre d'expéditions coloniales (la plus brillante au Sénégal, grâce à Faidherbe) qui n'exaltèrent pas la foule de ses sujets. Il voulut corriger la contraction des frontières imposée par les vainqueurs de 1815 : il réussit à acquérir la Savoie et Nice (que les rois Bourbons auraient dû annexer facilement depuis longtemps), grâce aux services rendus au Piémont, et après plébiscites organisés au nom du droit sacré des peuples à disposer d'eux-mêmes, auquel il croyait, et qu'il tâcha de faire appliquer ailleurs (Roumanie, Pologne, en vain). Il tenta de négocier sa neutralité entre Prusse et Autriche en réclamant, un peu tard, un « pourboire » (Bismarck dixit) au Luxembourg ou au Nord de l'Alsace. L'ancien comploteur n'avait pas hérité du génie de son oncle, mais plutôt de ses faiblesses. Par surcroît, il rencontra des adversaires d'une rare valeur. Passe encore pour le comte Cavour, Piémontais de génie, mort trop vite (1861), qui n'avait besoin que d'un provisoire concours militaire pour bouter l'Autrichien hors d'Italie ; mais le prince Otto de Bismarck le dépassait franchement pas l'astuce, la volonté, et surtout cette totale absence de scrupules qui fait les grands politiques. Incertain, secret, sensible, rêveur bien qu'intelligent, autocrate aussi, « Napoléon le Petit » (Hugo) ne faisait pas le poids. Aussi s'effondra-t-il d'un coup, et son régime avec lui, que personne (sauf peut-être Bazaine...) ne songea à défendre.

Restait la réelle prospérité qu'il avait connue, permise et accrue.

UNE NOUVELLE ÉCONOMIE ?

Beaucoup d'historiens ont considéré qu'on ne peut parler de rupture avec l'économie dite de « type ancien » qu'à quatre conditions. La première concerne les transports, leur extension, leur accélération, et l'abaissement de leur coût, qui permettent d'unifier et d'harmoniser le marché national (et ensuite international) tout en désenclavant les provinces isolées. La seconde suppose la prédominance de l'industrie sur l'agriculture, aussi bien par la valeur de sa production que par le nombre de ses travailleurs ; disons tout de suite qu'elle ne sera pas réalisée avant le XXe siècle. La troisième met en cause la composition même de l'ensemble industriel : la première place aurait dû passer (ce qui ne fut pas le cas) des « vieilles » industries textiles aux industries métallurgiques rénovées, dont désormais les « ratés » (de surproduction notamment) devraient seuls déclencher les crises dénommées « cycliques ». Enfin la dernière de ces conditions théoriques met en lumière l'importance et la complexité nouvelles des activités financières et bancaires, la banque d'affaires jouant en particulier un rôle de premier plan, notamment en ce qui concerne la mobilisation du crédit.

D'un mot, on peut dire que la première et la dernière condition (préparées depuis quelque temps) ont été remplies sous le Second Empire. En revanche, les autres ne le furent pas, à cause de la lourdeur rurale française et sans doute aussi du traditionalisme patronal ; mais d'importantes améliorations de type industriel permettaient d'en prévoir la réalisation. Mais laissons ces théories, et allons voir ce qui s'est réellement passé.

La longueur des chemins de fer a sextuplé, et les premières percées alpines (Mont-Cenis) ont été entamées. Des ports nouveaux, comme Saint-Nazaire, ont été créés, les anciens (Le Havre, Bordeaux, Marseille) réaménagés et agrandis, deux grandes compagnies maritimes ont été fondées (Messageries Maritimes, Transatlantique), une marine moderne et nombreuse construite, qui va devenir la deuxième d'Europe, tandis que Lesseps menait à son terme le creusement du canal de Suez (vieux projet napoléonien). Tout cela, plus les traités de commerce libre-échangistes, constitue vraiment une révolution décisive, qui va mobiliser, après la main-d'œuvre des chantiers, les hommes et les marchandises, facilitant les migrations et le commerce, amenant notamment les Bretons et le vin du Languedoc à Paris. En outre, les lignes télégraphiques couvrent le pays en 1870, reliant toutes les villes.

Les grands travaux, surtout à Paris, constituent une seconde grande réalisation, qui mobilisa également travailleurs et capitaux. Les vieux quartiers ont été éventrés, d'immenses boulevards tracés bien droit, les halles et les égouts agrandis, tandis que les grands magasins — en tête, le Bon Marché — écrasaient le monde de la boutique, au moins apparemment. Embellissements auxquels tenait Napoléon III ? Sans doute. Mais aussi parade contre l'insurrectionnite parisienne : désormais, canons et cavalerie pourront s'en donner à cœur joie ; par surcroît, occasion de belles affaires de démolition et de reconstruction dans lesquelles purent s'enrichir, outre Haussmann et l'entourage impérial, pas mal de banquiers, d'architectes et de propriétaires qui surent se faire prêter à bon compte par le Crédit Foncier (créé en 1852) des sommes qui, en principe, auraient dû aider la province et les campagnes.

N'empêche qu'on se félicite aujourd'hui de ces larges percées, souvent belles, et qui facilitent si bien la pollution automobile.

Des opérations de ce style, comme celles des ports, des chemins de fer, des guerres et des expéditions coloniales, coûtaient fort cher. On a pu calculer que la dette de l'Etat avait triplé entre 1852 et 1870. L'enrichissement de la France, alors l'Etat le plus opulent du monde avec l'Angleterre, est plus remarquable encore. Il a été favorisé par plusieurs phénomènes : une bonne, lente et féconde hausse des prix, de l'ordre de 35 % en vingt ans, accompagnée d'une heureuse hausse des salaires, peut-être 45 % ; un déluge d'or tout neuf, venu de Californie, puis du Canada et d'Australie, qui a pu quadrupler le stock mondial antérieur, et atteignit un tel niveau que, par exemple, on a extrait en 1855 huit fois plus d'or qu'entre 1810 et 1850 ; il semble aussi que 40% de l'or californien débouchait sur le territoire français. Un tel flot facilite naturellement affaires et investissements.

De plus, la mobilisation des lourds et innombrables « bas de laine » français commençait à s'opérer, par la grâce d'un système de banques privées à l'ancienne (les Rothschild de France, liés aux autres), puis de banques de dépôt plus ou moins distinctes des banques d'affaires qui apparurent fort vite : dès 1852, Crédit Foncier et Crédit Mobilier (les Pereire), puis Comptoir d'Escompte, Crédit Lyonnais et Société Générale (1863 et 64). Leur but était d'investir l'argent de leurs clients dans des affaires, françaises ou non, qui rapportent beaucoup (et parfois qui rapportent trop, ce qui provoqua quelques effondrements, et la ruine d'un certain nombre de « gogos » le mot est d'époque). On ne sait pas assez que le Comptoir d'Escompte avouait un profit net de 16,2 % en 1865 ; la Société Générale, 24 % dès 1867, après 3 ans d'existence ; le Crédit Lyonnais dut attendre 1874 pour enregistrer un aimable profit de 54 % ; records qui seront battus au début du XXe siècle par Paribas et la Banque de l'Indochine avec des taux compris entre 50 % et 73 % (étude de Jean Bouvier dans les « Studi Storici » de 1963). Toutes ces banques ont rendu quelques services à leurs clients, de plus importants aux industriels et hommes d'affaires, et les plus remarquables à elles-mêmes.

C'est que la France constituait alors un terrain particulièrement fertile : en 1870, on estimait sa fortune à 175 ou 200 milliards (or), probable minimum. Aussi n'y a-t-il pas lieu d'être surpris lorsqu'on apprend que, au lancement d'un emprunt d'Etat de 400 millions en 1868, 800 000 prêteurs se présentèrent, et offrirent 15 milliards, près de 40 fois la demande. Le principal défaut de ce pactole était de dormir trop souvent sous des matelas, ou bien de se contenter de revenus modiques, comme la rente d'Etat et la Caisse d'Epargne (la première départementale, créée en 1818, la dimension nationale atteinte en 1861). En se rapprochant peu à peu du public, la banque nouvelle parvint à une relative mobilisation de cette fortune somnolente, en attendant de tromper ses détenteurs en leur proposant des placements mirifiques, comme plus tard les emprunts russes. Depuis 1848, les Français, qui ne connaissaient, outre de petites monnaies divisionnaires, que l'écu ou surtout le louis (devenu le napoléon) s'habituaient lentement aux billets de la Banque de France, frileusement émis : les premières « petites » coupures, cent francs et cinquante francs, datent respectivement de 1848 et 1857. D'un bout à l'autre de l'Empire, la circulation des billets passe de 250 à 1 350 millions, que l'encaisse métallique de la Banque couvrait à 50 % au début, mais à 80 % en 1869. On se prend alors à méditer sur la dose de sottise politique et militaire qui fit tomber un régime dont les bases financières et économiques montraient une telle solidité.

Souvent exagéré par les hymnes d'historiens sympathisants ou peu compétents, l'indéniable essor industriel de la période doit être ramené à ses dimensions. Certes, la production de charbon a presque triplé, mais elle demeure en 1870 huit fois plus faible que l'anglaise, trois fois moindre que l'allemande ou l'américaine (qui dépassera bientôt tout le monde). La capacité d'énergie, alors mesurée en milliers de chevaux-vapeur, passe certes de 270 au début (comme l'Allemagne, mais cinq fois moins que l'Angleterre) à près de 1 900 en 1870 ; l'Allemagne approche alors 2 500, l'Angleterre 4 000 et les Etats-Unis 6 000. Le même progrès retardé affecte la production de la fonte et de l'acier, qui pourtant a triplé, si bien que le pays n'importe plus ses rails d'outre-Manche. Enfin, il reste encore en 1861 près de 300 hauts-fourneaux marchant au bois (les maîtres de forges sont aussi forestiers...) contre une centaine au coke, et certains industriels français se demandent gravement vers 1862-63 si le convertisseur Bessemer présente vraiment de l'intérêt... De toute manière, le secteur métallurgique ne concentre alors que 250 000 ouvriers alors que le textile, confection comprise, en rassemble plus de 2 millions. Nous n'avons là que l'amorce d'une « révolution » industrielle, une amorce enfin sérieuse.

Il est patent que les Français sont restés très majoritairement des paysans (69,5 % au recensement de 1866), qui produisent près de la moitié du revenu national, contre 30 % seulement à l'industrie, où le textile domine toujours, comme sous l'Ancien Régime — mais avec le coton au premier plan —. Cette paysannerie, rarement misérable sauf quelques journaliers aux familles trop nombreuses dans des zones pauvres, est très souvent propriétaire, mais deux millions d'exploitations font moins de 1 hectare (on complète les revenus avec de petits fermages, des journées, du travail à domicile). Dans l'ensemble, ces paysans améliorent lentement leurs rendements, font prudemment reculer la jachère, adoptent avec circonspection les premiers engrais (guano) et les premières machines : il n'y a pas 9 000 moissonneuses en 1862, presque pas de faucheuses, mais déjà près de cent mille batteuses à vapeur, qui dureront jusque vers 1930. Les principaux progrès sont obtenus dans le tiers nord, en avance depuis longtemps, où réussissent parfaitement la betterave sucrière et la pomme de terre, devenue l'aliment de base au même titre que le pain. La « révolution des transports » (une vraie, celle-là) favorise la vie agricole, et particulièrement les vignobles du Midi, dont les produits à bon marché, forte couleur et goût râpeux, conquièrent les villes, et font décliner quelques vieux vignobles (aidés par l'oïdium, en attendant le phylloxera) : la consommation du vin a doublé sous Badinguet, et on s'enivre surtout à l'aramon languedocien. L'Empereur, qui manifestait de la sympathie envers les choses de la terre, développe des fermes-modèles dans ses propres domaines (Sologne, Landes) ; ses proches font de même ; des écoles départementales d'agriculture sont créées, des « comices agricoles » cantonaux récompensent chaque année les plus belles récoltes et les meilleurs travaux. Assainissement et reboisement (Brenne, Sologne, Landes surtout) sont fortement encouragés ; on tente même de replanter en montagne et d'irriguer en pays sec (Verdon et bassin d'Aix). Entreprises non négligeables, pas encore décisives ; la « révolution agricole » viendra beaucoup plus tard.

Une « nouvelle société » ?

Le beau monde parisien des Boulevards, du Bois et de Saint-Cloud a laissé une réputation de luxe, de légèreté et de brio, soutenue par les airs endiablés d'Offenbach. Comme la soi-disant « belle époque », cette vision concerne une partie bien mince de la haute société, et on y trouve aussi bien des banquiers (français ou non) que des demi-mondaines, des ministres et des chevaliers d'industrie, des parvenus d'origine douteuse et des gens d'esprit, qui se regroupaient volontiers autour de la princesse Mathilde ou du prince Jérôme, le cousin « de gauche », excellent alibi d'ailleurs.

En réalité, la vieille aristocratie, surtout légitimiste, tenait ses châteaux et ses salons du « grand faubourg » soigneusement clos au monde interlope qui gravitait autour de Morny, de Persigny ou de Mirès (un banquier sorti de rien et qui finit mal). En province, l'aristocratie plus ou moins anoblie du négoce ou de la métallurgie, bien installée dans ses terres, ses forêts (pour les maîtres de forges, qui se regroupent en 1863 dans le fameux « Comité des Forges », avec les Wendel et les Schneider en vedette), semble évoluer dans un monde plus feutré et peut-être plus formaliste. Dans chaque bonne ville, la solide bourgeoisie commerçante et rentière siégeait en de petits salons cossus, un peu surchargés, très guindés, tout en amassant ses écus et en suivant les cours de la Bourse. Plus discrets, mais les singeant quelque peu, les boutiquiers, les bons employés et les fonctionnaires sérieux suivaient plutôt le cours de la rente, et se piquaient volontiers de poésie et de musique. Ces cercles étagés de la bourgeoisie de tout poil ont été décrits avec férocité par maint journaliste, homme de théâtre, romancier ou caricaturiste. Prud'homme, Homais, Perrichon et Pécuchet pointent leur bedaine et ânonnent leur épais prosaïsme, mais il ne faut pas s'y tromper : la richesse française est là. Rien de bien nouveau, sinon la lourdeur dans le décor bourgeois et la croissante influence de l'Eglise catholique, qui explique la vivacité de certaines réactions qui s'amorcent.

Mal en point au sortir de la Révolution, très affaiblie dans ses biens mais aussi dans ses effectifs (réduits et vieillis), l'Eglise de France a effectué une remontée très impressionnante, peut-être trop. Sous la Restauration, elle couvrit la France de missions et de croix en expiation des « crimes » passés, et forma désormais les jeunes prêtres nécessaires à la relève à partir des pieuses campagnes de l'Ouest (auparavant, les curés étaient d'origine plus relevée, souvent semi-bourgeoise) ; les ordres réguliers revinrent massivement, Jésuites compris ; l'époque Napoléon III (l'impératrice surtout) favorisa un quadruplement de l'effectif des religieuses (près de 140 000 en 1870) et un octuplement des religieux, passés de 3 000 à 24 000. D'autre part, par suite de dons et legs, le capital immobilier et rentier de l'Eglise s'était assez bien reconstitué, et c'était l'Etat (donc les contribuables) qui salariait, honorablement, tous les prêtres. Favorisée par la grande peur des possédants après les émeutes ouvrières et républicaines de la monarchie de Juillet, et surtout de 1848, l'Eglise ajoutait à sa clientèle traditionnelle d'aristocrates et de campagnards (surtout les femmes) une partie de la bourgeoisie naguère voltairienne, et désormais épouvantée par les « rouges ». Assez curieusement, cette Eglise française qui avait été fort gallicane était devenue presque entièrement ultramontaine ; elle admirait une Papauté qui avait retrouvé, par sa résistance au pouvoir civil et aux révolutions de 1831 et de 1848, tout le prestige qu'elle avait perdu sous les faibles pontifes du xviiie siècle. Le vigoureux Pie IX, un moment tenté par des réformes libérales dans ses territoires d'Italie Centrale, mais dégoûté par les hardiesses révolutionnaires et un essai de république romaine, était devenu le champion incontesté de la résistance à toute idée nouvelle. En ce sens, il publia en 1864, en annexe à une encyclique, un *Syllabus errorum*, liste de toutes les insanités qu'il rejetait : la raison, le protestantisme, la liberté d'expression, la tolérance, le divorce, le socialisme, le pacifisme chrétien (art. 24), la pauvreté ecclésiastique, le progrès et la civilisation moderne (art. 80) ; en passant, il affirme explicitement que tout Etat doit professer le catholicisme, et ne s'occuper en aucune manière de l'éducation de la jeunesse. Autant d'affirmations qui aident à comprendre certaines vives réactions. Un peu plus tard, dans le premier Concile réuni depuis trois siècles, le Pape fit proclamer son infaillibilité (en matière de foi seulement, et quand il le disait...).

Eglise et fidèles, d'affinités nettement royalistes, s'étaient massivement ralliés, avec toute leur puissance électorale, à ce Prince-Président qui, par la loi Falloux (1850), leur avait pratiquement livré l'Université que Napoléon Ier avait constituée en monopole d'Etat, à son propre service ; par surcroît, la loi facilitait grandement la multiplication d'écoles dites libres (ce qui signifie : étrangères à l'Université), en réalité presque toutes catholiques, qu'à peu près n'importe qui pouvait ouvrir, et où tout religieux et religieuse pouvait enseigner (de même que dans les écoles publiques), pratiquement sans aucun diplôme ; les instituteurs et professeurs qui survivaient dans le secteur public tombaient sous le contrôle conjugué des maires et préfets (tous nommés) comme de l'évêque et des curés. Quant aux rares filles qui allaient en classe, les religieuses à peu près seules étaient admises à leur dispenser un savoir que ne contrôlait aucun examen de capacité. Le jeune abbé Dupanloup, à l'aube d'une belle carrière, pouvait chanter les mérites de cette loi dite « de liberté » dans un enthousiaste mémoire dédié au Saint-Père et aux évêques.

Pourtant, l'aide de l'Empereur à l'unité italienne (1859), les menaces sur le pouvoir temporel du Pape, puis les tentatives de Victor Duruy (ministre de 1863 à 1867) pour multiplier les écoles publiques même pour les filles, et étendre les débuts de la gratuité, tout cela troubla un moment les relations des ombrageux et puissants catholiques avec l'Empire. Mais l'Impératrice veilla, une armée française gardait dans Rome celui qui estimait en être le maître, et Duruy fut renvoyé.

Bien que résumé, cet état de choses peut aider à comprendre le caractère violent, voire injurieux, de l'hostilité de beaucoup de libéraux et de tous les républicains et socialistes à l'égard de ce qu'ils nommaient « cléricalisme », c'est-à-dire intervention dans la vie civile et politique d'une Eglise puissante et riche. Un excès en entraînant d'autres, ces problèmes encombreront la vie politique française de 1850 à 1914, souvent avec gravité. Sous l'Empire, ils remuaient peu le peuple des campagnes, croyant, docile ou indifférent, mais agitait quelque peu celui des villes, plus partagées et plus vivaces.

Grossies d'un apport campagnard — cadets, petits journaliers — visible depuis la décennie 1840-1850, celles-ci commençaient à se diversifier et à se subdiviser : à la distribution des « classes » en hauteur (les très pauvres sous les toits) commence à se substituer une spécialisation par quartier. A Paris, arrondi en 1860 d'une dizaine de communes adjacentes (de Passy à Vaugirard, Belleville et Montmartre), l'Ouest huppé s'oppose de plus en plus à l'Est et aux vieux faubourgs qui se prolétarisent vite, tandis que le vieux Centre et le Marais demeurent la citadelle des artisans de qualité. A Lyon, les pauvres diables perchent à la Croix-Rousse, à Lille ils croupissent dans des caves et à Nantes au bord du fleuve. L'entassement, la promiscuité, l'absence d'hygiène (la mortalité infantile remonte en ces milieux) frappent moins que la maigreur des salaires, l'absence de toute aide (sauf vaguement charitable) à la famille nombreuse comme au chômage, l'incroyable longueur de la journée de travail, dix à quatorze heures, l'emploi systématique des femmes et des enfants payés la moitié ou le quart des hommes. Ajoutons la discipline impitoyable des ateliers, l'interdiction de tout droit d'association depuis 1791, l'obligation du livret, sorte de passeport ouvrier contrôlé par les patrons et la police, et cet article 1781 du Code civil qui décide que le maître soit « cru sur son affirmation » en cas de conflit de salaire.

On sait que Napoléon III, sensible à cette situation, favorisa les institutions d'assistance (orphelinats, crèches, secours aux accidentés), supprima l'article 1781, fit accorder le droit de grève (1864), mais de grève sans violences et sans entraves à la liberté du travail, autorisa quelques coopératives et syndicats sages, encouragea les premiers cours d'adultes et les premières retraites ouvrières, et envoya même le ciseleur Tolain et quelques autres artisans visiter l'exposition de Londres en 1862. Ils y retournèrent en 1864, jetèrent les bases d'une Association Internationale des Travailleurs, réclamèrent dans le « manifeste des soixante » de profondes réformes, puis se lancèrent dans des manifestations républicaines et des complots. De violentes grèves survinrent en 1869 et 1870 ; l'Empereur, déçu, avait vainement ordonné la dissolution de la section française de l'Internationale. Le mouvement ouvrier démarrait durement, et recommençait à effrayer quelques bourgeois. Il n'était pourtant pas encore bien dangereux.

En réalité, l'Empire s'effondra tout seul, avec une facilité qui montra bien qu'il ne possédait aucune base solide. Il mourut par la guerre et l'incapacité.

DE LA GLOIRE À LA DÉBÂCLE : LE SECOND EMPIRE ET LE MONDE.

Héritier du Grand Empereur et de la Révolution, qu'il confondait quelque peu, Louis-Napoléon désirait à la fois étendre les frontières de son pays, protéger les « nationalités » et le droit des peuples à disposer d'eux-mêmes, défendre partout le catholicisme tout en rêvant aussi de protéger les Musulmans (il songea à un « royaume arabe » en Algérie), hisser le pavillon français au Sénégal comme en Indochine et en Océanie, et jouer à l'occasion le rôle magnifique d'arbitre du monde, ce qu'il crut réaliser en réunissant un congrès à Paris en 1856, à propos de la mer Noire, du Danube et des Détroits. En même temps, cet amant de la gloire ne pouvait supporter la vue du sang : le spectacle du champ de bataille de Solferino (1859) le poussa à conclure immédiatement la paix avec l'Autriche (à Villafranca), laissant furieux ses alliés piémontais, qu'il avait promis d'accompagner jusqu'à l'Adriatique. Par surcroît, il choisit mal ses généraux, hommes braves et brillants, mais d'une intelligence limitée, comme ils le prouvèrent dans l'épisode final.

En Crimée, devant Sébastopol où moururent de froid et de fièvre près de cent mille Français, Napoléon, allié des Anglais, était intervenu contre la Russie qui, prétendant protéger les chrétiens de l'Empire Ottoman, voulait simplement l'affaiblir encore et pénétrer en Méditerranée. La victoire, le congrès de Paris, et la suite permirent à l'Empereur de favoriser une quasi-indépendance des provinces roumaines, d'apparaître comme un brillant arbitre, puis de courir au secours des chrétiens du Liban déjà menacés d'égorgement par les musulmans du lieu (1860).

L'année précédente, l'intervention en Italie partait d'une idée généreuse (l'unité d'un peuple) jointe à un moins pur désir d'annexion : le roi de Piémont-Sardaigne, qui allait faire l'unité à son profit, lui avait promis Nice et la Savoie comme salaire. Campagne sanglante, arrêt soudain après Solferino, succès trop rapide des révolutionnaires italiens, avec Garibaldi trop brillant dans le Sud, puis à Rome ; colère des catholiques français parce qu'une république osait à nouveau s'installer dans les Etats et la Ville du Pape ; nouvelle expédition française pour protéger celui-ci, — toute cette affaire italienne mêle le glorieux au ridicule. Pendant ce temps, Faidherbe progressait intelligemment au Sénégal, les Kabyles étaient vaincus en Algérie, les oasis du Sud occupées, des colons installés, tandis que l'Empereur oscillait entre une administration algérienne militaire ou civile.

Bilan jusque-là positif, alors que le calme régnait dans la France muselée et prospère. Survinrent deux séries de bévues difficiles à expliquer.

La première concerne le Mexique. Dans ce grand Etat déchiré par la guerre civile, un certain nombre de pays européens avaient investi des sommes assez considérables. Mal administré, le Mexique décida soudain de ne plus payer ses dettes et de taxer les étrangers qu'il hébergeait. Les Etats-Unis étant alors déchirés par leur « Civil War », une flotte de créanciers anglais, espagnols et français débarqua quelques troupes pour réclamer leur dû (1861). Après avoir obtenu une demi-satisfaction, les deux premiers repartirent. Napoléon III rêvait d'installer, au flanc Sud de la grande république anglo-saxonne et protestante, un Empire latin, catholique et libéral, pour lequel il avait trouvé un chef, l'archiduc autrichien Maximilien, homme brave et généreux. Malgré la défaite de Puebla (1862), il se maintint à Mexico tant que l'armée française fut présente et que la guerre de Sécession sévit, malgré de farouches guérillas. La paix survenue au nord, et le problème prussien se posant en Europe, les Français assez malmenés se rembarquèrent, et ce qui restait de troupes à Maximilien fut écrasé par les « résistants » de Juarez, avec l'aide active des Etats-Unis. Maximilien fusillé en 1867, il ne resta du rêve mexicano-catholique qu'une défaite militaire et financière, et pas mal de ridicule.

De la vieille Confédération germanique divisée jadis en plus de 300 unités inégales, Napoléon Ier et les traités de 1815 avaient laissé une trentaine d'Etats, présidés par l'Autriche. L'ensemble du pays, riche, peuplé, s'était pourvu de banques solides, d'un bon réseau de chemins de fer et d'une métallurgie déjà symbolisée par Krupp. Du Rhin à la Baltique, les divers morceaux de la Prusse dominaient le Nord, d'autant qu'elle avait établi très tôt, dès 1836 avec la plupart de ses voisins une union douanière, Zollverein ; hormis quelques Etats encore puissants (Saxe, Bade, Wurtemberg, Bavière), l'Autriche continuait à dominer le Sud. Le roi de Prusse et son premier ministre Bismarck (depuis 1862) désiraient la réduire à son territoire propre, et prendre la tête de l'Allemagne. Pour y parvenir, une armée bien équipée, nombreuse et disciplinée fut organisée en quelques années par Moltke et Roon, et essayée contre le Danemark d'abord (affaire embrouillée des duchés de Schleswig et Holstein, 1864). Deux ans plus tard, avec la complicité maladroite de Napoléon III, Bismarck se fit déclarer la guerre par quelques princes du Sud et l'Empereur. Tout fut réglé en moins d'un mois : à Sadowa, juillet 1866, l'Autriche écrasée fut comme exclue d'une Allemagne que Bismarck réorganisa à sa guise, toujours avec l'accord de Napoléon III, qui demanda seulement que les Etats au sud du Main gardent quelque indépendance, puisque la Prusse avait réuni tous les autres sous sa houlette. Les Français conscients s'inquiétaient de ces progrès ; quant à l'Empereur, il réclamait à Bismarck, comme une compensation, soit le Luxembourg, soit deux ou trois villes. Le Prussien ne répondit même pas ; il attendait son heure.

Elle vint en 1870 avec l'affaire de la candidature d'un Hohenzollern, parent du roi de Prusse, au trône d'Espagne. Après protestation française, la candidature fut retirée. L'ambassadeur français réclama alors des garanties pour l'avenir ; le roi Guillaume répondit évasivement, mais courtoisement ; une possible manipulation du texte

de la « dépêche d'Ems » par Bismarck le rendit insultant.
A Paris, l'impératrice, les militaires, les députés, les
journalistes s'enflammèrent patriotiquement : il fallait
venger l'affront. Le 19 juillet, la guerre fut déclarée à la
Prusse. En six semaines, elle mit le Second Empire à bas.

La débâcle (6 août-2 septembre 1870).

Le 6 août, l'Alsace et le nord de la Lorraine furent
perdues en même temps. Quinze jours plus tard, Bazaine,
qui ne put se replier sur Verdun, se laissa enfermer dans
Metz, dont il ne sortit pas, et où il capitula avec 180 000
soldats, dont 3 maréchaux, et plus de 1 600 canons.
Pendant ce temps, Mac-Mahon et l'Empereur ramassaient
130 000 hommes au camp de Châlons pour les conduire
vers Sedan, où ils comptaient retrouver Bazaine ; les
Prussiens et leurs alliés allemands les encerclèrent complètement ; l'Empereur capitula avec les cent mille hommes
qui lui restaient pour éviter un massacre. Prisonnier dans
une forteresse, on l'expédia ensuite en Angleterre, où il
acheva de mourir trois ans plus tard. Les Anglais se
chargèrent de liquider la dynastie en envoyant son fils se
faire massacrer par les Zoulous en 1879. Eugénie leur
survécut presque un demi-siècle. La capture de l'Empereur laissait la France sans gouvernement. La foule
parisienne envahit le Corps Législatif et fit voter la
déchéance. L'habituel défilé gagna l'Hôtel de ville, où des
députés parisiens proclamèrent la république (4 septembre), formèrent un gouvernement provisoire, et choisirent
de continuer la lutte. Aucun bonapartiste ne vint défendre
le régime écroulé.
   Pourquoi ce facile effondrement ?
   Quelques mots suffisent : les armées allemandes
comptaient 500 000 hommes, presque le double des françaises ; la nouvelle artillerie Krupp surclassait les vieux
canons français, en cuivre. Enfin, l'organisation et l'intelligence militaire se trouvaient chez l'adversaire. La mobilisation française se fit dans un noir désordre et personne ne
songea à utiliser les chemins de fer. De fort braves
généraux ne connaissaient que la guerre d'Afrique, et rien
d'autre ; l'un d'eux, un moment ministre, aurait déclaré

qu'il « ne manquait pas un bouton de guêtre » alors que la pagaille était générale. Chez les hommes politiques, l'enthousiasme patriotique dépassait à peine l'incompétence et l'ignorance : l'un d'eux acceptait cette guerre « d'un cœur léger ». Quant à Bazaine, il semble que ce fut par hostilité à la république nouveau-née qu'il ne chercha même pas à sortir de Metz : jugé comme traître en 1873, condamné à mort, simplement emprisonné, puis évadé, son cas eût plutôt relevé d'un psychiatre, s'il en avait existé.

Il n'est pas impossible que Napoléon III ait senti venir cette triste fin ; mais il n'était plus que l'ombre de lui-même, son demi-frère lui manquait, et il n'avait pas su résister aux initiatives lamentables de l'Impératrice.

Le 4 septembre pourtant, la guerre n'était pas finie. Courageusement, le régime nouveau allait essayer de continuer ce combat si mal engagé...

XVII

De la débâcle à la revanche
(1870-1914)

A mesure qu'approche le temps de sa propre vie, la vision de l'historien s'altère. Les récits familiaux, les souvenirs déformés de la jeunesse, les passions et les scepticismes de l'âge mûr, passe encore : un gros effort de lecture, de distanciation et d'honnêteté intellectuelle peut aider à approcher le seul but envisageable, essayer de dégager et de comprendre l'essentiel, et forcément ce qui apparaît tel. Il n'est pas sûr que la tâche soit facilitée par les quintaux d'ouvrages érudits, passionnés ou romancés qui ont pensé faire revivre le siècle écoulé. Moins encore par ce journalisme rapide ou cet amas de matériaux qui a pris le nom d'histoire immédiate. On lui abandonnera les performances dont elle s'enorgueillit, en ne dépassant qu'exceptionnellement l'été 1914, et jamais l'an Quarante. Le bref demi-siècle dont il va être question ne pose pas de problèmes de connaissance ou d'interprétation vraiment insurmontables.

LES ANNÉES SOMBRES

Le Gouvernement du 4 septembre, après un rapide contact (dès le 15) avec Bismarck qui réclama immédiatement l'Alsace-Lorraine, décida, dans un bel élan patriotique, de continuer la guerre. Dès le 19 septembre, Paris était investi. Gambetta, parti à Tours pour réorganiser l'armée (il réunit et équipa près de 600 000 hommes !) projetait de sauver Paris avec cette première armée de la Loire, qu'aiderait la garnison restée dans la capitale. Mais la défection de Bazaine qui, par antirépublicanisme, préféra la reddition à la résistance, annula les premières victoires, en libérant les régiments allemands qui l'assiégeaient. Malgré les efforts et les succès passagers des armées du Nord, de l'Est, de la Loire et de Paris, la défaite fut complète dès janvier 1871, et déjà la capitale s'agitait. Bismarck trônait à Versailles. Le Gouvernement Provisoire obtint de lui, afin de consulter le pays, un armistice de trois semaines, au prix de la capitulation de Paris, de la livraison de ses forts, du désarmement d'une grande partie de l'armée française, et d'un pourboire de 200 millions en or. Pendant ce temps, des élections rapides diraient si les Français voulaient ou non la continuation de la guerre. Patriotes exaltés, les républicains la désiraient ; champions de la paix (existait-il une autre solution ?) les royalistes remportèrent les deux tiers des sièges à l'Assemblée élue, et les bonapartistes, une poignée. Signée à Francfort quelques mois plus tard, la paix consacrait, outre une indemnité de guerre de 5 milliards (Bismarck a-t-il cru qu'elle ruinerait la France ?) et une partielle occupation du pays (la troisième depuis 1814) prévue pour trois ans, la cession de l'Alsace (moins Belfort) et du nord de la Lorraine, minière, riche, germanophone en partie. Les annexés purent « opter » pour le départ ; un peu moins de 4 % le firent (il fallait abandonner à peu près tout) ; beaucoup se retrouvèrent colons en Algérie. Cette amputation fut cruellement ressentie ; pendant 43 ans, volonté nationale et propagande patriotique ne cessèrent de réclamer la restitution des provinces volées, et la revanche sur les « Prussiens ».

Mais il ne s'agissait plus de la Prusse seule. Après des négociations avec les petits rois et princes de la région au sud du Main, Bismarck, bénéficia de leur aide militaire, et obtint leur acceptation pour que Guillaume Ier fût proclamé Empereur d'Allemagne dans la galerie des Glaces du château de Versailles — suprême jouissance après tant d'humiliations venues de Louis XIV — le 18 janvier 1871, juste 170 ans après le couronnement à Kœnigsberg du premier roi de Prusse. Durant vingt années au moins, l'Allemagne de Bismarck dominera économiquement et politiquement l'Europe continentale.

La défaite française avait également achevé l'unité italienne : la garnison qui protégeait les restes des Etats pontificaux fut rappelée, et le roi d'Italie put enfin s'installer à Rome. Les papes se considérèrent désormais comme prisonniers au Vatican, jusqu'au moment (1929) où Mussolini leur concéda l'actuel Etat du Vatican.

Sous les yeux des Allemands, il restait aux Français vaincus, occupés, rançonnés et diminués, à subir une dernière épreuve, qui a fait couler des flots d'encre, la Commune de Paris, mars-mai 1871.

Paris investi, médiocrement armé, sans provisions suffisantes pour un hiver terrible, avait eu l'impression d'être trahi par la province, par les bourgeois du gouvernement provisoire et par l'Assemblée monarchiste et « capitularde ». En outre, toute une tradition révolutionnaire, avec les souvenirs amers et quand même exaltants de 48, vivait dans les vieux quartiers d'artisans et d'ouvriers du Centre, de la rive gauche, de l'est surtout ; ce monde très animé était sensible aux idées et sentiments démocratiques, socialistes, associatifs, anarchistes, libertaires, révolutionnaires que des petites brochures et de nombreuses palabres popularisaient. Tandis que fuyaient, sous la protection allemande, les gens des beaux quartiers, une foule où les femmes étaient nombreuses s'empara de canons et de munitions, et fit fusiller deux généraux, dont l'un avait fait tirer sur les insurgés de juin 1848. Au milieu de beaucoup de bruit, de désordre, de querelles et de privations, des élections furent organisées afin que revive une « Commune révolutionnaire » digne de celle de 93. Elle n'eut guère le temps d'agir. Versailles, Bordeaux, la province et Thiers étaient épouvantés ; Bismarck autorisa que des prisonniers libérés soient réarmés pour aider l'armée « versaillaise » à assaillir les « Communards ». Les combats furent horribles dans Paris dévasté et en partie incendié (pas toujours par les révolutionnaires) ; fin mai 71, quelques journées demeurèrent célèbres sous le nom de « semaine sanglante ». Le nombre des victimes a été chiffré à 877 pour l'armée « de l'ordre » ; les commu-

nards, bien plus de dix mille, certains disent trente mille.
Des « Conseils de Guerre » s'appliquèrent durant trois ans
à juger 14 000 personnes parmi les survivants ; relativement peu furent fusillés, mais des milliers partirent vers les
bagnes de Guyane et de Nouvelle-Calédonie. Les plus
prudents avaient fui à temps. Au terme de cette curée,
Paris semble avoir perdu 80 000 habitants. Tout mouvement socialiste et révolutionnaire se trouva annihilé pour
une vingtaine d'années : le but recherché était atteint.

L'énorme richesse française couvrit rapidement et très
largement les emprunts lancés pour régler les 5 milliards
réclamés par Bismarck. Le territoire put être évacué six
mois avant le délai prévu par les troupes allemandes, en
septembre 1873 ; elles avaient laissé de mauvais et durables souvenirs.

LA LENTE ÉMERGENCE DE LA RÉPUBLIQUE (1871-1879)

Le propre de la République proclamée le 4 septembre
1870 était d'avoir à sa tête une assemblée composée de
monarchistes. Ceux-ci avaient malheureusement deux
candidats, les petits-fils respectifs de Charles X et de
Louis-Philippe. Le premier ne songeait qu'à rétablir le
régime d'avant 1789, bien qu'il en connût les difficultés ; le
second, plus jeune, aurait accepté une monarchie constitutionnelle modérée. La solution aurait été que celui-ci
succède un jour à celui-là, déjà quinquagénaire. Une
affaire de drapeau (blanc, et non tricolore) fit apparemment échouer la restauration en octobre 1873. Restait aux
royalistes à « geler » le régime en attendant que Chambord meure ou change. Il persista dix ans ; dans l'intervalle, la République s'était ancrée, non sans peine.

Thiers, courageux, efficace, mais autoritaire, s'était
aperçu qu'une république très modérée constituait sans
doute le mode de gouvernement le moins mauvais, et il le
dit. Alors les monarchistes de l'Assemblée s'arrangèrent
pour le faire démissionner en mai 1873 de la fonction de
chef de l'exécutif qui lui avait été confiée. Leur chef, le
duc de Broglie, s'installa au ministère et fit élire pour sept
ans le maréchal de Mac-Mahon à la tête d'une République
encore assez fictive. Ce soldat honorable, mais sans éclat,

surtout intellectuel, était là pour « faire le lit » de la monarchie, et le savait. En même temps s'instaura un régime qui se qualifia lui-même d' « ordre moral » : les libertés de la presse, de la parole, d'association furent jugulées, tous les maires furent nommés par les royalistes, et des manifestations monstres organisées : processions, pèlerinages, inauguration de basiliques (Montmartre) par une Eglise qui associait volontiers la dévotion au Sacré-Cœur et au drapeau blanc. Il s'agissait aussi de « racheter » les crimes des Communards et de faire oublier la défaite. Mais il se trouvait qu'à chaque élection partielle, ou presque, un républicain était élu, et également aux élections municipales de 1874. Visiblement, la cause catholique et royale ne rassemblait qu'une partie des Français.

Après deux ou trois ans d'hésitation, il fallut bien se résoudre à jeter les bases d'une constitution ; un ensemble de lois votées en 1875 fit l'affaire ; au détour de l'une d'elles, un amendement dû à Wallon instroduisit le mot de « république », à une voix de majorité. Le régime instauré (deux chambres, un président nommé par elles) était de type parlementaire, ce qui signifie que tout ministère était à la merci de la majorité que lui accordait, ou non, l'une ou l'autre chambre. Les députés devaient être élus au suffrage universel ; les sénateurs (dont un quart d' « inamovibles » qui s'éteignirent par la suite) par une sorte de suffrage restreint largement dominé par les campagnards, aux opinions très sages. Il n'était pas obligatoire que le président de la république, aux pouvoirs théoriquement importants, fût réduit à l'état de soliveau : la tradition découlera de la conduite de Mac-Mahon en 1876-1877.

Début 76, les élections générales donnèrent les deux tiers des sièges aux républicains. Poussé par ses amis royalistes et par le Sénat, Mac-Mahon décida soudain de ne pas appeler de républicain au ministère, d'y réinstaller de Broglie, de dissoudre la Chambre et de se lancer dans une campagne électorale qu'il ne lui appartenait pas de diriger. Il se heurta à Gambetta et à ses amis, qui triomphèrent, d'ailleurs difficilement. Le président s'inclina. Il se démit début 79 lorsque la majorité eut basculé aussi au Sénat. Les républicains occupaient enfin la république. Ils élurent le paisible Grévy à la présidence, décidèrent enfin de venir siéger à Paris, firent du 14 juillet la fête nationale et se résignèrent à amnistier les communards survivants.

La république allait s'organiser.

LA RÉPUBLIQUE INSTALLÉE (1881-1886)

Les lois de base ont été votées par des majorités franchement républicaines (donc antimonarchistes et presque fatalement anticatholiques) généralement modérées, et au sein desquelles les luttes de personnes, de tendances et de partis paraissent n'offrir, à un siècle de distance, que très peu d'intérêt.

Ce qu'on appelle « libertés républicaines » fut établi vite et assez facilement. Dès 1881, la liberté de réunion et la liberté de la presse, sous réserve de quelques dispositions de contrôle, de tenue, de police. Un peu plus tard, en août 1883, une loi réformant l'organisation judiciaire permit, en supprimant quelque six cents postes, d'éliminer les monarchistes qui s'y étaient installés ; puis ce furent, en 1882 et 1884, les lois municipales, qui consacraient (sauf à Paris, toujours sous surveillance) l'élection des maires et des adjoints par leurs collègues. Après beaucoup d'hésitations fut votée aussi en 1884 la loi qui autorisait précautionneusement les syndicats professionnels, à condition qu'ils soient déclarés, leurs statuts acceptés, et qu'ils évitent toute activité politique, ce qui n'était pas facile à faire respecter ; pratiquement, tout le syndicalisme est pourtant issu de ce texte prudent.

Les décisions tenues alors pour les plus importantes concernent l'école et l'Eglise. Cent ans après, on les comprend souvent mal, si l'on ignore que l'Eglise, dont le poids demeurait considérable, refusait presque unanimement le régime républicain (les premiers catholiques libéraux ont presque toujours été condamnés par la hiérarchie, ainsi encore Marc Sangnier et le « Sillon » en 1910) ; et d'autre part, ayant pris en main en 1850 (et souvent plus tôt) la presque totalité de l'enseignement, elle lui fabriquait systématiquement des adversaires. Pour se défendre, les républicains attaquèrent.

La gratuité totale et l'obligation scolaire (de 6 à 13 ans)

ne déchaînèrent pas vraiment les passions. Il en fut autrement de l'enseignement féminin, de l'obligation faite aux départements d'entretenir deux Ecoles Normales (garçons, filles), du statut des congrégations (religieuses) enseignantes, et surtout de la laïcité, votée au milieu des tempêtes en 1882 et 1886. Pour Jules Ferry, ainsi que pour les protestants et les francs-maçons qui l'entouraient, laïcité signifiait, d'une part, respect absolu de la liberté de conscience à l'école ; d'autre part, exclusion de tout enseignement et de tout insigne religieux des écoles publiques (le jeudi était réservé en principe aux exercices de la religion, hors des locaux scolaires). Plus tard, des mesures visant les congrégations enseignantes (amorcées en 1880) aggravèrent des passions qui, notamment dans l'Ouest, sévissaient encore vers 1925-1930, parfois violemment.

Il est évident que ces mesures, en enlevant à l'Eglise la part essentielle de l'éducation des enfants, surtout des filles, visaient à donner à la République une base populaire ferme et de futurs électeurs conscients et fidèles. D'autre part, la formation simple, solide, pratique et patriotique donnée aux futurs instituteurs (qui suivaient obligatoirement une préparation militaire « supérieure ») aboutit à installer dans presque chaque commune une sorte de « mentor » intellectuel, pratique et politique, destiné à contre-balancer l'influence du curé, ce qui réussit souvent, mais pas toujours. Institution tellement efficace que, la IIIᵉ république à peine morte, ses successeurs de fait la frappèrent immédiatement (été 1940).

LES CRISES DE LA RÉPUBLIQUE (1886-1906)

Terne dans ses présidents comme dans la plupart de ses ministres (Gambetta mourut trop tôt, en 1882), Ferry fut renvoyé trop tôt aussi (1885), et Clemenceau brilla d'abord par ses bons mots), la république à peine installée fut en proie à des scandales médiocres et presque rituels (trafics ce décorations, pots-de-vin, compromissions, mélange des affaires et de la politique) qu'exploitèrent abondamment royalistes et conservateurs, et parfois aussi les premiers socialistes. A partir de 1886, un général ambitieux, beau garçon, démagogue, image de la revanche face à quelques incidents avec les Allemands, mais pitoyable politique, fut un moment la coqueluche des divers adversaires (même de gauche) des hommes au pouvoir. Après avoir failli, un soir d'élection triomphale, être poussé à l'Elysée par une foule excitée, antiparlementaire et chauvine, il s'effondra, partit pour la Belgique (1889, année de la Tour Eiffel) et se suicida sur la tombe de sa maîtresse. Boulanger méritait l'oraison funèbre de Clemenceau : « il est mort comme il avait vécu, en sous-lieutenant » (en « midinette » dit une version à peine moins cruelle).

Peu politisée (sauf à Paris, où se passait toujours l'essentiel), l'opinion se passionna assez peu pour la tentative de « ralliement » (à la république) lancée peu après 1890 par le pape Léon XIII, antithèse mesurée de feu Pie IX. Si quelques catholiques « sociaux », noyau des futurs démocrates-chrétiens, furent élus çà et là, ni la hiérarchie ni les châteaux ni la majorité des paysans ne suivirent. D'autant que, depuis la loi de 1884, des grèves « dures » s'organisaient, avec répression violente et célébration d'un Premier Mai sanglant à Fourmies (1890), qui inquiétaient pourtant moins que la vague d'attentats anarchistes qui, de toute l'Europe, déferla sur la France vers 1892, atteignant le président Carnot en 1894.

« L'Affaire » eut un tout autre retentissement ; on dit couramment qu'elle divisa les familles (combien ?). Réduits à eux-mêmes, des faits médiocres : en 1894, un officier, Dreyfus, droit et efficace, mais d'origine israélite, est accusé d'espionnage au profit de l'Allemagne, et condamné à la déportation à vie. Il était parfaitement innocent, le coupable était connu de ses juges, qui avaient condamné Dreyfus sur une pièce secrète, un faux. Mais ils refusaient de reconnaître ce qui était pour le moins une faute, parce qu'un tribunal militaire ne saurait se tromper, et que l'Armée a toujours raison. Il fallut une terrible campagne d'opinion, déclenchée par le célèbre « J'accuse » qui coûta peut-être la vie à Zola, pour obtenir la révision du procès, puis la réhabilitation, la reconnaissance de l'innocence (1906) et la réintégration de Dreyfus dans l'armée.

Ce fait divers d'assez grosse dimension prend tout son

sens dans l'atmosphère passionnelle du siècle finissant.
Les accusateurs, tous antirépublicains au bout de quelques
mois, s'inscrivaient dans une campagne nationaliste exa-
cerbée où se distinguait Déroulède, poète claironnant la
Revanche, et clamant que l'armée française était dans tous
les cas irréprochable. Autre tendance, qui venait de loin et
n'a certes pas disparu, l'antisémitisme, dont le champion
était le journaliste Drumont (*la France juive,* livre ; *la
Libre Parole,* journal) ; sa violence sera bientôt surpassée
par la prose du polémiste Léon Daudet, nationaliste
« intégral » et royaliste. Apparaissaient par moments des
colères xénophobes : on ratonna des Italiens à Marseille,
et l'on tonnait contre l' « invasion étrangère ». Benoîtement, la puissante presse catholique des Pères assomption-
nistes (*La Croix, Le Pèlerin*) prenait le relais en oubliant la
vertu de charité. Cette « Affaire », qui opposa, en gros,
une gauche au service de la vérité à une droite au service
(apparent) de l'Armée, a-t-elle marqué le pays autant
qu'on l'a dit ? A distance, on la trouve surtout symbolique,
et prémonitoire.

Les affaires religieuses et antireligieuses qui suivirent
remuèrent au moins autant la « France profonde ». Elles
sont à peu près incompréhensibles hors de ce pays, et le
sont même devenues pour presque tous nos contemporains. Il s'était trouvé que la plupart des « leaders » et des
congrégations catholiques avaient fait entendre leur voix
dans l'agitation antidreyfusarde et son contexte, alors que
les élections amenaient au pouvoir des radicaux de plus en
plus nombreux, pour la plupart anticléricaux et francs-
maçons (la Franc-Maçonnerie, religieuse au xviiie siècle,
était devenue athée en 1877). De 1899 à 1902, un
républicain à la fois ferme et mesuré, Waldeck-Rousseau,
trois ans président du Conseil, fit prévaloir une politique
de « défense républicaine ». Il interdit tout mouvement
politique dans l'armée, et fit passer en justice quelques
agitateurs nationalistes. Il fit voter aussi, en 1901, la loi sur
les associations, toujours en vigueur, et fort libérale ; mais
un article précisait que les congrégations religieuses ne
pouvaient se constituer sans une autorisation donnée par
une loi qui leur soit propre ; si elles ne l'obtenaient pas, il
leur était interdit d'enseigner. Waldeck-Rousseau voulait
simplement atteindre ceux qu'il appelait « les moines

ligueurs et les moines d'affaires » (on évaluait les immeubles des congréganistes à un milliard). La persécution n'entrait aucunement dans ses intentions.

Mais les élections de 1902 amenèrent une Chambre encore plus à gauche et un Président du Conseil, Combes, ancien séminariste, docteur en théologie, devenu farouchement anticlérical. Il fit appliquer durement la loi de 1901 : demandes d'autorisation refusées, écoles congréganistes fermées. Il ajouta en 1904 une nouvelle loi interdisant d'enseigner à tout membre d'une congrégation même autorisée (toutes mesures supprimées définitivement en 1940 et 1942). En même temps, après d'incessants conflits avec le nouveau pape Pie X (sorte de réincarnation de Pie IX) à propos notamment du choix des évêques, Combes rompit toute relation avec le Saint-Siège et déposa un projet de séparation des Eglises (toutes, la catholique n'étant pas unique) et de l'Etat, qui rompait donc le Concordat de 1802. Votée fin 1905 sur le rapport nuancé d'Aristide Briand (alors socialiste), la loi était inaugurée par deux articles fermes : « 1. La République assure la liberté de conscience... 2. La République ne reconnaît, ne salarie, ni ne subventionne aucun culte... » En fait, les prêtres âgés reçurent une sorte de pension égale aux trois quarts de leur salaire, et les plus jeunes, à proportion. Mais la loi imposait le retour à l'Etat de tous les édifices cultuels ; l'Etat ne demandait pas mieux que les louer ou les prêter pour les « exercices de la religion », mais après inventaire. Ce furent ces inventaires qui faillirent mettre le feu aux poudres. Ces formalités légales furent présentées, dans les villes (Paris, Lyon) et les régions ultracatholiques (Nord, Ouest surtout) comme des sortes de sacrilèges ; des foules de fidèles s'ameutèrent çà et là, et on dut envoyer la force armée, qui tira quelquefois. De Rome, Pie X jetait de l'huile sur le feu, et interdisait que se constituent les « associations culturelles » qui prendraient en charge les monuments religieux. Les gouvernements français qui suivirent finirent, vers 1907, par trouver une sorte de « modus vivendi », d'autres soucis les talonnant, notamment de durs mouvements sociaux et des crises internationales. Les conflits reprirent quelque peu après la guerre, puis s'apaisèrent. On peut se demander si la Séparation offrit tellement d'inconvénients pour l'Eglise.

MONTÉE DES MOUVEMENTS OUVRIERS ET DES SOCIALISMES

Sur ce point capital, l'actualité des années quatre-vingts n'apporte aucune lumière. Il faut bien savoir que le mouvement ouvrier (très ancien) naquit et grandit en dehors du socialisme, dont il se méfia longtemps ; que les premiers syndicats, « verticaux » (professionnels) ou « horizontaux » (unions locales et bourses du travail), étaient très mal liés à des partis politiques d'ailleurs divisés ; que l'influence de Marx dans la naissance du socialisme français fut tardive (aucune traduction avant 1883, peu de lecteurs avant 1890-1895) et donc faible (sauf sur Jules Guesde), que d'ailleurs il n'y eut jamais un socialisme, malgré la création de la S.F.I.O. en 1905, mais quatre ou cinq groupements, sans compter les anarchistes aux multiples tendances, et les purs révolutionnaires insurrectionnistes. Bien entendu, il s'agissait de faibles minorités, et il n'exista aucun parti communiste avant 1920.

Sans remonter aux corporations d'Ancien Régime, ou au toujours vivant compagnonnage, il est patent que la plupart des ouvriers (surtout les plus spécialisés) avaient toujours constitué des sortes d'amicales, de sociétés de secours mutuel, avec des lieux de réunion et d'information sur les salaires, l'emploi, les patrons et les fournisseurs : groupes mi-clandestins, mi-tolérés. Napoléon III, en leur octroyant le droit de grève, leur avait donné l'amorce d'un statut. Mais leur rôle dans la Commune de Paris et la répression qui suivit les contraignit à un long silence. La loi de 1884 avait surtout reconnu la légalité d'associations antérieures, pas tellement discrètes puisqu'elles avaient tenu quatre congrès nationaux de 1876 à 1880, le premier à Paris, le dernier à Marseille. Désormais, dans l'hostilité patronale (le fait d'être ouvrier syndiqué devenait prétexte à renvoi) et la tolérance gouvernementale, les associations ouvrières se développent dans une grande diversité. Il se crée des associations professionnelles nationales, souvent puissantes : les chapeliers, bons premiers (1879), le livre (1881), les mineurs (1883), les cheminots (1890), ces

dernières puissantes et décidées. D'autres préféraient le
plan local, pratique et chaleureux, avec regroupement
dans une maison à eux, la Bourse du Travail, centre de
renseignements, d'embauche, de documentation, de réunion, de discussion aussi. La première Bourse s'installa à
Paris en 1887 ; cinq ans plus tard, une quinzaine existaient,
qui se fédérèrent lors d'un Congrès à Saint-Etienne, sous
l'enthousiaste impulsion du Nantais Fernand Pelloutier,
attentif à conserver l'originalité de son groupement face
aux ambitions des voisins et néanmoins camarades. Mais il
mourut en 1902, et la C.G.T. constituée à Limoges en
1895, qui avait jusque-là respecté la personnalité des
Bourses, les absorba dans une structure très hiérarchisée
et disciplinée, orientée néanmoins par son secrétaire
général Griffuelhes contre le socialisme politique et contre
le marxisme : dans la Charte d'Amiens (1906) triomphe la
vieille tradition ouvrière et intellectuelle de l'anarcho-
syndicalisme, qui vise à détruire l'Etat par l'action directe,
la grève générale révolutionnaire, si possible internationale, dont on imagine parfois qu'elle empêchera la guerre,
et amènera le « grand soir », la « révolution sociale » et la
prise du pouvoir par le peuple sur les ruines de l'Etat
honni. Rêveries sans doute, mais commune à quelques
dizaines de milliers de militants, peut-être un ouvrier sur
cent, mais qui peut en entraîner d'autres, comme on le vit
lors d'une série de grèves dures : Anzin, 1884 ; Fourmies,
1889 et 1891 (9 morts, 60 blessés) ; Courrières après la
catastrophe qui tua 1 100 mineurs, 1906 ; émeutes de
vignerons languedociens, 1907, soutenus par les soldats du
17e de ligne ; grève des électriciens de Paris, des mineurs,
des facteurs et des instituteurs en 1907 (300 révocations, 20
morts, 600 blessés par balles) ; reprise en 1909 avec les
postiers, en 1910 avec les chemins de fer. Dans tous les
cas, dures réactions du gouvernement, notamment de
Clemenceau, qui se définissait « le premier flic de
France », alors que Briand, astucieusement, se contenta
de mobiliser les cheminots, toute rébellion devenant alors
passible du Conseil de Guerre... L'atmosphère dite de la
« Belle Epoque » comporte des aspects fort divers, sinon
contradictoires.

Que voulaient donc ces ouvriers ? Essentiellement des
augmentations de salaire (qui vinrent, doucement), mais

aussi la diminution de la journée de travail, et un peu plus de considération. Sans reprendre ici le tableau souvent jugé « misérabiliste » d'un monde du travail dont le sort s'est pourtant amélioré un peu en quarante ans, on rappellera seulement le libellé des quelques lois « sociales » que vota, sur le tard, la IIIᵉ république. En 1892 fut interdit le travail des enfants d'âge scolaire (il continua clandestinement, on le payait 10 à 25 % du taux habituel) ; en même temps, la journée de travail fut limitée à dix heures (10), mais seulement pour les mineurs et les femmes. Une loi de 1900 prévoyait la diminution progressive à 60 heures (soixante) de la durée hebdomadaire du travail. Il fallut attendre 1906 pour que le repos hebdomadaire devienne obligatoire : de nombreux ateliers travaillaient en effet le dimanche matin, jusqu'à l'heure de la dernière messe basse, pour nettoyer locaux, matériel et machines. La même année, la C.G.T. osait réclamer les « trois-huit », et quelques-uns parlaient de « semaine anglaise » (samedi après-midi). Deux lois de 1898 avaient reconnu (et promis d'aider) les sociétés de secours mutuel, et tenté de mettre les accidents de travail à la charge des patrons. L'année suivante fut créé le corps des Inspecteurs du Travail, qui aura du mal à s'imposer. Après 4 ans de discussion, fut voté en 1910 un modeste projet de retraites ouvrières et paysannes : patrons, salariés et Etat y contribueraient. Maigre succès, moins du quart des salariés consentant à cotiser. L'affaire réussit mieux chez les mineurs et les cheminots, grâce à la retenue à la source (comme chez les fonctionnaires depuis 1853). Ces réformes ne constituent que des « miettes », affirmait Jules Guesde. Mais elles donnent une idée du sort du monde ouvrier d'avant 1914, qui paraîtrait incroyable à nos contemporains, s'ils le connaissaient. Quant à la première grande législation sociale, elle date du Front Populaire (1936).

Pendant ce temps, au Congrès de Marseille (1908), la C.G.T. de Griffuelhes proclamait que « les travailleurs n'ont pas de patrie », qu'une guerre se ramenait à un « attentat contre la classe ouvrière », qui devrait alors déclencher la « grève générale révolutionnaire ». De telles déclarations, (qui ne furent pas suivies) avaient de quoi inquiéter gouvernement et Etat-Major, qui se préparaient, avec l'aide de la police et du « carnet B », à arrêter syndicalistes, anarchistes et pacifistes en cas de mobilisation — ce qui ne se fit pas (ou très peu), l' « union sacrée » jouant à fond.

A la même époque, il y avait peu à craindre des socialistes, absorbés lentement par le système. Issus de mouvements intellectuels généraux, utopiques, systématiques ou hautement philosophiques qui s'étaient étalés sur tout le XIXᵉ siècle, les socialistes d'après la Commune se sont rarement divisés en moins de cinq « partis », ou « tendances », rarement marxistes, souvent proudhoniens, coopératistes, anarchisants, révolutionnaires, voire « possibilistes » (réformistes). Ils se disputaient puis se réunissaient de temps à autre, comme cela se fit au temps de la première Internationale (1864-1876) déchirée par les querelles entre Marx et Bakounine, puis de la Deuxième (1889). A cette date, les socialistes désunis avaient réussi à faire passer dans les vieux fiefs radicaux (Nord, Centre, Paris, Provence) une vingtaine de députés, 50 en 1893, plus de 100 en 1914. Ils animaient des débats où ils ne se déplaisaient pas forcément. Après avoir condamné l'entrée au ministère de l'un des leurs, Millerand (1899), puis le soutien apporté au « Bloc des Gauches » depuis 1902, la majorité socialiste qu'animait Jules Guesde réussit à regrouper les principales « familles », dont celle de Jaurès, et à former la Section Française de l'Internationale ouvrière (S.F.I.O.) ou Parti Socialiste Unifié, en 1905 seulement. On verra bientôt les anciennes « têtes » du parti prendre congé pour accepter des portefeuilles : Millerand, Briand, Viviani et Guesde bientôt comme le souple Léon Jouhaux glissé à la tête de la C.G.T., dès la déclaration de guerre, au nom de l'Union Sacrée. Quant au grand orateur du groupe, qui aurait voulu réconcilier humanisme et marxisme, patriotisme et pacifisme, il n'eut pas le temps de choisir : un exalté inspiré par l'extrême-droite avait assassiné Jaurès.

Désormais, pour plus de quatre ans, syndiqués et non syndiqués, socialistes et non socialistes vont se retrouver sur le champ de bataille, au fond d'une tranchée ou sous une croix de bois : quarante-trois ans après la défaite et

l'amputation territoriale, la revanche tant voulue surve-
nait, dans un enthousiasme fréquent, mais sans doute
moins universel qu'on a bien voulu le dire.

Comment l'avait-on préparée ?

LA MARCHE À LA REVANCHE

Le traité de Francfort à peine signé, Thiers et l'Assemblée mettaient en chantier la restauration des finances et
de l'économie, ce qui fut fait en deux ans. Dès 1872
(Bismarck protesta) une première loi militaire, instituant
un service actif de cinq ans (avec des exceptions), visait à
hausser l'armée française au niveau de l'armée allemande.
Dès cette époque, et pour plus de quarante ans, fut
entretenue incessamment la flamme patriotique : journal,
image, affiche, poésie, musique, discours, tout y concou-
rait. Gymnastique et pré-entraînement militaire figuraient
au programme des écoles primaires ; les futurs instituteurs,
dressés pendant trois ans à l'Ecole Normale par des
instructeurs militaires, étaient appelés à former les cadres
de réserve de la future armée ; mobilisés, leur discipline et
leur courage leur valut 22 % de tués, amer record
professionnel.

Toute cette formation se heurtait cependant à un
obstacle infranchissable : en 1914 comme en 1871, la
France n'atteignait pas 40 millions d'habitants et l'Allemagne dépassait 60, puis 65 ; par surcroît, sa population
était plus jeune : 44 % de moins de 20 ans au lieu de 34.
Comment compenser cette infériorité numérique ? En
allongeant et en étendant le service militaire actif, et les
jeunes réservistes ; en cherchant des alliés ; en utilisant
l'appoint des troupes coloniales, algériennes ou sénéga-
laises, ce à quoi on ne pensa pas immédiatement. Tant que
Bismarck, jusqu'en 1890, domina l'Europe en surveillant
la France, provoquant à l'occasion des incidents de
frontière, ce fut l'isolement. Par la suite, l'alliance russe
(1893) fut pour ainsi dire achetée, et l'Entente Cordiale
(1904) conclue sur la base de compensations coloniales
réciproques (Egypte contre Maroc, notamment), quand la
Grande-Bretagne eut compris que la puissance maritime,
économique et commerciale de l'Allemagne devenait
insupportable. Or, la Russie, c'était un grouillement

d'hommes et un second front, et l'Angleterre, une marine capable de dominer complètement les mers. Les lois militaires successives visaient à renforcer l'effectif des hommes immédiatement disponibles : dix ans dans l'« active » (dont 5, puis 3, un moment 2 à la caserne), quinze ans dans la « territoriale », soit 25 « classes » mobilisables plus ou moins vite à la veille de la guerre ; en même temps, sauf pour des cas très rares (orphelins de père, aînés de plus de 7 enfants), les trop nombreuses dispenses ou réductions de service qui existaient encore en 1872 furent abolies ; la plus grande résistance vint de ceux qui voulaient exempter prêtres et séminaristes (elle dura 8 ans, de 1881 à 1889) ; l'inadmissible « remplacement » (des riches par les pauvres) avait tout de même été supprimé très tôt.

Les hommes ainsi trouvés, ou presque, il fallait que l'intendance suive. Un gros effort fut accompli, qui réussit inégalement. En voici les éléments.

La richesse française demeurait alors prodigieuse : une monnaie parfaitement stable, des billets de banque toujours convertibles en or, un franc aussi indiscuté que la livre sterling dans les règlements internationaux. Difficile à évaluer, la fortune nationale a pu passer de quelque 120 milliards avant 1870 à environ 300 en 1913 ; mais la propriété foncière n'en représentait plus alors que 40 à 50 %, au lieu des trois quarts sous le Second Empire : une évolution bien normale en période d'industrialisation. Quant au revenu brut, moins difficile à appréhender, il semble avoir largement doublé, la part de l'industrie et de la banque s'étant particulièrement accrue.

Ce que pouvaient faire les Français de tels revenus peut, à distance, paraître curieux. Une importante part thésaurisée, inconnaissable. Une part dans les paisibles placements des diverses Caisses d'Epargne : les locales — 8 500 000 livrets — conservaient 4 milliards de dépôts, déjà gérés par la Caisse des Dépôts et Consignations ; la Caisse Nationale d'Epargne n'avait pas deux milliards de dépôts, mais gérait six millions de livrets. Ces chiffres font rêver, et montrent jusqu'à quel niveau pouvait « descendre » la demi-aisance. A un niveau plus élevé, on a longtemps souscrit à des actions et obligations françaises : près d'un milliard par an de 1892 à 1900 ; mais l'intérêt versé ne dépasse pas 4 %. On donne le double à l'étranger, et une

large partie des capitaux français s'y précipite : à raison de
bien plus d'un milliard par an, on souscrit aux fameux
emprunts russes (plus d'un million et demi de futures
victimes) et aux chemins de fer d'un peu partout, Espagne,
Autriche-Hongrie, Syrie, Chine. Les grandes banques
d'affaires, qui font alors d'énormes profits (couramment
40 à 50 %) sont présentes partout ; Europe, Asie, Afrique,
Amérique latine. En 1872, les valeurs étrangères placées
en France représentaient 12 milliards, le quart du total ; en
1913, 41 % qui font 50 milliards, dont 28 en Europe, 14 en
Russie, voués, pour les trois quarts, à l'évaporation. Dans
ce rôle de banquier du monde, la France n'était alors
dépassée que par l'Angleterre, qui prêtait presque le
double, mais avec cette remarquable différence : la moitié
des investissements extérieurs britanniques allait à l'Empire ; en France, 6 % se dirigeaient vers les colonies.

Car on ne semble pas avoir eu confiance, dans les
milieux politiques, économiques (sauf quelques trafiquants d'ivoire, de caoutchouc ou d'arachide) et dans
l'opinion courante, dans la valeur globale de l'ensemble
colonial dont la IIIe République, continuant l'œuvre
précédente, a doté un pays qui ne s'est vraiment intéressé
à son Empire qu'au moment où il allait se disloquer. Il faut
dire aussi que beaucoup de ces conquêtes lointaines furent
le résultat de hasards ou d'initiatives personnelles : Faidherbe remontant le Sénégal poussé par quelques commerçants ; un amiral, Rigault de Genouilly qui va mouiller à
Saïgon, puis deux autres qui remontent jusqu'au Cambodge ; au Tonkin, un commerçant, Dupuis, qui attire
l'attention sur le Fleuve Rouge ; et un simple consul de
France à Aden qui achète à des tribus somalies la baie de
Tadjoura, où s'installera Djibouti.

La véritable idée coloniale (Algérie exceptée) vient de
Jules Ferry, entre 1880 et 1885. Cet homme intègre, rude
et intelligent voulait que la France s'installe outre-mer, et
cela pour des raisons patriotiques, commerciales, maritimes, politiques, voire religieuses et morales ; il fut mal
compris, et tomba pour son intervention (victorieuse
pourtant) au Tonkin. Avec ses rares amis, il trouva
toujours face à lui un parti anticolonialiste (dont Clemenceau) qui, tout en dénonçant les excès évidents de la
colonisation (expropriation des indigènes, travail forcé)

pensait que de l'argent et des troupes se trouvaient inutilement gaspillés au loin, alors que toute l'attention et la puissance de la Patrie devaient être orientées vers la Revanche et la reprise de l'Alsace-Lorraine.

Il est de fait que les colonies, qui dépendirent longtemps d'au moins trois ministères et connurent tous les statuts (semi-annexion, fédérations, protectorats), coûtèrent bien plus qu'elles ne rapportèrent à la métropole ; d'autre part, elles faillirent conduire à des conflits avec l'Italie (Tunisie, 1881), l'Allemagne (Maroc et Congo, 1905 et 1911), surtout l'Angleterre, notamment en Egypte (Fachoda, 1898) ; sauf l'Algérie, elles furent peu fréquentées par les Français, si casaniers, sauf des aventuriers, des missionnaires et quelques hommes d'élite. Leur apport en marchandises et surtout en combattants fut cependant considérable lors de la « Grande Guerre », à l'issue de laquelle la « métropole » commença, un peu tard, à s'occuper plus sérieusement des terres lointaines que lui avaient laissées la ténacité, le patriotisme ou l'intérêt d'une poignée de soldats, de marins, de marchands et même d'idéalistes.

La préparation économique.

Peu après la guerre de 1870-71, le ministre Freycinet mit sur pied un très important plan de développement des transports, qui fut voté en 1879. Routes et voies ferrées furent considérablement allongées et améliorées ; des canaux nouveaux percés et mis en service ; presque tous les grands ports modernisés et agrandis ; mais le tonnage nc suivait pas : en 1900, la moitié des navires marchaient encore à la voile, et tenaient pourtant le 4e rang mondial pour le tonnage ; en 1913, seulement le 6e, derrière Japon et Norvège, le pavillon français n'assurant plus que le quart du trafic portuaire, pour lequel Marseille tenait, de loin, le premier rang, grâce au canal de Suez et aux colonies. Parallèlement, une importante flotte de guerre était mise en chantier ; elle était loin d'atteindre la perfection de l'allemande, et le tonnage de l'anglaise, dont la protection allait s'avérer précieuse durant la guerre. Mais l'abondance des voies de communication facilita les déplacements de troupes, de marchandises et de munitions.

L'agriculture, enfin convertie à un début de modernisation, commençait à mieux sélectionner semences et bétail et, ayant sextuplé la quantité d'engrais consommés, accroissait ses rendements. Elle a connu quelques crises graves — concurrence américaine, argentine (viande), coloniale (arachide), et surtout phylloxera —, et contraint le gouvernement à rétablir le protectionnisme (Méline, 1892). Mais elle nourrit convenablement le pays, dont le niveau de vie monte, qui consomme désormais du pain blanc, plus de sucre et de viande, et sans doute trop de vin. On pense généralement que les paysans français nourriront à peu près les combattants, en oubliant que, les premiers étant aussi les seconds, il manquera des bras pour les champs... Une main-d'œuvre de fortune (femmes, vieillards, enfants, prisonniers), des importations et un peu de rationnement (pour les pauvres) résoudront le problème.

Il est trop évident que c'était du côté de l'industrie, surtout sidérurgique, qui fournit armes et matériels, qu'il convenait d'effectuer l'effort essentiel, d'autant que l'avance allemande était bien connue. De ce point de vue, la perte du bassin lorrain constituait un grave handicap, que tentèrent de conbler de nouveaux procédés et de nouvelles techniques. De son côté, la production de charbon tripla en 40 ans, mais elle ne suffisait pas, il fallait importer ; l'Allemagne produisait 5 fois plus (et les Etats-Unis, 14 fois...). Production de minerai de fer, de fonte et d'acier parvinrent à un quasi-quadruplement. Mais, pour l'acier seul, la production française représentait moins du tiers de l'allemande (et pas le sixième de l'américaine). Là encore, de sérieuses importations seront nécessaires.

D'autres gros efforts ont été accomplis : l'industrie automobile démarre (les frères Renault, 1899), qui sera si utile, le pneumatique avec les frères Michelin (1889), l'industrie chimique avec le vieux Saint-Gobain (né sous Colbert) à Chauny, puis les usines du Rhône, toutes neuves, tandis que Poulenc (pharmacie, 1816) et Kuhlmann (Loos, 1825, engrais et colorants) étendent et modernisent leur activité.

Tous ces efforts n'ont pas suffi pour porter la France aux tout premiers rangs du monde industriel. Elle est habituellement surclassée par la vigueur, les ressources et l'organisation allemandes, par l'avance et la solidité britanniques, et déjà les Etats-Unis s'apprêtent à dominer le monde, tandis que le Japon rajeuni, qui a vaincu en 1905 le vieil Empire tsariste, commence à s'affirmer.

En somme, un ensemble de conditions économiques moyennement favorables, mais que l'aide anglo-saxonne renforcera.

La décision.

Depuis 1905, deux systèmes d'alliance existaient en Europe. Les incidents entre France et Allemagne se multipliaient, sur un ton fort aigre, principalement au Maroc : pour sauver la paix, le ministre Caillaux avait dû céder à Guillaume II un morceau de Congo (1911). Dans l'Empire ottoman et les Etats qui en étaient issus (Serbie, Grèce, Roumanie, Bulgarie), Russie et Autriche-Hongrie s'opposaient incessamment. L'Angleterre, qui avait apuré ses comptes avec la France, s'inquiétait fort de la puissance croissante de la marine de guerre allemande, et de la pénétration des ingénieurs et des commerçants germaniques dans l'Empire turc et jusqu'en Asie. En fait, depuis le début du siècle, après avoir surmonté une certaine dépression, toutes les industries et tous les groupes d'affaires, en pleine expansion, s'apprêtaient à s'enrichir encore en fabriquant des armes pour détruire des régions qu'elles auraient l'avantage de reconstruire ensuite. Un peu partout, révolutionnaires, pacifistes et socialistes essayaient de prévenir (ou de dévier) la conflagration que chacun sentait proche.

Lorsque l'archiduc héritier d'Autriche fut assassiné à Sarajevo (juin 1914) et que le gouvernement serbe en fut rendu responsable, le mécanisme diplomatique était tel que les premières mesures de mobilisation se préparèrent un peu partout. Pour la France, elles furent publiées le 1er août, dans la chaleur de la moisson et le bruit du tocsin. Le 3, se déclenchait une guerre que les Etats-Majors adverses avaient doctement prévue courte, et qui dura 52 mois.

Depuis la peste noire du xive siècle, c'était la première fois que tant de millions d'hommes étaient appelés à mourir.

Réflexions d'un historien
du XVIIe siècle
sur la période qu'il a vécue

Je n'ai jamais pensé qu'on puisse valablement écrire —
sauf quand on possède la culture quarantenaire et le génie
affirmé d'un Jean-Baptiste Duroselle — l'histoire sereine
de ce qu'on a vécu, à partir de récits familiaux ou de
souvenirs personnels. Ce ne serait que témoignage. La
pratique du métier d'historien — il s'agit bien d'un métier,
qui s'apprend, s'entretient, se perfectionne parfois —
m'autorise seulement à essayer de dégager ce qui me
paraît essentiel pour l'histoire récente du pays où je suis
né, et que j'ai appris à mieux connaître en séjournant dans
quelques autres. Ce qui suit n'est donc qu'un point de vue.

La « revanche » a été glorieusement gagnée, et les
provinces perdues récupérées, plus quelques morceaux
d'Afrique (ceux-là, pour un temps). La joie et l'éclat de la
victoire de 1918 ne sauraient faire oublier qu'elle fut
acquise, outre l'extraordinaire endurance des combattants, par la maîtrise de la marine anglaise, par l'écartèle-
ment entre deux fronts d'une armée adverse plus nombreuse et au début mieux armée ; par le fait aussi que,
lorsque la Russie qui avait pratiquement sauvé le front
ouest durant trois ans, s'effondra et capitula, l'argent, les
navires, le matériel et les soldats des Etats-Unis arrivèrent
successivement, massivement, juste à temps pour faire
échouer la courageuse offensive allemande du printemps
1918, bien réglée par Ludendorff. A partir de là, l'Améri-

que déferlant — un million d'hommes — l'Allemagne sut qu'il fallait rompre et eut l'intelligence de le faire avant que son territoire ne soit envahi, après avoir beaucoup, détruit dans sa retraite, et notamment inondé les mines de charbon du Nord.

La décision finale était donc bien américaine, financièrement et matériellement, mais il avait fallu pouvoir l'attendre ; l'Allemagne, militairement vaincue, gardait intacte sa puissance économique, et n'admettait pas la punition que lui infligea le « diktat » de Versailles ; l'Etat soviétique naissant, vite rassemblé sous la poigne de Lénine et de Trotsky, provoquait la curiosité inquiète des anciens belligérants, vainqueurs ou vaincus, qui allaient tenter en vain de l'annihiler. Mais l'historien sait au moins qu'on n'a jamais vaincu l'immensité russe.

Hégémonie américaine, intégrité allemande, naissance de l'Union soviétique, essor tout juste aperçu du lointain Japon, tels étaient les résultats les plus frappants de la guerre de 14-18.

Quant à la France, que venait d'honorer, avec l'énergie de Clemenceau et la clairvoyance de Foch, le sacrifice de centaines de milliers d'hommes jeunes, elle avait à soigner ses plaies, à reconstruire, et aussi à faire ses comptes.

On ne reprendra pas la pénible statistique des tués, des invalides, des malades, des gazés, des enfants qui manquent et des petits-enfants qui manqueront ; avec une perte de deux millions d'hommes, toute une élite physique et intellectuelle, ce pays qui bientôt fera de moins en moins d'enfants semble ne plus croire en lui. Il faut avoir vu les misères de la crise de 1930-35, les soupes populaires et les chômeurs peu secourus ; il faut avoir senti et entendu le sombre silence qui entoura la mobilisation de 1939 ; il faut avoir découvert sur une simple carte cette admirable ligne Maginot qui s'arrêtait à Sedan (encore !), mais que, plus à l'ouest, continuait l' « infranchissable forêt d'Ardenne » (propos d'un officier supérieur entendu par l'auteur), et ce canal Albert et cette neutralité belge une nouvelle fois invoquée pour soupeser cette « défaillance de l'intelligence et de la volonté » (Marc Bloch) qui précipita la France dans l'humiliation et la fuite de mai-juin 40, démission d'une élite, même militaire, et d'un peuple à qui on avait trop promis qu' « on ne reverrait plus jamais ça », que « ce serait la der des ders » et que d'ailleurs on était si bien défendu...

D'un peuple qui avait réussi à vivre au-dessus de ses moyens apparents alors que s'était évanouie la plus grande partie de sa richesse ancienne. Perdus (sauf pour les malins) les « napoléons » détenus par les braves gens qui les donnèrent à l'Etat, moyennant un peu de papier et un beau diplôme ; perdus, les bons deniers prêtés à l'Empire russe, à l'Empire ottoman, aux Etats d'Europe Centrale, à tant d'autres ; désormais la France, ancien banquier du monde après l'Angleterre, est devenu le principal débiteur, à peu près insolvable (bien qu'elle imagine que « le Boche paiera » les « réparations » promises) des Etats-Unis d'Amérique qui, à leur manière, avaient rendu à La Fayette (intérêts en sus) bien plus qu'il ne leur avait donné.

Quant à la convertibilité des billets, à une stabilité monétaire qui durait depuis 1726, et à des mouvements de prix relativement modérés, tout cela est bien fini. Le temps des dévaluations en boule, des changes croulants et des prix escaladeurs va prendre son essor, à des vitesses variables, et rien de tout cela n'est terminé en 1984. Dans un premier temps, le franc fut dévalué des quatre cinquièmes en 1928 ; par dérision, on l'appelait le « franc-quat'sous ». Malgré la « dépression » d'après 1929, les prix se remirent à monter, et le dollar aussi : à la veille de la Deuxième Guerre mondiale, on en était au franc-deux sous, soit une dévaluation de 90 %.

Vint l'étrange défaite, la longue occupation, l'enfer sur terre, les douleurs silencieuses, les petites lâchetés, les gros bénéfices et les rares héroïsmes, un peu trop chantés. La France exsangue, désolée et pourtant si heureuse d'être libérée en 1944 (essentiellement par les Américains, il arrive qu'on paraisse l'oublier) va connaître, après le franc-deux sous, le franc-presque rien, puisqu'il va perdre encore, dans un envol prodigieux des prix, 98 à 99 % de la valeur qui lui restait, et qu'un ministre pitoyablement astucieux le rebaptisera « centime ». Car ce « centime », c'est tout ce qui reste de la vieille livre-tournois de Louis XV et du franc-germinal de Bonaparte et de M. Thiers : 5 pour un dollar en 1914, plus de 800 en 1984.

Ces avatars monétaires sont naturellement loin de

représenter toute la réalité, et la France ne se réduit pas à sa monnaie, qui n'est qu'un signe parmi d'autres. Il est certain que le « Français moyen » vit bien mieux, matériellement du moins, dans les années 1980 que dans les années 1930, ne serait-ce que grâce aux lois sociales capitales inaugurées par Léon Blum et le Front populaire (congés payés, 40 heures, etc.) et reprises après 1945. Les raisons en sont apparemment connues, mais il se peut que bien des bases soient fragiles. Et puis le bonheur tient-il dans une automobile ou un lave-vaisselle, qui ne sont rien sans essence et électricité ?

Au-delà du fait que la France ne représente plus que 1 % du monde, comme l'a finement dit un augure de passage, il semble malheureusement sûr qu'elle paraît avoir perdu, au-delà des rodomontades officielles ou politiques, ce qui fut sa force et son âme. Il lui restait quelque chose comme un peu de sagesse et d'esprit ; les machineries et les bavardages vont-ils l'étouffer ?

L'on se prend à songer à ceux qui sont morts dans la boue ou dans les chambres à gaz. Etait-ce pour quelque chose ?

CHRONOLOGIE
POLITIQUE

987-1914

HUGUES CAPET (987-996)

987. Proclamé roi par l'Assemblée de Noyon, Hugues est sacré à
Reims par l'archevêque Adalbéron, puis il associe son fils
Robert au trône.

988-991. Lutte entre Hugues et le prétendant carolingien
Charles de Lorraine.

996. Mort de Hugues Capet à Saint-Martin-de-Tours.

ROBERT LE PIEUX (996-1031)

998. Le roi excommunié pour avoir épousé sa parente Berthe de
Bourgogne. Berthe sera répudiée en 1002 et le roi épousera
Constance de Provence.

1006. Expédition du roi en Flandre.

1016. Ayant pris possession de la Bourgogne, héritage de son
oncle Henri (frère de Hugues Capet), le roi octroie le duché à
son second fils Henri.

Début de l'expédition des Normands en Italie du Sud.

1017. Hugues, fils aîné du roi, associé au trône.

1019. Nouvelle expédition du roi en Flandre.

1027. Le deuxième fils du roi, Henri, est associé au trône après
la mort de l'aîné.

1031. Mort de Robert à Melun.

HENRI Ier (1031-1060)

1035. Guillaume le Bâtard succède à son père Robert le Diable comme duc de Normandie.
1051. Mariage du roi avec Anne de Kiev.
1054. Henri Ier, craignant la puissance grandissante de Guillaume de Normandie, l'attaque avec l'aide de Geoffroy d'Anjou, mais est battu à Mortemer.
1059. Philippe, fils du roi, est associé au trône.
1060. Début de la conquête de la Sicile par les Normands. Mort du roi à Vitry-aux-Loges.

PHILIPPE Ier (1060-1108)

1066. Conquête de l'Angleterre par Guillaume, duc de Normandie.
1071. Expédition du roi dans les Flandres : il est vaincu près du mont Cassel.
1076-1077. Début de la querelle des Investitures. L'empereur Henri IV va à Canossa s'incliner devant le pape Grégoire VII.
1079. Alliance du roi avec le fils de Guillaume de Normandie, Robert Courteheuse.
1087. Mort de Guillaume : le duché de Normandie est dévolu à son fils aîné Robert Courteheuse, le royaume d'Angleterre au cadet, Guillaume le Roux.
1094. Excommunication du roi qui a répudié sa femme Berthe de Frise pour épouser Bertrade de Montfort (il se soumettra en 1104).
1095. Prédication de la 1re croisade à Clermont par le pape Urbain II et Pierre l'Ermite.
1096-1099. Première croisade. Prise d'Antioche (1098) et de Jérusalem (1099). Godefroy de Bouillon élu défenseur du Saint-Sépulcre.
1108. Mort de Philippe Ier à Melun.

LOUIS VI LE GROS (1108-1137)

1109-1113. Guerre entre Louis VI et le roi d'Angleterre Henri Ier Beauclerc (elle reprendra en 1116).
1112. Révolte des habitants de Laon contre leur évêque.
1118. Fondation de l'Ordre des Templiers.
1123-1135. Nouvelle guerre contre Henri Ier Beauclerc : l'allié de celui-ci, l'empereur Henri V, envahit la Champagne.

1127. Mariage de Mathilde, fille et héritière de Henri Ier, avec Geoffroy Plantagenêt, héritier du duc d'Anjou.
1130. Couronnement à Palerme du premier roi normand de Sicile, Roger II.
1137. Mariage de Louis le Jeune, héritier du trône, avec Aliénor d'Aquitaine. Mort de Louis VI.

LOUIS VII LE JEUNE (1137-1180)

1142-1144. Lutte entre Louis VII et le comte de Champagne.
1144. Geoffroy Plantagenêt s'empare de la Normandie.
1146. Saint Bernard prêche la deuxième croisade.
1147-1149. Le roi prend part à la croisade, laissant Suger gouverner le royaume.
1152. Divorce du roi : Aliénor épouse Henri Plantagenêt, fils de Geoffroy.
1152-1154. Début de la guerre entre le roi et Henri Plantagenêt, qui devient roi d'Angleterre en 1154 sous le nom de Henri II.
1169. Début de la construction de Notre-Dame de Paris.
1179. Entente entre Louis VII et Henri, fils du roi Henri II, en révolte contre son père. Echec en Normandie.
1179. Traité de Nonancourt avec le roi d'Angleterre.
1180. Mort de Louis VII et avènement de Philippe II Auguste.

PHILIPPE II, DIT PHILIPPE AUGUSTE (1180-1223)

1181. Coalition de grands vassaux contre le jeune roi, qui obtiendra peu à peu leur soumission.
1187. Guerre franco-anglaise. Le roi se lie avec Richard Cœur de Lion, fils d'Henri II d'Angleterre, en rébellion contre son père.
1189-1192. Troisième croisade. Les chefs en sont Philippe Auguste, Richard Cœur de Lion (devenu roi à la mort de son père) et l'empereur Frédéric Barberousse. Prise de Saint-Jean-d'Acre par les Croisés (1191).
1192. Revenu de Terre Sainte pour cause de maladie en décembre 1191, Philippe Auguste s'allie avec Jean Sans Terre, frère de Richard Cœur de Lion, et envahit la Normandie, mais échoue devant Rouen.
1193. Mariage du roi, veuf d'Isabelle de Hainaut, avec Inge-burge de Danemark (qu'il répudiera en 1196 pour épouser Agnès de Méranie).
1194. Début de la guerre contre Richard Cœur de Lion, rentré en Angleterre, qui va s'allier avec les grands féodaux français.

1198-1200. Conflit entre le roi et le pape Innocent III qui exige la répudiation d'Agnès de Méranie et jette l'interdit sur le royaume.

1199. Mort de Richard. Son frère Jean sans Terre lui succède et signe avec Philippe Auguste le traité du Goulet.

1202. Rupture entre Philippe Auguste et Jean sans Terre. La guerre reprend, marquée par le siège et la prise de Château-Gaillard, la conquête de la Normandie et du Poitou par Philippe Auguste.

1203-1204. Quatrième croisade, menée par quelques grands féodaux qui prennent Constantinople et y fondent un empire latin.

1209-1229. Guerre ou « croisade » contre les Albigeois, c'est-à-dire les Cathares, hérétiques du Sud de la France. La direction des opérations est confiée par le pape à Simon de Monfort. Elles déboucheront sur le rattachement à la couronne des états du Comte de Toulouse (de la Garonne au Rhône).

1213. Réconciliation entre Philippe Auguste et Ingeburge.
Coalition entre Jean sans Terre, l'empereur Otton de Brunswick et quelques grands féodaux contre Philippe Auguste.
Victoire de Simon de Montfort à Muret sur Raymond VI de Toulouse et son allié le roi d'Aragon.

1214. Victoires du prince héritier Louis à la Roche-aux-Moines sur Jean sans Terre et de Philippe Auguste à Bouvines sur Otton et ses alliés. Paix de Chinon entre la France et l'Angleterre.

1218. Mort de Simon de Montfort pendant le siège de Toulouse.

1219-1221. Cinquième croisade menée par Jean de Brienne contre les Sarrazins d'Egypte.

1222. Mort de Raymond VI de Toulouse.

1223. Mort de Philippe Auguste.

LOUIS VIII (1223-1226)

1223-1224. Reprise de la guerre contre les Anglais. Les troupes françaises s'emparent du Poitou et de la Saintonge.

1226. Reprise des campagnes contre Raymond VII de Toulouse, conquête du Languedoc et mort de Louis VIII (8 novembre) de maladie, à Montpensier, en Auvergne.

LOUIS IX (SAINT LOUIS) (1226-1270)

1226-1234. Régence de Blanche de Castille, mère du roi mineur.

1226-1229. Révolte des seigneurs contre la Régente, qui les met, peu à peu, à la raison.

1229. Traité de Paris avec Raymond VII de Toulouse qui se soumet.

1233. Institutionnalisation et codification de l'Inquisition.

1234. Majorité du roi. Il épouse Marguerite de Provence.

1242-1243. Coalition des seigneurs appuyés par les Anglais, contre le roi. Victoire de Louis IX sur les Anglais et leurs alliés à Taillebourg et à Saintes.

1244. Prise de Monségur bastion de la résistance cathare et massacre des défenseurs.

1248-1254. Septième croisade, engagée en raison de la prise de Jérusalem par les Turcs (1244) et menée par Saint Louis. Le but de la croisade est l'Egypte. Prise de Damiette (1249), mais défaite des croisés à Mansourah, où le roi est fait prisonnier par les Turcs (1250). Relâché, il gagnera Acre.

1251. En France, la régente mate le soulèvement des pastoureaux.

1252. Mort dc Blanche de Castille.

1254. Retour du roi en France.

1258. Traité de Paris entre Henri III d'Angleterre et Saint Louis.

1261. Disparition de l'empire latin de Constantinople.

1269. Le royaume de Sicile, fief du Saint-Siège, donné à Charles d'Anjou, frère du roi.

1270. Huitième croisade et mort de Saint Louis à Tunis, de maladie (25 août).

PHILIPPE III LE HARDI (1270-1285)

1272. Annexion du comté de Toulouse, dévolu par héritage à Philippe III.

1279. Traité d'Amiens avec le roi d'Angleterre, réglant l'application du traité de Paris.

1282. « Vêpres siciliennes » : massacre des Français établis en Sicile, à la suite des mesures de Charles d'Anjou. Le roi d'Aragon, Pierre III, se fait proclamer roi.

1285. Attaque de l'Aragon par les troupes françaises et mort de Philippe III à Perpignan, sur la route du retour.

PHILIPPE IV LE BEL (1285-1314)

1291. Traité de Tarascon rétablissant la paix entre la France et l'Aragon.

1293. Reprise de la guerre entre la France et l'Angleterre.

1295. Première altération de la monnaie, décidée par le roi pour les besoins de ses finances (elle sera suivie de beaucoup d'autres).
Début des différends entre Philippe le Bel et le pape Boniface VIII, à propos d'impôts levés par le roi sur le clergé français.

1297. Bataille de Furnes gagnée par Robert d'Artois sur les Anglais et les Flamands. Occupation de la Flandre par les Français. Une paix avec les Anglais sera signée à Montreuil (1299).

1301. Reprise du conflit avec le Pape à la suite de l'arrestation par le roi de l'évêque de Pamiers. La bulle *Ausculta fili,* lancée par Boniface en guise de protestation, amène le roi à réunir à Paris des états généraux qui lui donnent raison contre le pape.

1302. Massacre des Français à Bruges. Défaite de Robert d'Artois à Courtrai.

1303. Attentat d'Anagni fomenté par Guillaume de Nogaret représentant du roi de France contre le pape qui mourra peu après.

1304. Victoire de Mons-en-Puelle sur les Flamands. Un traité sera signé avec le comte Robert de Béthune à Athis-sur-Orge (1305).

1305. Le roi fait élire sur le trône pontifical le Français Clément V.

1307. Arrestation des Templiers sous prétexte de vices et d'hérésie et début des procès de chevaliers.

1309-1377. Séjour des papes à Avignon.

1310. Supplice de 54 Templiers, brûlés comme relaps. Confiscation de leurs biens et suppression de l'Ordre (1312).

1314. Supplice du grand maître Jacques de Molay.
Scandale à la cour de France. Deux belles-filles du roi, Marguerite (femme de Louis le Hutin) et Blanche (femme de Charles le Bel) condamnées pour adultère.
29 novembre : Mort de Philippe le Bel.

LOUIS X LE HUTIN (1314-1316)

Après la mort de Philippe le Bel (29 novembre 1314) son fils aîné monte sur le trône. Louis X commence son règne en renvoyant les ministres de son père et en faisant exécuter Enguerrand de Marigny, surintendant des Finances.

1315. *31 juillet :* Le roi épouse Clémence de Hongrie.

1316. *5 juin :* Mort de Louis X.

PHILIPPE V LE LONG (1316-1322)

Louis X n'ayant pas d'héritier mâle (un fils posthume, Jean Ier, 13e roi de France, ne vécut que cinq jours), son frère lui succède, malgré l'existence de Jeanne de France, née du premier mariage du roi défunt avec Marguerite de Bourgogne.

1317. *9 janvier :* Couronnement du roi à Reims. Une assemblée de nobles, de prélats et de bourgeois, confirme Philippe V en excluant des droits à la couronne la postérité féminine de la lignée royale.

1322. *3 janvier :* Mort de Philippe V, sans héritier mâle, son frère lui succède.

CHARLES IV LE BEL (1322-1328)

1324. Reconquête et annexion de la Guyenne (ou Aquitaine) par le roi de France (La Guyenne sera rendue à Edouard III, fils d'Edouard II d'Angleterre et d'Isabelle de France, par un traité le 31 mars 1327 contre une indemnité en argent.)

1328. *Ier février :* Mort de Charles IV, sans héritier mâle. C'est la fin des Capétiens directs.

PHILIPPE VI (1328-1350)

A la mort de Charles IV, sa veuve, la reine Jeanne d'Evreux, étant enceinte, la régence est provisoirement donnée à Philippe de Valois, petit-fils de Philippe le Hardi par son père Charles de Valois. Une fille étant née le 1er avril 1328, Philippe monte sur le trône sous le nom de Philippe VI, au détriment d'Edouard III d'Angleterre, petit-fils de Philippe le Bel par sa mère, Isabelle de France.

1328. *23 août :* Bataille de Cassel gagnée par Philippe VI sur les Flamands.

1329. *3 juin :* A Amiens, Edouard III rend hommage au roi de France, son suzerain pour son fief d'Aquitaine.

1336. Philippe VI envoie des secours aux Ecossais en lutte contre le roi d'Angleterre.

Robert d'Artois, entré en discussion avec le roi de France à propos d'un héritage et convaincu de faux, se réfugie en Angleterre où il presse Edouard III de revendiquer ses droits à la couronne de France.

1337. *Mai :* Confiscation de la Guyenne par Philippe VI, pour cause de manquement au devoir féodal.

Edouard III annule son hommage au roi de France et revendique l'héritage capétien : c'est le début de la guerre de Cent ans.

1339. Les Flamands révoltés s'allient à Edouard III qu'ils reconnaissent pour roi de France. Prise de Cambrai par les Anglais.

1339. *24 juin :* Bataille navale de l'Ecluse gagnée par les Anglais sur la flotte française.

1341. Affaire de l'héritage de Bretagne. Le duc de Bretagne Jean III étant mort sans enfant, deux prétendants réclament l'héritage : Charles de Blois, neveu par alliance du défunt, soutenu par le roi de France et Jean de Montfort, son frère, qui a l'appui du roi d'Angleterre. La guerre reprend entre les belligérants.

1343. Le pape ménage une nouvelle trêve.

1345. Reprise de la guerre franco-anglaise.

1346. *26 août :* Bataille de Crécy gagnée par les troupes d'Edouard III sur la chevalerie française.

26 septembre 1346 (jusqu'au 6 août 1347) : Siège et prise de Calais par les Anglais. Six bourgeois de la ville se présentent pieds nus et la corde au cou devant les vainqueurs. Une trêve est signée.

1347. Le traité d'alliance est signé entre Philippe VI et l'empereur Charles IV.

1347-1348. La peste noire sévit en France.

1349. *30 mars :* Par le traité de Romans, le Dauphiné est acheté à Humbert III par le roi de France; il devient dès lors l'apanage du prince héritier qui prendra le titre de dauphin.

Avril : Achat de Montpellier au roi Jacques III de Majorque.

1350. *22 août :* Mort de Philippe VI.

JEAN II DIT LE BON (1350-1364)

1354. *8 janvier :* Assassinat à Laigle du connétable Charles de la Cerda (Charles d'Espagne), favori du roi de France, par Charles de Navarre (Charles Le Mauvais), petit-fils de Louis le Hutin par sa mère Jeanne et gendre de Jean le Bon. Charles le Mauvais s'allie avec Edouard III. Le roi de France se sentant faible pour lutter se réconcilie momentanément avec son gendre.

1355. Reprise de la guerre. Le prince de Galles (le prince Noir) ravage le Languedoc.

1356. *5 avril :* Arrestation de Charles le Mauvais par ordre royal.

19 septembre : Bataille de Poitiers gagnée par le prince Noir sur les troupes françaises. Jean est fait prisonnier. A la suite de ce désastre, le royaume est administré par le dauphin Charles. Les états généraux se réunissent à Paris. Etienne Marcel, prévôt des marchands, et Robert Le Coq, évêque de Laon, exigent la réunion des conseillers du roi et l'institution d'un nouveau conseil ; ils réclament en outre la mise en liberté de Charles le Mauvais. Le dauphin, se sentant trop faible pour résister, semble céder.

1357. Une nouvelle réunion des états généraux aboutit à la rédaction d'une *Grande Ordonnance* prétendant imposer à la royauté le contrôle et la collaboration des états et la réforme de l'administration. Une trêve est signée avec les Anglais. Charles le Mauvais, libéré, arrive à Paris et excite la population contre le dauphin.

1358. Traité de Londres, signé par Jean le Bon prisonnier. Outre une grosse rançon, celui-ci s'engage à céder la Guyenne, le Poitou, la Saintonge, le Limousin, le Quercy et le Rouergue à Edouard III qui, en échange, renoncera au trône de France. A Paris, massacre de deux maréchaux par ordre d'Etienne Marcel dans l'appartement du dauphin. Celui-ci s'enfuit à Meaux où les états généraux de Compiègne lui accordent des subsides. Il prend le titre de régent. Dans l'Ile-de-France des bandes de paysans, exaspérés par la misère et conduits par Guillaume Carle, pillent les châteaux. Cette jacquerie est réprimée. Carle est fait prisonnier par les troupes de Charles le Mauvais. Tandis que le régent fait le siège de Paris, Etienne Marcel, qui a appelé à son aide Anglais et Flamands, est massacré par des bourgeois à la tête desquels se trouve Jean Maillard (31 juillet). Le dauphin rentre alors dans la ville.

1359. Deuxième traité de Londres. Jean le Bon n'ayant pu verser sa rançon doit promettre de céder à Edouard III, en plus des premières revendications territoriales, la Touraine, le Maine, l'Anjou et des régions côtières comprises entre la Somme et Calais. Le dauphin et les états généraux jugent ce traité inacceptable et la guerre reprend. Les Anglais envahissent le Nord de la France et la Bourgogne.

1360 *8 mai : Traité de Brétigny.* Edouard III renonce au trône de France mais garde Calais, le Poitou, l'Angoumois, la Saintonge, le Limousin, le Périgord, la Guyenne. Le roi est libéré après un versement de 3 millions d'écus d'or mais deux de ses fils cadets se constituent prisonniers à sa place.

1361. *Réunion de la Bourgogne au royaume après la mort du dernier duc Philippe de Rouvres* (et au dépens de Charles le Mauvais). *Le roi donnera le duché en apanage à son fils Philippe le Hardi.*

1363-1364. Reprise de la guerre, après la fuite d'un des deux fils du roi retenus chez les Anglais. Jean le Bon retourne se constituer prisonnier et meurt en Angleterre le 8 avril 1364.

CHARLES V LE SAGE (1364-1380)

1364. *16 mai* : Victoire de Cocherel gagnée par du Guesclin sur Charles le Mauvais, allié des Anglais.

1365. Traité d'Avignon entre Charles V et Charles le Mauvais qui cède au roi des places de la Seine et reçoit en échange Montpellier.

1365. Les « grandes compagnies » qui ravagent les campagnes sont conduites par du Guesclin en Espagne pour combattre le roi de Castille Pierre le Cruel auquel son frère Henri de Trastamare dispute la couronne. Celui-ci monte sur le trône de Castille. Bataille de Navarette, gagnée sur du Guesclin par les Anglais venus au secours de Pierre le Cruel. Du Guesclin est fait prisonnier (1367) : sa rançon sera payée par le peuple de France.

1369. Victoire de du Guesclin à Monteil sur Pierre le Cruel. En France reprise de la guerre franco-anglaise.

1371. Alliance entre Edouard III et le duc de Bretagne Jean de Montfort ; débarquement des Anglais en Bretagne.

1372. Conquête de la Bretagne par du Guesclin.

1373. Grande chevauchée du duc de Lancastre de Calais à Bordeaux.

1374-1375. Pourparlers de paix sous les auspices du pape.

1377. Reprise de la guerre. Mort d'Edouard III. Richard II, un enfant, lui succède.

1380. *13 juillet* : Mort de du Guesclin devant Châteauneuf-de-Randon.

16 septembre : Mort de Charles V.

CHARLES VI LE FOU (1380-1422)

Le roi étant encore mineur, le royaume est gouverné par ses oncles les ducs d'Anjou, de Bourgogne (Philippe le Hardi), de Bourbon.

1382. A Paris révolte des Maillotins qui protestent contre le poids des impôts. L'agitation est réprimée.

1385. Mariage du roi avec Isabeau de Bavière.

1388. Gouvernement personnel du roi. Il congédie ses oncles et rappelle les anciens conseillers de son père (les Marmousets).

1392. Première crise de folie du roi (après l'attentat fomenté contre le connétable de Clisson par Pierre de Craon). Le pouvoir passe aux mains du duc de Bourgogne, les Marmousets étant évincés.

1393. « Bal des ardents », au cours duquel le roi échappe de justesse à la mort.

1396. Pourparlers de paix avec les Anglais, Mariage d'Isabelle, fille de Charles VI, avec Richard II.

1399. Richard II est détrôné, puis sans doute assassiné (1400) par son cousin Lancastre qui devient roi sous le nom d'Henry IV.

1404. Mort du duc de Bourgogne Philippe le Hardi. Son fils Jean sans Peur lui succède. *Début des rivalités entre les ducs de Bourgogne et d'Orléans.*

1407. Assassinat du duc d'Orléans, frère du roi, par ordre de Jean sans Peur. La France se scinde en deux camps, Armagnacs et Bourguignons. Bernard d'Armagnac, qui deviendra le beau-père de Charles d'Orléans prend le parti de celui-ci contre le duc de Bourgogne.

1411. Entrée du duc de Bourgogne à Paris.

1412. Les Armagnacs vendent la Guyenne aux Anglais.

1413. Mort d'Henry IV de Lancastre. Son fils Henry V lui succède. A Paris, « Ordonnance cabochienne ». A la faveur des troubles, l'écorcheur Caboche, protégé par Jean sans Peur, soulève les populations contre l'autorité royale et publie une ordonnance de réformes. Mais les cabochiens sont vaincus par Charles d'Orléans qui rentre dans la ville. Jean sans Peur s'enfuit, l'ordonnance est annulée. Une répression s'ensuit.

1414. Paix (éphémère) à Arras entre Armagnacs et Bourguignons.

1415. *25 octobre :* Reprise de la guerre franco-anglaise. Débarqué en Normandie Henry V écrase à Azincourt les troupes françaises. Le duc d'Orléans est fait prisonnier.

1416. Entrevue entre Henri V et Jean sans Peur à Calais. Ils s'entendent contre le roi de France.

1417. Le dauphin Charles se fait nommer lieutenant-général du royaume (l'année suivante il prendra le titre de régent). Les troupes d'Henry V conquièrent la Normandie. La reine Isabeau, réfugiée à Troyes, organise un gouvernement rival de celui de son fils, avec l'appui des Bourguignons.

1418. A Paris, massacre des Armagnacs par les Bourguignons. Le dauphin s'enfuit de la ville.
29 juillet 1418-19 janvier 1419 : Siège et prise de Rouen par les Anglais.
1419. *10 septembre* : Assassinat de Jean sans Peur au pont de Montereau par un Armagnac, Tanguy du Chatel. Philippe le Bon devient duc de Bourgogne et signe la convention de Rouen avec les Anglais.
1420. *21 mai* : Traité de Troyes entre la France et l'Angleterre.
1421. Victoire du dauphin à Beaugé sur les Anglais.
1422. *31 août* : Mort d'Henry V (laissant un fils de dix mois).
21 octobre : Mort de Charles VI.

CHARLES VII (1422-1461)

1422. *30 octobre* : Le dauphin se proclame roi à Mehun-sur-Yèvre sous le nom de Charles VII, en dépit du traité de Troyes qui lui a enlevé ses droits à la couronne.
1423. *Janvier* : Alliance d'Amiens entre le duc de Bedford, frère du défunt roi d'Angleterre, Henry V, et soi-disant régent de France (pour le compte de son neveu Henry VI), avec les ducs de Bourgogne et de Bretagne.
1424. *17 août* : Défaite française à Verneuil. Un rapprochement franco-bourguignon s'ébauche.
1428. *Mai* : Première démarche de Jeanne d'Arc, bergère lorraine, auprès du seigneur de Baudricourt, à qui elle demande une escorte pour aller trouver le roi Charles VII et délivrer le royaume des Anglais.
Octobre : Début du siège d'Orléans par les Anglais. La ville est défendue par Dunois, bâtard d'Orléans.
1429. *12 février* : « Journée des harengs », coup de main manqué, près d'Orléans, sur un convoi de ravitaillement anglais.
25 février : Jeanne d'Arc comparaît à Chinon devant le roi, qui lui confie une petite armée.
8 mai : Jeanne d'Arc délivre Orléans. Après une victoire à Patay (18 juin), elle conduit Charles VII se faire sacrer à Reims (1er juillet) mais échoue dans une tentative pour reprendre Paris (8 septembre).
1430. *24 mai* : Jeanne blessée et faite prisonnière à Compiègne par Jean de Luxembourg qui la livrera aux Anglais.
1431. *30 mai* : Jeanne est brûlée à Rouen, après un long procès, comme hérétique et relapse.
16 décembre : Henry VI, fils du feu roi d'Angleterre Henry V et de Catherine de France, est sacré roi de France à Notre-Dame de Paris en raison des dispositions du traité de Troyes.

1433. A la cour de Charles VII, conjuration menée par le connétable de Richemont et aboutissant au renvoi de La Trémoille, favori du roi.

1435. *14 septembre :* Mort à Rouen du duc de Bedford.
21 septembre : Traité d'Arras entre Charles VII et le duc de Bourgogne, qui se détache du camp anglais.
30 septembre : Mort d'Isabeau de Bavière, mère de Charles VII.

1436. Reconquête de l'Ile-de-France par les troupes de Charles VII.

1437. *12 novembre :* Entrée triomphale de Charles VII à Paris.

1438. *7 juillet :* Promulgation de la *Pragmatique Sanction de Bourges.*
Début de la reconquête de la Guyenne sur les Anglais.

1440. Jacques Cœur devient grand argentier, puis principal conseiller de Charles VII.
Exécution de Gilles de Rais, maréchal de France, pour de nombreux crimes.

1440-1441. La « Praguerie », révolte des seigneurs et du dauphin Louis. Elle est matée par le roi.

1444. *28 mai :* Trêve de Tours avec les Anglais (elle durera jusqu'en 1449).

1445. *26 mai :* Grande ordonnance sur la réorganisation de l'armée.

1448. *28 avril :* Création du corps des francs-archers.
Juin : Siège et prise du Mans par les troupes royales.

1449-1450. Reconquête de la Normandie sur les Anglais. Victoire de Formigny (15 avril 1450).

1450. *11 février :* Mort d'Agnès Sorel, maîtresse du roi.

1451. *31 juillet :* Arrestation de Jacques Cœur pour cause de malversation (il sera condamné, après procès, en mai 1453).

1452-1453. Reconquête de la Guyenne — Victoire de Castillon sur les Anglais (17 juillet 1453), capitulation de Bordeaux (19 octobre). — Les Anglais ne tiennent plus en France que Calais.
Avril : Ordonnance de réformation de la justice.

1455-1456. Procès de réhabilitation de Jeanne d'Arc.

1456. Le dauphin Louis, en lutte ouverte contre son père, se réfugie à la cour du duc de Bourgogne.

1461. *22 juillet :* Mort de Charles VII à Mehun-sur-Yèvre. Son fils, le dauphin Louis, lui succède.

LOUIS XI (1461-1483)

1461. *Novembre :* Abolition de la *Pragmatique Sanction.*

1462. *9 mai :* Traité de Bayonne avec le roi d'Aragon.

1463. *Septembre :* Rachat par le roi au duc de Bourgogne. Philippe le Bon des villes de la Somme.

1465. Une « ligue du Bien public » se forme entre les seigneurs contre le roi ; Charles le Téméraire, fils de Philippe le Bon, en prend la tête avec le frère du roi, le duc de Berry. Bataille indécise de Montlhéry entre les troupes royales et les ligueurs, suivie des traités de Conflans et de Saint-Maur.

1467. *14 juin :* Mort de Philippe le Bon. Charles le Téméraire lui succède.

1468. *Octobre :* Entrevue et traité de Péronne entre Louis XI et Charles le Téméraire. Reddition et sac de la ville de Liège révoltée contre son duc (et avec laquelle s'était allié Louis XI). Le roi, humilié, doit se soumettre aux volontés du duc de Bourgogne, à qui il rend les villes de la Somme.

1469. *29 août :* Louis XI donne à son frère le duché de Guyenne pour l'éloigner du Téméraire.

1470. Fondation à Paris d'un atelier d'impression par Guillaume Fichet, recteur de l'Université. Les états généraux de Tours annulent le traité de Péronne.

1472. Nouvelle coalition féodale contre le roi et mort subite du duc de Guyenne. Charles le Téméraire ouvre les hostilités contre Louis XI mais échoue au siège de Beauvais (où s'illustre Jeanne Hachette). Une trêve est signée (novembre).

1473. *Novembre :* Mariage de la fille aînée du roi, Anne, avec Pierre de Beaujeu.

1474. *Octobre :* Alliance entre la France et les cantons suisses contre Charles le Téméraire.

1475. Entrée des troupes françaises en Bourgogne, en Picardie et en Franche-Comté. Traité de Picquigny avec Edouard IV d'Angleterre appelé en France par les Bourguignons, mais qui tourne casaque.

1476. Victoire des Suisses sur Charles le Téméraire à Grandson (2 mars) et Morat (22 juin).

1477. Défaite et mort du Téméraire devant Nancy (7 janvier). Le roi prend officiellement possession de la Bourgogne. Entrée des troupes françaises en Picardie (mars). Mariage de Marie de Bourgogne avec Maximilien d'Autriche (19 août).

1479. *7 août :* Bataille indécise de Guinegate entre Français et Impériaux.

1480. *10 juillet :* Mort de René d'Anjou. Après la mort de son neveu et héritier, Charles du Maine (déc. 1481), le Maine, l'Anjou et la Provence rentreront dans le domaine royal.

1482. *27 mars* : Mort de Marie de Bourgogne. Par le traité d'Arras, signé avec Maximilien, le roi obtient la Bourgogne, le comté de Boulogne et les villes de la Somme (21 décembre).

1483. *30 août* : Mort de Louis XI à Plessis-lez-Tours. Avènement de Charles VIII.

CHARLES VIII (1483-1498)

1484. Le roi étant âgé de 13 ans la Régence est exercée par sa sœur aînée Anne de Beaujeu.
Réunion des états généraux au grand complet.

1485-1488. Le duc d'Orléans, futur Louis XII, s'allie avec le duc de Bretagne François II contre la Régente. C'est la « guerre folle ». Ils sont défaits à Saint-Aubin-du-Cormier (1488) où Orléans est fait prisonnier. Le duc de Bretagne doit signer le traité de Sablé.

1491. Mort du duc de Bretagne. Anne de Beaujeu arrange le mariage de son frère Charles VIII avec Anne de Bretagne, héritière du duché, préparant ainsi le rattachement de la Bretagne à la France. Fin de la tutelle des Beaujeu.

1492. Gouvernement personnel de Charles VIII. Héritier du roi René d'Anjou, Charles VIII nourrit des prétentions sur le royaume de Naples. Il est en outre appelé en Italie par Ludovic Sforza, oncle du duc de Milan Jean Galeas qui veut un allié contre Ferdinand Ier de Naples. Avant de passer les Alpes, Charles VIII signe les traités d'Etaples avec le roi d'Angleterre à qui il promet 745 000 écus d'or pour prix de sa neutralité, de Barcelone avec le roi d'Espagne Ferdinand le Catholique à qui il retrocède le Roussillon, et de Senlis avec Maximilien d'Autriche qui reçoit l'Artois et la Franche-Comté (1493).

1494. *Septembre* : Le roi passe les Alpes.

1495. Entrée de Charles VIII à Naples, d'où s'est enfui le nouveau roi Ferdinand II. Mais une ligue est fomentée par le pape contre les Français avec l'empereur, Ludovic Sforza (devenu duc de Milan à la mort de son neveu), le roi d'Espagne et Venise. Charles VIII quitte Naples, qu'il laisse à la garde de Gilbert de Montpensier. Il bat à Fornoue (6 juillet) les coalisés et rentre en France. Ferdinand II revient à Naples et chasse Montpensier qui capitulera à Atella (20 juillet 1496).

1498. *7 avril* : Mort accidentelle de Charles VIII à Amboise.

Charles VII étant mort sans enfants, la couronne revient à Louis d'Orléans, arrière-petit-fils de Charles V. Après avoir répudié sa femme Jeanne, fille de Louis XI, le roi épouse Anne de Bretagne, veuve de son prédécesseur. Louis XII nourrit les mêmes prétentions que Charles VIII sur Naples. En outre, petit-fils de Valentine Visconti (elle-même fille du premier duc de Milan Jean Galeas), il déclare avoir des droits sur le duché de Milan, aux dépens des Sforza. Après avoir conclu des alliances avec Venise et avec les Suisses, il passe les Alpes avec son armée.

1499. *Août-octobre :* Conquête du Milanais par les troupes françaises et fuite de Ludovic Sforza.

1500. *Février :* Réoccupation de Milan par les troupes de Ludovic.

Avril : Victoire de Novare gagnée par La Tremoille sur Ludovic, qui est fait prisonnier. En vue d'une conquête en commun du royaume de Naples, Louis XII s'allie avec le roi d'Espagne Ferdinand le Catholique (traité de Grenade).

1501. Conquête du royaume de Naples (d'où s'enfuit le roi Frédéric II) par les troupes franco-espagnoles. Mais les opérations terminées, la guerre éclate entre les alliés.

1503. Défaites françaises de Seminara et Cerignole devant les Espagnols et perte de Naples. Bayard s'illustre au pont du Garigliano.

1504. Reddition des troupes françaises à Gaëte. Louis XII signe le traité de Blois avec l'Espagne et s'allie avec Maximilien d'Autriche. Il accepte de fiancer sa fille Claude à Charles d'Autriche à qui elle devra apporter en dot les duchés de Bretagne, de Bourgogne et Milan.

1506. Annulation du traité de Blois par les états généraux de Tours. Claude est fiancée à François d'Angoulême, héritier du trône (elle l'épousera en 1514).

1508. Ligue de Cambrai contre Venise (le pape Jules II, le roi de France, l'empereur Maximilien, les rois d'Espagne et d'Angleterre).

1509. *14 mai :* Victoire d'Agnadel gagnée par les Français sur les Vénitiens.

1511. Formation contre la France d'une « sainte ligue » comprenant le pape, les rois d'Angleterre et d'Espagne, Venise et les Suisses.

1512. Lefèvre d'Etaple publie des *Commentaires sur les épîtres de saint Paul,* il proclame l'autorité souveraine des Ecritures et la doctrine de la justification par la foi. Février-avril : Victoire de Gaston de Foix à Bologne, Brescia, Ravenne (où il trouve la mort). Son successeur La Palice bat en retraite.

1513. Victoire des Suisses à Novare sur les Français qui évacuent l'Italie (juin). Invasion de la France. Capitulation de La Tremoille à Dijon et paix avec les Suisses. Bataille de Guinegatte gagnée par Henry VIII d'Angleterre sur la cavalerie française. Le traité de Londres est signé entre les deux rois. Louis XII, devenu veuf, épouse la sœur d'Henri VIII (oct. 1514).

1515. *1er janvier* : Mort de Louis XII.

FRANÇOIS Ier (1515-1547)

Louis XII n'ayant pas de fils, la couronne passe à François d'Angoulême, arrière-petit-fils de Charles V (et gendre du défunt). François Ier part aussitôt reconnaître ses droits sur le Milanais.

1515. *13-14 septembre* : Victoire de Marignan gagnée sur les Suisses, alliés du duc de Milan.

1516. Traité de Noyon entre les rois de France et d'Espagne. La France gardera le Milanais et l'Espagne le royaume de Naples. Une « paix perpétuelle » est signée avec les cantons suisses. Concordat de Bologne, entre François Ier et le pape Léon X. Les archevêques, évêques et abbés de France seront nommés par le roi et recevront l'investiture canonique du pape.

1517. Traité de Cambrai entre François Ier, l'empereur Maximilien et Charles d'Espagne.

1519. Début de la construction du château de Chambord. Après la mort de Maximilien (12 janvier), François Ier pose sa candidature à la couronne impériale. Mais c'est Charles d'Espagne, petit-fils de Maximilien par son père et de Ferdinand le catholique par sa mère, qui est élu le 28 juin (Charles Quint).

1520. *7-24 juin* : Entrevue du camp du Drap d'Or entre les rois de France et d'Angleterre (Henri VIII).

1522-1526. Première guerre contre Charles Quint. Elle éclate en Navarre, en Flandre et en Italie. Défaite de la Bicoque (1522) et perte du Milanais. Le connétable de Bourbon, en discussion avec le roi au sujet d'un héritage, passe au service de Charles Quint (1523). Désastre des Français en Italie et mort de Bayard (1524). Les Impériaux envahissent la Provence mais doivent rétrograder (1524). François Ier, passé en Italie, est vaincu et fait prisonnier à Pavie (24 février 1525). Louise de Savoie, sa mère, prend la régence.

1526. *14 janvier* : Traité de Madrid entre François (alors prisonnier) et Charles Quint. François Ier promet de restituer la Bourgogne à Charles Quint, de renoncer à ses droits sur Naples et le Milanais et à sa suzeraineté sur la Flandre et l'Artois. Une fois entré en France, il refuse de ratifier le traité, s'unit contre Charles Quint avec le pape, les Vénitiens et divers princes italiens.

1527. Sac de Rome par les troupes du connétable de Bourbon, qui est tué pendant l'assaut.

1528-1529. Seconde guerre contre Charles Quint. Campagne de Lautrec en Italie du Sud. Vain siège de Naples et mort de Lautrec. Une paix (« paix des Dames ») est signée à Cambrai (3 août 1529) François Ier conservera la Bourgogne, Charles Quint le royaume de Naples. François Marie Sforza est reconnu duc de Milan.

1530. François Ier fonde le Collège de France.

1531. Mariage du roi (veuf de Claude) avec Eléonore, sœur de Charles Quint. Mort de Louise de Savoie.

1532. Réunion de la Bretagne à la couronne de France.

1533. Traité d'Augsbourg avec les princes protestants d'Allemagne.

Réorganisation de l'armée et création de légions d'infanterie. A Paris, fondation de la Société de Jésus par Ignace de Loyola. Affaire des placards (des placards injurieux pour le pape et les évêques ayant été affichés, plusieurs personnes sont arrêtées et exécutées).

1534-1535. Exploration du Canada par Jacques Cartier.

1536. Signature des « capitulations » avec les Turcs.

1536-1537. Troisième guerre contre Charles Quint à propos de la Savoie.

Invasion de la Provence par Charles Quint qui assiège en vain Marseille (1536). Victoire de Montmorency au Pas de Suse.

1538. Entrevue d'Aigues-Mortes entre les deux souverains. François Ier gardera la Savoie et Charles le Milanais.

1539. Ordonnance de Villers-Cotterêts : tous les jugements et actes officiels seront désormais rendus en français.

1542-1544. Quatrième guerre contre Charles Quint.

Attaques française dans les Pyrénées orientales (échec devant Perpignan) et turque devant Nice (possession du duc de Savoie).

Victoire française de Cérisoles sur les Impériaux (1544) mais les Anglais qui ont envahi la France prennent Boulogne tandis que les Impériaux entrent en Champagne.

François Ier signe avec Charles Quint le traité de Soissons (ou de Crépy-en-Valois) (1544).

1546. *6 juin :* Signature du traité d'Ardres avec l'Angleterre.

François Ier promet une grosse rançon pour récupérer Boulogne.

3 avril : Exécution d'Etienne Dolet pour cause d'hérésie.

1547. *31 mars :* Mort de François Ier.

HENRI II (1547-1559)

L'hérésie protestante s'étendant à travers le pays, Henri II va se montrer plus intransigeant que son père. Création d'une nouvelle Chambre de justice au Parlement de Paris, la « chambre ardente ».

1549. Publication de *Défense et illustration de la langue française* par du Bellay.

1550. Les *Odes* de Ronsard.

Rachat de la ville de Boulogne aux Anglais.

1551. Edit de Châteaubriand codifiant les mesures à prendre contre les hérétiques. Négociations avec les princes protestants d'Allemagne qui, en échange de l'appui donné par le roi contre Charles Quint, lui reconnaissent le droit d'occuper les trois évêchés Metz, Toul et Verdun.

1552-1556. Nouvelle guerre contre Charles Quint. Les troupes impériales assiègent en vain Metz ; elles envahissent la Picardie (capitulation de Thérouanne). En Italie capitulation de Sienne devant les troupes impériales.

1555. Bernard Palissy trouve le secret de l'émail.

1555-1556. Abdication de Charles Quint au profit de son fils Philippe II.

1556. Trêve de Vaucelles entre Henri II et Philippe II.

1557. La guerre reprend contre Philippe II et son alliée Marie Tudor, reine d'Angleterre.

Invasions de la Picardie par les Anglo-Espagnols, tandis que le duc de Guise subit des échecs en Italie. Défaite de Montmorency à Saint-Quentin devant les Impériaux et capitulation de la ville.

1558. Reprise de Calais, puis de Thionville par le duc de Guise.

Mariage du dauphin François avec Marie Stuart.

1559. *3 avril :* Traité du Cateau-Cambrésis entre Philippe II et Henri II. La France garde Calais, les trois évêchés, Saint-Quentin, mais renonce à ses droits sur l'Italie.

25 mai : Réunion à Paris du premier synode calviniste qui rédige une « confession de foi ».

2 juin : Edit d'Ecouen, prescrivant des persécutions contre les hérétiques.

10 juillet : Mort d'Henri II à la suite d'une blessure reçue dans un tournoi.

FRANÇOIS II (1559-1560)

Le jeune roi de quinze ans trouve à la cour deux partis hostiles : celui des Guise, oncles de sa femme Marie Stuart, ardents catholiques, et celui des Bourbons.

1559. Edit de Villers-Cotterêts, prescrivant de raser les maisons où se tiendraient des prêches protestants.

1560. Echec de la conjuration d'Amboise, Michel de l'Hospital, un « sage », devient chancelier (30 juin).
Mort de François II (3 décembre).

CHARLES IX (1560-1574)

A François II succède son frère âgé de dix ans. Catherine de Médicis, sa mère, prend la régence.

1562. *17 janvier :* Edit de Saint-Germain autorisant les protestants à s'assembler hors des grandes villes.

1562-1563. Première guerre de Religion. Après le massacre d'un groupe de protestants à Vassy (1er mars) la guerre commence entre catholiques et protestants. Ceux-ci demandent l'appui de la reine Elisabeth d'Angleterre, tandis que les Guise recherchent l'aide du roi d'Espagne, du pape, du duc de Savoie.

1563. *Février :* Assassinat du duc de Guise par Poltrot de Méré.
19 mars : Paix d'Amboise : le culte calviniste est autorisé dans les villes de majorité protestante, mais les huguenots restent exclus des charges publiques.
28 juillet : Le Havre est repris aux Anglais.
18 août : Proclamation de la majorité du roi.

1564. Pose de la première pierre du château des Tuileries.
12 avril : Paix de Troyes avec les Anglais, qui reconnaissent à la France la possession de Calais.
24 août : Edit de Roussillon fixant le début de l'année au 1er janvier au lieu de la veille de Pâques.

1564-1566. Voyage de Catherine de Médicis et du roi à travers le royaume.

1567-1568. Deuxième guerre de Religion. Fuite de la famille royale de Monceau à Meaux, puis à Paris, devant les chefs protestants.

1568-1570. Troisième guerre de Religion. Les protestants s'allient avec Guillaume de Nassau et les reîtres allemands, mais sont vaincus à Jarnac, puis à Montcontour (3 octobre). Une paix conclue à Saint-Germain (8 août 1570) accorde la liberté de culte aux protestants et leur octroie quatre villes (La Charité, Cognac, Montauban, La Rochelle).

1572. *18 août :* Mariage d'Henri de Béarn, roi de Navarre, avec Marguerite de Valois, sœur du roi.

22 août : Les partisans des Guise tentent d'assassiner l'amiral de Coligny, qui n'est pas blessé.

24 août : Massacres de la Saint-Barthélemy. Coligny est tué.

1573. Quatrième guerre de Religion. Les ducs d'Anjou et d'Alençon, frères du roi, mettent le siège devant La Rochelle. Une paix est signée et l'édit de Boulogne reconnaît la liberté du culte protestant à La Rochelle, Nîmes et Montauban. Entre-temps, le duc d'Anjou a été élu roi de Pologne.

1574. Ronsard publie ses *Sonnets pour Hélène.*

31 mai : Mort de Charles IX.

HENRI III (1574-1589)

A la mort de Charles IX, son frère le duc d'Anjou quitte précipitamment la Pologne pour regagner la France.

1575-1576. Cinquième guerre de Religion.

Le duc d'Alençon, frère d'Henri III, négocie avec Condé et les protestants.

Henri de Navarre, bien qu'ayant abjuré le protestantisme, s'enfuit de Paris et reprend sa religion d'origine. Formation de la Ligue, dont le chef est Henri de Guise. Les états, réunis à Blois, décident le roi à rapporter l'édit de Beaulieu.

1577. Sixième guerre de Religion.

Succès des catholiques à La Charité et à Issoire.

Paix de Bergerac accordant aux protestants la liberté de conscience.

1579-1580. Septième guerre de Religion, marquée par la prise de Cahors par Henri de Navarre.

1580. Publication des *Essais* de Montaigne.

1584. Mort du duc d'Anjou. Henri de Navarre, bien que protestant, devient l'héritier de la Couronne.

1585. Les Guise s'allient avec l'Espagne. Ils forment une « Sainte Ligue » pour exclure du trône les princes hérétiques et reconnaissent le cardinal de Bourbon comme héritier du trône. Par le traité de Nemours, le roi, dominé par la Ligue, supprime les privilèges accordés aux protestants.

1585-1593. Huitième guerre de Religion. Henri de Navarre est vainqueur des troupes royales à Coutras, mais le duc de Guise bat les mercenaires d'Henri de Navarre à Auneau. Guise entre à Paris. A la suite de la journée des barricades, Henri III quitte la capitale et convoque à Blois les états généraux. Le duc de Guise apparaît alors comme le vrai souverain. Le roi le fait assassiner à Blois (23 décembre 1588). Le lendemain Paris est en insurrection. Un comité des Seize prend le pouvoir et proclame la déchéance d'Henri III. Il reconnaît comme roi le cardinal de Bourbon.

1589. *30 avril :* Rencontre d'Henri III et d'Henri de Navarre : ils décident de reprendre ensemble Paris.

1er août : Assassinat d'Henri III par Jacques Clément.

HENRI IV (1589-1610)

A la mort d'Henri III, dernier des Valois, décédé en 1589 sans descendance mâle, la couronne revient à Henri de Navarre, chef de la branche aînée des Bourbons, descendant d'un fils de Saint Louis. Protestant, il promet de se faire instruire dans la religion catholique, mais le duc de Mayenne et la Ligue proclament roi le vieux cardinal de Bourbon.

1589. *21 septembre :* Victoire d'Henri IV à Arques-sur-Mayenne.

1590. *14 mars :* Victoire d'Henri IV à Ivry, mais échec du roi devant Paris. Mort du cardinal de Bourbon.

1591-1592. Nouvel échec du roi devant Paris, puis vain siège de Rouen par les troupes royales, bousculées par les Espagnols, les alliés de Mayenne.

1593. *25 juillet :* Abjuration du roi à Saint-Denis. Une partie du pays se rallie à lui.

1594. *27 février :* Couronnement du roi à Chartres, puis entrée à Paris (22 mars).

1595. *5 juin :* Victoire sur les Espagnols à Fontaine-Française.

1596. *24 janvier :* traité de Folembray entre le roi et Mayenne.

1597. Luttes entre Français autour d'Amiens.

1598. *13 avril :* édit de Nantes. Le roi accorde aux protestants la liberté de conscience, l'autorisation d'exercer leur culte dans certaines conditions, l'accès à différentes charges, l'autorisation de s'assembler en synodes, etc. Il leur octroie diverses « villes de sûreté ».

1598. *2 mai :* traité de Vervins avec l'Espagne qui rend toutes ses conquêtes sauf Cambrai.

1599. Rosny surintendant des Finances.

1600. *Théâtre d'agriculture* d'Olivier de Serres.

17 décembre : Mariage d'Henri IV avec Marie de Médicis.

1600-1601. Campagne d'Henri IV en Savoie. Prise de Chambéry et traité de Lyon reconnaissant à la France la possession de la Bresse et du Bugey (janvier 1601).

1602. Complot du duc de Biron (le duc est condamné à mort et exécuté).

1603. Création d'une Compagnie des Indes orientales.

Premier voyage de Champlain au Canada.

1604. *Décembre* : Edit de la Paulette consacrant l'hérédité des charges moyennant le paiement d'un impôt.

1606. Rosny devient duc de Sully.

1607. Réunion du Béarn à la France.

1608. Création de la ville de Québec par Champlain.

1609. Des difficultés étant nées à propos de l'héritage du duc de Julliers, Clèves et Berg, le roi se prépare à la guerre contre la maison d'Autriche.

1610. *13 mai* : Couronnement de Marie de Médicis.

14 mai : Assassinat d'Henri IV par Ravaillac.

LOUIS XIII (1610-1643)

Louis XIII n'ayant que neuf ans à la mort de son père, Marie de Médicis prend la régence. Elle s'attache de plus en plus à sa sœur de lait Léonora Galigaï et au mari de celle-ci, Concini, futur maréchal d'Ancre. Un traité de paix est signé avec l'Espagne.

1614. Révolte de la noblesse contre la régente qui promet la réunion des états généraux (ils s'ouvriront en octobre).

Octobre : Majorité du roi.

1615. *25 décembre* : Mariage du roi avec Anne d'Autriche, infante d'Espagne.

1617. *24 avril* : Assassinat de Concini par ordre du roi, poussé par son ami Charles d'Albert de Luynes. Léonora Galigaï est condamnée à mort, la reine-mère reléguée à Blois. Luynes prend la direction des affaires.

1618. En Europe centrale, début de la guerre de Trente ans.

1620. Les troupes de la reine-mère en révolte contre son fils sont dispersées à Pont-de-Cé.

1621-1622. Reprise de la lutte contre les protestants. Traité de Montpellier.

1622. *5 septembre* : Richelieu, évêque de Luçon est créé cardinal.

1623. *Février* : Alliance de la France avec Venise et la Savoie contre les Espagnols qui ont occupé la Valteline.

1624. *29 avril* : Richelieu premier ministre. Il envoie des troupes en Valteline.

1625-1626. Nouvelles luttes contre les protestants et paix de la Rochelle (5 février 1626).

1626. Edit contre le duel.

Conspiration contre Richelieu par Gaston d'Orléans, les Vendôme et Chalais (celui-ci est exécuté).

1627. Affaire du duel Montmorency Boutteville (celui-ci est exécuté).

1627-1628. Nouvelle révolte des protestants soutenus par l'Angleterre. Les troupes royales prennent La Rochelle après un long siège (octobre 1628).

1629. Affaire de la succession vacante du duché de Mantoue. Victoire française du Pas-de-Suse. La paix de Paris permet au duc de Nevers de récupérer Mantoue.

Nouvelles luttes contre les protestants conduits par le duc de Rohan et « paix de grâce » d'Alais.

1630. Suite de la guerre contre les Espagnols. Prise de Pignerol et de Saluces par les troupes royales.

10 novembre : Journée des dupes et exil de la reine-mère.

1631. *Janvier* : Accord de Berwald avec le roi de Suède Gustave Adolphe.

Mai : Fondation de la gazette de Théophraste Renaudot.

1631-1632. Conspiration de Gaston d'Orléans et de Montmorency (celui-ci, vaincu à Castelnaudary, sera exécuté).

1632. *10 mai* : Exécution du maréchal de Marillac, accusé de concussion.

16 novembre : Mort de Gustave Adolphe à la bataille de Lützen.

1633. Fondation des Filles de la Charité par Vincent de Paul.

1634. Procès et supplice d'Urbain Grandier, accusé de sorcellerie.

1634-1637. Soulèvement des « croquants » dans le Sud-Ouest.

1635. *Janvier* : Fondation de l'Académie française.

28 avril : Traité de Compiègne avec le chancelier suédois Oxenstiern, puis entrée en guerre de la France contre l'Espagne.

26 octobre : Traité de Saint-Germain avec Bernard de Saxe-Weimar.

1636. Première représentation du *Cid* de Corneille.

Conspiration de Gaston d'Orléans et du comte de Soissons. Les Espagnols prennent Corbie et arrivent jusqu'à Pontoise, tandis que les Impériaux envahissent la Bourgogne. Délivrance de Corbie après plusieurs semaines de siège.

1637. *Discours de la méthode*, de Descartes.

1638. Offensive du duc de Saxe-Weimar en Alsace.

5 septembre : Naissance de Louis-Dieudonné, futur Louis XIV.

1639. Mort de Bernard de Saxe-Weimar ; son armée se vend au roi de France qui ainsi prend possession de l'Alsace.

1639-1640. Révolte des « va-nu-pieds » en Normandie.

1640. *Horace* et *Cinna* de Pierre Corneille.

Août : Capitulation d'Arras, reprise par les troupes royales.

Septembre : Prise de Turin et soumission du Piémont.

1641. *Février :* Edit limitant le droit de remontrance du Parlement.

9 juillet : Victoire (et mort) du comte de Soissons à la Marfée. Soumission du duc de Bouillon.

Décembre : Préliminaires de paix avec l'empereur.

Mazarin reçoit le chapeau de cardinal.

1642. Conspiration de Cinq-Mars.

Mars : Cinq-Mars et Bouillon (soutenus par Gaston d'Orléans) signent un traité avec l'Espagne.

Arrestation de Cinq-Mars (13 juin). Il sera exécuté le 12 septembre.

9 septembre : Prise de Perpignan, achevant la conquête du Roussillon.

4 décembre : Mort de Richelieu. Mazarin est appelé par le roi au conseil.

1643. *Polyeucte* de Pierre Corneille.

14 mai : Mort de Louis XIII.

LOUIS XIV (1643-1715)

Le roi n'ayant que cinq ans, Anne d'Autriche prend la régence, assistée de Mazarin.

1643. *19 mai :* Victoire du duc d'Enghien (futur prince de Condé) à Rocroi sur les Espagnols.

A Paris, cabale des Importants et arrestation de leur chef, le duc de Beaufort.

1643-1644. Campagnes d'Enghien et de Turenne sur la Moselle et sur le Rhin.

1644. Mécontentement des Parisiens à la suite de l'édit du Toisé et de la taxe des aisés.

3 août : Victoire de Fribourg sur les Impériaux.

1645. *2 août :* Victoire de Nordlingen.

1646. Edit du tarif.

Octobre : Prise de Furnes et de Dunkerque par le duc d'Enghien.

1648. *Fronde parlementaire.*

L'édit du renouvellement de la Paulette amène les protestations du Parlement et des autres cours. Déclaration des 27 articles limitant les pouvoirs du roi (juillet). Après la victoire de Lens gagnée par Condé sur les Espagnols (20 août), la régente fait arrêter le conseiller Broussel, mais Paris se couvre de barricades, Broussel est relâché (28 août).

24 octobre : Signature des traités de Westphalie mettant fin à la guerre de Trente ans.

1649. *5-6 janvier :* Fuite de la reine, du roi et de Mazarin à Saint-Germain et blocus de Paris par Condé.

11 mars : paix de Rueil.

18 août : Retour de la cour à Paris.

1650-1653. Fronde des Princes.

1650. *19 janvier :* Arrestation de Condé et soulèvement dans les provinces.

13 décembre : L'armée royale bat Turenne et les Espagnols à Rethel.

1651. *Janvier-février :* Coalition des Frondes contre Mazarin, fuite et délivrance de Condé.

7 septembre : Majorité du roi. Louis XIV et sa mère gagnent Poitiers où ils sont rejoints par Mazarin. Condé se retire en Guyenne.

1652. *Mars :* Soumission du Poitou, soulevé contre l'autorité royale.

7 avril : Bataille indécise de Bleneau entre Condé et les troupes royales.

2 juillet : Combat de la Porte-Saint-Antoine et nouveau départ de Mazarin.

Octobre : Retour du roi à Paris.

1653. *3 février :* Retour de Mazarin à Paris et fin de la Fronde.

3 août : Soumission de Bordeaux.

31 mai : Condamnation par le pape des cinq propositions extraites de l'*Augustinus* (concernant la doctrine janséniste sur la grâce).

1654. Reprise de l'Alsace. Traité de Westminster entre Mazarin et Cromwell.

1655. Nouvelle agitation parlementaire, matée par le roi.

1656. Les *Provinciales* de Blaise Pascal.

1658. *14 juin :* Victoire des Dunes gagnée par Turenne sur Condé et les Espagnols.

1659. *7 novembre :* Traité des Pyrénées terminant le conflit avec l'Espagne. La France garde l'Artois, la Cerdagne, le Roussillon. Le roi épousera Marie-Thérèse, infante d'Espagne.

1660. *6 juin :* Mariage de Louis XIV et de Marie-Thérèse.

1661. *9 mars :* Mort de Mazarin. Gouvernement personnel de Louis XIV.

1661. *5 septembre :* Arrestation de Fouquet, surintendant des Finances, pour cause de malversation (le procès s'ouvrira l'année suivante).

Octobre : A Londres, affaire de Watteville et d'Estrade. L'ambassadeur de France d'Estrade ayant dû céder le pas devant l'Espagnol Watteville, Louis XIV demande (et obtient) des excuses de l'Espagne.

1662. *Août :* Conflit avec Rome à l'occasion d'une insulte faite par un garde du pape au duc de Créqui, ambassadeur de France. Le roi obtiendra des excuses.

Décembre : Fouquet est condamné à la détention perpétuelle.

1664. *Août :* Création de la Compagnie des Indes.

1665. Colbert nommé contrôleur général des Finances.

1666. *20 janvier :* Mort de la reine-mère Anne d'Autriche.

1667-1668. Guerre de Dévolution.

Après la mort du roi d'Espagne Philippe IV (17 septembre 1665). Louis XIV réclame pour la reine Marie-Thérèse, fille aînée du défunt, et en vertu du « droit de Dévolution » (coutume du Brabant donnant aux enfants du premier lit la propriété des biens paternels), les provinces flamandes et la Franche-Comté.

1667. Campagne de Turenne dans les Flandres. Prise de Tournai, Douai, Courtrai, Lille.

1668. Louvois nommé secrétaire d'Etat à la Guerre.

Triple alliance de La Haye entre l'Angleterre, l'Espagne et la Suède, qui veulent imposer leur médiation. Conquête de la Franche-Comté par Condé et paix d'Aix-la-Chapelle (2 mai) terminant la guerre. Louis XIV restitue la Franche-Comté mais garde une partie de la Flandre espagnole.

1670. *1ᵉʳ juin :* Traité de Douvres entre la France et l'Angleterre.

29 juin : Mort d'Henriette d'Angleterre, belle-sœur du roi.

Août : Occupation de la Lorraine par les troupes royales.

1672-1678. Guerre de Hollande : les causes en sont les ressentiments de Louis XIV contre les libellés injurieux des Hollandais et surtout la rivalité commerciale.

1672. *Juin :* Passage du Rhin par les armées françaises, puis inondation de la Hollande par ordre du prince d'Orange.

1673. En Amérique, découverte du Mississippi par Joliette et le père Marquette.

Juin : Siège et prise de Maëstricht par les Français.

Août : Alliance des Hollandais avec l'empereur, l'Espagne et le duc de Lorraine.

1674. Campagnes en Flandre et en France-Comté.

Campagne de Turenne sur le Rhin.

1675. *27 juillet :* Mort de Turenne à Salzbach.

1676. Victoires navales de Duquesne en Méditerranée.

1677. *11 avril :* Victoire de Cassel sur le prince d'Orange.

17 novembre : Prise de Fribourg par Créqui.

1678. Vauban nommé commissaire général des fortifications.

10 janvier : Alliance entre l'Angleterre et la Hollande.

Août-septembre : Traité de Nimègue avec la Hollande et l'Espagne : Louis XIV rend Maëstricht mais garde la Franche-Comté et plusieurs places dans les Flandres.

1679. Traité de Nimègue avec l'empereur. Louis XIV restitue la Lorraine (moins Nancy) et garde Fribourg.

1679-1680. Des « chambres de réunion » installées à Besançon (pour la Franche-Comté), à Brisach (pour l'Alsace), à Metz (pour la Lorraine) décident la légitimité de l'annexion de certains territoires au royaume.

1679-1682. Affaire des poisons. Depuis des mois certains membres de la cour s'étaient abouchés avec des « sorcières » vendant filtres et poisons. Une de celles-ci, la Voisin, fut arrêtée. Mme de Montespan, maîtresse du roi, fut soupçonnée d'avoir trempé dans ces affaires. Le roi donna l'ordre de mettre fin à la procédure.

1681. Achèvement du creusement du canal du Midi, entrepris par l'ingénieur Riquet.

Ordonnance de la Marine marchande.

Commencement des « dragonnades » ou persécutions, menées contre les protestants du Midi.

1681. *30 septembre :* réunion de Strasbourg à la France.

1682. Le roi s'installe définitivement au château de Versailles.

22 mars : Déclaration des Quatre articles du clergé français affirmant les libertés de l'Eglise gallicane et la supériorité des conseils universels sur le Saint-Siège. Protestations du pape Innocent XI.

Cavelier de la Salle prend possession, au nom du roi de France, des pays du Mississippi et de l'Ohio.

1683. *30 juillet :* Mort de la reine Marie-Thérèse.

6 septembre : Mort de Colbert.

12 septembre : Victoire de Kahlenberg remportée par l'armée chrétienne de Jean Sobieski. 65 000 Allemands et Polonais délivrent Vienne assiégés par 200 000 Turcs.

1684. Date probable du mariage secret de Louis XIV et de Mme de Maintenon.

4 mai : Bombardement de Gênes par Duquesne, la ville ayant armé des galères malgré l'interdiction de Louis XIV. Le Doge est forcé de se soumettre.

1685. *18 octobre :* Edit de Fontainebleau révoquant l'Edit de Nantes. Cette mesure provoquera l'exode en masse des protestants voulant garder leur religion. Au moins une centaine de milliers de protestants choisissent de s'exiler vers l'Angleterre, l'Allemagne et la Hollande.

1686. Création de la ligue d'Augsbourg qui réunit l'Autriche, certains princes allemands, la Hollande, l'Angleterre et l'Espagne contre la France.

1688. *Septembre :* Manifeste de Louis XIV contre l'empereur et les princes de l'Empire. Entrée des troupes françaises en Allemagne et conquête de la rive gauche du Rhin. Début de la conquête du Palatinat (Louis XIV a en effet réclamé l'héritage de l'Electeur palatin au nom de la duchesse d'Orléans, fille du défunt et belle-sœur du roi).

Novembre : Révolution en Angleterre, menée par Guillaume d'Orange, gendre du roi Jacques II (Stuart) qui se réfugie en France.

1689-1690. Insuccès d'une expédition militaire française en Angleterre en faveur de Jacques II.

1689-1697. Guerre de la Ligue d'Augsbourg. Les causes en sont la politique envahissante de Louis XIV et la révocation de l'Edit de Nantes qui lui aliène les pays protestants.

1689. L'empereur, l'Electeur de Bavière, le nouveau roi d'Angleterre, Guillaume III, déclarent successivement la guerre à la France. Louis XIV fait de même vis-à-vis de l'Espagne. Dévastation du Palatinat par les troupes françaises.

1690. Victoire de Fleurus gagnée sur les Impériaux par le maréchal de Luxembourg. Victoire navale de Tourville à Beachy-Head.

Victoire de Catinat à Staffarde sur le duc de Savoie (qui s'est joint aux coalisés).

1691. Conquête de la Savoie et du comté de Nice par Catinat. Mort de Louvois.

1692. Défaite navale de Tourville à La Hougue.

Victoire de Steinkerque emportée par Luxembourg sur Guillaume d'Orange.

1693. Victoire navale de Tourville au cap Saint-Vincent sur les Anglo-Hollandais.

Victoire de Neerwinden gagnée par Luxembourg sur Guillaume d'Orange.

Victoire de la Marsaille gagnée par Catinat sur le duc de Savoie.

1695. Achèvement des travaux du château de Versailles.

Etablissement de l'impôt de capitation.

1696. Traité de Turin avec le duc de Savoie, qui recouvre ses territoires. Sa fille aînée épousera le duc de Bourgogne, fils aîné du Dauphin.

1697. Traités de Ryswick, signés par la France avec l'Angleterre, la Hollande, l'empire d'Allemagne, l'Espagne. Louis XIV restitue la plupart des territoires conquis par ses troupes, mais garde Strasbourg. Il reconnaît Guillaume d'Orange comme roi d'Angleterre.

1698. Accord de la Haye entre Louis XIV et Guillaume III au sujet de la future succession du roi Charles II d'Espagne (demi-frère de la reine Marie-Thérèse) dont on prévoit la mort sans héritier.

1700. *Mars* : Nouvel accord, à Londres, au sujet du futur héritage espagnol.

1er novembre : Mort de Charles II. Par testament, le défunt a institué comme héritier le duc d'Anjou, second fils du Dauphin à condition que celui-ci renonce à ses droits sur la couronne de France. Après quinze jours de réflexion, Louis XIV accepte la succession espagnole pour son petit-fils, qui prend le nom de Philippe V.

1701. *1er février* : Publication de lettres-patentes déclarant que le duc d'Anjou conservait ses droits sur la couronne de France.

6 février : Entrée des troupes françaises, au nom de Philippe V, dans les citadelles des Pays-Bas, ou places de la Barrière (possessions espagnoles).

7 septembre : Alliance de La Haye entre l'Angleterre, l'Autriche, la Hollande contre Louis XIV (la plupart des princes allemands s'y adjoindront). C'est le début de la guerre de succession d'Espagne.

16 septembre : Mort à Saint-Germain du roi détrôné Jacques II (Stuart). Louis XIV reconnaît son fils, Jacques III, comme roi d'Angleterre.

1701-1714. Guerre de succession d'Espagne. Face à la coalition de l'Angleterre, la Hollande, l'Autriche et divers princes allemands, Louis XIV a comme alliés son petit-fils le roi d'Espagne, les électeurs de Bavière et de Cologne, le duc de Savoie, le roi du Portugal.

1702. *15 août* : Victoire de Luzzara, gagnée par Vendôme sur les Impériaux.

15 octobre : Victoire de Friedlingen, gagnée par Villars sur le Margrave de Bade.

Décembre : Début de la révolte des Camisards, paysans calvinistes des Cévennes. Le roi y enverra Villars, qui tentera de pacifier le pays.

1703. Défection du Portugal qui s'allie aux Anglais par le traité de Méthuen. Victoire de Villars à Hochstedt sur les Impériaux. Défection du duc de Savoie, qui s'allie à l'empereur.

1704. Mort de Bossuet.

4 août : Prise de Gibraltar par les Anglais qui entreprennent la conquête de l'Espagne.

13 août : Défaite à Hochstedt des généraux français Marsin et Tallard, battus par Marlborough et le prince Eugène de Savoie. Les Français doivent évacuer l'Allemagne.

1705. Capitulation de Barcelone devant l'archiduc Charles.

1706. *23 mai* : Défaite de Villeroi battu par Marlborough à Ramillies.

27 juin : L'archiduc Charles est proclamé roi d'Espagne à Madrid sous le nom de Charles III.

7 septembre : Défaite de la Feuillade à Turin, suivie de l'évacuation de l'Italie.

1707. *30 mars :* Mort de Vauban.
Incursion des Austro-Piémontais dans le sud-est du royaume. Siège de Toulon (la place est sauvée).

1708. *11 juillet :* Vendôme battu à Oudenarde par Marlborough et le prince Eugène, les Alliés prennent Lille, Gand, Bruges.
Août : Prise de Minorque par les Anglais.
Décembre : Le prince Eugène prend Lille.

1709. *11 septembre :* Bataille de Malplaquet gagnée par Marlborough et le prince Eugène sur Villars.
Octobre : Expulsion des religieuses de Port-Royal (cette mesure sera suivie en 1710 par la destruction du monastère).

1710. *Mars-juillet :* Vaines négociations de Gertruydenberg menées pour obtenir la paix.
14 octobre : Etablissement de l'impôt du dixième.
10 décembre : Bataille de Villaviciosa gagnée par Vendôme sur les Anglo-Autrichiens. Par cette victoire Philippe V redevient maître en Espagne.

1711. *14 avril :* Mort du Grand Dauphin, fils de Louis XIV. Le duc de Bourgogne devient le dauphin de France.
8 octobre : Préliminaires de paix de Londres, entre la France et l'Angleterre.

1712. *Janvier :* Pourparlers d'Utrecht, en vue de la paix générale.
12 et 19 février : Décès successifs de la duchesse et du duc de Bourgogne.
8 mars : Mort de leur fils aîné, le duc de Bretagne.
24 juillet : Victoire de Villars à Denain sur le prince Eugène.

1713. *Avril-juin :* Traité d'Utrecht entre la France et l'Espagne, d'une part, la Prusse, l'Angleterre, la Savoie, la Hollande de l'autre. Par ces traités, Philippe V renonce à ses droits sur la couronne de France, mais garde l'Espagne et ses colonies. La France abandonne à l'Angleterre Terre-Neuve et l'Acadie. Elle s'engage à raser les fortifications de Dunkerque. L'Angleterre garde en outre Minorque et Gibraltar.
Septembre : Nouvelle condamnation par la bulle *Unigenitus* des 101 propositions contenues dans les *Réflexions morales* de P. Quesnel. Louis XIV force le Parlement à enregistrer la bulle, malgré l'opposition du cardinal de Noailles.

1714. *6 mars :* Traité de Rastadt entre la France et l'empereur, qui garde les Pays-Bas espagnols, le royaume de Naples, le Milanais et la Sardaigne.

9 mai : Mort du duc de Berry, frère cadet du duc de Bourgogne.

Juillet : Edit royal déclarant le duc du Maine et le comte de Toulouse, princes légitimes, aptes à gouverner.

1715. *1er septembre :* Mort de Louis XIV.

LOUIS XV (1715-1774)

Arrière-petit-fils de Louis XIV, Louis XV a cinq ans à son avènement. Le Parlement ayant cassé le testament du feu roi (qui privilégiait dans le conseil de Régence ses bâtards légitimes), la régence est donnée à Philippe d'Orléans, fils de Monsieur et de la princesse Palatine.

2 septembre 1715-22 février 1723 : Régence du duc d'Orléans.

1715. *Septembre :* Institution de six Conseils qui gouverneront le royaume (c'est le régime de la polysynodie).

1716. Début du « système de Law ». Ce financier est autorisé à créer une banque générale qui sera transformée en banque royale.

1716. *10 octobre :* Accord de Hanovre avec l'Angleterre.

1717. *11 janvier :* L'accord de Hanovre devient la triple alliance de La Haye, avec l'accession de la Hollande.

Mai : Le tsar Pierre Ier à Paris.

Août : Création par Law d'une compagnie d'Occident, ou du Mississippi.

1718. Conspiration de Cellamare (qui avorte).

Septembre : Fin du régime de la polysynodie).

1719. *Janvier :* La France entre en guerre contre l'Espagne.

Mai-juin : Création de la Compagnie des Indes.

Août : Law obtient le bail de la Ferme générale.

1720. Epidémie de peste à Marseille.

5 janvier : Law nommé contrôleur général des Finances.

20 janvier : Convention de Madrid entre l'Espagne et les alliés.

22 mars : Fermeture de la Bourse de la rue Quincampoix. Panique boursière et faillite de Law qui s'enfuit en Hollande (décembre).

1721. Les frères Pâris-Duverney chargés de liquider les affaires financières de John Law.

27 mars : Pacte d'alliance entre les Bourbons de France et d'Espagne.

1722. *22 août :* Le cardinal Dubois devient premier ministre du Régent.

23 octobre : Sacre du roi à Reims.

1723. *16 février :* Majorité de Louis XV.

10 août : Mort de Dubois.

2 décembre : Mort du Régent. Début du ministère du duc de Bourbon.

1723 (décembre)-1726 (juin). Ministère du duc de Bourbon.

1725. *5 septembre :* Mariage du roi avec Marie Leczinska.

1726 (juin)-1743 (janvier). Ministère du cardinal de Fleury.

1727. *Mai :* Début de l'affaire des convulsionnaires du cimetière de Saint-Médard.

1732. *29 janvier :* Fermeture du cimetière de Saint-Médard.
Août : Conflit avec le Parlement.

1733-1735. Guerre de Succession de Pologne. La France soutient Stanislas Leczinski contre Auguste III.

1738. *18 novembre :* Traité de Vienne avec l'empereur : en dédommagement de la Pologne, Stanislas Leczinski reçoit la Lorraine qui, après sa mort, reviendra à sa fille Marie, épouse de Louis XV.

1741-1743. Guerre de Succession d'Autriche. La fille de l'empereur défunt, Marie-Thérèse est soutenue par l'Angleterre, la Hollande, la Russie. La France qui a appuyé la candidature du duc de Bavière s'allie à la Prusse.

1741. *Novembre :* Invasion de la Bohême par les Français.

1742. Dupleix gouverneur des Indes.

1743. *29 janvier :* Mort du cardinal de Fleury.

1744. *Août :* Maladie du roi à Metz.

1745. *11 mai :* Victoire de Maurice de Saxe à Fontenoy sur les Anglo-Hollandais.

1746. *11 septembre :* Prise de Madras par Dupleix et La Bourdonnais.

1748. *18 octobre :* Paix d'Aix-la-Chapelle terminant la guerre de Succession d'Autriche. Marie-Thérèse est reconnue impératrice. Louis XV abandonne ses conquêtes en Savoie et dans les Pays-Bas.

1749. *30 avril :* Disgrâce de Maurepas.
Mai : Etablissement de l'impôt du Vingtième.

1751. Début de la publication de l'*Encyclopédie*

1752. *Mars :* Début de l'affaire des « billets de confession », agitation parlementaire.

1754. *26 décembre :* Aux Indes, après le rappel de Dupleix, signature du traité de Godeheu.

1756. *1er mai :* Renversement des alliances. La France signe le traité de Versailles avec l'Autriche.

1756-1763. Guerre de Sept Ans. Elle a pour théâtre, outre l'Europe, les Indes et l'Amérique.

1757. *2 janvier :* Prise de Calcutta par les Anglais.
5 janvier : Attentat de Damiens contre le roi.
5 novembre : Soubise battu par les Prussiens à Rossbach.

1758. *23 juin :* Défaite française à Creveld.

9 octobre : Choiseul secrétaire d'Etat aux Affaires étrangères.
1759. *18 septembre* : Les Anglais prennent le Québec.
1760. *8 septembre* : Capitulation de Montréal.
1761. *16 janvier* : Les Anglais prennent Pondichéry.
   15 août : Pacte de famille entre les Bourbons de France, d'Espagne et de Naples.
1762. *10 mars* : Supplice de Calas.
1763. *10 février* : Traité de Paris mettant fin à la guerre de Sept Ans. La France abandonne à l'Angleterre la plus grande partie de ses colonies.
1766. *23 février* : Mort de Stanislas Leczinski. Rattachement de la Lorraine à la France.
1768. *15 mai* : Achat de la Corse.à la République de Gênes.
1770. *16 mai* : Mariage du dauphin avec l'archiduchesse Marie-Antoinette d'Autriche.
   24 mai : Disgrâce de Choiseul.
1771. *23 février* : Réforme judiciaire de Maupeou. Le Parlement de Paris ayant donné en masse sa démission à la suite de l'affaire La Chalotais, Maupeou fit arrêter les magistrats rebelles et constitua une nouvelle cour. Il poursuivit ses réformes : abolition de la vénalité des offices, gratuité de la justice par la suppression des épices, etc.
1774. *10 mai* : Mort de Louis XV.

Louis xvi (1774-1792)

Petit-fils de Louis XV, Louis XVI monta sur le trône à l'âge de vingt ans. Son premier soin fut d'appeler Maurepas comme ministre d'Etat (12 mai 1774).
1774. *24 août* : Départ des anciens ministres Maupeou et Terray. Turgot nommé contrôleur des Finances, Miromesnil chancelier.
   12 novembre : Les Parlements sont rétablis dans leurs fonctions.
1775. *Mai* : Emeutes à Paris et en province en raison de la pénurie du pain (c'est la « guerre des farines »).
   10 octobre : Saint-Germain nommé secrétaire d'Etat à la Guerre ; il va entreprendre la réforme de l'armée.
1776. *5 janvier* : Edits de Turgot supprimant la corvée, les corporations. A la place de la corvée, Turgot veut instituer la subvention territoriale. Protestation du Parlement, contraint par le roi d'enregistrer les édits.
   12 mai : Retraite de Turgot.
   11 août : Rétablissement des corvées et des corporations.
1777. *Avril* : La Fayette arrive en Amérique avec d'autres

jeunes aristocrates français pour aider les colons ou *insurgents* en révolte contre la métropole anglaise.

29 juin : Necker nommé directeur général des Finances.

1778. *6 février :* Traité d'alliance et de commerce avec les *insurgents* d'Amérique et déclaration de guerre à l'Angleterre (24 mai).

1779-1783. Guerre d'Amérique. Après la victoire des *insurgents* à Saratoga (16 octobre 1777) le roi s'est décidé à entrer en guerre contre l'Angleterre. La France aura à ses côtés l'Espagne. Le départ du corps expéditionnaire français aura lieu en avril-mai 1780.

1780. *Octobre :* Ségur, secrétaire d'Etat à la Guerre.

1781. *Février :* Publication d'un « compte rendu » de Necker sur l'état financier de la France. Ce compte rendu amènera la disgrâce de Necker (19 mai).

19 octobre : Capitulation des Anglais à Yorktown, en Virginie, devant les forces franco-américaines.

1782. *Janvier :* Les Franco-Espagnols prennent Minorque aux Anglais. L'amiral français de Grasse est vaincu près de Saintes, aux Antilles ; Suffren remporte des victoires navales dans les mers des Indes. Des préliminaires de paix s'ouvrent en décembre.

1783. *5 juin :* Première ascension d'une montgolfière près d'Annonay.

3 septembre : Traité de Versailles terminant la guerre d'Indépendance américaine.

10 novembre : Calonne nommé contrôleur général des Finances.

1784-1785. Affaire du « collier de la reine », très nuisible à la monarchie.

1786. Calonne soumet au roi un « plan de redressement » qui échouera.

1787. Une assemblée de notables réunie à Paris s'oppose aux réformes.

18 mai : Brienne mis à la tête du conseil des Finances après la disgrâce de Calonne.

6 août : Le Parlement ayant déclaré que seuls les états généraux peuvent consentir à un impôt perpétuel, le roi lui impose l'enregistrement des édits. Protestation du Parlement (momentanément exilé à Troyes).

19 novembre : Au Parlement où Louis XVI veut imposer un édit d'emprunt de 420 millions, le duc d'Orléans proteste : il est exilé à Villers-Cotterêts.

1788. *3 mai :* Arrêt du Parlement protestant contre les atteintes aux droits de la nation : le roi fait arrêter deux magistrats, ce qui provoquera à Grenoble une émeute en faveur des deux hommes (journée des Tuiles, 7 juin).

8 mai : Refonte par le garde des Sceaux Lamoignon des institutions judiciaires.

21 juillet : A Vizille, les états du Dauphiné réclament la convocation des états généraux.

Août : Brienne annonce la convocation des états généraux pour le 1er mai 1789 mais, contraint de suspendre les paiements de l'Etat, il doit démissionner. Rappel de Necker par le roi.

Septembre : Abrogation des édits, retraite de Lamoignon, rappel du Parlement.

27 décembre : Le roi décide le doublement du nombre des députés du tiers état aux états généraux de l'année suivante.

ASSEMBLÉE CONSTITUANTE (DU 5 MAI 1789 AU 30 SEPTEMBRE 1791)

1789. *24 janvier :* Règlement précisant les divers modes d'élection aux états généraux.

5 mai : Ouverture des états généraux à Versailles. Dès le lendemain se pose la question de la vérification des pouvoirs que les deux ordres privilégiés, clergé et noblesse, refusent de faire en commun avec le tiers état.

12 juin : Le tiers décide de procéder seul à la vérification des pouvoirs.

17 juin : Le tiers prend le nom d'Assemblée nationale.

20 juin : Serment du jeu de paume. Le roi ayant fait fermer la salle des séances des états généraux, les députés du tiers réunis dans la salle du jeu de paume jurent de ne pas se séparer avant d'avoir donné une Constitution au royaume.

23 juin : Malgré l'ordre du roi, les députés refusent d'évacuer la salle.

27 juin : Le roi donne l'ordre au clergé et à la noblesse de se réunir au tiers état.

9 juillet : L'Assemblée prend le nom d'Assemblée nationale constituante.

11 juillet : Le roi renvoie Necker.

12 juillet : Agitation autour du Palais Royal.

13 juillet : Formation à l'Hôtel de ville d'un comité permanent et d'une milice destinée à protéger les Parisiens.

14 juillet : Prise de la Bastille par le peuple parisien.

16 juillet : Le roi rappelle Necker.

17 juillet : Le roi se rend à l'Hôtel de ville où il est reçu par Bailly, maire de la nouvelle municipalité.

Juillet-août : La « grande peur » se propage en France.

Les « jacqueries » se multiplient dans les provinces.

4 août : Nuit du 4 août : l'Assemblée décrète l'abolition des privilèges.

26 août : Vote à l'Assemblée de la *Déclaration des droits de l'homme et du citoyen.*

5-6 octobre : Marche des femmes sur Versailles, la famille royale doit regagner Paris.

2 novembre : les biens du clergé sont « mis à la disposition de la nation ».

14 décembre : Création d'assignats, ou bons hypothéqués sur les biens du clergé.

.790. *17 avril :* L'Assemblée vote la nationalisation des biens de l'Eglise.

12 juillet : Vote de la Constitution civile du clergé.

14 juillet : Fête de la Fédération célébrée au Champ de Mars.

27 novembre : Décret de l'Assemblée exigeant de tous les fonctionnaires un serment d'adhésion à la Constitution civile du clergé.

1791. *2 avril :* Mort de Mirabeau.

13 avril : Condamnation par le pape de la Constitution civile du clergé.

20-21 juin : Fuite du roi à Varennes. Il est ramené à Paris comme prisonnier (25 juin).

17 juillet : Fusillade du Champ-de-Mars à la suite d'une émeute provoquée par une pétition républicaine.

12 septembre : La France annexe le Comtat Venaissin et Avignon.

14 septembre : Le roi prête serment à la Constitution.

30 septembre : Fin de la Constituante.

ASSEMBLÉE LÉGISLATIVE (DU 1ᵉʳ OCTOBRE 1791 AU 20 SEPTEMBRE 1792)

1ᵉʳ octobre : Ouverture de l'Assemblée législative composée de 745 membres. Elle sera soumise au-dehors à l'influence des clubs (les Feuillants, avec La Fayette, Bailly, etc., les Cordeliers avec Marat, Danton, Desmoulins, etc., les Jacobins avec Robespierre), au-dedans à celle des Girondins (ses membres les plus influents étaient députés de la Gironde).

9 novembre : Décret déclarant tout émigré non rentré au 1ᵉʳ janvier 1792 suspect de conspiration.

29 novembre : Décret obligeant les prêtres à prêter serment à la Constitution. Le roi met son veto à ces deux décrets.

1792. *23 mars :* Le roi appelle au gouvernement un « ministère girondin ».

30 avril : Déclaration de guerre à l'Autriche et à la Prusse (commencement des six coalitions de l'Europe contre la France jusqu'en 1815).

Fin avril : Premiers échecs des troupes françaises dans le Nord.

27 mai : Décret ordonnant la déportation des prêtres réfractaires (veto du roi).

29 mai : Décret ordonnant le licenciement de la garde du roi.

6 juin : Décret ordonnant la formation près de Paris d'un camp de 20 000 fédérés (veto du roi).

13 juin : Le roi renvoie le « ministère girondin ».

20 juin : Insurrections des faubourgs et émeutes aux Tuileries. Le roi refuse de lever les vetos et de rappeler les ministres congédiés.

11 juillet : L'Assemblée déclare la patrie en danger.

25 juillet : Manifeste de Brunswick menaçant Paris de destruction s'il était fait outrage à la famille royale.

Fin juillet : Arrivée à Paris des fédérés marseillais.

10 août : Prise des Tuileries et massacre des gardes suisses par les Marseillais et les troupes révolutionnaires. L'Assemblée prononce la suspension du roi et la création d'un Conseil exécutif provisoire.

17 août : Création d'un tribunal extraordinaire.

19 août : Invasion des Austro-Prussiens en Lorraine.

Septembre : Election des députés à la future Convention.

2 septembre : Capitulation de Verdun.

2-6 septembre : Massacres dans les prisons. Les Prussiens entrent en Champagne.

20 septembre : Victoire de Valmy gagnée par Dumouriez et Kellermann sur le duc de Brunswick.

La Législative se sépare pour laisser la place à la Convention.

LA CONVENTION NATIONALE (21 SEPTEMBRE 1792-26 OCTOBRE 1796)

1792. *21 septembre :* Proclamation de l'abolition de la royauté.

25 septembre : La République déclarée une et indivisible.

Septembre-octobre : Offensives françaises victorieuses en Savoie, au comté de Nice et sur le Rhin.

17 octobre : Création du Comité de sûreté générale.

6 novembre : Victoire de Jemmapes gagnée par Dumouriez et suivie de la conquête de la Belgique.

11 décembre : Début du procès du roi.

1793. *21 janvier :* Exécution de Louis XVI.

Février 1793-octobre 1797 : Première coalition contre la

France (Angleterre, Prusse, Autriche, Hollande, Sardaigne, Naples, Espagne).

25 février : La Convention décrète la « levée » de 300 000 conscrits.

Mars : Début du soulèvement de la Vendée contre la Convention.

10 mars : Création du Tribunal révolutionnaire.

20 mars : Défaite de Dumouriez à Neerwinden, suivie de la perte de la Belgique.

5 avril : Dumouriez passe à l'ennemi.

6 avril : Création du Comité de salut public.

Avril-juin : Aggravation des dissensions entre Montagnards et Girondins. Ceux-ci sont éliminés de la Convention le 2 juin, ce qui amène des soulèvements dans les provinces.

24 juin : Proclamation de la Constitution de l'an I (qui ne sera jamais appliquée).

10 juillet : Renouvellement du Comité de salut public (où entrera Robespierre le 27 juillet).

13 juillet : Assassinat de Marat par Charlotte Corday.

23 août : A la suite de défaites dans le Nord, la Convention décrète la levée en masse.

28 août : Toulon livré aux Anglais par les royalistes.

6 septembre : Victoire de Houchard à Hondschoote, délivrant Dunkerque.

17 septembre : Loi des suspects.

29 septembre : Loi sur le maximum des prix et des salaires.

5 octobre : Institution du calendrier révolutionnaire.

9 octobre : Reprise de Lyon en révolte contre la Convention et diverses représailles de celle-ci.

16 octobre : Exécution de Marie-Antoinette.

16 octobre : Victoire de Wattignies gagnée par Jourdan sur les coalisés.

17 octobre : Victoire de Cholet sur les Vendéens.

31 octobre : Exécution des Girondins prisonniers à Paris.

16 novembre : Début des noyades de Nantes organisées par Carrier.

Décembre : Campagne victorieuse de Hoche en Alsace.

Décembre : Défaite des Vendéens au Mans et à Savenay.

19 décembre : Reprise de Toulon aux Anglais.

1794. *4 février :* Abolition de l'esclavage par la Convention.

26 février-3 mars : Décrets de Ventôse confisquant les biens des suspects.

14 mars : Chute des « Enragés » (Hébert, Chaumette, etc.) arrêtés et exécutés par ordre de Robespierre.

5 avril : Exécution des dantonistes ou « Indulgents » à l'instigation de Robespierre.

8 juin : Fête de l'Etre suprême présidée par Robespierre.

10 juin : Loi dite du 22 prairial simplifiant la procédure judiciaire.

26 juin : Victoire de Fleurus gagnée par Jourdan sur les Autrichiens.

27 juillet (9 thermidor) : Chute de Robespierre et de ses amis Couthon, Saint-Just, Le Bas, etc. Ils seront exécutés le lendemain.

Août : Réorganisation du Tribunal révolutionnaire, du Comité de salut public.

Novembre : Occupation de la Hollande par Pichegru.

1795. *30 janvier :* La flotte hollandaise bloquée au Helder par Pichegru.

17 février : Pacification (momentanée) de la Vendée à la suite de la convention de La Jaunaye.

1er avril : Journée populaire du 12 germinal (poussées par la faim, des femmes envahissent l'Assemblée).

5 avril : Paix de Bâle avec la Prusse.

7 avril : Etablissement du système métrique.

16 mai : Traité de La Haye avec la Hollande (la République batave devient une alliée de la France).

20 mai : Insurrection du 1er prairial menée par d'anciens Jacobins.

Mai-juin : Terreur blanche, menée par des bandes royalistes contre d'anciens Jacobins et sévissant surtout dans la vallée du Rhône.

8 juillet : Mort de Louis XVII à la prison du Temple.

Juin-juillet : Débarquement et défaite des émigrés dans la presqu'île de Quiberon.

22 juillet : Paix de Bâle avec l'Espagne.

22-30 août : Constitution de l'an III, suivie du décret des Deux Tiers. Ce décret amène la journée du 13 vendémiaire.

5 octobre (13 vendémiaire) : Soulèvement royaliste, maté par Bonaparte.

25 octobre : Loi du 3 brumaire remaniant et codifiant l'instruction publique.

26 octobre : Fin de la Convention.

LE DIRECTOIRE (27 OCTOBRE 1795-10 NOVEMBRE 1799)

1795. *Décembre :* Les cinq premiers directeurs sont Barras, Rewbell, Carnot, Le Tourneur, La Révellière-Lépeaux. Emprunt forcé de 600 millions.

1796. *2 mars :* Bonaparte nommé général en chef de l'armée d'Italie.

18 mars : Création de mandats territoriaux, qui perdront très vite leur valeur.

29 mars : Exécution de Charette et fin de la guerre de Vendée.

Avril 1796-avril 1797 : Campagne de Bonaparte en Italie.

Avril 1796 : Victoires de Bonaparte sur les Austro-Sardes.

10 mai : Victoire sur les Autrichiens.

10 mai : Arrestation de Babeuf (il sera exécuté un an plus tard).

15 mai : Paix de Paris avec le roi de Sardaigne.

Août : Victoires de Lonato, de Castiglione sur les Autrichiens.

8 septembre : Victoire de Bassano.

Septembre : Défaites de Jourdan à Wurtzbourg et à Altenkirchen.

15-17 novembre : Victoire de Bonaparte à Arcole sur les Autrichiens.

1797. *14 janvier :* Victoire de Bonaparte à Rivoli et capitulation de Mantoue (2 février).

Mars-avril : Marche de Bonaparte sur Vienne et préliminaires de paix de Leoben (18 avril). L'Autriche cède à la France la Belgique et la rive gauche du Rhin.

9 juillet : Création de la République cisalpine.

4 septembre : A Paris, coup d'Etat du 18 fructidor, annulant les élections de 49 départements et suivi de nombreuses déportations.

20 septembre : Banqueroute des 2/3 de la dette de l'Etat.

17 octobre : Traité de Campo Formio, confirmant les préliminaires de Leoben.

Novembre 1797-avril 1799 : Congrès de Rastadt.

28 décembre : Assassinat du général Duphot à Rome.

1798. *15 mars :* Occupation de Rome par les Français et déportation du pape Pie VI en France.

12 avril : Proclamation de la République helvétique en Suisse.

4 mai : Coup d'Etat du 22 floréal (contre la gauche).

Mai-décembre : Conquête du Piémont par les troupes de Jourdan.

Mai 1798-août 1799 : Expédition de Bonaparte en Egypte.

10 juin : Prise de Malte par Bonaparte.

2 juillet : Prise d'Alexandrie et du Caire.

21 juillet : Victoire des Pyramides (suivie de l'entrée au Caire).

1er août : La flotte française vaincue à Aboukir par Nelson.

21 août : En France, la loi Jourdan établit la conscription militaire.

Décembre 1798-février 1801 : Deuxième coalition contre la France (Angleterre, Russie, Prusse, Naples, Turquie, Autriche).

1799. *23 janvier :* Championnet occupe Naples et y fonde la République parthénopéenne.

24 mars : Jourdan battu à Stokach par l'archiduc Charles.

28 mars-17 mai : En Syrie, vain siège de Saint-Jean-d'Acre par Bonaparte.

28 avril : Défaite de Moreau à Cassano. A Rastadt, assassinat des plénipotentiaires français.

17-19 juin : Défaite de Macdonald à la Trébie.

18 juin : A Paris, coup de force de prairial et remaniement du Directoire.

12 juillet : Loi des otages contre les parents des émigrés.

25 juillet : Bonaparte, revenu de Syrie, bat une armée turque à Aboukir.

15 août : Défaite et mort de Joubert à Novi.

25-26 septembre : Victoire de Zurich gagnée par Masséna sur les Russes.

9 octobre : Arrivée de Bonaparte à Fréjus.

18 octobre : Capitulation d'Alkmaar, signée par les Anglo-Russes battus par Brune en Hollande.

10-11 novembre : Coup d'Etat des 18 et 19 brumaire. Bonaparte fait voter la suppression du Directoire et fait nommer trois consuls provisoires.

LE CONSULAT (1800-1804)

1799. *13 décembre :* Adoption de la Constitution de l'an VIII.

1800. *7 février :* Un plébiscite approuve la Constitution.

19 février : Le Premier consul s'installe aux Tuileries.

20 février : Lettre du comte de Provence à Bonaparte lui demandant de restaurer la monarchie légitime.

6 mai : Départ de Bonaparte pour la deuxième campagne d'Italie (il sera le 17 à Martigny).

20-22 mai : Bonaparte franchit le Saint-Bernard.

2-9 juin : Bonaparte à Milan.

14 juin : Victoire de Marengo.

17-25 juin : Nouveau séjour de Bonaparte à Milan.

2 juillet : Bonaparte rentre aux Tuileries.

12 août : Nomination d'une commission de quatre membres pour préparer une série de projets de loi pour le Code civil.

7 septembre : Réponse de Bonaparte au comte de Provence : il le prie de sacrifier son intérêt au repos de la France.

24 décembre : Attentat de la rue Saint-Nicaise.

1801. *5 janvier :* Sénatus-consulte ordonnant la déportation de 130 jacobins.

28 janvier : Bonaparte reçoit le projet du Code civil (une commission avait été nommée le 12 août 1800).

9 février : Paix de Lunéville avec l'Autriche.

15 juillet : Signature du Concordat.

1er octobre : Préliminaire de paix entre la France et l'Angleterre.

3 décembre : Début des négociations franco-anglaises à Amiens.

14 décembre : Départ de l'expédition Leclerc pour Saint-Domingue.

1802. *25 janvier :* La République cisalpine devient République italienne, sous la présidence de Bonaparte.

25 mars : Paix d'Amiens entre la France et l'Angleterre.

8 avril : Adoption du Concordat et des articles organiques par le Corps législatif.

26 avril : Amnistie accordée aux émigrés.

8 mai : Le Sénat réélit Bonaparte consul pour dix ans, par anticipation.

19 mai : Création de l'ordre de la Légion d'honneur.

7 juin : Arrestation de Toussaint Louverture à Saint-Domingue.

2 août : Sénatus-consulte nommant Bonaparte consul à vie.

11 août : Vote de la Constitution de l'an X.

13 septembre : Fouché quitte le ministère de la Police, qui est supprimé.

1803. *28 avril :* Vente de la Louisiane aux Etats-Unis.

16 mai : Rupture de la paix d'Amiens : les Anglais mettent l'embargo sur les navires français.

Juin-juillet : Début de la formation du camp de Boulogne.

20 août : Arrivée de Cadoudal en France.

1804. *15 février :* Arrestation de Moreau.

28 février : Arrestation de Pichegru.

9 mars : Arrestation de Cadoudal.

13 mars : Enlèvement du duc d'Enghien en pays badois.

21 mars : Exécution du duc d'Enghien. Etablissement du Code civil.

7 avril : Suicide de Pichegru au Temple.

18 mai : Proclamation du sénatus-consulte élevant Napoléon à l'Empire et Constitution de l'an XII.

L'EMPIRE (1804-1814)

18 mai : Proclamation de l'Empire. Nomination des grands dignitaires.

19 mai : Création des maréchaux d'Empire.

25 mai : Ouverture du procès Cadoudal.

28 juin : Exécution de Cadoudal.

10 juillet : Fouché redevient ministre de la Police.

15 juillet : Distribution des premières croix de la Légion d'honneur aux Invalides.

18 juillet : Départ de Napoléon (il séjournera successivement à Boulogne, en Belgique, à Aix-la-Chapelle, à Coblence jusqu'au 12 octobre).

2 août : Achèvement du dépouillement du plébiscite sur l'Empire.

15 septembre : Napoléon invite officiellement le pape à venir le sacrer à Paris.

25 novembre : Rencontre de Napoléon et de Pie VII à la Croix-de-Saint-Hérem, près de Fontainebleau.

2 décembre : Napoléon couronné à Notre-Dame.

1805. *17 mars :* La République italienne devient monarchie : Napoléon est proclamé roi d'Italie.

30 mars : Napoléon fait ses adieux au pape.

2 avril : Napoélon quitte Fontainebleau et prend la route de Milan.

Avril-août : Formation de la *troisième coalition*. Elle comprendra l'Angleterre, la Russie, l'Autriche, Naples et la Suède.

Mai-août : Expédition de l'amiral Villeneuve aux Antilles (cette expédition a pour but d'attirer hors de la Manche les escadres anglaises).

26 mai : Napoléon ceint à Milan la couronne de fer. Son beau-fils, Eugène de Beauharnais, deviendra vice-roi d'Italie le 7 juin.

6 juin : Annexion de Gênes.

24 juin : La république de Lucques transformée en principauté au profit d'Elisa Bacciochi.

17 juillet : Retour de Napoléon à Saint-Cloud.

3 août-2 septembre : Séjour de Napoléon à Boulogne.

19 août : Villeneuve, revenu en Europe, s'enferme dans Cadix au lieu de faire voile sur Brest.

27 août : La Grande Armée reçoit l'ordre de quitter les côtes de la Manche pour gagner l'Europe centrale.

10 septembre : Invasion de la Bavière par les troupes autrichiennes.

24 septembre : Napoléon quitte Saint-Cloud pour rejoindre la Grande Armée.

14 octobre : Victoire d'Elchingen sur les Autrichiens.

20 octobre : Capitulation du général Mack à Ulm.

21 octobre : Défaite navale de Trafalgar.

13 novembre : Occupation de Vienne par les Français (Napoléon s'installe à Schœnbrunn).

2 décembre : Victoire d'Austerlitz.

26 décembre : Paix de Presbourg avec l'Autriche et fin de la troisième coalition.

1806. *26 janvier* : Retour de Napoléon à Paris.

15 mars : Murat devient grand-duc de Berg.

30 mars : Joseph Bonaparte proclamé roi de Naples. Création de trente grands-fiefs en Italie.

4 avril : Publication du Catéchisme impérial.

10 mai : Création de l'Université impériale.

5 juin : Louis Bonaparte roi de Hollande.

12 juillet : Création de la Confédération du Rhin (Napoléon en est reconnu le protecteur).

Juillet : Formation de la *quatrième coalition ;* elle comprend l'Angleterre, la Russie et la Prusse (elle se terminera au traité de Tilsit).

Août : Les Prussiens mobilisent contre la France.

25 septembre : Napoléon quitte Saint-Cloud. Ultimatum du roi de Prusse à l'Empereur, qui est sommé d'évacuer l'Allemagne.

14 octobre : Victoires de Napoléon à Iéna et de Davout à Auerstaedt.

27 octobre : Entrée de Napoléon à Berlin.

7 novembre : Capitulation de Blücher à Lübeck.

22 novembre : Décret de Berlin inaugurant le blocus continental contre l'Angleterre.

19 décembre : Entrée de Napoléon à Varsovie.

1807. *1er janvier* : Retour de Napoléon à Varsovie.

18 janvier : Mme Walewska rend visite à l'Empereur.

8 février : Bataille d'Eylau entre Napoléon et les Russes.

1er avril : Arrivée de Napoléon au château de Finckenstein.

26 mai : Prise de Dantzig par Lefebvre.

14 juin : Victoire de Friedland.

9 juillet : Traité de Tilsit et fin de la quatrième coalition.

27 juillet : Retour de Napoléon à Saint-Cloud.

1808. *2 février* : Occupation de Rome par les troupes du général Miollis.

1er mars : Décret instituant une noblesse impériale.

17 mars : Décret organisant l'Université impériale. Emeute d'Aranjuez contre le ministre espagnol Godoy.

1er avril : Départ de Napoléon pour Bayonne.

2 mai : A Madrid, émeute dite du « dos de mayo » et répression de Murat.

6 mai : A Bayonne, abdication de Ferdinand, prince des Asturies, en faveur de Napoléon.

6 juin : Joseph, roi de Naples, est nommé roi d'Espagne, Murat le remplace sur le trône de Naples.

Mai-juin : Soulèvement du peuple espagnol contre la domination française.

14 juillet : Victoire de Bessières à Medina del Rio Seco sur les Espagnols.

20 juillet : Entrée du roi Joseph à Madrid.

22 juillet : Capitulation de Dupont à Baylen. Joseph quitte sa capitale.

6 août : Débarquement au Portugal d'un corps expéditionnaire anglais commandé par Wellesley.

14 août : Retour de Napoléon à Saint-Cloud après un voyage dans l'ouest.

30 août : Convention de Cintra : Junot abandonne le Portugal.

27 septembre-14 octobre : Entrevue d'Erfurt.

4 novembre : Arrivée de Napoléon en Espagne. Il entre à Burgos (11 nov.). Victoires de Tudela (23 nov.) et Somo-sierra (30 nov.).

19 décembre : Entrée de Napoléon à Madrid.

Novembre 1808-février 1809 : Siège de Saragosse.

22 décembre 1808-janvier 1809 : Napoléon part à la poursuite de l'armée anglaise de Moore.

1809. *17 janvier* : Napoléon quitte l'Espagne. Ney et Soult chargés d'achever la pacification.

19 janvier : Victoire de Soult à la Corogne.

23 janvier : Retour de Napoléon à Paris, rappelé par les intrigues de Fouché et de Talleyrand. Explication orageuse avec ce dernier (28 janv.).

Janvier-mars : Formation de la *cinquième coalition*. Elle comprend l'Angleterre, l'Autriche, l'Espagne, le Portugal.

2 mars : Elisa Bacciochi nommée grande-duchesse de Toscane.

31 mars : Exécution d'Armand de Chateaubriand.

10 avril : Les Autrichiens entrent en Bavière, sans déclaration de guerre.

13 avril : Départ de Napoléon pour l'Europe centrale. Victoires sur les Autrichiens : Abensberg (20 avr.), Landshut (21 avr.), Eckmühl (22 avr.), Ratisbonne (23 avr.). Début de soulèvement des Tyroliens.

13 mai : Napoléon entre à Vienne.

17 mai : Annexion des Etats de l'Eglise. Protestations du pape qui lance une bulle d'excommunication (12 juin).

20-22 mai : Bataille d'Essling. Lannes est mortellement blessé.

6 juillet : Victoire de Wagram. Arrestation du pape au Quirinal.

11 juillet : Armistice de Znaïm.

30 juillet : Débarquement d'une armée anglaise dans l'île de Walcheren.

12 octobre : En Autriche, attentat manqué de Staps contre Napoléon.

14 octobre : Paix de Vienne avec l'Autriche.

26 octobre : Retour de Napoléon à Fontainebleau.

30 octobre : Napoléon fait part à Joséphine de son intention de divorcer.

14 décembre : Dissolution officielle du mariage de Napoléon.

1810. *12 janvier :* L'Officialité de Paris dissout le mariage religieux de Napoléon.

6 février : L'archiduchesse Marie-Louise d'Autriche est demandée en mariage pour Napoléon à l'ambassadeur Schwarzenberg.

8 février : En Espagne, Napoléon crée quatre gouvernements militaires au nord de l'Èbre.

20 février : Exécution d'Andreas Hofer, nationaliste tyrolien.

11 mars : A Vienne, mariage par procuration de Napoléon et de l'archiduchesse.

27 mars : Napoléon rejoint Marie-Louise à Courcelles.

1er et 2 avril : Mariage civil et religieux de Napoléon et de Marie-Louise.

4 mai : Naissance en Pologne d'Alexandre Walewski.

3 juin : Disgrâce de Fouché, remplacé à la Police par Savary.

1er juillet : Incendie à l'ambassade d'Autriche.

3 juillet : Abdication de Louis qui quitte la Hollande et se réfugie en Autriche.

9 juillet : Réunion de la Hollande à l'Empire.

21 août : Bernadotte proclamé prince royal de Suède.

Septembre-octobre : Au Portugal, Wellington se retranche derrière les lignes de Torres Vedras.

13 décembre : Annexion des territoires de Brême, Lübeck et Hambourg.

1811. *18 février :* Annexion du duché d'Oldenbourg appartenant au beau-frère du tsar.

20 mars : Naissance du roi de Rome.

3 mai : Bataille de Fuentes de Oñoro, en Espagne.

9 juin : Baptême du roi de Rome.

Juin-août : Concile impérial à Paris pour vaincre la résistance de Pie VII, emprisonné à Savone et refusant de donner l'investiture canonique aux évêques.

15 août : A Saint-Cloud, scène faite par Napoléon au prince Kourakine.

1812. *9 janvier :* Suchet s'empare de Valence.

26 janvier : Napoléon réunit la Catalogne à l'Empire.

8 février : Napoléon donne l'ordre d'acheminer la nouvelle Grande Armée vers la Vistule.

23 février : Napoléon abroge le Concordat.

24 février : Alliance entre l'Empire et la Prusse.
14 mars : Alliance entre l'Empire et l'Autriche.
24 mars : Le tsar s'allie à Bernadotte, auquel il promet la Norvège.
1er avril : La Grande Armée atteint l'Oder.
8 avril : Ultimatum du tsar qui exige l'évacuation de la Prusse, de la Poméranie suédoise, le retrait des troupes françaises derrière l'Elbe.
9 mai : Départ de l'Empereur et de l'impératrice pour Dresde (ils y arrivent le 16).
29 mai : Napoléon quitte Dresde.
19 juin : Pie VII transféré de Savone à Fontainebleau.
24 juin : La Grande Armée passe le Niémen.
22 juillet : En Espagne, Marmont battu aux Arapiles par Wellington.
12 août : Entrée de Wellington à Madrid.
18 août : Entrée des Français à Smolensk.
7 septembre : Bataille de la Moskowa.
14 septembre : Entrée des Français à Moscou.
15 septembre : L'Empereur s'installe au Kremlin. Début de l'incendie de Moscou.
17 octobre : Lauriston, envoyé à Koutouzov avec des propositions de paix, ne reçoit aucune réponse précise.
19 octobre : Napoléon décide la retraite.
23 octobre : A Paris, coup d'Etat avorté du général Malet.
24 octobre : Combat de Malo-Jaroslavetz.
29 octobre : Exécution de Malet et de ses complices.
9 novembre : Napoléon repasse par Smolensk.
16-19 novembre : Bataille de Krasnoé.
27-29 novembre : Passage de la Bérésina.
3 décembre : Napoléon, ayant appris la conspiration Malet, décide de rentrer en France (il part avec Caulaincourt le 5 décembre).
16 décembre : A Paris, publication du 29e bulletin.
18 décembre : Arrivée de Napoléon aux Tuileries.
20 décembre : Les débris de la Grande Armée arrivent à Kœnigsberg.
31 décembre : Défection du général prussien York.
1813. *13 janvier :* Murat, abandonnant la Grande Armée, s'enfuit dans son royaume.
25 janvier : Signature du « Concordat de Fontainebleau ».
28 janvier : Alliance de Kalish entre le roi de Prusse et le tsar.
30 janvier : L'Autrichien Scharzenberg signe une convention avec la Russie.
17 mars : La Prusse déclare la guerre à la France.
24 mars : Pie VII rétracte sa signature du nouveau Concordat.

30 mars : Napoléon organise un Conseil de régence.

15 avril : Départ de Napoléon pour l'armée.

29 avril : Victoire de Weissenfels.

2 mai : Victoire de Lützen.

20-22 mai : Victoires de Bautzen et de Wurschen.

4 juin : Armistice de Pleiswitz, valable jusqu'au 20 juillet.

14 juin : Traité de Reichenbach entre l'Angleterre et la Prusse (l'Autriche y adhérera le lendemain).

21 juin : En Espagne, défaite de Victoria.

26 juin : Entrevue entre Napoléon et Metternich.

27 juin : Nouveau traité de Reichenbach entre la Prusse, l'Autriche et la Russie.

5 juillet : Suchet évacue Valence.

29 juillet : Ouverture du congrès de Prague.

7 août : Ultimatum autrichien à Napoléon.

11 août : L'Autriche déclare la guerre à la France.

23 août : Oudinot battu à Gross-Beeren.

26-27 août : Bataille de Dresde.

30 août : Défaite de Vandamme à Kulm.

6 septembre : Ney battu à Dennewitz.

9 septembre : Traité de Toeplitz resserrant l'alliance prusso-austro-russe.

8 octobre : La Bavière signe le traité de Ried avec les Alliés.

16-19 octobre : Défaite de Leipzig.

2 novembre : Napoléon repasse le Rhin.

8 novembre : Les troupes de Wellington passent la Bidassoa.

15 novembre : Eugène de Beauharnais vainqueur des Autrichiens à Caldiero.

20 novembre : Caulaincourt remplace Maret au ministère des Relations extérieures.

29 novembre : Capitulation de Rapp à Dantzig.

4 décembre : Déclaration des Alliés à Francfort.

11 décembre : Traité de Valençay : Ferdinand VII retrouve sa couronne.

1814. *11 janvier* : Murat s'allie à l'Autriche.

21 janvier : Napoléon donne l'ordre de ramener le pape à Rome.

23 janvier : La régence est confiée à Marie-Louise.

25 janvier : Départ de Napoléon pour l'armée.

27 janvier : Victoire de Saint-Dizier sur les Prussiens.

29 janvier : Victoire de Brienne sur les Prussiens.

1er février : Napoléon vaincu à La Rothière.

2 février : Les Alliés décident que Blücher marchera sur Châlons et Schwarzenberg sur Troyes.

3 février : Ouverture du congrès de Châtillon.

10-14 février : Victoires sur les Prussiens de Champaubert (le

10), de Montmirail (le 11), de Château-Thierry (le 12), de Vauchamps (le 14).

17 février : Victoire de Marmont.

18 février : Victoire de Montereau.

22 février : Conseil de guerre des Alliés à Troyes.

3 mars : Capitulation de Soissons devant les Alliés.

7 mars : Bataille de Craonne.

8 mars : Traité de Chaumont entre les Alliés.

9-10 mars : Défaite de Laon.

13 mars : Victoire de Reims.

19 mars : Fin du congrès de Châtillon.

20-21 mars : Bataille d'Arcis-sur-Aube.

25 mars : Défaite de Marmont et de Mortier à La Fère-Champenoise. Les Alliés marchent sur Paris.

29 mars : L'impératrice quitte Paris.

30 mars : Bataille devant Paris.

31 mars : Entrée des Alliés dans Paris. Arrivée de Napoléon à Fontainebleau.

1er avril : Nomination d'un gouvernement provisoire.

4 avril : Abdication de Napoléon en faveur du roi de Rome.

5 avril : Défection de Marmont.

6 avril : Abdication de Napoléon sans condition.

10 avril : Soult battu par Wellington à Toulouse.

11 avril : Signature d'une convention avec les Alliés garantissant à Napoléon la souveraineté de l'île d'Elbe.

LA PREMIÈRE RESTAURATION

12 avril : Entrée du comte d'Artois à Paris.

12-13 avril : (nuit du) Napoléon tente de s'empoisonner.

20 avril : Adieux à la vieille garde et départ de Napoléon pour l'île d'Elbe.

24 avril : Louis XVIII débarque à Calais.

28 avril : A Saint-Raphaël, Napoléon s'embarque sur la frégate anglaise *Undaunted*.

2 mai : Louis XVIII signe la déclaration de Saint-Ouen.

4 mai : Débarquement de Napoléon à Porto Ferraio.

29 mai : Mort de Joséphine à Malmaison.

30 mai : Traité de Paris avec les Alliés : la France ramenée à ses limites de 1792.

4 juin : Publication de la Charte octroyée par le roi.

3 août : Madame Mère arrive à Porto Ferraio.

1er septembre : Marie Walewska à l'île d'Elbe.

1er novembre : Ouverture officielle du congrès de Vienne.

3 décembre : Soult est nommé ministre de la Guerre.

20 décembre : Arrestation du général Exelmans par ordre de Soult (il sera acquitté le 23 janvier par le tribunal militaire).
1815. *3 janvier :* Traité secret de Vienne signé par la France, l'Angleterre et l'Autriche.
21 janvier : A Paris, cérémonie expiatoire pour Louis XVI et Marie-Antoinette.

LES CENT JOURS

26 février : Napoléon s'embarque pour la France sur l'*Inconstant.*
1er mars : Débarquement de Napoléon au golfe Juan.
7 mars : Napoléon au défilé de Laffrey, puis entrée à Grenoble.
9 mars : Echec d'un mouvement de Lefebvre-Desnouettes et des frères Lallemand en vue de soulever leurs troupes en faveur de Napoléon.
10 mars : Le comte d'Artois fuit Lyon, où entre Napoléon.
11 mars : Décrets de Lyon, lancés par Napoléon (rétablissement des trois couleurs, suppression des Chambres, convocation d'une assemblée des électeurs de France, etc.).
14 mars : A Lons-le-Saunier, Ney se déclare pour Napoléon (il rejoindra celui-ci le 18 à Auxerre).
19-20 mars : Louis XVIII quitte Paris en direction de Lille, puis de Gand.
20 mars : Arrivée de Napoléon aux Tuileries ; nomination des ministres.
25 mars : A Vienne, pacte des Alliés contre Napoléon. La *septième coalition* est formée.
29 mars : Murat ouvre les hostilités contre l'Autriche.
4 avril : Napoléon écrit aux souverains européens pour leur dire son désir de paix.
22 avril : Promulgation de l'Acte additionnel aux institutions de l'Empire.
3 mai : Défaite de Murat à Tolentino.
15 mai : Début du soulèvement de la Vendée.
1er juin : Assemblée du Champ de Mai. Proclamation des résultats du plébiscite. Suicide de Berthier à Bamberg.
2 juin : Nomination par Napoléon de 117 pairs.
7 juin : Séance d'ouverture des Chambres.
9 juin : Acte final du congrès de Vienne fixant l'état de l'Europe.
12 juin : Départ de Napoléon pour l'armée.
16 juin : Bataille de Ligny.
18 juin : Désastre de Waterloo.

21 juin : Retour de Napoléon à Paris.

22 juin : Abdication de Napoléon en faveur de son fils. Les Chambres constituent un gouvernement provisoire. Louis XVIII quitte Gand.

25 juin : Napoléon s'installe à Malmaison.

29 juin : Départ de Napoléon pour Rochefort.

3 juillet : Napoléon arrive à Rochefort.

LA SECONDE RESTAURATION (1815-1830)

8 juillet : Retour du roi à Paris.

15 juillet : Napoléon monte à bord du *Bellérophon.*

17 juillet : La garnison de Nîmes est en partie massacrée.

24 juillet : Ordonnance de proscription, dressée par Fouché.

2 août : Assassinat de Brune à Avignon.

5 août : Arrestation du maréchal Ney.

14-22 août : Election des députés de la future « Chambre introuvable ».

15 août : Assassinat du général Ramel à Toulouse.

17 août : Renouvellement de la Chambre des pairs ; la pairie est déclarée héréditaire.

19 août : Exécution du colonel de La Bédoyère.

19-21 août : Nouvelles scènes sanglantes à Nîmes.

27 août : A Bordeaux, exécution des frères Faucher.

1er septembre : Organisation de la garde royale.

19 septembre : Disgrâce de Fouché.

24 septembre : Renvoi de Talleyrand.

25 septembre : Formation du ministère Richelieu (Decazes devient ministre de la Police).

26 septembre : Les souverains de Russie, de Prusse et d'Autriche signent le pacte de la Sainte-Alliance.

13 octobre : Murat est fusillé au Pizzo (Calabre).

16 octobre : Arrivée de Napoléon à Sainte-Hélène.

29 octobre : Vote de la loi de sûreté générale.

9 novembre : Loi relative aux écrits et cris séditieux.

20 novembre : Second traité de paix entre la France et les Alliés.

7 décembre : Exécution du maréchal Ney.

10 décembre : A Sainte-Hélène, Napoléon s'installe à Longwood.

27 décembre : Rétablissement des cours prévôtales.

1816. *12 janvier :* Vote de la loi dite d'amnistie. Début de l'exil de Fouché.

Mai : Mouvement insurrectionnel fomenté près de Grenoble par Didier (celui-ci, arrêté, sera exécuté le 8 juin).

8 mai : Abrogation de la loi sur le divorce.

17 juin : A Notre-Dame, cérémonie du mariage du duc de Berry et Marie-Caroline de Naples.

5 septembre : Dissolution de la Chambre introuvable.

20 septembre : Chateaubriand destitué de son titre de ministre d'Etat.

4 novembre : Début de la nouvelle législature.

1817. *5 février :* Nouvelle loi électorale.

10 février : Richelieu obtient qu'à partir du 7 avril le territoire soit évacué par un cinquième de l'armée d'occupation.

12 février : Loi contre la liberté individuelle.

28 février : Loi sur la presse.

1ᵉʳ juin : Mouvement insurrectionnel à Lyon.

5 novembre : Suppression des cours prévôtales.

1818. *20 mars :* Première loi de recrutement (Gouvion-Saint-Cyr).

25 avril : Convention de Paris limitant à 265 millions les obligations de la France vis-à-vis de l'étranger.

2 juillet : Découverte de la conspiration « du Bord de l'eau » : arrestation de Chappedelaine, Rieux-Songy, Romilly, Joannis, etc.

Septembre-novembre : En Europe, congrès d'Aix-la-Chapelle (les Alliés décident de laisser le captif à Sainte-Hélène jusqu'à sa mort).

9 octobre : Le congrès d'Aix-la-Chapelle signe un traité avec la France pour statuer sur l'évacuation des troupes étrangères.

30 novembre : Libération totale du territoire par les troupes étrangères.

21 décembre : Retraite du ministère Richelieu.

29 décembre : Constitution d'un nouveau ministère sous la présidence de Dessolles, ministre des Affaires étrangères. De Serre est ministre de la Justice, Decazes ministre de l'Intérieur, Louis ministre des Finances.

1819. *Mars :* Fournée de pairs pour changer la majorité.

Avril-juin : Discussion et vote d'une loi sur la presse.

9 juin : Loi assujettissant les journaux au dépôt d'un cautionnement.

2 juillet : Départ de Mᵐᵉ de Montholon de Sainte-Hélène.

10 novembre : La France reconnaît une créance de 7 millions réclamée par le dey d'Alger.

17 novembre : Transformation du ministère sous la présidence de Decazes (ministre de l'Intérieur), avec Pasquier aux Affaires étrangères, Latour-Maubourg à la Guerre.

1820. *13 février :* Démission de Decazes. Assassinat du duc de Berry.

21 février : Formation du ministère Richelieu.

Mars : Lois sur la presse et sur la liberté individuelle.
3 juin : Mort de l'étudiant Lallemand, au cours d'une bagarre.
28 juin : Loi électorale, dite du « double vote ».
Juillet-août : Conspiration du « Bazar français ».
29 septembre : Naissance du duc de Bordeaux.
Novembre : Nouvelles élections amenant un renforcement de la droite.
1821. *Mai* : Fondation à Paris de la « Charbonnerie ».
5 mai : Mort de Napoléon.
28 juillet : Loi rétablissant la censure des journaux.
12 décembre : Richelieu donne sa démission.
15 décembre : Ministère ultra : Villèle aux Finances, Montmorency aux Affaires étrangères, Corbière à l'Intérieur, etc.
1822. *Février-mars* : Conspiration à l'école de cavalerie de Saumur.
17 février : Découverte du complot de La Rochelle.
17-25 mars : Nouvelles lois sur la presse rétablissant l'autorisation préalable.
5 septembre : Villèle devient président du Conseil.
21 septembre : Exécution des sergents de La Rochelle.
Octobre-novembre : Congrès de Vérone : la France, l'Angleterre, la Prusse, l'Autriche, la Russie y sont représentées.
26 décembre : Chateaubriand ministre des Affaires étrangères.
1823. *3 mars* : Manuel exclu de la Chambre des députés.
7 avril : Début de l'expédition d'Espagne.
24 mai : Les troupes françaises entrent à Madrid.
31 août : Prise du fort du Trocadéro et chute de Cadix.
1ᵉʳ octobre : Le roi Ferdinand retrouve sa liberté.
24 décembre : Dissolution de la Chambre.
1824. *Février-mars* : Elections générales : la « Chambre retrouvée ».
6 juin : Disgrâce de Chateaubriand (remplacé aux Affaires étrangères par Damas).
15 août : Rétablissement de la censure.
16 septembre : Mort de Louis XVIII. Avènement de Charles X.
27 septembre : Entrée solennelle du roi à Paris.
1825. *24 mars* : Loi sur le milliard des émigrés.
15 avril : Loi sur le sacrilège.
29 mai : Sacre du roi à Reims.
28 novembre : Mort du général Foy ; ses obsèques donnent lieu à des manifestations.
1826. *Mai* : Echec d'un projet de loi sur le droit d'aînesse.
19 mai : Mort d'Henri de Saint-Simon.
1827. *17 avril* : Retrait du projet de loi sur la presse.
29 avril : Dissolution de la garde nationale.

30 avril : Le consul de France Deval est insulté par le dey d'Alger.

Juillet : Fondation de la société « Aide-toi, le ciel t'aidera ».

6 juillet : Traité de Londres entre la France, l'Angleterre, la Russie, à propos d'une aide à apporter aux Grecs.

Octobre : Blocus d'Alger par une escadre française à la suite du coup d'éventail du dey.

5 novembre : Dissolution de la Chambre.

1828. *3 janvier :* Démission de Villèle.

5 janvier : Ministère Martignac.

Juillet : Lois libérales sur la révision des listes de jurys et sur la presse.

6 août : Renvoi de Martignac. Ministère Polignac.

1829. *8 avril :* Echec de deux projets de loi sur l'organisation municipale et départementale.

9 août : Le prince de Polignac ministre des Affaires étrangères.

1830. *16 mars :* Adresse des 221.

19 mars : Les Chambres sont prorogées.

16 mai : Dissolution de la Chambre des députés.

19 mai : Modification du cabinet (Peyronnet à l'Intérieur, Chantelauze garde des Sceaux, Montbel aux Finances, Capelle aux Travaux publics).

25 mai : Départ de l'expédition d'Alger.

13 juin : Débarquement à Sidi-Ferruch.

19 juin : Combat de Staouëli.

4 juillet : Prise du fort L'Empereur.

5 juillet : Occupation d'Alger.

25 juillet : Signature des ordonnances.

26 juillet : Le *Moniteur* annonce les ordonnances. Protestations des journalistes de l'opposition.

27 juillet : Les journaux de gauche paraissent sans autorisation : leurs presses sont brisées. Agitation dans les rues. Marmont reçoit le commandement des troupes.

28 juillet : Construction des barricades, occupation de l'Hôtel de Ville et de Notre-Dame. La troupe intervient. Les députés envoient une délégation à Marmont. Polignac refuse d'arrêter le combat. Marmont reprend l'Hôtel de Ville. Laffitte propose de faire appel au duc d'Orléans. Des détachements des troupes de ligne se joignent aux insurgés.

29 juillet : Paris se couvre de six mille barricades. De nouveaux régiments font défection. Les députés nomment une commission de cinq membres siégeant à l'Hôtel de Ville. La Fayette devient commandant de la garde nationale. A Saint-Cloud, Conseil des ministres. Le duc d'Angoulême remplace Marmont au commandement des troupes. Le roi décide le retrait des ordonnances et la formation d'un nouveau ministère Mortemart.

30 juillet : Mortemart quitte Saint-Cloud pour Paris. Thiers et Mignet font poser des affiches en faveur du duc d'Orléans. Les républicains réclament une consultation populaire. Le soir, arrivée du duc d'Orléans au Palais-Royal.

31 juillet : A trois heures du matin, départ du roi pour Trianon. A huit heures, le duc d'Orléans reçoit des députés le titre de lieutenant général du royaume. Le soir, le roi quitte Trianon pour Rambouillet.

1er août : Le duc d'Orléans nomme des ministres provisoires. A Rambouillet, le roi nomme son cousin lieutenant général du royaume.

2 août : Réponse de Louis-Philippe au roi. Abdication du roi en faveur du duc de Bordeaux. Le soir, arrivée à Rambouillet de quatre commissaires venus de Paris.

3 août : Marche d'une cohue hétéroclite sur Rambouillet. Le duc d'Orléans ouvre la session des Chambres. Dans la nuit, fuite de la famille royale vers Cherbourg.

MONARCHIE DE JUILLET (1830-1848)

9 août : Le duc d'Orléans devient le « roi des Français », Louis-Philippe Ier.

11 août : Formation du premier ministère avec Molé (Affaires étrangères), Broglie (Instruction publique), Guizot (Intérieur), Dupont de l'Eure (Justice), Louis (Finances).

16 août : Embarquement de Charles X à Cherbourg pour l'Angleterre.

27 août : Mort du prince de Condé.

Septembre : Talleyrand, ambassadeur à Londres.

Octobre : Création de l'*Avenir*.

2 novembre : Ministère Laffitte (présidence du Conseil et Finances) avec Gérard (Guerre), Montalivet (Intérieur), etc.

Décembre : Procès des ministres de Charles X.

1831. *14-15 février :* Pillage de l'église Saint-Germain-l'Auxerrois et de l'Archevêché.

17 février : Louis-Philippe refuse la couronne belge pour le duc de Nemours.

15 mars : Ministère Casimir Perier (Soult à la Guerre, Louis aux Finances, etc.).

21 mars : Loi sur l'organisation municipale.

24 mars : Loi bannissant les Bourbons de la branche aînée.

25 mars : Création de la garde nationale.

13 avril : Loi électorale.

Juillet : Expédition de l'amiral Roussin sur le Tage.

Août : Intervention armée en Belgique en faveur du roi Léopold.

20 septembre : Troubles à Paris après la prise de Varsovie par les Russes.

Novembre : Troubles à Lyon à la suite des revendications des ouvriers soyeux.

14 décembre : Convention avec la Belgique qui décide le démantèlement de certaines forteresses.

25 décembre : Abolition de l'hérédité de la pairie.

1832. *22 février :* Occupation d'Ancône.

Mars : Début de l'épidémie de choléra à Paris.

20 avril : Débarquement de la duchesse de Berry en Provence.

16 mai : Mort de Casimir Perier.

5-6 juin : Insurrection républicaine à Paris à l'occasion des funérailles du général Lamarque.

22 juillet : Mort du duc de Reichstadt à Vienne.

9 août : Mariage de la princesse Louise avec le roi Léopold Ier.

10 septembre : Suppression de l'*Avenir* à la suite de la condamnation par le pape de la doctrine de Lamennais.

11 octobre : Ministère Soult, avec Thiers (Intérieur), Broglie (Affaires étrangères), Guizot (Instruction publique), etc.

7 novembre : Arrestation de la duchesse de Berry.

19 novembre : Attentat manqué contre le roi au pont Royal.

23 décembre : Prise de la citadelle d'Anvers.

1833. *10 mai :* Naissance de l'enfant de la duchesse de Berry.

28 juin : Loi sur l'enseignement primaire.

7 juillet : Loi sur l'expropriation pour cause d'utilité publique.

28 juillet : La statue de Napoléon replacée au sommet de la colonne Vendôme.

1834. *26 février :* Traité Desmichels, signé avec Abd el-Kader.

Mars : Adoption d'une loi prohibant les associations.

6 avril : Le duc de Broglie quitte le ministère.

9-14 avril : Insurrections républicaines à Lyon et à Paris (massacre de la rue Transnonain).

19 mai : Mort de La Fayette.

18 juillet : Soult remplacé à la présidence du Conseil et à la Guerre par le maréchal Gérard.

12 novembre : Gérard remplacé par Mortier.

1835. *20 février :* Démission du maréchal Mortier.

8 mars : Début des conférences de Lacordaire à Notre-Dame.

12 mars : Le ministère Broglie est reconstitué.

5 mai : Début du procès des insurgés d'avril.

9 juillet : Clauzel nommé gouverneur général de l'Algérie. Loi autorisant la construction du chemin de fer de Paris à Saint-Germain.

28 juillet : Attentat de Fieschi.

9 septembre : Lois de répression (dites « lois de septembre »).

1836. *22 février :* Ministère Thiers (avec Montalivet à l'Intérieur, Maison à la Guerre, d'Argout aux Finances, etc.).

25 juin : Attentat d'Alibaud.

22 juillet : Mort d'Armand Carrel, tué dans un duel contre Emile de Girardin.

6 septembre : Ministère Molé (Molé aux Affaires étrangères, Guizot à l'Instruction publique, Duchâtel aux Finances, etc.).

28 octobre : L'obélisque de Louxor inauguré.

30 octobre : Echec d'une tentative de Louis-Napoléon Bonaparte pour soulever la garnison de Strasbourg.

Novembre : Premier siège de Constantine, aboutissant à un échec.

6 novembre : Mort de Charles X.

27 décembre : Attentat de Meunier.

1837. *15 avril :* Remaniement ministériel, reconstitution d'un ministère Molé.

30 mai : Mariage du duc d'Orléans. Traité de la Tafna, signé par Bugeaud et Abd el-Kader.

25 août : Inauguration de la ligne de chemin de fer Paris-Saint-Germain.

13 octobre : Prise de Constantine par Lamoricière.

Décembre : Le général Valée nommé gouverneur de l'Algérie.

1838. *24 avril :* Naissance du comte de Paris, fils du duc d'Orléans.

17 mai : Mort de Talleyrand.

1839. *8 mars :* Chute de Molé. Ministère Soult (Scheider à la Guerre. Duchâtel à l'Intérieur, Villemain à l'Instruction publique, etc.).

Mai : Tentative d'insurrection de Barbès et Blanqui.

Novembre : En Algérie, occupation par Valée du défilé des Portes de Fer. Reprise de la guerre contre Abd el-Kader.

1840. *20 février :* Chute du ministère Soult.

1er mars : Ministère Thiers (Rémusat à l'Intérieur, Cousin à l'Instruction publique, Cubières à la Guerre, etc.).

27 mars : Mariage du duc de Nemours.

6 août : Tentative de débarquement de Louis-Napoléon Bonaparte près de Boulogne.

6 octobre : Condamnation de Louis-Napoléon à la prison perpétuelle.

15 octobre : Attentat manqué de Darmès contre le roi.

28 octobre : Chute de Thiers. Ministère Soult (Soult à la Guerre, Guizot aux Affaires étrangères, Duchâtel à l'Intérieur, etc).

15 décembre : Cérémonie du retour des cendres de Napoléon.

29 décembre : Bugeaud gouverneur général de l'Algérie.

1841. *22 mars :* Loi réglementant le travail des enfants.

12 juin : Dissolution de la Chambre par Guizot.

13 septembre : Attentat manqué sur la personne du duc d'Aumale.

1842. *1ᵉʳ mai :* En Océanie, prise de possession des îles Marquises par le contre-amiral Dupetit-Thouars.

11 juin : Loi organisant les chemins de fer français.

13 juillet : Mort accidentelle du duc d'Orléans.

30 août : Loi organisant la régence.

Décembre : Lancement du premier bateau français à hélice, le *Napoléon.*

1843. *20 avril :* Mariage de la princesse Clémentine avec le prince de Saxe-Cobourg.

Mai : Inauguration des deux premières grandes lignes de chemin de fer : Paris-Rouen et Paris-Orléans.

7 mai : Mariage du prince de Joinville avec une sœur de l'empereur du Brésil.

16 mai : Prise de la smala d'Abd el-Kader.

Novembre : Voyage du duc de Bordeaux en Angleterre. Occupation de Tahiti par Dupetit-Thouars malgré la résistance de la reine Pomaré.

1844. *6 août :* Bombardement de Tanger par le prince de Joinville.

14 août : Victoire de l'Isly gagnée par Bugeaud sur les troupes du sultan du Maroc.

10 septembre : Traité de Tanger avec le sultan.

Octobre : Visite de Louis-Philippe à Windsor.

1845. *18 mars :* Convention de Lalla Marnia entre la France et le Maroc.

Avril : Ordonnance organisant le gouvernement de l'Algérie.

22 septembre : Massacre d'une colonne française à Sidi-Brahim.

1846. *16 avril :* Attentat contre Louis-Philippe.

25 mai : Le prince Louis-Napoléon s'évade du fort de Ham. Mariage du duc de Bordeaux avec la sœur du duc de Modène.

29 juillet : Nouvel attentat contre Louis-Philippe.

10 octobre : Le duc de Montpensier épouse la princesse Fernanda, sœur de la reine d'Espagne Isabelle.

1847. *Mai-juillet :* Affaire Teste-Cubières.

9 juillet : Début de la campagne des banquets.

20 août : Le duc d'Aumale nommé gouverneur de l'Algérie.

23 décembre : Reddition d'Abd el-Kader.

31 décembre : Mort de Madame Adélaïde.

1848. *14 février :* Le préfet de police interdit le banquet du 12ᵉ arrondissement projeté pour le 22 février.

20 février : Un emplacement est choisi pour le banquet rue du Chemin-de-Versailles.

21 février : Publication du manifeste réformiste dans *Le National* et *La Réforme*. Le soir, une tente est dressée en vue du banquet.

22 février : Manifestation autour de la Madeleine. L'après-midi, les manifestations continuent. Le gouvernement décide d'appliquer le « plan Gérard ».

23 février : Le roi demande à Guizot sa démission. Il charge Molé de constituer le cabinet. Le soir, incident tragique boulevard des Capucines. Molé renonce à former le cabinet. Le roi décide d'appeler Thiers.

24 février : Vers huit heures, proclamation de Thiers et de Barrot. L'émeute gronde autour des Tuileries. La garde nationale occupe l'Hôtel de Ville. Vers onze heures, le roi passe en revue ses troupes. Pressé d'abdiquer en faveur du comte de Paris, il s'exécute vers midi et demi et quitte Paris. La foule envahit les Tuileries. Dans l'après-midi, la duchesse d'Orléans s'enfuit. Les membres du gouvernement provisoire sont nommés. Vers quatre heures, Lamartine se rend à l'Hôtel de Ville où il est rejoint par divers républicains et socialistes. La république est proclamée.

25 février : Les membres du gouvernement provisoire travaillent à l'Hôtel de Ville. L'après-midi, vers quatre heures, la foule arrive avec des drapeaux rouges. Lamartine prône le drapeau tricolore.

LA DEUXIÈME RÉPUBLIQUE (1848-1851)

26 février : Proclamation officielle de la république.

27 février : Institution des ateliers nationaux.

28 février : Abolition de la peine de mort en matière politique. Manifestation d'ouvriers à l'Hôtel de Ville. Création d'une commission du gouvernement pour les travailleurs (commission du Luxembourg).

2 mars : Décret fixant la journée de travail à dix heures à Paris et onze heures en province. Louis-Philippe s'embarque à Trouville.

5 mars : Décret conférant le droit de vote à tous les Français de plus de vingt et un ans et annonçant des élections pour le 15 avril.

15 mars : Etablissement de l'impôt des « 45 centimes » sur la propriété mobilière.

17 mars : Manifestation socialiste, en vue de retarder les élections.

16 avril : Nouvelles émeutes repoussées par la garde mobile.
23-24 avril : Election des membres de l'Assemblée constituante.
4 mai : Première réunion de l'Assemblée.
10 mai : Le gouvernement provisoire abandonne ses pouvoirs ; il est remplacé par une commission exécutive.
4 juin : Elections complémentaires.
23-26 juin : Insurrection de juin.
28 juin : Cavaignac chef du pouvoir exécutif.
30 août : Loi établissant un maximum de douze heures par journée de travail.
17 septembre : Election complémentaire (élection du prince Louis-Napoléon).
24 septembre : Arrivée de Louis-Napoléon à Paris.
11 octobre : Abrogation de la loi de 1832 bannissant de France les membres de la famille Bonaparte.
12 novembre : Proclamation de la Constitution.
10 décembre : Election de Louis-Napoléon Bonaparte à la présidence de la République.
1849. *Avril :* Début de l'expédition d'Oudinot en Italie.
13 mai : Elections législatives.
13 juin : Manifestation des « montagnards » contre l'expédition de Rome.
3 juillet : Oudinot entre dans Rome.
31 octobre : Le cabinet Barrot cède la place à un cabinet extra-parlementaire choisi par le prince-président.
1850. *15 mars :* Loi Falloux sur l'enseignement.
31 mai : Loi électorale supprimant le suffrage universel.
16 juillet : Loi sur la presse.
26 août : Mort de Louis-Philippe en Angleterre.
Août-septembre : Vaine tentative de « fusion » entre le comte de Chambord et les princes d'Orléans.
1851. *3 janvier :* Le commandement de l'armée de Paris est retiré au général Changarnier.
10 janvier : Remaniement ministériel.
10 avril : Nouveau remaniement ministériel.
19 juillet : Echec du projet de réunion de la Constitution.
Octobre : Nouveau ministère.
13 novembre : L'Assemblée refuse d'abroger la loi électorale du 31 mai.

LE SECOND EMPIRE (1852-1870)

2 décembre : Coup d'Etat.
4 décembre : Répression des barricades.

20 décembre : Plébiscite approuvant le coup d'Etat.
1852. *Janvier-février :* Début des grands travaux de Paris.
10 janvier : Décret d'expulsion de 70 députés parmi lesquels Victor Hugo.
14 janvier : Promulgation de la nouvelle Constitution.
23 janvier : Décret de confiscation des biens de la maison d'Orléans.
17 février : Etablissement du régime des avertissements pour la presse.
2 mars : Elections au Corps législatif.
9 octobre : Discours du prince-président à Bordeaux : « La France semble vouloir revenir à l'Empire. »
17 novembre : Fondation du Crédit mobilier.
21-22 novembre : Plébiscite approuvant la restauration de l'Empire.
1er décembre : Proclamation de l'Empire.
2 décembre : Auguste Comte : catéchisme positiviste.
4 décembre : Décret d'amnistie.
5 décembre : Les généraux Magnan, de Castellane, de Saint-Arnaud sont faits maréchaux de France.
1853. *29 janvier :* Mariage de l'empereur.
23 mars : Une escadre française quitte Toulon et fait voile vers la Grèce.
1er juillet : Haussmann est nommé préfet de la Seine. Il présente peu après son plan de travaux à la commission municipale. Sa première application sera la grande croisée de Paris.
3 août : En raison d'une menace de crise alimentaire à la suite de mauvaises récoltes, levée des entraves à l'importation des céréales. Diverses autres mesures prises d'août à novembre pour enrayer la pénurie de pain et la hausse de son prix.
Septembre : Occupation de la Nouvelle-Calédonie.
Octobre : Apparition du choléra à Paris.
1854. *Mars :* Réapparition du choléra qui ne disparaîtra vraiment qu'à la fin de 1855 ; 11 520 morts dans le département de la Seine, 143 478 pour toute la France.
3 mars : Le Corps législatif vote un crédit de guerre de 250 millions.
27 mars : Déclaration de guerre à la Russie.
10 avril : La France et la Grande-Bretagne scellent officiellement leur alliance pour la défense de l'Empire ottoman.
29 avril : Débarquement franco-anglais à Varna.
Juillet : Morny est nommé président du Corps législatif à la place de Billault.
20 septembre : Bataille de l'Alma.

29 septembre : Mort du maréchal de Saint-Arnaud, remplacé à la tête des troupes de Crimée par le général Canrobert.

5 novembre : Bataille d'Inkermann.

Octobre-novembre : Les récoltes étant encore mauvaises et la crise alimentaire s'éternisant, prohibition de l'exportation des farines et pommes de terre. Abaissement des droits sur toutes les denrées.

1855. *26 janvier :* Le Piémont, à l'instigation du Premier ministre Cavour, s'allie à la France et envoie un corps de 15 000 hommes en Crimée.

15 mars-21 avril : Négociations de Vienne (France, Grande-Bretagne, Autriche, Russie) pour obtenir l'adhésion des Russes à un plan de paix. Echec.

28 avril : Attentat manqué contre l'empereur.

1er mai-27 novembre : Exposition universelle.

15 mai : Démission du général Canrobert, remplacé à la tête des troupes de Crimée par le général Pélissier.

18 juin : A Sébastopol, échec d'une attaque contre les principaux ouvrages défensifs de la ville.

18-27 août : Visite de la reine Victoria à Paris.

8 septembre : Prise de Malakoff. Fin du siège de Sébastopol.

Décembre : Faidherbe nommé gouverneur du Sénégal. Achèvement de la voie ferrée Paris-Marseille.

1856. *25 février-30 mars :* Congrès et traité de Paris.

15 mars : Naissance du prince impérial.

1er au 5 juin : Graves inondations à Lyon et dans le delta du Rhône, puis à Tours, Orléans, Blois, Amboise. L'empereur se rend dans le Midi et en Touraine pour organiser les secours.

7 juin : A Paris, ouverture du prolongement du boulevard du Temple.

26 juillet : Réforme de la législation française sur les sociétés.

Août : M. de Morny en ambassade extraordinaire à Saint-Pétersbourg pour le couronnement du tsar Alexandre II.

Octobre : Publication de *Madame Bovary*.

30 novembre : Selon un rapport officiel, il y a désormais 6 500 kilomètres de voies ferrées contre 3 000 en 1852.

1857. *3 janvier :* Assassinat de Mgr Sibour, archevêque de Paris.

2 mai : Mort d'Alfred de Musset.

12 juin : Attribution de la ligne du Grand Central à la Compagnie d'Orléans et à la Compagnie de Lyon.

21-22 juin : Elections au Corps législatif.

Juin-juillet : Soumission de la Kabylie par le général Randon.

16 juillet : Mort de Béranger.

6 août : Procès des Italiens Tibaldi, Grilli, Bortolotti pour complot contre l'empereur.

17 août : Inauguration du nouveau Louvre construit par Visconti et Lefuel.

25-27 septembre : Napoléon III rend visite à Stuttgart à l'empereur Alexandre. Conversations sur le statut de l'Orient.

28 octobre : Mort de Cavaignac.

28 décembre : En Chine, les Franco-Anglais bombardent Canton, dans le cadre d'une expédition visant à la fois à la protection des cultes, à l'ouverture de ports au commerce, à la pénétration économique en Extrême-Orient. Baudelaire publie *Les Fleurs du mal.* Il sera condamné à trois mois de prison.

1858. *14 janvier :* Attentat d'Orsini contre l'empereur.

18-30 janvier : Discours du Trône : « ... Une liberté sans entraves est impossible ». Diverses mesures d'ordre, dont la loi de sûreté générale.

7 février : Le général Espinasse est nommé ministre de l'Intérieur et de la Sûreté générale.

17 février : Un sénatus-consulte décrète qu'une prestation de serment devra dorénavant précéder toute déclaration de candidature à un mandat de député.

25 février : Procès d'Orsini, qui est exécuté le 13 mars.

17 juin : Traité franco-chinois de Tien-tsin, qui restera lettre morte.

21 juillet : Entrevue de Plombières entre Napoléon III et Cavour.

4 août : La reine Victoria et le prince Albert en visite à Cherbourg.

5 août : A Paris, inauguration du boulevard de Sébastopol.

1859. *26 janvier :* Traité secret entre France et Piémont.

30 janvier : Le prince Napoléon épouse la princesse Clotilde, fille de Victor-Emmanuel. Parution de la brochure *Napoléon III et l'Italie.*

18 février : Les Français occupent Saigon. Motif : protection des missions.

26 mars : Entrevue Napoléon III — Cavour à Paris.

19-20 avril : Cavour, la mort dans l'âme, adhère à une proposition de désarmement général, mais un ultimatum autrichien parvient simultanément au Piémont.

3 mai : La France déclare la guerre à l'Autriche.

4 juin : Victoire de Magenta. Mac-Mahon est nommé maréchal.

8 juin : Entrée à Milan de Napoléon III et de Victor-Emmanuel.

24 juin : Bataille de Solferino.

7 juillet : Armistice de Villafranca.

16 août : Amnistie générale des condamnés pour crime ou délit politique.

11 novembre : Traité de Zurich sur les bases des préliminaires de Villafranca.

Décembre : Embarquement pour la Chine d'un corps expéditionnaire placé sous le commandement du général Cousin-Montauban.

22 décembre : Parution de la brochure *Le Pape et le Congrès* où il est conseillé au pape de se contenter de Rome.

1860. *22 janvier :* Traité de commerce libre-échangiste entre la France et l'Angleterre.

24 mars : Le Piémont cède à la France la Savoie et Nice, cession confirmée par un plébiscite le 22 avril.

Août : Envoi d'un corps expéditionnaire en Syrie.

24 août-5 septembre : L'empereur et l'impératrice visitent la Savoie.

18 septembre : Défaite de l'armée pontificale de Lamoricière à Castelfidardo.

21 septembre : Près de Pékin, victoire de Palikao.

24-25 octobre : Traités de Pékin entre la France, l'Angleterre et la Chine.

24 novembre : Décret donnant le droit d'adresse et d'amendement au Corps législatif.

1861. *21 février :* Intervention à Saigon des troupes françaises venant de Chine.

13 mars : Intervention de M. Keller au Corps législatif à propos de la question romaine.

5 juin : Le corps expéditionnaire français envoyé en Syrie en août 1860 l'évacue.

17 juillet : Au Mexique, Juarez dénonce les accords intervenus avec la France, l'Angleterre, l'Espagne pour indemniser leurs nationaux de leurs créances.

30 octobre : Accord entre les puissances (France, Angleterre, Espagne) pour une action limitée au Mexique.

21 décembre : Accroissement des pouvoirs financiers du Corps législatif.

1862. *2 février :* Arrivée à Veracruz du corps expéditionnaire français.

19 février : Convention de la Soledad entre le général espagnol Prim et Juarez : l'Angleterre s'y associera, mais non la France.

5 mai : Echec de Puebla.

Juillet-septembre : Envoi de 23 000 hommes au Mexique.

1863. *6 février :* A propos de l'Algérie, lettre publique de Napoléon III au gouverneur Pélissier : « L'Algérie n'est pas une colonie proprement dite, mais un royaume arabe. »

8 mai : Victoire de Puebla.

31 mai : Elections du Corps législatif.

Juin : Annexion de la basse Cochinchine.

7 juin : Entrée des Français à Mexico.

23 juin : Nommé ministre de l'Instruction publique, Victor Duruy va tenter de réformer l'enseignement.

6 juillet : Fondation du Crédit lyonnais.

11 août : Protectorat de la France sur le Cambodge.

1864. *11 janvier :* Au Corps législatif, discours de Thiers sur les libertés nécessaires.

26 janvier : Au Corps législatif, Thiers, Favre et Berryer conseillent, en ce qui concerne le Mexique, de traiter avec Juarez.

17 février : « Manifeste des 60 », programme de revendications sociales et politiques, présenté par des ouvriers.

14 mars : Elections complémentaires à Paris : entrée au Corps législatif de deux vieux républicains, Carnot et Garnier-Pagès.

10 avril : Maximilien accepte officiellement la couronne du Mexique.

25 mai : Loi abolissant le délit de coalition.

15 septembre : Convention franco-italienne relative à l'évacuation de Rome par les Français : ceux-ci partiront dans les deux ans et l'Italie s'engage à ne pas occuper Rome.

19 septembre : Le maréchal de Mac-Mahon devient gouverneur général de l'Algérie en remplacement du maréchal Pélissier, décédé : il doit faire face à l'insurrection des Ouled Sidi Cheikh puis des Ouled-Naïl.

1865. *9 février :* Mexique : reddition à Bazaine de la ville d'Oajaca.

10 mars : Mort du duc de.Morny.

Avril : Emission en France d'un grand emprunt pour le Mexique (250 millions) : il ne fournit que la moitié.

3 mai : Arrivée de l'empereur à Alger : il reste en Algérie jusqu'au 7 juin.

20 juin : Envoi par Napoléon III à Mac-Mahon d'une lettre concernant l'Algérie.

Juillet : Ouverture à Paris de la première succursale de l'Internationale ouvrière.

4 octobre : Arrivée de Bismarck à Biarritz. Il veut savoir ce que fera la France s'il déclare la guerre à l'Autriche.

1866. *22 janvier :* Napoléon III annonce aux Chambres qu'il est décidé à retirer ses troupes du Mexique : le 12 février, un ultimatum américain le renforce dans sa décision.

1er mars : Au Mexique, à Santa Isabel, un détachement français est presque entièrement détruit.

5 avril : Calendrier de l'évacuation du Mexique par nos troupes : de l'automne 1866 à l'automne 1867.

3 mai : Au Corps législatif, discours de Thiers stigmatisant les convoitises prussiennes et en même temps l'attitude de la France à leur égard.

6 mai : Discours d'Auxerre de Napoléon III qui semble une réplique à celui de Thiers : condamnation des traités de 1815.

12 juin : Convention secrète franco-autrichienne : pour prix de la neutralité de la France, l'Autriche lui donnera la Vénétie à l'issue de la guerre.

9 août : Arrivée à Paris de l'impératrice Charlotte.

Août-septembre : Echec du premier et du second projet de compensations demandées par la France à la Prusse (rive gauche du Rhin, puis Landau, Sarrelouis, Sarrebruck, non-opposition de la Prusse à l'acquisition du Luxembourg). Bismarck dévoile les intentions de la France sur la Belgique.

11 décembre : Napoléon III fait connaître le projet Niel de réorganisation militaire : la loi ne sera votée qu'un an plus tard, amputée de ses principaux éléments.

Décembre : Evacuation complète de Rome par les troupes françaises.

1867. *19 janvier :* L'empereur, dans une lettre à Rouher, annonce des réformes libérales. Leur maigreur indisposera l'opposition, d'autant que Rouher reste en place.

5 février : Bazaine évacue Mexico : les troupes françaises seront parties en février.

14 mars : Discours de Thiers sur la politique extérieure : « Il n'y a plus une faute à commettre. »

Avril-mai : Affaire du Luxembourg, dernier échec de Napoléon III dans ses tentatives d'obtenir une compensation à l'extension prussienne.

Avril-novembre : Exposition universelle.

15 mai : A Queretaro, l'empereur Maximilien se rend à Juarez. Il est exécuté le 19 juin.

30 octobre : Des troupes françaises réoccupent Rome.

3 novembre : Le corps expéditionnaire du général de Failly bat Garibaldi à Mentana.

1868. *14 janvier :* Loi de réorganisation de l'armée.

9 mars : Loi libéralisant le régime de la presse.

25 mars : Loi sur les réunions publiques.

30 mai : Premier numéro de *La Lanterne,* de Rochefort.

8 août : Discours de l'empereur à Troyes : « Rien ne menace la paix de l'Europe... »

13 novembre : Ouverture du procès Delescluze qui assure la célébrité de Gambetta.

1869. *7-11 juin :* Troubles à Paris.

16 juin : A la suite d'une grève de mineurs dans la Loire, fusillade de La Ricamarie (dix morts), près de Saint-Etienne.

24 mai : Elections du Corps législatif.

13 juillet : Démission du cabinet : le ministère d'Etat étant supprimé, le « vice-empereur » Rouher quitte la scène.

15 août : Fêtes du centenaire de la naissance de Napoléon Ier.

6 septembre : Sénatus-consulte augmentant les pouvoirs des Assemblées (c'est la naissance de l'Empire dit libéral).

Août : Mort du maréchal Niel, ministre de la Guerre, qui avait entrepris, malgré l'hostilité de l'opinion, de réorganiser l'armée.

7-8 octobre : Grèves d'Aubin (Aveyron) : quatorze morts.

17 novembre : Inauguration du canal de Suez.

1870. *2 janvier :* Formation du ministère Emile Ollivier.

10 janvier : Le prince Pierre Bonaparte, cousin germain de l'empereur, tue Victor Noir, un journaliste.

Février : Bismarck révèle au roi de Prusse le désir de l'Espagne d'offrir la couronne au prince Léopold de Hohenzollern.

7 février : A la suite de l'arrestation de Rochefort, troubles à Paris, à Belleville en particulier.

Avril : Pourparlers entre France et Autriche pour une alliance.

20 avril : Sénatus-consulte définissant la Constitution de l'Empire libéral.

8 mai : Plébiscite marquant l'approbation par le peuple des réformes opérées depuis 1860 et du sénatus-consulte du 20 avril.

21 juin : Le prince Léopold de Hohenzollern fait savoir qu'il accepterait le trône d'Espagne.

30 juin : Projet de loi relatif au contingent militaire. Il est ramené de 100 000 à 90 000 hommes.

2 juillet : L'Espagne offre officiellement la couronne au prince Léopold de Hohenzollern.

12 juillet : Le prince de Hohenzollern retire sa candidature.

13 juillet : Dépêche d'Ems.

15 juillet : Guillaume Ier décrète la mobilisation.

17 juillet : L'Italie fait savoir qu'elle ne soutiendra la France que si l'Autriche fait de même et si les troupes françaises évacuent Rome.

19 juillet : La France déclare la guerre à la Prusse.

20 juillet : L'Autriche se prononce pour la neutralité. Dans une lettre à Napoléon III, Beust parle de « neutralité momentanée ».

28 juillet : Départ de l'empereur pour l'armée.

4 août : Premier échec à Wissembourg.

6 août : Défaite de Froeschwiller (28 000 Français hors de combat).

9 août : Le corps Frossard vaincu à Forbach (4 000 hommes hors de combat). Début du repli vers Metz de l'armée du

Rhin, tandis que les 1er et 5e corps (Mac-Mahon) font mouvement vers Châlons. Le ministère Ollivier est renversé par la Chambre ; il est remplacé par le général Palikao.

12 août : Bazaine est nommé commandant en chef.

14 août : Bataille de Borny (est de Metz) : Napoléon et Bazaine décident de gagner Verdun : mais Bazaine tarde à quitter Metz.

16 août : Bazaine et l'empereur se séparent à Gravelotte : celui-ci se rend à Châlons. Bataille de Gravelotte-Rezonville (14 500 Français, 16 000 Allemands hors de combat).

17 août : Bazaine décide de rétrograder vers Metz. Le général Trochu est nommé gouverneur militaire de Paris. Le maréchal de Mac-Mahon reçoit le commandement des troupes réunies à Châlons.

18 août : Attaqué à Saint-Privat, Canrobert inflige des pertes sévères aux Allemands, résiste longuement (12 500 Français, 20 000 Allemands hors de combat) : non soutenu par Bazaine, il bat en retraite vers Metz.

19 août : L'armée Bazaine est entièrement repliée sous Metz et presque encerclée.

21 août : L'armée de Châlons fait mouvement vers Reims.

23 août : L'armée de Châlons (forte de quatre corps d'armée, 130 000 hommes) prend la direction nord-est avec l'idée de donner la main à Bazaine.

25 août : Les IIIe et IVe armées prussiennes (prince de Saxe, prince royal) convergent à leur tour vers la Meuse, l'une de Montmédy, l'autre de Champagne.

30 août : Bataille de Beaumont-en-Argonne ; déroute du corps Failly (5 000 hommes hors de combat). Mac-Mahon renonce à passer la Meuse à Remilly et décide de s'abriter à Sedan. Bazaine, enfermé à Metz avec 173 000 hommes, tente une sortie sans conviction.

1er septembre : Mac-Mahon blessé ; le général de Wimpffen le remplace, nommé par Paris, alors que Mac-Mahon avait désigné Ducrot. Défaite de Sedan. L'empereur adresse une lettre à Guillaume : « Il ne me reste qu'à remettre mon épée... » Le général Wimpffen va négocier la reddition.

2 septembre : Napoléon III se constitue prisonnier. Wimpffen signe la capitulation (83 000 prisonniers).

4 septembre : Déchéance de Napoléon III. Formation à l'Hôtel de Ville d'un gouvernement provisoire de la République sous la présidence du général Trochu. Départ de l'impératrice pour l'exil.

LA TROISIÈME RÉPUBLIQUE

7 septembre : Le gouvernement, craignant de voir Paris investi, envoie une délégation à Tours.

13 septembre : Thiers part en tournée dans les capitales européennes.

18-20 septembre : Entrevues de Ferrières entre Jules Favre et Bismarck.

19 septembre : Le roi Guillaume établit son quartier général à Versailles. Fin de l'investissement de Paris.

23 septembre : Décret du gouvernement ajournant à une date indéterminée les élections à la Constituante. La garnison de Paris enlève Villejuif et les Hautes-Bruyères.

27 septembre : Capitulation de Strasbourg.

7 octobre : Gambetta quitte Paris en ballon (il sera le 9 à Tours).

10 octobre : Bataille d'Artenay (Loiret) gagnée par les Allemands entrés à Orléans.

21 octobre : Retour de Thiers après une vaine mission dans les capitales européennes.

27 octobre : Capitulation de Metz.

30 octobre : Victoire allemande au Bourget (qui avait été repris par la garnison de Paris).

31 octobre : Echec d'un coup de force sur l'Hôtel de Ville de Paris.

1-6 novembre : Négociations de Thiers à Versailles.

3 novembre : Plébiscite à Paris ; ratification des pouvoirs du gouvernement par 555 976 « oui » contre 68 638 « non » (le 6, des élections municipales amèneront dans l'ensemble des quartiers de Paris des éléments modérés).

4 novembre : Investissement de Belfort défendu par Denfert-Rochereau.

9 novembre : Victoire de l'armée de la Loire à Coulmiers et reprise d'Orléans.

28 novembre : Défaite de Beaune-la-Rolande.

30 novembre : Vaine sortie du général Ducrot à Champigny.

4 décembre : Défaite de l'armée de la Loire et chute d'Orléans.

6 décembre : Prise de Rouen par les Allemands.

8 décembre : La délégation de Tours se transporte à Bordeaux.

10-17 décembre : Résistance de Chanzy sur les lignes de Josnes.

21 décembre : Second échec au Bourget.

Fin décembre : Transport de l'armée de Bourbaki vers l'est.

1871. *3 janvier :* Succès de l'armée du Nord (Faidherbe) à Bapaume.

5 janvier : Début du bombardement de Paris.

9 janvier : Succès de l'armée de l'Est (Bourbaki) à Villersexel.

10-11 janvier : Défaite de Chanzy au Mans.

15-17 janvier : Défaite de Bourbaki à Héricourt (il se retirera sur Besançon à Pontarlier et fera passer son armée en Suisse).

18 janvier : L'Empire allemand proclamé à Versailles.

19 janvier : Défaite de l'armée du Nord à Saint-Quentin. Défaite de la garnison de Paris à Buzenval.

22 janvier : Répression d'une nouvelle tentative d'insurrection à Paris.

23-27 janvier : Jules Favre à Versailles : il sollicite de Bismarck un armistice.

28 janvier : Signature de l'armistice.

5 février : Démission de Gambetta.

8 février : Election des députés à l'Assemblée nationale.

12 février : L'Assemblée se réunit à Bordeaux.

16 février : Election de Jules Ferry à la présidence de l'Assemblée.

17 février : Election de Thiers comme chef du pouvoir exécutif du gouvernement provisoire de la République « en attendant qu'il soit statué sur les institutions de la France » (pacte de Bordeaux).

19 février : Formation du ministère Dufaure.

21 février : Thiers et Jules Favre à Versailles.

26 février : Préliminaires de paix signés à Versailles par Thiers et Jules Favre.

1er mars : Entrée des troupes allemandes à Paris. Le projet d'armistice est ratifié à Bordeaux par la Chambre : protestation des députés d'Alsace et de Lorraine.

3 mars : L'Assemblée vote la suppression de la solde de la garde nationale.

10 mars : La Chambre prend la décision de se transporter à Versailles. Reprise du paiement des échéances suspendues pendant le siège de Paris.

18 mars : Affaire des canons de Montmartre et Belleville. Exécution des généraux Lecomte et Thomas. Début de l'insurrection de Paris. Thiers se réfugie à Versailles avec le gouvernement.

23 mars : Le Conseil Fédéral de l'Internationale parisienne publie un manifeste où il demande aux travailleurs de soutenir le « Comité central ».

26 mars : Election d'un « Conseil communal » installé à l'Hôtel de Ville.

3-4 avril : Tentative des fédérés, ou « communards », pour marcher sur Versailles. La sortie échoue. Mort de Flourens et exécution de Duval.

5 avril : La Commune lance son décret des otages.

25 avril : Suspension d'armes à Neuilly pour permettre l'évacuation des civils.

30 avril : Arrestation par les communards de Cluseret, délégué à la Guerre.

10 mai : Traité de Francfort transformant en paix définitive les préliminaires de la paix.

16 mai : La colonne Vendôme est abattue.

18 mai : Ratification du traité de Francfort par l'Assemblée de Versailles.

21 mai : Entrée des Versaillais à Paris et début de la « semaine sanglante ».

24 mai : Exécution des otages (parmi lesquels Mgr Darbois) par les communards.

25 mai : Exécution des dominicains d'Arcueil par les communards.

27 mai : Exécution en masse des communards par les Versaillais devant le mur des Fédérés.

28 mai : Fin de la « semaine sanglante ».

27 juin : Emprunt de deux milliards rapidement couvert.

2 juillet : Elections partielles dénotant une poussée républicaine.

31 août : Vote de la loi Rivet donnant au chef du pouvoir exécutif (Thiers) le titre de président de la République.

31 août 1871-24 mai 1873 : Présidence de Thiers.

12 octobre : Evacuation d'une partie du territoire.

1872. *14 mars :* Loi Dufaure : interdiction de toute association internationale provoquant à la suppression du travail, à l'abolition du droit de propriété, de la famille et de la religion.

20 juillet : Nouvel emprunt de trois milliards.

27 juillet : Loi militaire.

13 novembre : Message du président de la République invitant l'Assemblée à donner une forme définitive à la République.

29 novembre : Nomination d'une commission chargée d'étudier l'organisation des pouvoirs publics.

1873. *9 janvier :* Mort de Napoléon III.

13 mars : Loi limitant les interventions du président de la République dans les débats parlementaires.

15 mars : Signature du traité d'évacuation des troupes d'occupation.

24 mai : Chute de Thiers et élection de Mac-Mahon à la présidence de la République.

24 mai 1873-30 janvier 1879 : Présidence de Mac-Mahon.

29 mai : Début du ministère de Broglie

5 août : Réconciliation des orléanistes et des légitimistes.

16 septembre : Libération totale du territoire.

27 octobre : Le comte de Chambord refuse de renoncer au drapeau blanc.

20 novembre : Vote de la loi du Septennat. Prise de la citadelle d'Hanoï.

28 novembre : Création d'une commission pour l'examen des lois constitutionnelles.

10 décembre : Condamnation de Bazaine.

1874. *20 janvier :* Loi sur la nomination des maires.

15 mars : Traité de Saigon avec l'empereur d'Annam.

16 mai : Chute du ministère de Broglie. Ministère Cissey.

1875. *5 janvier :* Inauguration de l'Opéra de Garnier.

30 janvier : Vote de l'amendement Wallon.

24 février : Vote de la loi sur l'organisation du Sénat.

25 février : Vote de la loi relative à l'organisation des pouvoirs publics.

16 juillet : Vote de la loi sur les rapports des pouvoirs publics.

22 juillet : Vote de la loi sur l'enseignement supérieur.

Août : Savorgnan de Brazza entreprend ses explorations au Congo.

2 août : Vote de la loi sur l'élection des sénateurs.

30 novembre : Vote de la loi sur l'élection des députés.

31 décembre : Dissolution de l'Assemblée nationale.

1876. *30 janvier :* Elections sénatoriales.

20 février : Elections législatives.

23 février : Ministère Dufaure.

2-10 octobre : Premier congrès ouvrier à Paris.

13 décembre : Ministère Jules Simon.

1877. *4 mai :* Débat à la Chambre sur les « menées ultramontaines de la droite ».

16 mai : Démission de Jules Simon. Ministère de Broglie.

18 juin : Ordre du jour des « 363 ».

14 octobre : Des élections législatives amènent la victoire de la gauche.

19 novembre : Démission du duc de Broglie (ministère Richebouët).

13 décembre : Ministère Dufaure.

1878. *1ᵉʳ mai :* Ouverture de l'Exposition universelle à Paris.

18 mai : Loi sur l'exploitation du chemin de fer de l'Ouest, confiée à l'Etat.

1879. *5 janvier :* Elections sénatoriales.

30 janvier : Démission de Mac-Mahon. Présidence de Jules Grévy.

4 février : Ministère Waddington (Jules Ferry est ministre de l'Instruction publique).

1ᵉʳ juin : Mort du prince impérial.

14 juillet : Fête nationale.

9 août : Loi établissant des écoles normales primaires dans les départements.

Octobre : Premier congrès ouvrier socialiste en France.

3 novembre : Retour des Chambres à Paris.

27 décembre : Ministère Freycinet.

1880. *9 février* : Loi sur l'enseignement supérieur (moins l'article 7 repoussé par le Sénat).

27 février : Loi sur le conseil supérieur de l'Instruction publique.

29 et 30 mars : Décret sur les congrégations.

Juillet : Amnistie pour les condamnés de la Commune.

23 septembre : Ministère Jules Ferry.

14 octobre : Institution de l'enseignement secondaire public et laïque pour les filles.

1881. *16 février* : Massacre de la mission Flatters.

12 mai : Traité du Bardo.

16 juin : Loi sur la gratuité de l'enseignement primaire.

20 juin : Loi autorisant les réunions publiques.

29 juillet : Loi établissant la liberté de la presse.

28 octobre : Prise de Kairouan.

10 novembre : Démission de Jules Ferry et constitution du ministère Gambetta (le 13).

1882. *3 janvier* : Ministère Freycinet.

28 janvier : Krach de l' « Union générale ».

29 mars : Loi sur l'enseignement primaire obligatoire et laïque.

25 avril : Le commandant Rivière à Hanoi.

28 mai : Loi définissant la laïcité à l'école.

31 décembre : Mort de Gambetta.

1883. *21 février* : Nouveau ministère Ferry.

Mai-juin : Occupation de Majunga (Madagascar) par l'amiral Pierre et bombardement de Tamatave.

19 mai : Mort du commandant Rivière à Son Tay.

8 juin : Convention de La Marsa organisant le protectorat tunisien.

24 août : Mort du comte de Chambord.

25 août : Traité de Hué avec l'Annam.

16 décembre : Prise de Son Tay.

1884. *21 mars* : Loi autorisant la formation des syndicats professionnels.

5 avril : Loi réglant les pouvoirs des conseils municipaux.

11 mai : Traité de Tien-tsin avec les Chinois.

23 juin : Batailles de Bac Lé contre les Chinois.

27 juillet : Loi Naquet rétablissant le divorce.

4-13 août : Congrès de Versailles pour la révision partielle de la Constitution.
23 août : L'amiral Courbet détruit l'arsenal de Fou tcheou.
9 décembre : Loi fixant le mode de recrutement du Sénat.
Décembre : Attaque du poste de Tuyen Quan par les Chinois.
1885. *28 mars :* Affaire de Lang Son et chute de Jules Ferry (le 31).
6 avril : Ministère Brisson.
1er juin : Funérailles de Victor Hugo.
9 juin : Nouveau traité de Tien-tsin.
17 décembre : Traité de protectorat sur Madagascar.
28 décembre : Réélection de Jules Grévy à la présidence de la République.
1886. *7 janvier :* Ministère Freycinet. Le général Boulanger ministre de la Guerre.
Janvier : Grève de Decazeville.
22 juin : Loi interdisant le territoire national aux chefs des familles ayant régné en France.
11 octobre : Création de la première Bourse du travail en France.
30 octobre : Loi ordonnant que les écoles publiques seront confiées à des laïques.
11 décembre : Ministère Goblet.
1887. *31 mai :* Ministère Rouvier.
13 septembre : Fondation du premier syndicat chrétien.
2 décembre : Démission de Jules Grévy en raison du scandale des décorations. Election de Sadi Carnot (3 décembre).
12 décembre : Ministère Tirard.
1888. *Mars :* Le général Boulanger mis à la retraite.
3 avril : Ministère Floquet.
Août : Boulanger élu dans trois départements.
1889. *27 janvier :* Election de Boulanger à Paris.
2 février : Ministère Tirard.
Février : Rétablissement du scrutin uninominal à deux tours.
1er avril : Fuite de Boulanger à Bruxelles.
6 mai : Ouverture de l'Exposition universelle à Paris.
15 juillet : Loi militaire instituant le service de trois ans.
17 juillet : Loi interdisant les candidatures multiples.
Septembre : Elections législatives marquant l'effondrement du boulangisme.
1890. *17 mars :* Ministère Freycinet.
Avril : Prise de Ségou-Sikoro, capitale d'Ahmadou, sur le Niger.
5 août : Convention franco-anglaise sur les zones d'influence française en Afrique.
1891. *17 mars :* Mort du prince Napoléon.

1er mai : Manifestation de Fourmies.

25 mai : Mort de l'explorateur Crampel, dans le bassin du Chari.

Juillet-août : La flotte française en visite à Cronstadt.

1892. Ralliement de certains catholiques à la République.

Février : Début de l'affaire du scandale de Panama.

16 février : Encyclique : « Au milieu des sollicitudes » conseillant le ralliement.

27 février : Ministère Loubet.

Mai : Expédition du colonel Dodds au Dahomey contre Behanzin.

18 août : Convention militaire franco-russe.

2 novembre : Loi sur la durée du travail des femmes et des enfants.

17 novembre : Entrée des troupes françaises à Abomey.

6 décembre : Ministère Ribot.

1893. *Janvier :* Début des procès pour escroquerie et corruption de fonctionnaires.

11 janvier : Nouveau ministère Ribot.

17 mars : Mort de Jules Ferry.

4 avril : Ministère Charles Dupuy.

11 juillet : Loi sur l'hygiène et la sécurité du travail.

Octobre : Visite de l'escadre russe à Toulon. Le Siam cède la rive gauche du Mékong à la France.

3 décembre : Ministère Casimir-Perier.

9 décembre : Une bombe éclate au Palais-Bourbon.

12-19 décembre : Les lois « scélérates ».

15 décembre : Entrée des Français à Tombouctou.

27 décembre : Convention militaire franco-russe.

1894. *Janvier :* Le général Dodds vainqueur de Behanzin au Dahomey.

30 mai : Ministère Dupuy.

24 juin : Assassinat du président Carnot.

27 juin : Election de Casimir-Perier à la présidence de la République.

28 juillet : Loi sur la presse et loi de sûreté générale contre les anarchistes.

Septembre : Découverte du « bordereau » à l'ambassade d'Allemagne.

7 octobre : Le nom de Dreyfus comme le coupable de la trahison est prononcé pour la première fois.

14 octobre : Dreyfus inculpé.

Novembre : Expédition française à Madagascar.

Décembre : Procès de Dreyfus.

1895. *6 janvier :* Dreyfus part pour l'île de Ré.

15 janvier : Démission du président Casimir-Perier.

17 janvier : Election de Félix Faure à la présidence de la République.

26 janvier : Ministère Ribot.

21 février : Départ de Dreyfus pour l'île du Diable.

16 juin : Création du gouvernement général de l'A.-O.F.

24 juin : Une escadre française en visite à Kiel pour l'inauguration du canal.

Juillet : Picquart prend le commandement du service de renseignement.

Septembre : Création de la C.G.T.

30 septembre : Capitulation de Ranavalo qui reconnaît le protectorat français sur Madagascar.

1er novembre : Ministère Bourgeois.

1896. *1er mars :* Arrivée du « petit bleu » au service de renseignements.

29 avril : Ministère Méline.

30 mai : Le programme socialiste de Saint-Mandé est formulé par Millerand.

Août : Annexion de Madagascar.

Octobre : Visite des souverains russes à Paris.

30 octobre : Accord franco-italien sur la Tunisie.

1897. *Février :* Le commandant Henry nommé chef du service de renseignements.

Mai : Incendie du Bazar de la Charité.

Juillet : Gallieni, gouverneur de Madagascar.

14 octobre : Vol d'Ader à Satory.

15 novembre : Mathieu Dreyfus dénonce Esterhazy.

Décembre : Procès de Panama.

27 décembre : Première représentation de *Cyrano de Bergerac.*

1898. Fondation de *l'Action française.* Construction du premier sous-marin français. Découverte du radium par Pierre et Marie Curie.

11 janvier : Un conseil de guerre acquitte Esterhazy.

13 janvier : Lettre ouverte de Zola dans *L'Aurore.*

Février : Procès de Zola (il est condamné pour diffamation).

26 février : Duel Drumont-Clemenceau.

21 mars : Traité avec l'Angleterre reconnaissant la prépondérance britannique dans le Darfour et le Bahr-el-Ghazal.

Avril : Lois sur la mutualité et sur les accidents du travail.

14 juin : Convention avec l'Angleterre réglant la question du partage du bassin du Niger.

28 juin : Ministère Brisson.

18 juillet : Nouveau procès Zola.

13 août : Découverte du faux Henry.

30 août : Suicide du colonel Henry.

7 septembre : Fuite d'Esterhazy hors de France.

19 septembre : Rencontre de la mission Marchand et de Kitchener à Fachoda.

29 septembre : Capture de Samory par Gouraud.

29 octobre : La cour de cassation accepte la demande en révision du procès Dreyfus.

31 octobre : Formation du ministère Dupuy.

1er novembre : Le gouvernement ordonne l'évacuation de Fachoda.

1899. Exécution de la *Pavane pour une infante défunte* de Ravel. Invention de la lampe à essence Pigeon. Première maison construite en ciment armé à Paris.

16 février : Mort de Félix Faure.

18 février : Election d'Emile Loubet.

23 février. Vaine tentative de Déroulède pour entraîner des troupes à l'Elysée.

21 mars : Convention de Londres : l'Angleterre reconnaît à la France la possession des territoires du haut Oubangui mais garde ceux du Bahr-el-Ghazal.

3 juin : Le jugement de 1894 cassé par la Cour suprême.

4 juin : Le président Loubet frappé à Auteuil par Christiani.

22 juin : Ministère Waldeck-Rousseau.

30 juin : Arrivée de Dreyfus en France.

7 août-9 septembre : Conseil de guerre de Rennes : Dreyfus condamné pour la deuxième fois.

19 septembre : Dreyfus gracié.

20 septembre : Reddition du fort Chabrol.

1900. *Janvier :* Jonction au Tchad des missions Fourreau-Lamy, Joalland et Gentil, Victoire de Gentil et de Lamy sur le chef Rabah à Kousseri (22 avril).

Février : Le Dahomey devient une colonie française englobée dans l'A.-O.F.

30 mars : Loi Millerand établissant progressivement la journée de travail de 10 heures.

14 avril : Ouverture de l'Exposition universelle à Paris.

Août-septembre : Un contingent français participe, en Chine, à la répression de la révolte des Boxers.

28 octobre : Le « discours de Toulouse » de Waldeck-Rousseau.

16 décembre : Accord colonial avec l'Italie.

1901. *1er juillet :* Loi interdisant d'enseigner à toute congrégation non autorisée.

1902. *31 mai :* Décret organisant l'enseignement secondaire.

7 juin : Ministère Combes.

28 juin : Nouveau traité avec l'Italie.

10 juillet : Circulaire aux préfets ordonnant la fermeture des congrégations non autorisées.

1903. *Mai :* Edouard VII à Paris.

Juillet : Le président Loubet en Angleterre.

1er juillet : Départ du premier Tour de France.

1904. *Avril :* Visite du président Loubet au roi d'Italie.

8 avril : Accord franco-anglais (Entente cordiale).

5 juillet : Abrogation de la loi Falloux et suppression de l'enseignement congréganiste.

30 juillet : Rupture avec Rome.

Octobre : Rupture diplomatique avec le Saint-Siège.

30 octobre : Entente avec l'Espagne (partage de l'empire chérifien en deux zones d'influence).

4 novembre : Divulgation à la Chambre du système de fiches du général André.

8 décembre : Mort de Syveton.

1905. *24 janvier :* Ministère Rouvier.

21 mars : Loi militaire.

31 mars : Guillaume II à Tanger.

Avril : Fondation de la S.F.I.O.

6 juin : Démission de Delcassé, remplacé par Rouvier.

29 juin : Première application de la journée de huit heures pour les mineurs de fond.

9 décembre : Loi ordonnant la séparation de l'Eglise et de l'Etat.

1906. *Janvier-février :* Affaire des inventaires.

Janvier-avril : Conférence d'Algésiras.

11 février : Encyclique *Vehementes* condamnant la loi de séparation.

18 février : Election de Fallières à la présidence de la République.

10 mars : Catastrophe de Courrières.

14 mars : Ministère Sarrien.

7 avril : Signature de l'acte d'Algésiras.

12 juillet : Annulation du jugement du conseil de guerre de Rennes.

13 juillet : Loi sur le repos hebdomadaire du dimanche.

10 août : Encyclique *Gravissimo officio* sur les associations culturelles.

Octobre : Congrès C.G.T. à Amiens.

25 octobre : Ministère Clemenceau.

1907. Condamnation du modernisme par Pie X. Lumière invente la photographie en couleurs.

Mai : Grève des inscrits maritimes.

Juin : Crise viticole et début des troubles dans le Midi.

3 août : Occupation de Casablanca.

31 août : Formation de la Triple-Entente.

2 septembre : Destitution du sultan Abd el-Aziz remplacé par son frère Moulay Hafid.

1908. Création du ministère du Travail et de la Prévoyance sociale.

Janvier-mars : Occupation de la Chaouïa par le général d'Amade.

25 septembre : Incidents franco-allemands à Casablanca.

1909. *9 février* : Convention avec l'Allemagne au sujet du Maroc.

12 mars : Grève des agents des Postes.

26 mars : Grève des inscrits maritimes.

24 juillet : Ministère Briand.

25 juillet : Blériot traverse la Manche en avion.

1910. *Janvier-février* : Inondations à Paris.

5 avril : Loi sur les retraites ouvrières et paysannes.

25 août : Condamnation du « Sillon » par le pape.

11-12 octobre : Grève des cheminots.

4 novembre : Nouveau ministère Briand.

1911. *2 mars* : Ministère Monis.

21 mai : Accident d'Issy-les-Moulineaux (mort du ministre Berteaux).

Mai-juin : Occupation de Fès et de Meknès.

27 juin : Ministère Caillaux.

1er juillet : Début de la crise d'Agadir.

28 juillet : Joffre nommé chef d'état-major général.

4 novembre : Convention franco-allemande sur le Maroc et le Congo.

1912. *14 janvier* : Ministère Poincaré.

30 mars : Traité de Fès instaurant le protectorat français au Maroc.

28 avril : Lyautey résident général au Maroc.

7 septembre : Occupation de Marrakech.

22 novembre : Accord franco-britannique.

1913. *18 février* : Election de Poincaré à la présidence de la République. Ministère Briand.

20 mars : Ministère Barthou.

7 avril : Loi des trois ans.

25 septembre : Roland Garros traverse la Méditerranée en avion.

9 décembre : Ministère Doumergue.

1914. *Janvier* : Fondation de la Fédération des gauches.

23 février : Le Sénat repousse l'impôt sur le revenu.

16 mars : Assassinat de Calmette par Mme Caillaux, démission de Caillaux.

21-24 avril : Les souverains anglais à Paris.

13 juin : Ministère Viviani.

15 juillet : Embarquement de Poincaré et de Viviani pour la Russie.
31 juillet : Assassinat de Jaurès.
1ᵉʳ août : L'ordre de la mobilisation est lancé.
2 août : Mort du caporal Peugeot, premier tué de la guerre.
3 août : Déclaration de guerre de l'Allemagne à la France.

GÉNÉALOGIES

ROBERT LE FORT
EUDES ROBERT 1ᵉʳ
HUGUES LE GRAND

|

1. HUGUES CAPET
(Entre 938 et 941-996)
D'abord comte de Paris puis duc de France
ou Neustrie (956)
Elu roi le 1ᵉʳ juin 987
Epouse, vers 963-970, Adélaïde d'Aquitaine
(entre 945 et 950 - 1004 ou 1006)
Trois enfants, dont :

|

2. ROBERT II
(Entre 968 et 974-1031)
associé au trône à Noël 987
ép. 1° vers 988 Rosala (entre 950 et 960-1003),
répudiée
2° en 996 Berthe de Bourgogne (964-1001), répudiée
3° vers 1003 Constance d'Arles († 1032)
Cinq enfants de Constance, dont :

|

3. HENRI 1ᵉʳ
(vers 1008-1060)
associé au trône en 1027
ép. 1° Mathilde († avant 1044)
2° en 1049 Anne de Kiev (v. 1024-v. 1075)
Trois enfants d'Anne, dont :

|

4. PHILIPPE 1ᵉʳ
(1052-1108)
associé au trône en 1059
ép. 1°, entre 1071 et 73, Berthe de Hollande
(v. 1055-1093 ou 1094), répudiée
2° en 1092, Bertrade de Montfort
(1053-1117)
De Berthe de Hollande, deux enfants,
dont Louis VI
De Bertrade de Montfort, quatre enfants

|

5. LOUIS VI
(v. 1081-1137)
associé au trône entre 1098 et 1101
ép. 1° en 1104, Lucienne de Rochefort, répudiée
2° avant 1115, Adélaïde ou Alix de Maurienne
(v. 1092-1154)
Six enfants dont :

↓

6. LOUIS VII
(Entre 1119 et 1122-1180)
associé au trône en 1131
ép. 1° en 1137, Aliénor d'Aquitaine
(v. 1120 ou 1122-1204), répudiée,
remariée à Henri II Plantagenêt
2° en 1154, Constance de Castille († 1160)
3° en 1160, Alix ou Adèle de Champagne († 1206)
D'Aliénor, deux filles,
De Constance, deux enfants, dont
Marguerite, épouse d'Henri au
Court-Mantel, duc de Normandie
D'Alix, trois enfants, dont :

|

7. PHILIPPE II AUGUSTE
(1165-1223)
associé au trône en 1179
ép. 1° en 1180, Isabelle de Hainaut (1170-1190),
répudiée et reprise
2° en 1193, Ingeburg de Danemark (1175-1236),
répudiée, reprise, renvoyée, rappelée
3° en 1196 Agnès de Méranie († 1201), répudiée
D'Isabelle, trois enfants, dont Louis VIII
D'Agnès, trois enfants

|

8. LOUIS VIII
(1187-1226)
ép., en 1200, Blanche de Castille (1188-1252)
Douze enfants dont Robert, comte d'Artois
(1216-1250), tige de la maison d'Artois,
puis Charles, comte d'Anjou (1227-1285),
tige de la première maison d'Anjou, et Louis IX

|

9. LOUIS IX

1. LES PREMIERS CAPÉTIENS

9. LOUIS IX LE SAINT (1214-1270)
Ép. Marguerite de Provence (1221-1295). Onze enfants dont :

Robert
(1256-1317)
comte de
Clermont
ép. Béatrice de
Bourgogne
dame de Bourbon

**Maison de
BOURBON**
Six enfants dont :

Louis I er
(1279-1341)
1 er duc de
Bourbon, d'où,
à la 8 e génération,

29. Henri IV
(1553-1610),
fils d'Antoine de
Bourbon, duc de
Vendôme et de
Jeanne III d'Albret,
roi de Navarre
sous le nom
d'Henri III, de
1572 à 1607, date
de la réunion de la
Navarre à la France
ép. 1° Marguerite
de Valois, sœur
des trois derniers
rois Valois :
François II,
Charles IX,
Henri II
2° Marie de
Médicis

ép. 2° en 1274 Marie de Brabant (1260-1321) mère de trois enfants dont : Louis d'Evreux
dont le fils Philippe fut roi de Navarre en 1328
par son mariage avec Jeanne de France (fille de Louis X)
dont la fille Jeanne épousa en 1325 Charles IV le Bel

Charles de Valois
(1270-1325)
ép. Marguerite
de Naples

**Maison de
VALOIS**

16. Philippe VI
(1293-1350)
d'où
les différentes
branches des
rois Valois

10. PHILIPPE III le Hardi
(1245-1285) ép. 1° en 1262
Isabelle d'Aragon (1247-1271)
Trois enfants dont :

11. PHILIPPE IV le Bel (1268-1314)
ép. en 1284 Jeanne I re de NAVARRE (1270-1304) sept enfants dont :

15. Charles IV
le Bel
(1295-1328)
ép. 1° en 1307.
Blanche de
Bourgogne
(1296-1326),
fille d'Othon IV
et de Mahaut
d'Artois († 1329),
sœur de Jeanne
de Bourgogne,
ép. de Philippe V.
Convaincue
d'adultère.
Emprisonnée.
Répudiée en 1322.
2° en 1322,
Marie de
Luxembourg
(1305-1324).
3° en 1325.
Jeanne d'Evreux
(† 1371) dont :
Blanche († 1392)
qui épousera
Philippe, fils
du roi Philippe VI

14. PHILIPPE V le Long
(1293-1322)
ép. en 1306 Jeanne de
Bourgogne (1290-1329)
six enfants dont :

Jeanne
(1308-1347)
ép. Eudes
duc de
Bourgogne

Marguerite
(1310-1382)
ép. Louis
comte de
Flandre

Isabelle
(1292-1357)
ép. Édouard II
roi d'Angleterre

Édouard III
d'Angleterre
(1312-1377)

12. LOUIS X le Hutin
(1289-1316)
ép. 1° en 1305
Marguerite de Bourgogne,
(1290-1315).
fille du duc et d'Agnès de
France, fille de Louis IX

ép. 2° Clémence
de Hongrie
(1293-1328)

13. JEAN I
(né 13 nov. 1316
mort le 19 ou le 20)

Jeanne II de Navarre
(1311-1349)
ép. Philippe, comte d'Evreux,
qui devint ainsi roi de Navarre

Blanche († 1398)
ép. en 1349 Philippe VI
de Valois

Charles II, le Mauvais
(roi de Navarre de 1349 à 1387)
d'où,
à la 8 e génération,

Henri III, roi de Navarre
de 1572 à 1607, et roi de
France en 1589
sous le nom de Henri IV.
Fils de Jeanne III d'Albret,
reine de Navarre,
et d'Antoine de Bourbon,
duc de Vendôme

La branche des Capétiens aînés s'éteignant avec
Charles IV, mort sans enfant mâle, trois prétendants
s'affirment : 1° Philippe, comte d'Evreux, époux de Jeanne,
fille de Louis X, 2° Edouard III, roi d'Angleterre,
fils d'Isabelle (d'où la Guerre de Cent Ans). 3° Philippe,
comte de Valois (fils du frère de Philippe le Bel),
qui, comme héritier mâle le plus proche, devient roi.

2. DES CAPÉTIENS AUX VALOIS

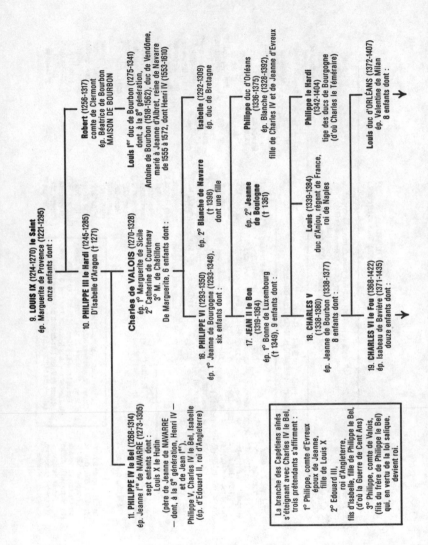

3. Les Valois

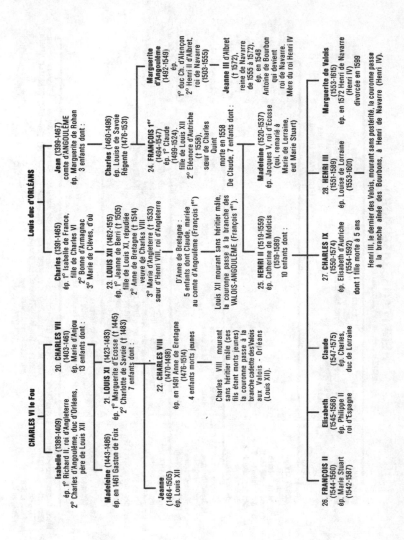

CHARLES VI le Fou

Louis duc d'Orléans

Isabelle (1389-1409)
ép. 1° Richard II, roi d'Angleterre
2° Charles d'Angoulême, duc d'Orléans,
père de Louis XII

20. CHARLES VII (1403-1461)
ép. Marie d'Anjou
13 enfants dont :

Madeleine (1443-1486)
ép. en 1461 Gaston de Foix

21. LOUIS XI (1423-1483)
ép. 1° Marguerite d'Écosse († 1445)
2° Charlotte de Savoie († 1483)
7 enfants dont :

Jeanne (1464-1505)
ép. Louis XII

22. CHARLES VIII (1470-1498)
ép. en 1491 Anne de Bretagne
(1476-1514)
4 enfants morts jeunes

Charles VIII mourant sans héritier mâle (ses fils étant morts jeunes) la couronne passe à la branche cadette des Valois aux Valois - Orléans (Louis XII).

Charles (1391-1465)
ép. 1° Isabelle de France,
fille de Charles VI
2° Bonne d'Armagnac
3° Marie de Clèves, d'où

23. LOUIS XII (1462-1515)
ép. 1° Jeanne de Berri († 1505)
fille de Louis XI, répudiée
2° Anne de Bretagne († 1514)
veuve de Charles VIII
3° Marie d'Angleterre († 1533)
sœur d'Henri VIII, roi d'Angleterre

D'Anne de Bretagne :
5 enfants dont Claude, mariée
au comte d'Angoulême (François Ier)

Louis XII mourant sans héritier mâle, la couronne passe à la branche des VALOIS-ANGOULÈME (François Ier).

Jean (1399-1467)
comte d'ANGOULÊME
ép. Marguerite de Rohan
3 enfants dont :

Charles (1460-1496)
ép. Louise de Savoie
Régente (1476-1531)

24. FRANÇOIS 1er (1494-1547)
ép. 1° Claude
(1499-1524)
fille de Louis XII
2° Éléonore d'Autriche
(† 1558).
sœur de Charles
Quint
morte en 1558
De Claude, 7 enfants dont :

Madeleine (1520-1537)
ép. Jacques V, roi d'Écosse
(qui, remarié à
Marie de Lorraine,
eut Marie Stuart)

25. HENRI II (1519-1559)
ép. Catherine de Médicis
10 enfants dont :

26. FRANÇOIS II
(1544-1560)
ép. Marie Stuart
(1542-1587)

Élisabeth
(1545-1568)
ép. Philippe II
roi d'Espagne

Claude
(1547-1575)
ép. Charles,
duc de Lorraine

27. CHARLES IX
(1550-1574)
ép. Élisabeth d'Autriche
(1554-1592)
dont 1 fille morte à 5 ans

28. HENRI III
(1551-1589)
ép. Louise de Lorraine
(1553-1601)

Marguerite de Valois
(1553-1615)
ép. en 1572 Henri de Navarre
(Henri IV)
divorcée en 1599

Marguerite d'Angoulême
(1492-1549)
ép.
1° duc Ch. d'Alençon
2° Henri II d'Albret,
roi de Navarre
(1503-1555)

Jeanne III d'Albret
(† 1572),
reine de Navarre
de 1555 à 1572),
ép. en 1548
Antoine de Bourbon
qui devient
roi de Navarre.
Mère du roi Henri IV

Henri III, le dernier des Valois, mourant sans postérité, la couronne passe à la branche aînée des Bourbons, à Henri de Navarre (Henri IV).

LES VALOIS (SUITE)

HENRI IV (1553-1589-1610)

ép. en 1572 Marguerite de Valois, puis en 1600 Marie de Médicis (1573-1642)

LOUIS XIII (1601-1643) ép. Anne d'Autriche (1601-1666)

Elisabeth (1602-1644) ép. Philippe IV d'Espagne mère de Marie-Thérèse, femme de Louis XIV

Christine (1606-1663) ép. Victor-Amédée I

Nicolas (1607-1611)

Gaston (1608-1660) duc d'Orléans ép. duchesse de Montpensier puis Marguerite de Lorraine

Henriette (1609-1669) ép. Charles I d'Angleterre (1600-1649)

BRANCHE DES ORLÉANS
Philippe (1640-1701) duc d'Anjou, d'Orléans, etc. ép. Henriette d'Angleterre (1644-1670) puis Charlotte de Bavière princesse Palatine (1652-1722) dont :

Philippe le Régent (1674-1723) ép. Françoise-Marie dite Mlle de Blois (fille de Louis XIV et de Mme de Montespan) - 8 enfants ; d'où, à la 4e génération :

LOUIS-PHILIPPE Ier (1773-1850) Roi des Français

LOUIS XIV (1638-1715) ép. Marie-Thérèse d'Autriche (1638-1683) (plus les 8 légitimés de Louise de la Vallière et de Mme de Montespan) 6 enfants dont :

Louis le Grand Dauphin (1661-1711) ép. Marie-Christine de Bavière (1660-1690)

Anne-Elisabeth (née et morte en 1662)

Marie-Anne (née et morte en 1664)

Marie-Thérèse (1667-1672)

Philippe (1668-1671) duc d'Anjou

Louis-François (né et mort en 1672) duc d'Anjou

Louis (1682-1712) duc de Bourgogne ép. Marie-Adélaïde de Savoie (1685-1712) 3 fils : deux morts jeunes et

Philippe (1683-1746) duc d'Anjou, puis roi d'Espagne en 1700 : Philippe V marié en 1701 à M.L.G. de Savoie (quatre enfants dont les deux rois d'Espagne, Don Louis marié à Louise-Elisabeth, fille du Régent, et Ferdinand VI), puis à Elisabeth Farnèse, 7 enfants dont (en dehors des rois d'Espagne) :

Charles (1686-1714) duc de Berri marié en 1710 à Mlle de Chartres fille du régent

Philippe (1730-1733) duc d'Anjou

Philippe (1748-1765) ép. M.-L.-Elisabeth fille de Louis XV (tige Bourbon-Parme)

LOUIS XV (1710-1774) ép. Marie Leszczinska

Marie-Louise Elisabeth (1727-1759) ép. Philippe fils de Philippe V

Anne-Henriette (1727-1752)

Louise-Marie (1728-1733)

Louis (1729-1765) ép. M.-Th. fille de Philippe V (dont une fille Marie-Thérèse) puis Marie-Joséphine de Saxe →

Marie-Thérèse (1726-1746) ép. Louis, fils de Louis XV

Marie-Thérèse (1731-1767)

Marie-Adélaïde (1732-1800)

Victoire (1733-1799)

Sophie (1734-1782)

Thérèse (1736-1744)

Louise (1737-1787)

4. LES BOURBONS

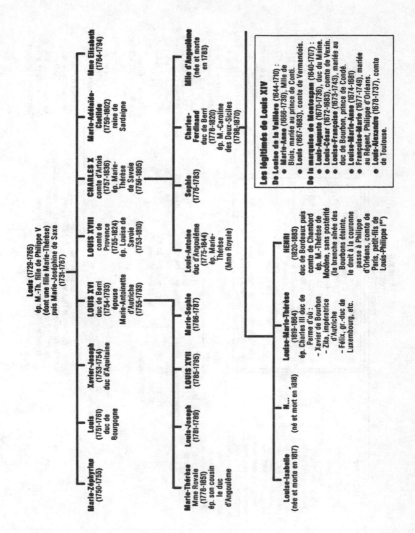

Louis (1729-1765)
ép. M.-Th. fille de Philippe V
(dont une fille Marie-Thérèse)
puis Marie-Joséphine de Saxe
(1731-1767)

Marie-Zéphyrine (1750-1755)

Louis (1751-1761) duc de Bourgogne

Xavier-Joseph (1753-1754) duc d'Aquitaine

LOUIS XVI duc de Berri (1754-1793) épouse Marie-Antoinette d'Autriche (1755-1793)

LOUIS XVIII comte de Provence (1755-1824) ép. Louise de Savoie (1753-1810)

CHARLES X comte d'Artois (1757-1836) ép. Marie-Thérèse de Savoie (1756-1805)

Marie-Adélaïde-Clotilde (1759-1802) reine de Sardaigne

Mme Elisabeth (1764-1794)

Marie-Thérèse Mme Royale (1778-1851) ép. son cousin le duc d'Angoulème

Louis-Joseph (1781-1789)

LOUIS XVII (1785-1795)

Marie-Sophie (1786-1787)

Louis-Antoine duc d'Angoulème (1775-1844) ép. Marie-Thérèse (Mme Royale)

Sophie (1776-1783)

Charles-Ferdinand duc de Berri (1778-1820) ép. M.-Caroline des Deux-Siciles (1798-1870)

Mlle d'Angoulème (née et morte en 1783)

Louise-Isabelle (née et morte en 1817)

N... (né et mort en 1818)

Louise-Marie-Thérèse (1819-1864) ép. Charles III duc de Parme d'où :
- Xavier de Bourbon
- Zita, impératrice d'Autriche
- Félix, gr.-duc de Luxembourg, etc.

HENRI (1820-1883) duc de Bordeaux puis comte de Chambord ép. M.-Thérèse de Modène, sans postérité (la branche aînée des Bourbons éteinte, le droit à la couronne passe à Philippe d'Orléans, comte de Paris, petit-fils de Louis-Philippe Ier)

Les légitimés de Louis XIV

De Louise de la Vallière (1644-1710) :
- **Marie-Anne** (1666-1739), Mlle de Blois, mariée au prince de Conti.
- **Louis**, (1667-1683), comte de Vermandois.

De la marquise de Montespan (1640-1707) :
- **Louis-Auguste** (1670-1736), duc du Maine.
- **Louis-César** (1672-1683), comte de Vexin.
- **Louise-Françoise** (1673-1743), mariée au duc de Bourbon, prince de Condé.
- **Louise-Marie-Anne** (1674-1681)
- **Françoise-Marie** (1677-1749), mariée au Régent, Philippe d'Orléans.
- **Louis-Alexandre** (1678-1737), comte de Toulouse.

LES BOURBONS (SUITE)

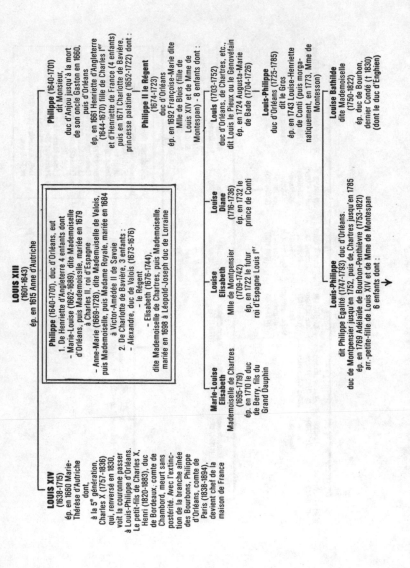

5. LES ORLÉANS

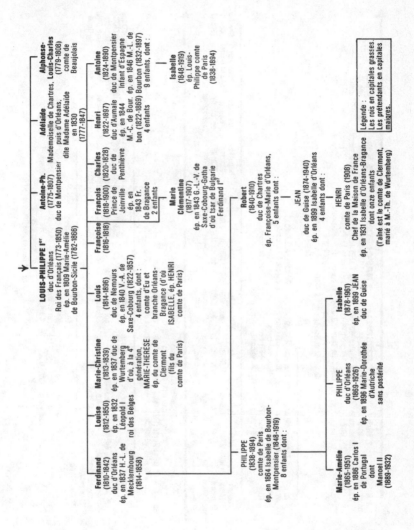

LOUIS-PHILIPPE Iᵉʳ
duc d'Orléans
Roi des Français (1773-1850)
ép. en 1809 Marie-Amélie
de Bourbon-Sicile (1782-1866)

Antoine-Ph.
(1775-1807)
duc de Montpensier

Adélaïde
Mademoiselle de Chartres,
puis d'Orléans,
dite Madame Adélaïde
en 1830
(1777-1847)

Alphonse-
Louis-Charles
(1779-1808)
comte de
Beaujolais

Ferdinand
(1810-1842)
duc d'Orléans
ép. en 1837 H.-L. de
Mecklembourg
(1814-1858)

Louise
(1812-1850)
ép. en 1832
Léopold I
roi des Belges

Marie-Christine
(1813-1839)
ép. en 1837 duc de
Wurtemberg
d'où, à la 4ᵉ
génération,
MARIE-THÉRÈSE
ép. du comte de
Clermont
(fils du
comte de Paris)

Louis
(1814-1896)
duc de Nemours
ép. en 1840 V.-A. de
Saxe-Cobourg (1822-1857)
4 enfants, dont :
comte d'Eu et
branche Orléans-
Bragance (d'où
ISABELLE, ép. HENRI
comte de Paris)

Françoise
(1816-1818)

Françoise
(1818-1900)
Prince de
Joinville
ép. en
1843 Fr.
de Bragance
2 enfants

Charles
(1820-1828)
duc de
Penthièvre

Henri
(1822-1897)
duc d'Aumale
ép. en 1844
M.-C. de Bour.
bon (1822-1869)
4 enfants

Antoine
(1824-1890)
duc de Montpensier
Infant d'Espagne
ép. en 1846 M.-L. de
Bourbon (1832-1897)
9 enfants, dont :

Marie
Clémentine
(1817-1907)
ép. en 1843 G.-L.-V. de
Saxe-Cobourg-Gotha
d'où tsar de Bulgarie
Ferdinand Iᵉʳ

Isabelle
(1848-1919)
ép. Louis-
Philippe comte
de Paris
(1838-1894)

PHILIPPE
(1838-1894)
comte de Paris
ép. en 1864 Isabelle de Bourbon-
Montpensier (1848-1919)
8 enfants dont :

Robert
(1840-1910)
duc de Chartres
ép. Françoise-Marie d'Orléans,
5 enfants dont :

Marie-Amélie
(1865-1951)
ép. en 1886 Carlos I
de Portugal
dont
Manoel II
(1889-1932)

PHILIPPE
duc d'Orléans
(1869-1926)
ép. en 1896 Marie-Dorothée
d'Autriche
sans postérité

Isabelle
(1878-1961)
ép. en 1899 JEAN
duc de Guise

JEAN
duc de Guise (1874-1940)
ép. en 1899 Isabelle d'Orléans
4 enfants dont :

HENRI
comte de Paris (1908)
Chef de la Maison de France
ép. en 1931 Isabelle d'Orléans-Bragance
dont onze enfants
(l'aîné est le comte de Clermont,
marié à M.-Th. de Wurtemberg)

Légende :
Les rois en capitales grasses.
Les prétendants en capitales
majeurs.

6. LES ORLÉANS (SUITE)

1. N... né et mort 1765

2. Marie-Anne née et morte 1767

3. JOSEPH 1768-1844 roi de Naples 1806-08 roi d'Espagne 1808-13 ép. 1794 Julie Clary 1771-1845 sœur de Désirée, reine de Suède et Norvège

3. NAPOLÉON Ier 1769-1821 ép. 1. 1796 Joséphine Tascher de La Pagerie veuve d'A. de Beauharnais 1763-1814 2. Marie-Louise de Habsbourg 1791-1847

5. Marie-Anne née et morte 1771

6. N... née et morte 1773

NAPOLÉON II François-Charles-Joseph 1811-1832 roi de Rome

Zénaïde 1801-54 ép. 1822 son cousin germ. Charles (1803-57) 2e pr. de Canino

Charlotte 1802-39 ép. 1826 cousin germ. Napoléon-Louis (1804-31) frère Napoléon III

7. Lucien 1775-1840 pr. de Canino 1814, pr. français 1815 ép. 1. 1794 Christine Boyer (1773-1800) dont Charlotte, N...., Victoria et Christine 2. 1803 Alex. Jacob de Bleschamp (1778-1855) veuve Jouberthon

N... né et mort 1796

Joseph 1824-65 3e prince de Canino

Alexandrine 1826-1828

Lucien 1828-95 4e prince de Canino cardinal

Julie 1830-1900 ép. marquis de Roccagiovine 5 enf.

Charlotte 1832-1901 ép. 1848 cte Primoli 3 enf.

Marie 1835-90 ép. comte Campello 2 enf.

Augusta 1836-1900 ép. prince Gabrielli

Napoléon Charles 1839-99 ép. princesse Ruspoli 3 enf.

Bathilde 1840-61 ép. cte de Cambacérès

Albertine née et morte 1842

Charles Albert 1843-47

Charles 1803-57 2e prince de Canino ép. 1822 sa cousine germ. Zénaïde, fille du roi Joseph

Letizia 1804-71 ép. 1821 sir Thomas Wyse 1791-1862 5 enfants dont

Laetitia 1831-1902 ép. 1. cte de Solms 2. cte Rattazi 3. don L. R. y Giner

Joseph 1806-07

Jeanne 1806-28 ép. marquis Honorati

Lucien 1844-1909 ép. R. et C. White 4 enf.

Paul 1809-27

Louis 1813-91 ép. M.-A. Cecchi 1812-91

Roland 1858-1924 ép Marie-Blanc

Marie 1882-1962 ép. pr. Georges de Grèce 1869-1957

Pierre 1815-81 ép. J.-É. Ruffin 1832-1905

Jeanne 1861-1910 ép. marquis de Villeneuve-Esclapon, 6 enf.

Antoine 1816-77 ép. C. Cardinali

Marie 1818-74 ép. cte Valentini de Liviano 1808-58, 4 enf.

Constance 1823-76 abbesse Sacré-Cœur de Rome

7. LES BONAPARTE

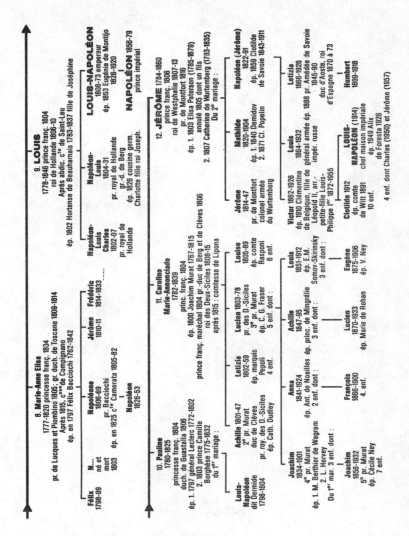

LES BONAPARTE (SUITE)

CARTES

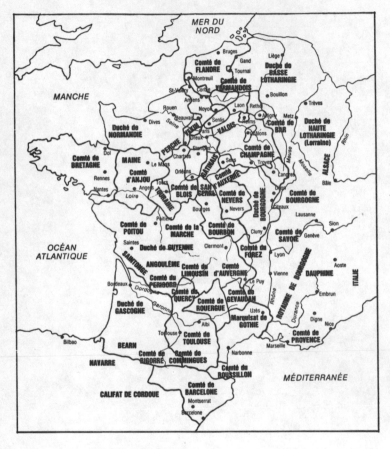

1. La France d'Hugues Capet (987)

MER DU
NORD

Comté de
FLANDRE   Tournai

MANCHE   Montreuil

Somme   Corbie

Seine   VERMANDOIS
Beauvais   Noyon Laon Atigny
Château-Gaillard   Soissons   Reims
Paris   Châlons
Étampes   Sens   Bar
Duché de
NORMANDIE

Duché de
BRETAGNE   MAINE   Chartres

Rennes   Le Mans   Orléans   CHAMPAGNE

Comté   Blois   Vézelay   Langres
d'ANJOU   Tours
BLOIS   Bourges   Duché de   Comté de
Loire   BOURGOGNE   BOURGOGNE

POITOU   Bourbon   Cluny

OCÉAN   Poitiers   MARCHE
ATLANTIQUE
Angoulême   Limoges   Lyon
AUVERGNE   FOREZ Vienne
Le Puy
Bordeaux   VELAY
Valence
Conques   GÉVAUDAN   Rhône
Moissac   Rodez   Avignon   Comté de
Garonne   Uzès   PROVENCE
Comté de   Arles   (Aragon)
TOULOUSE   Aix
St Sever   Toulouse   Montpellier
BÉARN
Royaume de   BIGORRE COMMINGES Carcassonne Narbonne
NAVARRE   Bas
LANGUEDOC   Perpignan
Comté de   ROUSSILLON   MÉDITERRANÉE
BARCELONE

SAINT-EMPIRE GERMANIQUE
Meuse
Rhin
Garonne

2. La France à l'avènement de Philippe-Auguste (1180)

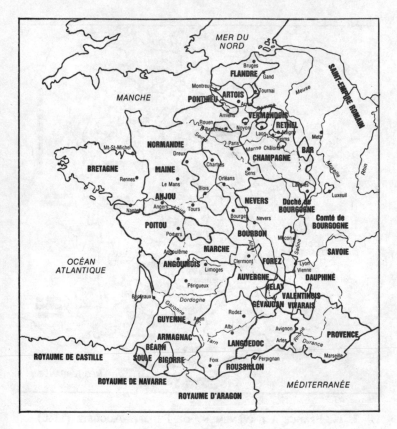

3. La France
À l'avènement de Philippe VI de Valois (1328)

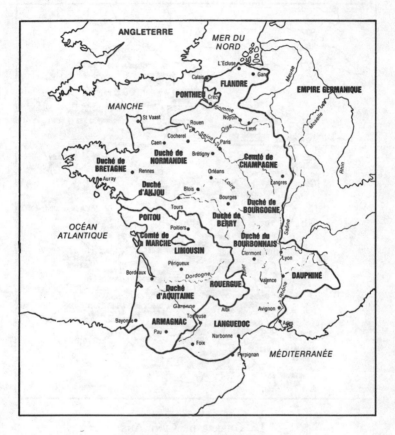

4. LA GUERRE DE CENT ANS
(Traité de Brétigny 1360)

5. LA GUERRE DE CENT ANS
à l'arrivée de Jeanne d'Arc (1429)

6. La France de Louis XI

7. La France à la mort d'Henri IV (1610)

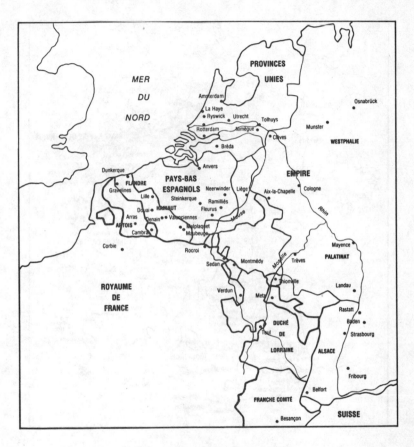

MER
DU
NORD

PROVINCES
UNIES

Amsterdam
La Haye
Ryswick
Rotterdam
Brèda
Utrecht
Nimègue
Tolhuys
Clèves

Osnabrück

Munster

WESTPHALIE

Anvers

Dunkerque
Gravelines
FLANDRE
Lille
Arras
Douai
ARTOIS
Cambrai
Corbie

PAYS-BAS
ESPAGNOLS
Steinkerque
HAINAUT
Denain Valenciennes
Malplaquet
Maubeuge
Rocroi

Neerwinder
Ramilliés
Fleurus

Liège

EMPIRE

Aix-la-Chapelle

Cologne

Meuse

Rhin

Mayence

PALATINAT

Sedan
Montmédy
Verdun
Metz
Toul
DUCHÉ
DE
LORRAINE

Moselle
Trèves
Thionville

Landau

Rastatt
Baden
Strasbourg

ALSACE

ROYAUME
DE
FRANCE

Fribourg

Belfort

FRANCHE COMTÉ

Besançon

SUISSE

8. Les guerres de Louis XIV

9. La France de Louis XIV

MANCHE

FLANDRE
Boulogne Lille
BOULONNAIS Arras HAINAUT
ARTOIS
Le Havre PICARDIE Sedan
Rouen Amiens
ILE-DE-FRANCE
NORMANDIE Metz Verdun
Paris CHAMPAGNE Toul Nancy ALSACE
Strasbourg
BRETAGNE MAINE Troyes LORRAINE
Rennes Le Mans
Angers Orléans
ANJOU ORLÉANAIS Dijon Besançon
Tours Bourges NIVERNAIS
TOURAINE Nevers FRANCHE-COMTÉ
Saumur BERRI
POITOU SAUMUROIS BOURGOGNE
Poitiers MARCHE Moulins
La Rochelle Guéret BOURBONNAIS
AUNIS Saintes Limoges Clermont LYONNAIS
OCÉAN ATLANTIQUE SAINTONGE Lyon
LIMOUSIN AUVERGNE
Bordeaux Grenoble
DAUPHINÉ
GUYENNE
ET Ctat VENAISSIN
GASCOGNE Toulouse LANGUEDOC PROVENCE
Pau Aix
Bastia BÉARN
CORSE Cté DE FOIX
Foix Perpignan MÉDITERRANÉE
ROUSSILLON

10. LA FRANCE EN 1789

1. Pas de Calais	**15.** Orne	**29.** Indre et Loire	**43.** Côte d'Or
2. Nord	**16.** Mayenne	**30.** Loir et Cher	**44.** Haute Saône
3. Seine Inférieure	**17.** Sarthe	**31.** Loiret	**45.** Charente Maritime
4. Somme	**18.** Eure et Loir	**32.** Yonne	**46.** Charente
5. Manche	**19.** Seine et Oise	**33.** Aube	**47.** Haute vienne
6. Calvados	**20.** Paris	**34.** Haute Marne	**48.** Creuse
7. Eure	**21.** Seine et Marne	**35.** Vosges	**49.** Allier
8. Oise	**22.** Marne	**36.** Haut Rhin	**50.** Saône et Loire
9. Aisne	**23.** Meuse	**37.** Vendée	**51.** Jura
10. Ardennes	**24.** Moselle	**38.** Deux Sèvres	**52.** Doubs
11. Finistère	**25.** Meurthe	**39.** Vienne	**53.** Gironde
12. Côtes du Nord	**26.** Bas Rhin	**40.** Indre	**54.** Dordogne
13. Morbihan	**27.** Loire Inférieure	**41.** Cher	**55.** Corrèze
14. Ile et Vilaine	**28.** Maine et Loire	**42.** Nièvre	**56.** Puy de Dôme

57. Rhône et Loire	**71.** Haute Garonne
58. Ain	**72.** Tarn
59. Isère	**73.** Hérault
60. Landes	**74.** Gard
61. Lot et Garonne	**75.** Bouches du Rhône
62. Lot	**76.** Basses Alpes
63. Cantal	**77.** Var
64. Haute Loire	**78.** Basses Pyrénées
65. Aveyron	**79.** Hautes Pyrénées
66. Lozère	**80.** Ariège
67. Ardèche	**81.** Aude
68. Drôme	**82.** Pyrénées Orientales
69. Hautes Alpes	**83.** Corse
70. Gers	

11. LES DÉPARTEMENTS DE 1790

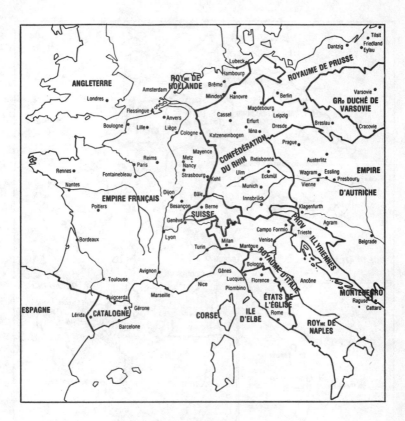

12. La France de Napoléon

13. L'empire colonial français
à la veille de la Seconde Guerre mondiale
(Afrique et Inde).

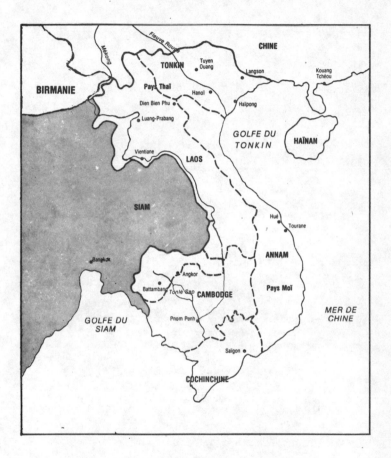

14. L'EMPIRE COLONIAL FRANÇAIS
à la veille de la Seconde Guerre mondiale (Asie)

BIBLIOGRAPHIE

I. GRANDES COLLECTIONS RÉCENTES

- BRAUDEL (F.) et LABROUSSE (E.) et coll., *Histoire économique et sociale de la France*, Paris, P.U.F., 8 vol., 1970-1982.
- DUBY (G.) et coll., *Histoire de la France rurale*, Seuil, 4 vol., 1975-1978.
- DUBY (G.) et coll., *Histoire de la France urbaine*, Seuil, 4 vol., 1980-1981.
- LÉON (P.) et coll., *Histoire économique et sociale du Monde*, 6 vol., A. Colin, 1977-1978.
- PARIAS (Louis H.) (sous la direction de), *Histoire générale de l'enseignement et de l'éducation en France*, 4 vol., Nouvelle Librairie de France, 1980-1983.
- Les éditions Arthaud publient *les Grandes Civilisations*, remarquable collection avec, pour ce qui nous concerne, les signatures de J. LE GOFF, J. DELUMEAU, P. CHAUNU, A. SOBOUL (en attendant M. AGULHON pour le XIXe siècle) ; remarquable iconographie, où la France tient toujours une assez large place.
- Un grand nombre de collections ou de synthèses, de valeur diverse, sont offertes au public. On se réduira à indiquer que le vieux Lavisse, *Histoire de France depuis les origines jusqu'à la Révolution* n'a pas perdu sa solidité et donne au moins toujours la trame politique et que les étudiants déjà « avancés » ont beaucoup utilisé les collections publiées par Armand Colin (Coll. « U ») et par les P.U.F. (« Peuples et Civilisations », surtout « Nouvelle Clio » et plus inégaux les « Que sais-je ? »).

II. MOYEN AGE

- LAVISSE (Ernest), *Histoire de France depuis les origines jusqu'à la Révolution*, t. II, III, IV (1901-1902), rééd. Tallandier, demeure fondamentale.
- PERROY (Ed.), dans *Histoire de France pour tous les Français*, Hachette, 1950, t. I : deux cents pages de premier ordre.
- — *La Guerre de Cent ans*, Gallimard, 1945.
- FOSSIER (R.) (et collaborateurs), *le Moyen Age*, A. Colin, 3 vol. 1982-1983 (et les autres ouvrages de cet excellent médiéviste).
- DUBY (G.) et MANDROU (R.), *Histoire de la Civilisation française*, t. I, A. Colin, 1958.
- DUBY (G.), *Guerriers et paysans, viie-xiie siècle*, Gallimard, 1973.
- — *Le temps des cathédrales*, N.R.F., 1976 (et les autres ouvrages de cet auteur très connu).
- SIVÉRY (G.), *Saint Louis et son siècle*, Tallandier, 1983.
- FAVIER (J.), *Philippe le Bel*, Fayard, 1978.
- —, *La Guerre de Cent Ans*, Fayard, 1981 (et autres ouvrages du même auteur).
- MOLLAT (M.), *Genèse médiévale de la France moderne*, Arthaud, 1970.
- LE GOFF (J.), *Les Intellectuels au Moyen Age*, Colin, 1957.
- —, *La Civilisation de l'Occident médiéval*, Arthaud, 1964.
- GÉNICOT (L.), *Les Lignes de faîte du Moyen Age*, 5e éd., Paris et Tournai, 1966.
- —, *Le xiiie siècle européen*, Paris, 1968.
- FOURQUIN (G.), *Les Campagnes de la région parisienne à la fin du Moyen Age*, Paris.
- —, *Les Soulèvements populaires au Moyen Age*, P.U.F., 1972.
- HEERS (J.), *Le Travail au Moyen Age*, Paris, 1968.
- —, *Le Clan familial au Moyen Age*, Paris, 1974.

III. TEMPS MODERNES

Ouvrages fondamentaux.

- MÉTHIVIER (H.), *L'Ancien Régime en France*, P.U.F., 1981.
- MANDROU (R.), *La France aux xviie et xviiie siècles*, P.U.F., 1967.

- RICHET (D.), *La France moderne, l'esprit des institutions*, Flammarion, 1973.
- MARION (M.), *Dictionnaire des institutions de la France aux XVIIe et XVIIIe siècles*, Picard, 1923, rééd. 1968.
- GOUBERT (P.) et ROCHE (D.), *Les Français et l'Ancien Régime*, Colin, 2 vol., 1984.

Ouvrages traitant des grands aspects du sujet.

- BRAUDEL (F.), *Civilisation matérielle, économie et capitalisme, XVe-XVIIIe SIÈCLE*, Colin, 1979, 3 vol.
- DELUMEAU (J.), *Naissance et affirmation de la Réforme*, P.U.F., 1965.
- DION (R.), *Histoire de la vigne et du vin en France des origines au XIXe siècle*, 1959.
- FLANDRIN (J.-L.), *Les Amours paysannes*, coll. « Archives », Gallimard, 1975.
- —, *Familles*, Hachette, 1982.
- GOUBERT (P.), *La Vie quotidienne des paysans français au XVIIe siècle*, Hachette, 1982.
- LEBRUN (F.), *La vie conjugale sous l'Ancien Régime*, Colin, 1975.
- LÉON (P.), *Economies et sociétés préindustrielles, 1650-1780*, Colin, 1970.
- MEUVRET (J.), *Le Problème des subsistances à l'époque de Louis XIV*, 2 vol., Mouton, 1977.
- MOUSNIER (R.), *Les Institutions de la France sous la monarchie absolue*, 2 vol., P.U.F., 1974 et 1980.

Quelques études régionales.

- BARDET (J.-P.), *Rouen aux XVIIe et XVIIIe siècles*, S.E.D.E.S., 2 vol., 1983.
- BERCÉ (Y.-M.), *Histoire des Croquants*, 2 vol., Droz, 1974.
- CABOURDIN (G.), *Terre et hommes en Lorraine, 1550-1635*, 2 vol., Annales de l'est, Nancy, 1977.
- CARRIÈRE (Ch.), *Négociants marseillais au XVIIIe siècle*, 2 vol., Marseille, Institut historique de Provence, 1973.
- CROIX (A.), *La Bretagne aux XVIe et XVIIe siècles, la vie, la mort, la foi*, 2 vol., Maloine, 1981.
- DEYON (P.), *Amiens, capitale provinciale*, Mouton, 1967.
- DURAND (G.), *Vin, vigne et vignerons en Lyonnais et Beaujolais, XVIe-XVIIIe siècles*, Presses universitaires de Lyon, 1979.
- GARDEN (M.), *Lyon et les Lyonnais au XVIIIe siècle*, Belles-Lettres, 1970.

- GOUBERT (P.), *Beauvais et le Beauvaisis de 1600 à 1730,* 2 vol., S.E.V.P.E.N., 1960 ; éd. abrégée : *Cent mille provinciaux au xviie siècle,* Flammarion, 1968.
- JACQUART (J.), *La Crise rurale en Ile-de-France, 1550-1670,* Colin, 1974.
- LACHIVER (M.), *Vin, vigne et vignerons en région parisienne du xviie au xixe siècle,* Société historique et archéologique de Pontoise et du Vexin, 1982.
- LEBRUN (F.), *Les Hommes et la mort en Anjou aux xviie et xviiie siècles,* Mouton, 1971.
- LE ROY LADURIE (E.), *Les Paysans de Languedoc,* S.E.V.P.E.N., 2 vol., 1966 ; éd. abrégée, Flammarion, 1969.
- MEYER (J.), *La Noblesse bretonne au xviiie siècle,* S.E.V.P.E.N., 2 vol., 1966 ; éd. abrégée, Flammarion, 1972.
- POITRINEAU (A.), *Remues d'hommes, xviie-xviiie siècle,* Aubier, 1983.
- SAINT-JACOB (P. de), *Les Paysans de la Bourgogne du Nord au dernier siècle de l'Ancien Régime,* Belles-Lettres, 1960.

Histoire chronologique.

- JACQUART (J.), *François Ier,* Fayard, 1981.
- CLOULAS (I.), *Catherine de Médicis,* Fayard, 1979.
- BABELON (J.-P.), *Henri IV,* Fayard, 1982.
- CARMONA (M.), *Richelieu,* Fayard, 1983.
- CHEVALLIER (P.), *Louis XIII,* Fayard, 1979.
- GOUBERT (P.), *Louis XIV et vingt millions de Français,* Fayard, 1966 ; rééd. augmentée, Pluriel, 1977.
- CORVISIER (A.), ·*Louvois,* Fayard, 1983.

IV. RÉVOLUTION ET EMPIRE

1. *Révolution.*

Les historiens se sont beaucoup querellés sur son interprétation. Le meilleur paraît être :
- TOCQUEVILLE (A. de), *L'Ancien Régime et la Révolution,* éd. 1856, un chef-d'œuvre inégalé.
- LEFEBVRE (G.), *La Révolution française,* P.U.F., 1951 (3e éd., 1963) ; le plus complet, le plus serein, mais plutôt favorable.
- GAXOTTE (P.), *La Révolution française,* Paris, 1928 ; intelligent et hostile ; rééd. augmentée par J. TULARD, Paris, 1975.
- FURET (F.) et RICHET (D.), *La Révolution,* 2 vol., 1965-1966 ; neuf et discuté.

● SOBOUL (A.), *La Civilisation de la Révolution française*, 3 vol.,
Arthaud, 1970-1983 ; une somme, admirablement illustrée,
dans la tradition jacobino-marxiste, mais par un spécialiste
qualifié.

2. Empire.

Deux noms suffisent :
● LEFEBVRE (G.), *Napoléon*, Paris, P.U.F., 1936 ; 5ᵉ éd. revue,
1965.
● TULARD (J.), *Napoléon*, Fayard, 1977.
(On se reportera aussi au t. III du livre de SOBOUL, signalé plus
haut.)

V. XIXᵉ SIÈCLE

Pour ce siècle, on trouvera une solide initiation, déjà précise,
dans la collection « U-Histoire contemporaine » (Colin), dirigée
par René Rémond. Particulièrement réussis :
● LESOURD (J.-A.) et GÉRARD (Cl.), *Histoire économique, XIXᵉ-
XXᵉ siècle.*
● RÉMOND (R.), *La Vie politique en France*, 2 vol.
● DUPEUX (G.), *La Société française, 1789-1960.*
● DROZ (J.), *Le Socialisme démocratique, 1864-1960.*
● *Atlas historique de la France contemporaine, 1800-1965* (dir.
René RÉMOND).

● Egalement, *La Nouvelle Histoire de la France contemporaine*,
éd. Seuil, coll. « Points-Histoire », une quinzaine de volumes
parus.

● AGULHON (M.), *1848 ou l'apprentissage de la République,
1848-1852*, Le Seuil, 1973.
● BERTIER DE SAUVIGNY (G. de), *La Restauration*, Flammarion.
● BLANC (L.), *Histoire de la Révolution de 1848*, Paris, 1870.
● BLUCHE (F.), *Le Bonapartisme, 1800-1850*, N.E.L., 1980.
● CHASTENET (J.), *Histoire de la 3ᵉ République*, Hachette.
● CHEVALIER (L.), *Classes laborieuses et classes dangereuses à
Paris pendant la première moitié du XIXᵉ siècle*, Paris, 1958.
● DANSETTE (A.), *Histoire du Second Empire*, 3 vol., Hachette,
1961-1976.
● DUROSELLE (J.-B.), *Les Débuts du catholicisme social en
France, 1822-1870*, Paris, 1951.
● DUVAU (G.), *1848*, Gallimard, 1965.

● —, *La Vie ouvrière en France sous le Second Empire*, Gallimard, 1946.

● DROZ (J.), *Les Causes de la Première Guerre mondiale*, Le Seuil, coll. « Points-Histoire ».

● GIRARD (L.), *La Deuxième République, 1848-1851*, Calmann-Lévy, 1968.

● LA GORCE (P. de), *Histoire du Second Empire*, Paris, 7 vol., 1899-1903.

● MANSELL (Ph.), *Louis XVIII*, trad. fr., Pygmalion, 1982.

● MIQUEL (P.), *La Grande Guerre*, Fayard, 1983.

● MORAZÉ (Ch.), *La France bourgeoise*, Colin, 1946.

● PONTHEIL (F.), *Les Institutions de la France de 1814 à 1870*, P.U.F., 1966.

● POUTHAS (Ch.-H.), *La Population française pendant la Première moitié du XIXe siècle*, P.U.F., 1955.

● RÉMOND (R.), *Les Droites en France*, nouv. éd., Aubier, 1982.

● —, *Introduction à l'Histoire de notre temps*, t. II, Le Seuil, coll. « Points-Histoire ».

● RIOUX (J.-P.), *La Révolution industrielle, 1780-1880*.

● SMITH, *Napoléon III*, trad. fr., Hachette, 1983.

● ZELDIN (Th.), *Histoire des passions françaises, 1848-1945*, trad. fr., 5 vol., Le Seuil, coll. « Points-Histoire », 1981.

Cet ouvrage a été réalisé par la
SOCIÉTÉ NOUVELLE FIRMIN-DIDOT
Mesnil-sur-l'Estrée
pour le compte des Éditions Fayard
en février 1994

Imprimé en France
Dépôt légal : février 1994
N° d'édition : 5509 - N° d'impression : 26313
ISBN : 2-213-59229-2
35-65-9229-01/2